Marshall McLuhan

55周年增订本

UNDERSTANDING MEDIA

理解媒介

论人的延伸

[加拿大] 马歇尔·麦克卢汉 ——————— 著
何道宽 ——————— 译

译林出版社

图书在版编目（CIP）数据

理解媒介：论人的延伸：55 周年增订本 /（加）马歇尔·麦克卢汉（Marshall McLuhan）著；何道宽译．—南京：译林出版社，2019.3（2025.11 重印）

书名原文：Understanding Media: The Extensions of Man (critical edition)

ISBN 978-7-5447-7449-9

Ⅰ.①理…　Ⅱ.①马…　②何…　Ⅲ.①传播媒介－研究　Ⅳ.①G206.2

中国版本图书馆 CIP 数据核字（2018）第 228068 号

理解媒介：论人的延伸（55周年增订本）［加拿大］马歇尔·麦克卢汉 / 著　何道宽 / 译

责任编辑　陆晨希
特约编辑　于伊莎
装帧设计　陈　悦
责任校对　蒋　燕
责任印制　董　虎

原文出版　Gingko Press, 2003
出版发行　译林出版社
地　　址　南京市湖南路 1 号 A 楼
邮　　箱　yilin@yilin.com
网　　址　www.yilin.com
市场热线　025-86633278
排　　版　南京展望文化发展有限公司
印　　刷　徐州绪权印刷有限公司
开　　本　880 毫米 ×1230 毫米　1/32
印　　张　20
插　　页　4
版　　次　2019 年 3 月第 1 版
印　　次　2025 年 11 月第 11 次印刷
书　　号　ISBN 978-7-5447-7449-9
定　　价　88.00 元

目　录

理解麦克卢汉

胡泳

《理解媒介》这本书，如果我们刨除副题，单单只看“理解媒介”这几个字的话，我们会发现书名相当浅显，简直像是写给大众看的。但这个标题其实充满欺骗性，“理解”从来不是容易的。麦克卢汉在书名里其实想表达的是：你们都在使用媒介，有些人还拥有媒介或投资媒介，所有人的生活都离不开媒介，但其实你们都根本不理解媒介，也不明白媒介究竟会给我们的人类行为以及人性造成什么样的影响。所以他提出了那个著名的副题——论人的延伸。我认为，这个非常浅显的书名，显示了麦克卢汉极大的野心，而他实际上也实现了自己的野心：从此以后，只要讨论媒介，就不能不在麦克卢汉的语境下讨论。

麦克卢汉对媒介进行了彻底的重新定义。如果我们单纯从传播学角度来看，我们会说一个学英语文学的人杀进了传播学界，把此处搅得翻天覆地。但是，如果你把麦克卢汉的定义放在媒介对于社会、心理的影响这样更大的范畴来看，那你可能就会认可汤姆·沃尔夫的想法——沃尔夫将麦克卢汉说成是继牛顿、达尔文、弗洛伊德、爱因斯坦和巴甫洛夫之后最重要的思想家。这些思想家无一例外都在学科中扮演着带有范式转变性质的颠覆者角色。而颠覆者和颠覆者之间也是不一样的，比如巴甫洛夫作为一个颠覆者，他的那套东西就很难真正流行，但是弗洛伊德则不一样，人的潜意识、无意识、梦、各种情结等，每个人都会在其中找到共情的东西。所以弗洛伊德很容易成为一个流行的文化英雄。达尔文也是如此。而麦克卢汉恰好具有弗洛伊德和达尔文的学科属性，其理论很容易在社会当中引起共鸣，因为每个人受到的媒介影响都太大了。

此外，麦克卢汉还有一个鲜明的特点，他用一种先知式的语言来阐释，有点像希腊德尔斐神庙里的三言两语，比如有名的神谕"认识你自己"。这种特别短促的警句，每个人看到以后都会产生很多复杂的联想，但是每个人又并不真的懂。麦克卢汉非常擅长此道。比如："热媒介有排斥性，冷媒介有包容性"；"自我截除不容许自我认识"；"由于不断拥抱各种技术，我们成了技术的伺服机制"。他的这些"金句"特别让人印象深刻，同时又似乎拥有无尽的阐释空间，所以他想不成为大众媒介的宠儿亦不可得。

当然，大众媒介是大众媒介，学界是学界。一直以来学界对麦克卢汉的争议从未断过。最有名的挑战者是美国社会学泰斗罗伯特·默顿。他在一次会上与麦克卢汉狭路相逢。拿着麦克卢汉的论文，他气得脸色发紫："你的论文的每一处都经不起推敲！"对这种发难，麦克卢汉忍俊不禁："哦，你不喜欢这些想法？那么，我还有些别的……"

不管麦克卢汉是否预测到了互联网时代，这个回答还是蛮有互联网精神的。

很难理解，只能处理

麦克卢汉如果活着看到自己的理论被延伸成为一整个研究领域，恐怕也会笑喷。他给了媒介这个词一种全新的含义。他的重新发现和定义，体现在20世纪60年代的两本书中——《谷登堡星汉》(1962)和《理解媒介：论人的延伸》(1964)。这两本书把麦克卢汉从一个在多伦多大学教英语文学的鲜为人知的教授，变成了在西方炙手可热的学术明星，人气高到纽约知识分子的顶尖代表伍迪·艾伦，也邀请麦克卢汉到他的电影中客串了一把。他的《安妮·霍尔》被称为有史以来最好的喜剧电影之一，一开场就出现了麦克卢汉。影片的主角在剧院排队时嘲笑一个知识分子，说他"根本不懂麦克卢汉"。对方反驳说，他在哥伦比亚大学教"电视、媒介与文化"，对麦克卢汉的理论是很有一套见地的。主角于是打破"第四面墙"，对该教授说，"凑巧麦克卢汉就在这里"，并真的把麦克卢汉从海报后面拽了出来。

对号称很懂他的这位哥伦比亚大学教授，麦克卢汉说了两句台词。第一句是："你根本不了解我的作品。"(You know nothing of my work.) 第二句却令人费解："你的意思是我的整个谬误都是错误的。"(You mean my entire fallacy is wrong.) 谬误当然就是错误的，伍迪·艾伦把麦克卢汉这样的学术大神请到电影里来，结果他说了一句完全不知所云的话。这是什么意思？难道他在承认他本来说的都是谬误？还是说他在反讽别人不懂装懂？这就构成了伍迪·艾伦这部电影的一个谜。我们会在这里产生一个巨大的疑惑：麦克卢汉到底想说什么？

这句话倒是符合麦克卢汉先知式的表达方式，让人猜不透，想不清楚。如果这是麦克卢汉亲手写作并亲口说出的台词，那我们马上想到的一个问题就是，他为什么会自行颠覆自己的权威，把自己的说法整个称为谬误？——我这个东西本来就是谬误，然后你们对这个谬误还有了错误的理解，你们是错上加错。

如果作为媒介研究的鼻祖，都不能够做到像他所承诺给我们的那样"理解媒介"，那么，我们不妨问一下，世界上还有什么人敢称自己是媒介专家？也许我们需要一个比理解更少抱负的模式。与其说"理解"媒介，不如通过"处理"媒介来探索有关媒介的问题：因为媒介并不像是逻辑系统或结构，而更像是形象所生存的环境，或者是人物角色和化身所生存的环境，这些形象和化身可以"处理"我们的问题，我们也可以"处理"它们的问题。

麦克卢汉在讨论他所理解的媒介的时候，实际上主要讨论的是大众媒介（mass media）。大众媒介在麦克卢汉所生活的年代已经被广泛使用了，但是麦克卢汉更加关注的是电力媒介（electric media）。麦克卢汉所用的"电力"是一个泛称，它包括以"电能、电子"技术而产生的各种传输、动力、通信、传播媒介。麦克卢汉对电力媒介的着眼点主要包括如下几处：速度（瞬息万里、超越时空），整体场（统一知觉），内爆（相互依存），以之描述人再次成为部落人的基本前提。

讨论电力媒介的原始起点是印刷媒介，麦克卢汉对此有一整套的知识来源，包括多伦多学派的奠基人埃里克·哈夫洛克，他的师长兼同事哈罗德·伊尼斯，他的著名学生、后来开创崭新研究领域的学者沃尔特·翁，他们都在讨论口传文化到书面文化的历史变迁，以及两者的优劣。麦克卢汉在印刷媒介理论上的传承与开掘，集中体现在他的《谷登堡星汉》一书中，他承认："我很高兴把自己的著作作为伊尼斯有关心理和社会后果的观察的脚注，这种观察首先针对书写，其次针对印刷。"

此后，麦克卢汉把几乎所有的笔墨都放在电力时代给人类带来的震荡上。这一时代可以做几个大的分期：开端肇始于19世纪80年代的电报，接着是电话，在20世纪20年代出现了广播和电影，它们都比电视早，麦克卢汉最主要关注的是电视。电视于20世纪50年代在美国这样的西方发达国家进入千家万户，所以麦克卢汉在60年代的成名不是偶然的，其前提条件是电视在50年代的崛起。

麦克卢汉断言，60年代的人们生活在印刷文化 (typographical culture) 的最后阶段。它可以追溯到谷登堡在15世纪中期的发明，活字印刷革新了印刷业，通过批量生产的印刷书籍造成了中世纪手稿文化的终结。60年代，人们见证的是能够即时传递信息的电力媒介，它们凭借阅读之眼以外的代码处理现实，从而对心灵进行彻底的重组。谷登堡革命是以眼睛取代中世纪的耳朵；而麦克卢汉断言说，在我们的新电子文化当中，耳朵正在报复。

本质上，麦克卢汉关注的是他那个年代的新媒介，略微触及计算机，《理解媒介》的最后一章“自动化：学会生存”，到今天读来还是异常精彩。然而麦克卢汉并没有处理互联网的问题，因为他没有能够见到计算机联网就去世了。虽然如此，麦克卢汉通过对电视的分析，完美地预示了未来的互联网的许多层面。他所做的关于“地球村”的论述，是建立在全球电视的基础上，如果按照电子交流的演进史来梳理，我们会发现，其实今天所谓new media (本文称之为新媒介而不是新媒体) 的命名是相当不准确的，因为新媒介百分之百被等同于互联网。其实，回放历史，在19世纪80年代，电报就是新媒介；在20世纪20年代，广播就是新媒介；接着，电视成为50年代的新媒介，在尼克松和肯尼迪的竞选辩论中大放异彩。互联网，乃至移动互联网，只不过是在90年代之后直至新世纪，人类又发明了更新的媒介而已。

这里我必须提到麦克卢汉独特的方法论。他说道："我的作品让大多数人感到困惑，因为我从背景 (ground) 开始，而别人从图形 (figure) 开始。我由效果出发去追溯原因，而传统模式则是从一些'原因'的武断选择开始，尝试将其与某些效果相匹配。正是这种随意的匹配过程导致了碎片化的肤浅。至于我自己，我没有一个观点，只是把总体情况作为隐藏背景下的显豁图形来对待。"

逆转 (reversal) 思想是破解麦克卢汉密码的关键，也就是说，他总是倒着工作，从效果到效果的原因，从作为背景的媒介环境到作为图形的媒介内容。他靠这种方法来了解未来。他有一个著名的说法："我们透过后视镜来观察目前，我们倒着走向未来。"因此，研究媒介需要倒着放映过去两千五百年的技术爆炸，才能看清这些技术对社会经验和社会组织的影响的漫长历史过程，一如艺术家需要从尾到头倒着构想艺术品一样。只有倒着播放，我们才能在熟悉中发现陌生，在新中体验旧，并因之受到震撼，所以最终我们所预测的，不过是已经发生的事情而已。

麦克卢汉所关注的媒介技术效果，是指我们的交流体系所造成的心理和社会状态，用他的话说，人的任何一种延伸，对整个的心理和社会复合体都会产生影响。所以，无论人类使用什么样的新媒介，效果都是绕不过去的话题，这也是麦克卢汉在今天仍然会被我们继续阅读和阐释的核心原因。在麦克卢汉刚刚触及此话题的时候，媒介这一术语还没有像现在这样被广泛使用，以至于该术语后来使用起来，总散发一种麦克卢汉的意味 (McLuhanesque)。

媒介之外无一物

麦克卢汉本质上是一个怀疑论者，有时像个小丑，有时像个博学的疯子。他在书中写到他对通俗艺术的热爱，缘于通俗艺术犹如丑角，提醒我们注意例行公事所忽略的真正生活，并凭借想象力与官样文章作对。读他的书，常常能意会他对我们这个丧失了整体人角色的社会的狡黠讽刺，他也从不容许因为要采用首尾一致的观点而败坏了自己的乐趣。

麦克卢汉与加拿大前总理皮埃尔·特鲁多有着长期的友谊，时常光顾特鲁多的办公室，给他的电视形象提建议。在写给特鲁多的一封信中，他说自己认为在现代电子环境中，连贯一致并不可取。"任何停顿或静止的时刻，都可能让公众把你击倒。"麦克卢汉倾向于以他惯用的讽刺形式做出反驳。正如他向特鲁多解释的那样："我还没有发现在哪一种情况下，说出这句话不会带来很大的帮助：'你认为我的谬误全错了吗？'它可以从字面上解除武装，在任何情况下都可以让你解脱出来！说这句话的时候还可以带着一定程度的辛辣和故意嘲讽。"

所以，完全可以理解，在伍迪·艾伦的电影中，他为什么会说那句台词——"你的意思是我的整个谬误都是错误的"。所有谬误发生的核心都在一个关键词上，就是媒介。媒介本身的含义是 in the middle（在中间），或者叫 go between（在两者之间），是一个信使，一条通道，一种某物经由某个手段、工具、途径到达另一物的中介空间。当你讨论媒介时，永远不能只讨论这个居中的空间，还一定要讨论该空间所连接的两方是什么。媒介天生要把作者/读者、发送者/接收者、表演者/观看者等存在关系的两方联结在一起。甚至可以说，过去中国民间跳大神的，也要通过一定的灵媒，才能从此岸勾连彼岸。

由此就产生了一个问题，即媒介的界限（boundaries）到底在哪里？狭窄地定义，媒介仅限于起中介作用的空间或中介物，可以是材料、工具等很具体的东西。宽泛地定义，媒介是一种社会实践，比如，书写媒介明确包括作者和读者，绘画媒介包括画家和观众，也许还有画廊、收藏家和博物馆等。这个居中空间的弹性非常之大，外边界是可扩展的，模糊不清的。

就此而言，媒介并不单单处在发送者和接收者之间，它包括并构成它们。我们是否可以借鉴德里达关于文本的一句格言"文本之外别无他物"而提出"媒介之外无一物"？比如说，我们去看电影，是在电影之内，还是电影之外呢？我们考虑媒介也是在媒介之中考虑的，这就是为什么媒介会带给我们递归思考 (recursive thinking) 特有的头痛。媒介需要一套特殊的元语言 (metalanguage)，像在符号学、语言学或话语分析领域那样。

我们与媒介的关系是相互构造的：我们创造它们，它们也创造我们。所以，众多的创世神话都将神描述为一位在各种各样的媒介上工作的造物者，要么是宇宙的建筑师，要么是动物的雕刻家。

如果我们把媒介理解为使双方或多方的人或事物发生联系的各种中介和社会实践，那么我们就会发现，其实大众媒介在被归为媒介的过程中，已经丧失了媒介的大部分含义。媒介不只是用来进行一对多的大众传播的，人们每时每刻都在使用媒介，而语言本身就是一种媒介。

这正是传播学在过去这些年中所犯的巨大错误——过于以大众媒介为中心。传播学以为自己处理的只是大众媒介的问题，而不知道在这个过程当中，它已经把媒介的可塑性压缩到一个很可怜的程度。麦克卢汉的重要性恰好体现在这里，他恢复了媒介原有的广阔内涵，在一个更宽广的和人类行为、人类思维方式相关的领域里来探讨媒介。这里顺便说一下，其实我认为传播学这个舶来词最好的翻译应该是交通学，因为它既是交流又是沟通。可是非常不幸，“交通”在近代汉语语词经由日语翻译中转的过程中被解释为客流和货流的运输，而丧失了信息交流的含义。麦克卢汉在书中曾触及这个问题：

> 早在它于电力时代被转换成“信息运动”之前，“交通运输”(communication) 一词曾广泛与道路、桥梁、海路、江河、运河等结合起来使用。若要问电力时代的性质，我们可以首先研究运输作为传播概念的兴起，尔后再研究这个概念从运输的意义如何向以电力为媒介的信息迁移；也许，这是描绘电力时代性质最恰当的方式。……我们在本书中所关注的，是一切形式的货物运输和信息传输 (transport)，它们既是隐喻，也是交换。每一种形式的传输都不只是简单的搬运，而且涉及发讯者、收讯者和讯息的转译和变换。(第十章“道路与纸路”)

因此我们理解传播的时候，更多应该在交流、沟通的层面上理解，这才符合“媒介”这个词的原意。如果不能够使用已然约定俗成的“交通”来替代传播，不妨直接使用“交往”。尽管麦克卢汉惯于使用晦涩的句法、华而不实的隐喻和玩弄辞藻的警句，但他有关媒介和交往的基本论点却相对简单：所有媒介——不论其所传递的讯息如何——都对人类和社会产生了无法忽略的影响。史前的部落人，生存于感官的和谐平衡中，通过听觉、嗅觉、触觉、视觉和味觉，同等地感知世界。然而技术创新构成了人类能力和感官的延伸，它们改变了这种感官平衡，这种改变又反过来不可避免地重塑了创造技术的社会。根据麦克卢汉的说法，有三种基本的技术创新：拼音字母的发明，使部落人失去感官平衡，眼睛独占优势；15世纪的活版印刷术，加速了上述过程；以及1844年电报的发明，它预示着电子革命最终通过恢复人的感官平衡来重新部落化。麦克卢汉认为媒介影响社会的进步，特定的历史时段可以依据特定技术的兴起来进行分类。每个时段都有一种重要的媒介界定了社会的本质，分别对应于该时段的主要交流模式。

这是对于我们理解麦克卢汉笔下的媒介很关键的东西，也就是需要回到中介本身的特性来讨论。传播、媒体和文化理论中最根本的宏观问题乃是中介的本质：我们总是已经在语言中，在符号系统中；我们通过语言、话语和符号，来理解我们居住于其中的世界，而不是（借用康德的术语）对物自体（things in themselves）当即进入。

所有的知识形式都有一个前提，即人类在语言之中，我们不能超越语言和符号来理解一个未经中介或未被再现的世界。形象地说，我们总是生活在语言囚牢（prison of language）里。同时，任何符号系统都包含能指和所指的分离，在场的东西和缺席的东西的分离。由于有中介的存在，没有任何东西是完全在场的，总是有些东西不在场，而在场的东西往往依赖于那些不在场的东西才能存在。在这个意义上，媒介并不反映现实，而是把我们带离现实：它们将某种真实的东西（如一个人或一个事件）拿过来，改变其形式，以产生我们最终得到的文本。这就是媒介的中介作用。

我们总是在一个象征性中介的世界中，这意味着，我们无时无刻不身处一个社会建构的价值观、等级制和意识形态的世界。从麦克卢汉的角度来看，媒介技术更多通过它们的形式而非它们所传递的内容来塑造社会。“媒介即讯息”这一命题的基本含义是：过程（介质）与内容（讯息）一样重要，而过程正指的是沟通和交流如何进行。麦克卢汉反复举例，以说明这一点：

> 许多人会说，机器的意义或者讯息不是机器本身，而是人们用机器所做的事情。但是，如果从机器如何改变人际关系和人与自身的关系来看，无论机器生产的是玉米片还是凯迪拉克高级轿车，那都是无关紧要的。（第一章“媒介即讯息”）

> 电光是单纯的信息。乍一看它似乎是一种不带讯息（message）的媒介……无论它是用于脑外科手术还是晚上的棒球赛，都没有区别。（第一章“媒介即讯息”）

> 铁路的作用，并不是把运动、运输、轮子或道路引入人类社会，而是加速并扩大人们过去的功能，创造新型的城市、新型的工作和新型的闲暇。无论铁路是在热带还是在北方寒冷的环境中运转，都发生了这样的变化。这样的变化与铁路媒介所运输的货物或内容是毫无关系的。另一方面，由于飞机加快了运输的速度，它又使铁路所塑造的城市、政治和社团的形态趋于瓦解，这个

功能与飞机所运载的东西是毫无关系的。(第一章“媒介即讯息”)

麦克卢汉做过一个比喻：媒介是窃贼，我们是看门狗，媒介的内容则好比是一片滋味鲜美的肉，破门而入的窃贼用它来分散看门狗的注意力。只留意到“肉”而放过了“窃贼”的人，是怀着“技术白痴的麻木态度”。他用这个有力的比喻提醒我们，要注意媒介本身，不要仅仅关注媒介的内容。媒介研究归根结底是使用效果研究，而非使用意图研究。

理解媒介，就是理解当代社会

麦克卢汉本人有关媒介效果的认识也是逐步深入的。首先，他提出，一种媒介是另一种媒介的内容。媒介成对工作，一种媒介通过创造内容错觉来掩盖另一种媒介的运作。“媒介的影响之所以非常强烈，恰恰是另一种媒介变成了它的‘内容’”，而这可以解释，为什么人们过去对媒介的真正运转机制认识不清，因为“任何媒介的‘内容’都使我们对媒介的性质熟视无睹”。

媒介由此可以被理解为与其他媒介的关系。正如在后结构主义符号学中，符号的含义总是由其他符号组成。麦克卢汉说：“没有一种媒介具有孤立的意义和存在，任何一种媒介只有在与其他媒介的相互作用中，才能实现自己的意义和存在。”所以，“再媒介化”(remediation) 可以被理解为有关所有新旧媒介的一般性理论，虽然数字化进程造成的“再媒介化”结果似乎格外明显 (Bolter and Grusin, 2000)。这不仅意味着新媒介对旧媒介的“再媒介化”，旧媒介同时也可以“再媒介化”新媒介。通过这种方式，各种媒介为自身在文化、经济和美学上的统治地位而争斗。从历史上看，没有任何媒介可以独立运作，并建立自己单独和纯化的文化意义空间。

其次，媒介即环境。在一处，麦克卢汉明确地说，“媒介即讯息”的意思是，一种全新的环境被创造出来了。在另一处，他进一步明确说，任何媒介或技术的“讯息”就是由它引入的人间事物的尺度、速度或模式的变化。注意这个等式：讯息=技术创新引发的变化。麦克卢汉使用“讯息”一词时，总是试图告诉我们，要超越显而易见的范围，寻找新事物所启用、增强、加速或延伸的那些并非显而易见的变化或效果。这里我们用得到那对著名的对照性概念：图形与背景。我们日常所见的媒介都只是图形，仅仅构成其后隐藏的服务环境 (a hidden environment of services) 的效果。汽车没有那么重要，重要的是高速公路、汽车厂、石油公司等。“隐藏的服务环境才是改变人们的事物。环境改变人，而不是技术。”

媒介技术创建了影响使用者的环境。“环境并非消极的包装用品，而是积极的作用过程。”这体现为对人的感官比率和感知模式的改变。例如，“电视改变了我们的感官生活和脑力活动的过程”，对各种事物产生了深远的影响：政治、新闻、娱乐、宗教、商业、广告、教育等，不一而足。麦克卢汉还特别指出，人工技术是“反环境”(anti-environment or counter-environment) 的东西，给我们提供了感知环境本身的媒介。换言之，没有反环境，所有的环境都是不可见的。也可以说，环境是有意识的，而反环境是无意识的。就像水中的鱼一样，我们无意识地生活在一个技术文化环境中，这个环境是我们通过延伸自身的感官和身体完成的。我们可以把技术（也即反环境）用作训练认知和判断的手段，因为人类迫切需要对技术文化环境的认识。

如果说媒介之间的相互作用体现了进化论视角的媒介种类变迁的话，那么，把媒介视作环境，分析它造成的三大变化（尺度、速度或模式的变化），构成了媒介生态学（media ecology）的另一块基石。与反对技术白痴的态度相一致，这种认识表明，技术和媒介从来不是中性的。

再次，媒介以自己的用户为内容。麦克卢汉在1971年致爱德华·霍尔的信中说："电灯光、铁锤、语言、书籍的使用者才是媒介的内容。这样，界面就完全促成了用户的变形。我认为这一变形是讯息。"在所有的交流当中，无论是何种媒介的用户，都构成该媒介的内容。这符合古老的亚里士多德式的观察，即认知主体是且将成为他所感知或已知的事物。麦克卢汉在《理解媒介》中引用大卫王在《圣经·诗篇》第115篇对偶像的看法——"造他的要和他一样"，即看见偶像会使人顺应偶像，来类比使用技术的人会顺应技术。

而关于人为何会变得与自己的目睹物一样，英国诗人布莱克在长诗《耶路撒冷》中提供了说明。布莱克认为人被技术所分割，技术是人体器官的自我截除。人内在的东西外延之后，造成对人的催眠，人由此变成了其外延物的傀儡。

这里我们当然就不能不再次提到麦克卢汉有关一切媒介均是人的延伸的著名命题。麦克卢汉坚持技术和生物学的内在关系，坚持"新媒介是自然"，这是因为他把技术看作人类身体或感官在社会和心理上的外延。依此定义，麦克卢汉对传播媒介的描述极其普遍和广泛，其研究范围从言语和书写，到电话、摄影、电视、货币、游戏、漫画书和汽车，它们都将“无意识的原型形式推入社会意识”。当麦克卢汉提出“环境是过程，而不仅仅是容器”时，他的意思是说：所有新技术的作用都在于无声地通过重新设计“感官比例”(ratio of the senses)，而将其深刻假设加于人类心理之上。

矛盾的是，延伸也是一种阻碍自我认识的截除手段。延伸的最后阶段（也即中枢神经系统的延伸）充满了危险：

> 电力技术到来以后，在人的身体之外延伸出（或者说在体外建立了）一个活生生的中枢神经系统的模式。这一发展意味着一种拼死的、自杀性的自我截除，仿佛中枢神经系统已经失去保护，人体器官已经不再是它的缓冲装置，再也不能去抗衡横暴的机械装置万箭齐发的攻击了。（第四章“小玩意爱好者：麻木性自恋”）

这是一段相当残酷的描写，接受技术似乎成为人的宿命，我们成为技术的伺服系统。与技术保持和谐的结果是，我们的人性在逐渐消失，直到我们化作调整良好的机器人。从塞缪尔·勃特勒的小说《乌有乡》(*Erewhon*) 那里，麦克卢汉继承了人类是技术世界的性器官的思想。这部小说是最早提出机器作为一种生物会进化出自我意识的作品。虽然人造出了机器，但“机器反过来对延伸出它的人产生影响，机器因此具有替代性的生殖机能”。“机器世界促进人的意愿和欲望的实现，给人提供物质财富，以此来回报人的呵护。”

如此来看，好像很轻易就可以把麦克卢汉定为技术决定论者，但他其实一直坚持一个双向过程：人永远不断受到技术的修改，反过来，人又不断寻找新的方式去修改技术。尽管电力媒介时代是无意识和冷漠的时代，但它同时也是使我们认识到这种无意识的时代。一旦我们对媒介环境产生了意识，发现媒介带来的影响可能会损害我们的社会或文化，那么我们就有机会在效果变得无所不在之前，影响创新的发展和演变。

对于麦克卢汉来说，任何社会中的核心中介因素是交流、沟通本身的媒介。通过媒介，麦克卢汉找到了理解当代全球社会的一把钥匙。麦克卢汉论证说，在给定文化中的任何新形式的媒介的引进，都会决定性地改变该文化的成员对其物质世界和既定价值观予以中介化的方式。毋庸置疑，麦克卢汉本人被社会成员的新媒介异化经历所困扰——他既为此着迷，也感到惊慌。但他的兴趣并不在于促进新媒介发展，而在于让公众意识到媒介的压倒性影响，以便人们了解自身所处的技术环境及其心理和社会后果。

网络即讯息

在对媒介的理解上，麦克卢汉还有一个关键贡献是，让大家意识到电子媒介促进了人类集体意识的进一步发展。

他自述，《理解媒介》有一个自始至终的主题：一切技术都是身体和神经系统增加力量和速度的延伸。对人体通过延伸而增加的力量和速度所做的反应，又产生新的延伸。新的需要和新的技术回应不断累积，最终导致的并非传统的外爆，而是一场空前的内爆。

在电子媒介时代，“我们这个地球只不过是一个小小的村落。一切社会功能和政治功能都结合起来，以电的速度产生内爆”。“一旦序列性让位于同步性，人就进入了外形和结构的世界……对专门片断的注意转移到了对整体场的注意。”“今天的电子时代，资料分类让位于模式识别……不是一个分割肢解的世界，而是一个整合模式的世界。”

在这个世界里，整个星球缩小为看重当下的单一社区，人的相互依存意识增强。时间对于一个全球社会不再重要，因为没有什么会停止，也没有人会停止。空间上，人们被卷入村落生活的凝聚形态，用麦克卢汉的话来说，“我们生活在与部落之鼓共鸣的独有压缩空间中”。人类由此发生了从个人主义和碎片化向集体认同的转移，以部落为基地。麦克卢汉为这种新的社会组织造了一个词：地球村 (global village)。

当麦克卢汉写下“我们把全人类都披作我们的皮肤”(We wear all mankind as our skin) 的时候，他应该补充说，我们也装上了全人类的舌头，戴上了全人类的心脏。电子技术使得任何一种代码或语言可以即刻被翻译成另一种代码和语言，对语言学一向着迷的麦克卢汉马上意识到其重大意义。

说到语言，我们很难不想起《圣经》中人类企图兴建通天塔的传说，这一通天塔被叫作“巴别塔”，而“巴别”在希伯来语中有“变乱”之意。据《圣经·创世记》第十一章记载，当时人类联合起来兴建希望塔顶通天能传扬己名的高塔。为了阻止人类的计划，上帝让人说不同的语言，彼此之间无法沟通，计划陷入失败，人类自此各散东西。然而现在，“计算机以技术给人展示了世界大识大同的圣灵降临的希望”。人类得以重返巴别塔倒塌之前。

同时，人类感官和神经系统的延伸创造了统一的体验场域。速度和对信息的适应能力促使该场域像群体大脑一样工作。如果人类意识越来越多地以信息的形式出现，“难道不可以说，当前整个生活转换成信息的精神状态时，全球和人类大家庭都要被转换成一个统一的意识吗"？麦克卢汉认为，人类终于有机会实现但丁的梦想，即所有人全都由一种无所不包的意识统一起来。

在感官上，电视时代之后出生长大的人，与之前四百年的印刷世代相比，拥有不同的五种感官的平衡。他们变得更像原始的部落人，互相亲密接触，不论自己是否喜欢。"现在这个世界如同一面不断响起的部落鼓，每个人每时每刻都从那里得到讯息。"而到了网络时代，我们大可以修改麦克卢汉"媒介即讯息"的警句，喊出"网络即讯息"。

麦克卢汉有浓厚的寰宇意识，他永远不可能成为民族主义者，因为他的天主教信仰以其公民人文主义传统和对"理性"的内在信念，促使他相信有可能实现普世文化。同时，他认为"'罪恶'也许可以被定义为缺乏'意识'"，因而，给无知的世人传达与其生活息息相关的媒介之语法，对他来讲具有某种道德—宗教上的紧迫性，即使这种紧迫性把他置于为同类所不信的先知的位置上。

可以说，麦克卢汉是带着目的论的"人文主义者"，具有一种天主教式的乐观主义。他相信永恒，与之相比，过去、现在和未来的世俗概念几乎都不重要。他作为思想家，不是为了庆祝或诋毁世界，而只是为了理解它，认识那些可以解开历史秘密的模式，从而提供上帝设计的线索。他的神秘主义有时导致他希望，电子文明将会成为一种精神上的跃进，使人类与上帝更加接近。

但实际上，与大家惯常以为的相反，麦克卢汉并没有坚持多久这样的希望。大约只在20世纪60年代的早期，他曾于电子大同的希望中驻足。后来他很快决定，人性的电子统一只是"基督之体"(Body of Christ) 的一个摹本。他甚至还说，撒旦是一位非常优秀的电气工程师。

麦克卢汉再部落化的地球村经常被描绘成一个和平且和谐的社区，其实，如果仔细阅读麦克卢汉，我们会发现他的幽暗意识。麦克卢汉说，他从来没有认为，统一和宁静是地球村的特性。地球村实际确保了所有议题的最大分歧，因为村庄条件的增加创造了更多的不连续性、分裂性和多样性。人人互联使得很多人感觉不堪重负，失去了个人认同。对此的回应是暴力。战争、酷刑、恐怖主义和其他暴力行为都是在地球村里对认同的寻求，导致屠宰对方成为最常见的部落游戏。

了解地球村生活的积极潜力和负面影响，已经成为当今日益相互关联的世界中的迫切挑战之一。虽然麦克卢汉一度被吸引到戏剧性的希望当中，但在宇宙意识的视野里，看到古罗马代表时间的神祇双面神 (Janus) 式的互补性是至关重要的：这个时代既是巅峰的时代 (人类可臻至高成就和希望)，也是深渊的时代 (世界也可能走向暴力和崩溃)。

麦克卢汉终生都在与他所称的“无处不在的无知觉” (impercipience of the ubiquitous) 做斗争。他笔下的“梦游症”患者 (认为技术无所谓好坏) 正是被不可见的环境催眠了。在致友人的一封信中，他怀疑道：

> 为什么人们从来没有考虑过他们自己的制造物对自我意识模式的影响？我已经就这个主题写了好几本书。人类打内心厌恶去理解自己被卷入的过程。这种理解要求对所作所为担负太多的责任。

当麦克卢汉用他神谕一样的口吻来形容人对媒介的臣服时，

那真是一派令人恐怖的前景。另一方面，他又声称，卫道士般的抵抗是徒劳的，并且只会让事情变得更糟。他写道："在车水马龙的公路上，正在倒车的车辆，就它与顺向流动的交通而言，似乎在加速行驶。这似乎是文化保守分子所处的带有讽刺性的地位，潮流集中指向一个方向时，他的抵抗反而确保了更快的变革速度。"用路易斯·拉潘姆的话说，"对于那些捍卫已失阵地的人，他没有什么同情，也没有什么耐心"，麦克卢汉尽情嘲讽他们说："多年来我注意到，道学家们典型的伎俩是以愤怒代替感知。"

然而，麦克卢汉最终强调，事实上有一样东西比电子媒介的速度还快：那就是思考。麦克卢汉敦促我们提前思考。他提醒我们："控制变化不是要和变化同步前进，而是要走在变化的前面。预见赋予人转移和控制力量的能力。"放弃抵抗，但要让我们的思考领先于即将到来的变化，这就是麦克卢汉告诉我们的出路。只有这样，我们才有机会拯救我们的人性；或者，在造成最大震荡的革新中还能够向持久目标前进，并保持平稳。

增订评注本序

特伦斯·戈登

肯尼迪总统被刺以后几个月，数以百万计的观众在电视上看 xi
披头士表演，一位电视观众想要把这两件事联系起来思考问题。这支利物浦的四人乐队以其新的节奏、歌词和发型给观众带来真正的愉悦，使许多人放弃愚蠢的连续剧《达拉斯》(*Dallas*)，转而收看披头士乐队。这个人就是马歇尔·麦克卢汉。他觉得，这四个年轻人证实了他的判断：媒介即讯息。那时，他即将出版《理解媒介》。他要在20世纪60年代的动荡中赌一把，要把披头士解释为电子技术对人的理智与情感的影响。

《巴利特常用语录》(*Bartlett's Familiar Quotations*) 收录的麦克卢汉语录里有这么两条："电子技术使人相互依存的新局面以地球村的现象重新塑造世界"；"媒介即讯息"。和其他许多麦克卢汉喜欢的警语一样，"媒介即讯息"是一个悖论。它促使我们成为讯息的内容，去思考这一隽语，并探测其深度，去做出解释，以使之发挥作用。在这一警语里，加拿大政治经济学家哈罗德·伊尼斯[1]的影响是显而易见的。虽然这样的影响在《理解媒介》的正文里不是很明显，但本书的附录《理解新媒介研究项目报告书》

1 哈罗德·伊尼斯 (Harold Innis, 1894—1952)，多伦多大学教授，加拿大经济史家、传播学家、媒介环境学奠基人，著有《帝国与传播》、《传播的偏向》等。(书中注释如未注明，均为译者所加。)

(*Report on Project in Understanding New Media*, 第513, 527页[1])已经提及伊尼斯的影响。伊尼斯认为，传播的讯息对知识的时空传播产生强大的影响。他强调指出，必须研究讯息的特征，以便评估讯息对社会文化环境的影响。麦克卢汉抓住伊尼斯这个思想的萌芽，借以研究并重新予以界定传播媒介；按照他的理解，媒介是人体和心灵的技术延伸，任何技术、一切技术都是媒介。本书的框架即由此而成型。

xii 《理解媒介》问世以后，麦克卢汉不得不解释他那著名的警语“媒介即讯息”。在公开场合，他高谈阔论时的解说是“感知方式的相互影响”；私下里，他的解释往往带有诗意的色彩，他把技术环境的创造比喻为树干的最新一圈年轮。他用这一类比把语言说成是人类的第一种技术，使之具有乔伊斯余音绕梁的诗意：说话—外化—外圈 (utterings-outerings-outer rings) 的类比就是诗意的语言。

伊尼斯和乔伊斯不太像彼此相知的室友，不太可能成为麦克卢汉论媒介著作的灵感源头，除非我们记住：麦克卢汉的生活与工作可以比作爱伦·坡《大漩涡》(*A Descent into the Maelstrom*)里的水手/渔夫。从1946年发表《沙海罪踪》(“Footprints in the Sands of Crime”)的文章起，麦克卢汉就反复用这个水手自救的比喻：在大漩涡里逃生的诀窍是观察周围的一切。在第一部专著《机器新娘》(*The Mechanical Bride*) 的序言里，他把水手逃生的策略与自己的方法联系在一起：“爱伦·坡笔下的水手逃生的办法，是研究漩涡的作用并顺势而行；同样，本书不准备去攻击气势

1 文中所引页码为原书页码，见本书边码。下同。

汹汹的潮流和压力；今天，报纸、广播、电影和广告等机器的替身正在我们周围制造这样的潮流和压力，而本书准备让读者置身于这个漩涡的中心，让他钻进去观察事态的运行，观察演变之中、人人卷入的情景。”

在曼尼托巴大学读本科时，这位后来的大漩涡观察家、媒介研究专家曾在日记里发誓不搞学问。他觉得，没有教授的指导他也能学习，但后来他还是身不由己成了英语教授。本科毕业以后，他到剑桥大学上研究生，在那里种下了他走向媒介分析的种子。回顾在剑桥大学求学的日子，他认为，20世纪许多大学教授 xiii
的主要目标可以归纳为“感知训练”。总结他生平的目标，“感知训练”这一表述也许再恰当不过了——无论是向本科生讲授英语文学，还是向公司主管解释他们对自己的企业知之甚少。

如果说麦克卢汉需要一种催化剂才能迈出媒介分析的决定性一步，那催化剂就是他初为人师的震撼经验。1936年，他在威斯康星大学面对的学生只比他小五到八岁，然而他觉得自己与学生之间已然横亘着一道鸿沟。他意识到，这可能和学习方式、理解方式有关系，他不得不进行深入的考察。调查的结果使他回头反思在剑桥大学理查兹 (I. A. Richards) 等教授门下接受的感知训练；稍后，他发现了乔伊斯和伊尼斯；然后，他回到古代和那喀索斯神话；最后，他又以前瞻的目光去研究电子技术时代的西方文化。在走向媒介分析的既定目标过程中，他也走过一些迂回曲折的岔道，比如达格伍德[1]的潦倒世界和特罗布里恩岛民丰富的

1 达格伍德：卡通故事《达格伍德与金发女郎》(*Dagwood and Blondie*) 里“妻管严”的丈夫，金发女郎是悍妇，美国漫画家齐克·杨 (Chic Young, 1901—1973) 的作品。麦克卢汉在《机器新娘》里对美国文化里的这种现象做了非常风趣的批评。

语言世界（见“附录”）。

《理解媒介》在麦克卢汉的著作里享有核心的地位。该书的问世离他写剑桥大学博士论文相距二十年，离他与儿子埃里克·麦克卢汉（Eric McLuhan）合著的《媒介定律》（*Laws of Media*）在他身后出版也相距二十年。他的博士论文写的是16世纪的剧作家、讽刺家和小册子作者托马斯·纳什（Thomas Nashe）。《媒介定律》是麦克卢汉思想的最后成形。回顾他的一生我们看到，从他的博士论文到《媒介定律》有一条思想求索的路线。《理解媒介》照亮了这条路线。

《理解媒介》无法用三言两语概括。这是麦克卢汉有意为之
xiv 的写作方式。他告诉我们，我们面对信息超载时，脑子必须要诉诸模式识别，以求理解。《理解媒介》用其风格表现了这一主张。读者必须在思想的漩涡中捕捉思想。第一章里要捕捉的思想有电光的概念，电光是传播媒介，但并不被人注意。为何不被人注意则要等到第五章才去解释。他探讨感知“关闭”的观念，将其视为感知的平衡和移置，视为形象的完成（见附录“关键词”）。那喀索斯是《理解媒介》的常客，麦克卢汉用这个比喻说明，人们没有看到媒介是人的延伸，没有感觉到媒介（即技术）创造的讯息（即新环境）。他还解释说，人对人体延伸回应的力度和速度加大，进而产生更多的延伸。查理·卓别林、乔伊斯、肖邦、巴甫洛娃、乔治·艾略特和查尔斯·博耶[1]等人被塞进一个小小的段落里。麦克卢汉的大漩涡平静下来以后，读者就可以自己打造一只

1 查尔斯·博耶（Charles Boyer，1897—1977），法裔美国演员，好莱坞“多情种子”，领衔主演的影片有《梅耶林》、《煤气灯下》和《赤脚游园记》。

戏水的筏子，把浮在水面上的思想“捆绑”在一起了。下文分十段介绍他的思想：

一

我们一般想到的媒介主要是报纸、广播和电视等传播媒介。麦克卢汉却认为，媒介是人体和人脑的延伸：衣服是肌肤的延伸，住房是体温调节机制的延伸，马镫、自行车和汽车全都是腿脚的延伸。媒介即技术可以是人的任何延伸。

二

媒介成双结对，一个“包含”另一个。因此，电报包含印刷词，印刷词包含手写的文字，文字又包含言语。前者包含后者，后者即是前者的讯息。讯息是朦胧的，所以使用者看不见后者对前者的影响。由于媒介的影响很强大，所以任何讯息即通常所谓的“内容”或“信息”的冲击力都远不如媒介本身的冲击力。于是他说，“媒介即讯息”。 xv

三

并非一切媒介都成双结对。麦克卢汉发现两个例外。上述的例子里就有一个例外：言语包含在文字里，但言语这个媒介却是媒介链条的终点。思想是非言语现象，是纯粹的过程。第二个例外是电光，电光使黑暗中无法进行的活动成为可能。这些活动可以被认为是电光的“内容”，这一观点强化了麦克卢汉推出的一条原理：任何媒介施加的最强大的影响就是改变人的关系与活动，使其形态、规模和速度发生变化。

四

媒介是我们的经验世界变革的动因，是我们互动关系变化的动因，也是我们如何使用感知的动因——这里所谓感知是经过媒介延伸的感知。研究媒介就必须研究其影响，因为媒介持久而必然的互动使媒介的影响朦朦胧胧，妨碍我们有效使用媒介的能力。

五

麦克卢汉认为，一种新媒介通常不会置换或替代另一种媒介，而是增加其运行的复杂性。新旧媒介的相互作用模糊了媒介的效果。人类最早的技术是言语，这是文字、印刷和电报的源头。转化为文字以后，言语就获得了强大的视觉偏向，在社会和文化
xvi 的组织中产生影响，直至今天。但有所得必有所失，因为文字使言语和其他感知分离。广播的发展使言语延伸，此时，类似的损失也随之发生，因为广播把言语简约为一种感知——听觉。广播不等于言语，因为我们只用一种感官即听觉，但和文字一样，它造成了一种包含言语的幻觉。

六

《机器新娘》出版时，许多人觉得麦克卢汉的观点鞭辟入里，也有许多人斥之为大谬不然。《理解媒介》问世时，有人甚至对其基本的冷热媒介分类持反对意见。冷热媒介的反差建立在“清晰度”(definition)和“信息”的特殊意义上，依据的是人的感知，而不是冷热二字原本的词义。麦克卢汉所谓的“高清晰度”(high definition)是电视技术里的行话，其意思是界定清晰、鲜明、实在、详细等，他借用这一行话来描绘任何清晰的视觉形式，例如，字

母、数字、照片和地图等是清晰度很高的媒介。反之，如果形式、外形和形象不清晰，那就是低清晰度的媒介。清晰度低时，我们的眼睛扫描可以看见的东西，并填漏补缺，比如，我们看速写、卡通时就要补充缺失的信息。

麦克卢汉说媒介传输信息时，他指的信息不是事实或知识，而是我们的感官对媒介做出的回应。上文的几个例子局限于视觉，但同样的原理适用于声觉。高清晰度的媒介提供了许多信息，对使用者的要求很少。相反，低清晰度的媒介提供的信息很少，要求使用者去填充缺失的信息。这就是冷热媒介反差的基础：高清媒介热，低清媒介冷。麦克卢汉的一些例子如下表所示：

冷媒介	**热媒介**	xvii
电话	广播	
言语	印刷	
卡通	照片	
电视	电影	
讨论课	讲授课	

讨论课和讲授课的反差说明，热媒介的参与度低，冷媒介的参与度高。其他的例子提醒我们注意，和“清晰度”及“信息”一样，麦克卢汉所谓的参与主要不是指思想的卷入，而是指媒介调动我们感知的方式。

七

讨论那喀索斯神话时，麦克卢汉指出常见的错误：人们说那喀索斯**自恋**。实际上，那喀索斯并不是因为看到自己的形象而导致毁灭。他是被技术的麻木效应毁了，同理，媒介使用者也因为麻木而陷入昏迷。技术创造新环境，新环境引起痛苦，人体的神经系统就“关闭”，以阻塞痛苦。那喀索斯的名字就来自希腊词narcosis，意即麻木。

那喀索斯的故事包含的寓意是：人迷恋人体的延伸。它还显示另一个寓意：人的延伸和麦克卢汉所谓的“截除”(amputation)分不开。比如，轮子使人的腿脚延伸，减轻其载荷负担的压力，但又使被延伸的腿脚和躯干分离，从而对人构成新的压力。蹬自行车、在高速公路上飙车时，人只用上了腿脚的一个专用功能，腿脚基本的走路功能反而被剥夺了。媒介延伸人体，赋予它力量，却
xviii 瘫痪了被延伸的肢体。在这个意义上，技术既延伸人体，又“截除”人体。增益变成了截除。于是，中枢神经系统就阻塞感知，借此回应“截除”造成的压力和迷乱。

麦克卢汉考察希腊神话里的卡德摩斯王[1]，发现了媒介威力的另一个教益。卡德摩斯王种下的是龙牙，收获的是一支军队。此外，卡德摩斯王还把拼音字母从腓尼基引进希腊。可见，神话里的龙牙可能代表古老的象形文字，而威力更大的拼音字母就来自这种象形文字(见“关键词”)。

八

除了那喀索斯神话的启示之外，麦克卢汉还发现了机械技术

1 卡德摩斯王(King Cadmus)，腓尼基王的儿子，发明腓尼基文字，信奉阿波罗神谕，修建忒拜城，成为忒拜王。建城之前曾战胜凶龙，将龙牙拔下，种在地里。龙牙长成了全副武装的武士。

过渡到电子技术产生的两种互相对立的结果。在这个过程中，人类的活动无情地加速，产生了与旧秩序相联系的扩张模式，同时又产生了新秩序的收缩力，两种力量互相冲突。(人口或知识的)爆炸逆转为内爆，因为电子技术产生了地球村，在这个地球村里，知识必须要整合为一体，而不是分割为彼此隔绝的专门化地盘。

麦克卢汉举例说明了过热媒介和过度延伸的文化，说明了由此而产生的逆转。过度延伸的道路把城市转化为公路，又把公路转化为城市。19世纪的工业革命强调的是工作场所的分割程序，于是，商业世界和社会都有了新的重点，那就是统一的和整合性的组织形式(公司、垄断、俱乐部和社团)。至于20世纪，麦克卢汉认为，贝克特《等待戈多》(*Waiting for Godot*)的典型主题是电子时代开启的创造性潜力所具有的破坏性。(麦克卢汉晚期 xix
提出了媒介整合一体的定律，在这些定律里，媒介逆转是核心的主题。)

九

麦克卢汉的分析聚焦在一切社会文化领域里的媒介影响上，不过他的出发点总是个人，因为他把媒介界定为人体的技术延伸。因此，在表述自己的探索和结论时，他常常借用感知比率(即我们对几种感知的相对关系所依靠的程度)，还借用修正这一比率所产生的结果。这就涉及心理的一维。比如，字母表的发明强化了交流过程的视觉，于是，视觉比听觉优先，语言和交流带来的影响就重塑了社会的空间观念。

麦克卢汉强调了感知比率及其修正所造成的影响：在非洲，广播这种热媒介的引进扭曲了口语文化的感知平衡，必然产生迷失方向的效应，并重新点燃部落间的战争；牙医让病人戴上耳机，耳机用噪声轰击病人以阻挡牙钻引起的疼痛；在好莱坞，无声电影配音以后就减少并最终消除了模仿动作的作用，于是，表演里的触觉和动感就消失殆尽了。

这些例子涉及五种感官的关系，我们可以按照自我感觉中感官分割的程度来给它们排序。视觉排第一，因为眼睛是高度特化的器官。听觉排第二，其余的排序依次是触觉、嗅觉和味觉，它们的特化程度逐一递减。眼睛的视觉强大，接收刺激的距离很远；相比而言，舌头只能分辨甜、酸、苦、咸，必须与提供刺激的食物直
xx 接接触。

十

一旦西方文化连同它的拼音文字文化移植到无文字的口语文化，就会撕裂其部落组织，产生媒介杂交的典型例子，实现其强大的转化效应（见第五章）。与此同时，电力转化了西方文化，使其视觉的、特化的和分割的取向脱位，并偏向口语模式和部落模式。麦克卢汉思考这些变化的终极结果——原子弹的核裂变和氢弹的核聚变，他一直借用剧变能量的类比来表述自己的观点。文化的杂交是麦克卢汉最关注的问题，不过，他还提供了其他的例子，比如电光；电光重构现存的社会文化组织模式，它解放了社会文化组织，使之不必依赖日光。

麦克卢汉强调指出，作为人体延伸的媒介改变人体的感知比率，而且媒介结合时，媒介之间的新比率也随之产生。广播的来临改变了新闻报道的方式，于是，有声电影表现形象的方式也随之改变。随后到来的电视又使广播发生巨大的变化。

媒介结合时，其形式和用途都发生了变化。此时，受到影响的人的活动也在规模、速度和强度上随之变化。同理，围绕媒介及其使用者的环境也随之变化。气垫船是船舶和飞机的杂交。如此，它不仅消除了起平衡作用的机翼和龙骨，而且，机场和码头连接的环境也没有必要了。

写这本书时，麦克卢汉并不知道肌肤电反射技术、终端网点控制器和苹果公司的掌上电脑等技术。他甚至不能想象指纹鼠 xxi
标 (biomouse) 为何物。但他指出了理解这一切新技术的道路：不是理解新技术本身，而是理解新技术间的相互关系及其与旧技术的关系，尤其理解新技术与我们的关系——与我们的身体、感官和心理平衡的关系。1964年出版《理解媒介》时，他感到不安的是，人类正戴着19世纪的感知镣铐，跌跌撞撞地走向21世纪。倘若他地下有知，他今天同样会感到不安。他会继续挑战读者，在每一页的字里行间，他都会鼓励读者摆脱旧感知的镣铐。

2003年于哈利法克斯

第一部

作者第一版序

在第一版序里，麦克卢汉几乎没有暗示他要逐章展开的论 4
述，仅仅提及肌肤、手或腿脚的延伸和广告的世界。不过，他清楚地点明了一个统一的主题（“西方世界处在内爆之中”），又指出这种事态的后果（“这是电力内爆引起的焦虑的时代”），又把这个主题和事态后果与本书的治疗宗旨结合起来（“本书探索人的技术延伸所反映的人的轮廓，力求使每一种探索都明白易懂”）。此外，我们还发现他在序里引用文学作品，这仅仅是他频频引用文学的第一例（“荒诞剧以戏剧手法表现了西方人新近的两难困境：行为人似乎并没有卷入自己的行为”）。诸如此类的引述强化了麦克卢汉的主题：艺术家总是走在时代的前面，总是率先认识到新媒介的影响。麦克卢汉总是被视为技术乐观主义者，甚至被认为是“技术乌托邦”的孵化器，但他的谨慎态度还是显而易见的（“意识的延伸……是否是好事，这个问题容许一个宽泛的解答”）。显然，他的信念不寄托在技术上，他意识到“我们的时代渴望整体把握、移情作用和深度意识”，这是电力技术产生的渴望。麦克卢汉的聪颖在此起了作用，他把一个语义晦涩的拉丁语法术语“绝对离格”(ablative absolute) 巧用为令人深省的双关语。这个术语在本书中会再次露面，讲媒介效果时，他会用到这个语言学比方，饶有趣味（见第十九章“轮子、自行车和飞机”，第250页）。在第一版序里，麦克卢汉已充分展开他的主题，鼓动我们与他一道纵身投入他所谓的“创造性认识过程”。

——编者小引

5 赖斯顿[1]在《纽约时报》(1957年7月7日)撰文说：

> 一位卫生官员……本周报告，一只据说在看电视的小老鼠对一名小女孩和她的猫发动了攻击……猫和老鼠都安然无恙。我们在此记录这一事件，意在提请人们注意，天下万物似乎都在变化之中。

凭借分解切割的、机械的技术，西方世界取得了三千年的爆炸性增长，现在它正在经历内爆(implosion)。在机械时代，我们完成了身体的空间延伸。今天，经过一个世纪的电力技术[2]发展以后，我们的中枢神经系统又得到了延伸，以至于能拥抱全球。就我们这颗行星而言，时间差异和空间差异已不复存在。我们正在迅速逼近人类延伸的最后一个阶段——从技术上模拟意识的阶段。在这个阶段，创造性的认识过程将会在群体中和在总体上得到延伸，并进入人类社会的一切领域，正像我们的感觉器官和神经系统凭借各种媒介而得以延伸一样。刊登广告推销产品的客户长期以来所谋求的，正是人的意识的延伸。意识延伸究竟是不是“好事”，这个问题容许范围宽广的解答。回答诸如此类的问

---

1 詹姆斯·赖斯顿(James Reston，1909—1995)，美国时事评论家，曾任《纽约时报》社长，著有《胜利前奏》、《报界的重炮》、《截稿线》、《来自红色中国的报道》等。

2 电力技术(electric technology)，相当于现在通用的电子技术，麦克卢汉在本书里使用的这一术语均可作如是观。麦氏这本书问世于1964年，电子技术尚未通用。

题时，如果不把各种延伸放在一起同时考虑，那几乎是不可能的。人的任何一种延伸，无论是肌肤还是手脚的延伸，对整个心理的和社会的复合体都产生了影响。

本书研究的是人的一些主要延伸及其心理影响和社会后果。过去人们对这一类事情实在是考虑得太少了，这一点可以从本书一位编辑的震惊中推想出来。他沮丧地说："你这本书的材料有75%是新的。一本书要成功，就不能冒险去容纳10%以上的新材料。"但是这样的冒险目前很值得去尝试，因为它的报偿实在是很 6
高，因为我们需要了解人的延伸，这种需求日益紧迫，与时俱增。

机械时代正在退出舞台。在机械时代，许多行动都不用瞻前顾后。慢速的运动必然使反应迟滞相当长的时间。可是今天，行为及其反应几乎同时发生。事实上，我们似乎生活在神奇的一体化世界中，然而我们仍然在使用陈旧的、前电力时代那种支离破碎的时间模式和空间模式来思考问题。

西方人从读书识字的技术中获得了行动时不必做出反应的能力。如此使自己分裂的好处，可以在外科大夫的身上看到。如果在手术过程中让自己的情感卷入，他反而会手足无措。我们学会了以完全超脱的态度去完成最危险的社会运作的艺术。这种超脱是一种不介入的姿态。在电力时代，我们的中枢神经系统靠技术得到了延伸。它既使我们和全人类密切相关，又使全人类包容于我们身上。我们必然要深度参与自己每一个行动所产生的后果。我们再也不能扮演读书识字的西方人那种超然物外和脱离社会的角色了。

荒诞剧以戏剧手法表现了西方人新近的两难困境：行为人似

乎并没有卷入自己的行为。贝克特笔下丑角的源头和感染力就在这里。经过三千年专业分工的爆炸性增长以后，经历了由于肢体的技术性延伸而日益加剧的专业化和异化以后，我们这个世界由于戏剧性的逆向变化而收缩变小了。由于电力使地球缩小，我们这个地球只不过是一个小小的村落。一切社会功能和政治功能都结合起来，以电的速度产生内爆，这就使人的责任意识大大提高。正是这一个内爆的因素，改变了黑人、少年和其他一些群
7 体的社会地位。从交往受到限制的政治意义上说，要**遏制**这些群体已经不再可能。由于电力媒介的作用，他们现在与我们的生活**息息相关**，正如我们与他们的生活紧紧地纠缠在一起一样。

这是忧虑的时代，因为电力技术的内爆迫使人承担义务并参与行动，它完全不顾及个人的任何“观点”。观点的偏颇性和专一性在电力时代完全行不通，无论观点是多么高尚。在信息这个层次上，也发生了同样令人不安的变化，涵盖面宽泛的形象代替了纯粹的观点。如果说19世纪是编辑的座椅的时代，那么我们这个世纪就成了精神病学家诊治台的世纪。椅子作为人的延伸，是从臀部分离出来的专用家具，是从这部分器官分离出来的独立结构，是背部的截除。与此相反，精神病学家的诊治台却使整体的人得到延伸。诊治台清除了表达个人观点的诱惑，排除了使事情理性化的需求，所以精神病学家要使用让病人躺下的诊治台。

我们的时代渴望整体把握、移情作用和深度意识，这种渴望是电力技术自然而然的附生物。在我们之前的机械工业时代，人们热情洋溢地声明个人的观点，这是自然而然的表达方式。每一种文化、每一个时代都有它喜欢的感知模式和认知模式，所以它都倾向于为每个人、为每件事规定一些受宠的模式。我们时代的

标记，是厌恶强加于人的模式。我们突然热心起来，希望万事万
物和芸芸众生都完全宣示自己的存在和个性。在这种崭新的态
度中，可以看到一种很深的信仰。这一信仰关注的是世间万物的
太和之境。本书的写作就贯穿着这种信仰，其宗旨是探索人的技
术延伸所反映的人的轮廓，且力求使每一种探索都明白易懂。弄
懂这些延伸的形式是可能的，我对此充满信心。弄懂它们可以使
之井井有条地为人服务。我以崭新的眼光重新考察人的延伸，几
乎没有接受传统智慧中看待它们的任何观点。我们可以引用西 8
奥博尔德[1]评论经济萧条的话来说明传播媒介："还有一种因素在
控制萧条中发挥了作用，那就是对经济萧条的发展过程有了更好
的了解。"本书首先要看看媒介（即人的延伸）的一些总体情况，
然后再分别检查各种延伸的由来和发展。卷首考察的是每一种
媒介给个人和社会造成的麻木，迄今为止，还没有人对这种麻木
做过解释。 9

---

1 罗伯特·西奥博尔德（Robert Theobald，1929—1999），美国经济学家和未来学家，著有《穷人与富人》、《自由人与自由市场》、《美国第三世纪的另一选择》、《富裕的挑战》等。

作者第二版序

10 以下几段文字显示，本序旨在回应读者对第一版的反应，以澄清各种误解。麦克卢汉欣然让步，用明快的字眼解说读者渴望他阐述的警语诸如“媒介即讯息”，这样的解说不见于他的其他著作中。无疑，他的让步是很不情愿、无可奈何的。读到本书末尾时，读者也许会理解“**媒介即讯息**”的多重含义，同时可能会理解他为何喜欢这样的文风；这种只探索、不解释的风格和“**媒介即讯息**”概括的主题是密不可分的。

——编者小引

11 杰克·帕尔[1]提到，他曾经问过一位年轻的朋友：“你们这些孩子为什么用‘冷’(cool)[2]这个词去表示‘热’(hot)的意思？”这位朋友回答说：“因为你们老辈人在我们出世之前就把‘热’字用完了。”此话不错，“冷”字现在常被用来表示一向用“热”字传达的意思。过去所谓的“热烈”争论，指的是人们深深卷入的争论。相反，所谓“冷静的态度”一向指的是：争辩人抱着超然物外的客观态度和不大关心的无所谓心理。在过去的岁月里，“disinterested”意味着公正无私的高尚品性。突然之间，它滋生

1 杰克·帕尔(Jack Parr, 1918—2004)，美国电视节目主持人。
2 cool(酷)已进入汉语，老少咸宜了。

出了“与我无关”的新义。由于这些观点的深刻变化，“hot”这个字眼同样也不大使用了，但是，除了表示“hot”的原有意思之外，俚语中使用的“cool”还可能有许多其他的意思。它表示承担义务、亲身参与，使人的一切官能都卷入其间。在这个意义上，我们可以说，自动化是冷的，而专业分化、分解割裂、老式的机械“工作”却是“因循守旧的”(square)。“因循守旧的”人和“因袭旧规的”情景之所以不“cool”，那是因为在这些人身上和这些情景中很少表现出人的官能深深卷入的习惯。现在的年轻人说“幽默不酷”，他们最喜爱开的玩笑证明了这一点。他们问：“什么紫色的东西会嗡嗡响？”回答是：“一颗带电的葡萄。”“它为什么会嗡嗡响？”回答是：“因为它不会说话。”幽默之所以不“cool”，大概是由于它使我们因故而发笑，而不是让我们深深卷入其间。“冷”笑话和“冷”电影一样，都没有情节，伯格曼和费里尼执导的影片对观众介入的要求，比一般的故事片要高得多。故事情节包含一系列事件，颇像音乐中的旋律。旋律即所谓“环形路”，是一种不间断的、连接起来的、重复的结构。东方的“冷”艺术中不用这种结构。禅宗的艺术和诗歌凭借**间歇**的方式使人卷入其间，而不是凭
借**连接**的方式，按视觉形象来组织的西方世界却采用连接的方 12
式。在东方艺术中，观赏人自己就成了艺术家，因为他必须靠自己去提供一切使艺术连成一体的细节。

第二章“热媒介和冷媒介”使许多评论本书的学者堕入五里雾中。他们未能认清，人们的观念正在发生巨大的结构性变化。俚语是正在变化的感知结构的直接指数。俚语不以理论为基础，而是以直接经验为基础。研究媒介的专家把俚语当作感知变化的指南，因而他重视俚语。不仅如此，他还认为媒介可以使人产

生新的感知习惯，所以他才去研究媒介。

第一章“媒介即讯息”大概可以靠指出以下事实来阐明：任何技术都逐渐创造出一种全新的人的环境，环境并非消极的包装用品，而是积极的作用机制。哈弗洛克[1]在其宏著《柏拉图导论》(*Preface to Plato*，哈佛大学，1963年) 中，就希腊人的口头文化和书面文化做了对比研究。到柏拉图时代，文字已经创造出一种新的环境，新环境开始了使人非部落化的过程。在此之前，希腊人的成长受益于部落式百科全书 (tribal encyclopedia) 的机制。他们将诗人吟诵的诗歌铭记在心。诗人们为一切生活事件提供了具体的操作性智慧——恰如用诗写作的安·兰德斯[2]。非部落化的、富有个性的人出现以后，人们需要一种新的教育。柏拉图为读书识字的人制订了这样一种新型的计划。该计划的基础是他提出的理念 (ideas)。借助拼音字母表，分类智慧接过了荷马和赫西俄德的操作性智慧和部落式百科全书。自那时起，资料分类式教育一直主导西方的教育计划。

然而，到了今天的电子时代，数据分类让位于模式识别。模式识别是国际商用机器公司 (IBM) 的关键术语。当数据倏忽变化时，数据的分类必然太支离破碎。为了对付在典型的“信息超载”情况下以电讯速度变化的数据，人们就诉诸对外形轮廓的研
13 究，正像爱伦·坡在《大漩涡》中所描写的水手。学生中途辍学的恶果才刚刚开始。今天的年轻学生，是在电力塑造的环境中

1 埃里克·艾尔弗雷德·哈弗洛克 (Eric Alfred Havelock，1903—1988)，美国古典学家、媒介环境学家，媒介环境学派第一代代表人物，多伦多学派和纽约学派的桥梁，著有《柏拉图导论》、《缪斯学会写字》、《希腊的拼音文字革命及其文化影响》、《希腊政治的自由秉性》、《西方书面文化的源头》等。

2 安·兰德斯 (Ann Landers，1918—2002)，美国报业辛迪加专栏作家，答复读者关于恋爱、婚姻、家庭生活的来信，被誉为“美国母亲”。

长大的。这不是一个轮子的世界，而是一个电路的世界；不是一个分割肢解的世界，而是一个整合模式的世界。今天学生的**生活**，既富有幻想也有其深度。但是，他们在学校里的学习环境，是靠分类的信息组织起来的。课程之间没有联系。课程是根据一个蓝图构想出来的。学生无法参与课程的构想，也不能发现教育场景与“神秘”世界的联系，这是一个电子加工数据和经验的“神秘”世界，学生视之为理所当然的世界。正如IBM的一位经理所说：“和他们的祖父母进小学时相比，我的孩子已经生活了几辈子。”

用电子时代的话来说，“媒介即讯息”的意思是，一种全新的环境被创造出来了。这一新环境的“内容”，是工业时代陈旧的机械化环境。这一新环境对旧环境进行彻底的再加工，正像电视对电影正在进行彻底的再加工一样。因为电视的“内容”是电影。电视是外部环境，难以为人觉察，在这一点上它与一切环境无异。我们所能觉察的，只是其“内容”，即原有的环境。机器生产兴起之时，它逐渐创造了一种新的环境，其内容是农业生活和工艺技术原有的环境。这一陈旧的环境被新的机器环境提升为一种艺术形式。机器使自然转化成一种艺术形式。人第一次把自然看成是审美价值和精神价值的源泉。人们惊叹，世世代代的人为何不能察觉自然中艺术的一面。每一种新技术都创造一种环境，新环境本身常常被视为是腐朽堕落的。但是，新环境能使此前的旧环境转变为一种艺术形式。文字刚发明时，柏拉图把先前的口头对话转变为一种艺术形式。印刷术诞生时，中世纪变成 14
一种艺术形式。“伊丽莎白时代的世界观”是对中世纪的一种看法。工业时代又将文艺复兴时期转变成一种艺术形式，这一转变反映在布克哈特[1]的作品中，西格弗里德·吉迪恩[2]反过来又告诉我们如何将整个机械化的过程看成是一种艺术进程［见《机械化挂帅》(*Mechanization Takes Command*)］。

我们激增的技术创造了一整套新环境，所以人们开始意识到人工技术是“反环境”(anti-environment or counter-environment) 的东西，给我们提供了感知环境本身的媒介。正如爱德华·霍尔[3]在《无声的语言》(*The Silent Language*) 中说明的那样，人们从未意识到环境系统或文化的基本规律。今天，各种技术及其后续的环境一个紧接着一个很快发生，所以旧环境使人觉察到紧随其后的新环境。通过使我们意识到它的心理和社会后果，技术开始发挥艺术的作用。

“反环境”的人工技术前所未有地成了一种训练感知和判断的手段。把它们作为消费品而不是作为训练感知的手段，和任何时候一样，都是荒唐的、势利的。媒介研究立即开启了感知的大门。正是在这里，年轻人可以做高层次的研究工作。老师只需请学生列出一份详尽无遗的清单，就能引导他们进行研究；任何一个儿童都可以开列出一张目录，显示电话、电台或汽车对朋友生活和工作的影响及其对社会的影响。媒介影响的详尽清单开辟了许多意想不到的知觉渠道和调查渠道。

受雇于费城市镇规划局的埃德蒙·培根 (Edmund Bacon) 发现，在改造城市形象上，儿童可以成为非常宝贵的研究人员和同

1 布克哈特 (Burckhardt, 1818—1897)，瑞士历史学家、文化艺术史家，强调研究文化艺术对认识历史的重大作用，著有《君士坦丁大帝时代》、《文艺复兴时期的意大利文化》、《意大利文艺复兴史》、《世界史观》等。

2 西格弗里德·吉迪恩 (Sigfried Giedion, 1883—1968)，瑞士建筑史学家，著有《空间、时间和建筑》、《机械化挂帅》、《艺术的滥觞》、《永恒的现在》等，对麦克卢汉产生了重大影响。

3 爱德华·霍尔 (Edward T. Hall, 1914—2009)，美国人类学家、跨文化传播之父，著有《无声的语言》、《隐蔽的一维》、《超越文化》、《生活之舞蹈》、《空间关系学手册》等。

事。我们正在进入新型的教育时代，它的目的是发现，而不是传授。正如信息输入的媒介在增加一样，对洞察力和模式识别力的需求也在增加。几年前，芝加哥附近的西部电器公司做了一项有
名的实验，叫霍桑实验，结果有点神秘难解。无论工人的工作条 15
件怎么变化，他们都干得更多更好。无论暖气、照明和闲暇时间的安排是否令人愉快，结果都是产量上升、产品质量提高。实验者得出沮丧的结论：测试歪曲了证据。可他们忽视了一个最重要的事实：当工人得到许可，把自己的精力和学习与发现结合起来时，由此而增加的效率是惊人的。

前面曾经提及，学生辍学的形势会更加恶化，因为学生参与学习过程的需求得不到满足。这一情况与“文化弱势的儿童”(the culturally disadvantaged child) 这个问题也有关系。这样的儿童不光贫民窟里有，而且在郊区上层家庭中也日益增多，文化弱势的儿童是看电视的儿童。因为电视提供的新环境不大重视视觉，高度重视卷入，这就使儿童难以适应传统的教育机构。唯一的文化回应策略，是提高电视形象的视觉水平，使年轻的学生能享受到教室和课程原有的那种视觉世界。这是值得一试的权宜之计，然而，电视只不过是瞬息电路组成的电子环境的一个成分而已，而电子环境接替了轮子和螺丝的旧世界。我们要用一切手段，使我们现存教育机构这一支离破碎的视觉世界顺利轻松地完成转折，否则我们就是傻瓜。

存在哲学和荒诞戏剧表现反环境，指出了新的电子环境中的关键压力。萨特以及贝克特和米勒[1]明确宣示，蓝图、分类数据和

1 阿瑟·米勒 (Arthur Miller，1915—2005)，美国剧作家，著有《推销员之死》、《炼狱》等。

"就业"都不是出路。连"逃避"和"代理生存"(vicarious living)这两个字眼都在电子卷入的新场面中衰亡了。电视工程师已开始探索电视形象与盲文相似的性质，他们把电视形象映射到盲人
16 的肌肤上，借以使盲人"看见"电视，我们需要用这样的方法使用一切媒介，使自己能看见置身其中的环境。

第一章有几行《罗密欧与朱丽叶》的台词，是我心血来潮、略作修改以后，用来暗指电视的。而有些评论家却想象，这是我无意之间的误引。

艺术能够预见超过一代人的未来社会和技术发展，这一点早已为世人所公认。在本世纪里，埃兹拉·庞德[1]将艺术家称为"人类的触须"。雷达这种人工技术行使"早期预警系统"的功能，使我们能提前很多时间发现社会的和心理的目标，以便能做好准备去对付它们。认为人工技术能用来预见未来的观点，与人工技术是纯自我表现的观点适成对照。如果人工技术是一种"早期预警系统"——姑且用第二次世界大战中雷达刚问世时的术语吧，人工技术就不只是与媒介研究有极大的联系，而且与媒介控制的开发有极大的关联。

雷达问世时，人们发现有必要淘汰先前保卫城市的气球系统，因为气球影响新雷达信息的电讯反馈。我们许多学校现行的课程设置，就是这样的情况，人工技术的总体情况不用说更是如此。我们只能利用人工技术中的某些成分，它们能提高我们对技术和它们带来的社会及心理后果的感受能力。雷达环境这种人工技术发挥着必不可少的感知训练功能，而不是扮演精英阶层美

1 埃兹拉·庞德(Ezra Pound, 1885—1972)，美国诗人、翻译家，意象主义诗歌的主要代表人物。

味佳肴的角色。雷达反馈机制这种人工技术提供了动态的和变化的整体形象，然而人工技术的目的也许并不在使我们变化，而是在向持久目标前进时保持平稳的进程，即使是在造成最大震荡的革新中。我们已经发现，像改进技术那样经常改变我们的目标，是没有好处的。 17

一　媒介即讯息

18　“媒介即讯息”这一警语有沦为陈词之虞。所幸的是，这一妙语创制以后不久，麦克卢汉就在这一章拯救了这一警语，使之不至于沦为陈词滥调。他给这一警语加上一个修饰语，其表述是：“从社会意义上看，媒介即讯息。”这个修饰语的增加使人想起麦克卢汉在本书第一版序里的论述：“任何一种延伸……对整个心理的和社会的复合体都产生了影响。”它增强了这一警语的分量。这是他理解媒介研究的理据。正如在其他地方一样，本章令人过目不忘的标题“媒介即讯息”遮蔽了本章文本里同样精粹和关键的其他表述，比如“尾随发生的只有变化，岂有他哉”(nothing follows from following except change)，这是休谟论因果谬误的警语，麦克卢汉的引用使之复活。在第九章“书面词”里，麦克卢汉再次提及休谟的这一论述。在本书其他地方，麦克卢汉还探索了技术与文化的相互作用，尤其注重探索内在因果关系和外在因果关系的分裂，指出这一分裂是无文字文化与视觉文化的区别，以及技术条件下因果关系的意义。在《理解媒介》出版以后的许多年里，麦克卢汉始终在思考这个问题，他试图重新界定因果观念与媒介的关系。他的若干主题比如有机模式、分割肢解、自动化、神话（见书末附录“关键词”）都在本章里点到了；他指责通讯领域的巨人、美国无线电公司（RCA）的大卫·萨诺夫[1]，贬低其成就，将萨诺夫放进拥挤不堪的名人廊，麦克卢汉喜欢宣告，这些名人对媒介的基本运行规律一无所知。唯一幸免于责难的名人是肯尼斯·博尔丁[2]。本书两次提及博尔丁的《形象》（*The Image*），本章首次引用博尔丁的论述，并将其整合进他自己的思想。博尔丁说：“讯息的意义在于它给形象带来的变化。”

——编者小引

我们这样的文化，长期习惯于将一切事物分裂和切割，以此作 19
为控制事物的手段。如果有人提醒我们说，在事物运转的实际过程中，媒介即讯息，我们难免会感到有点吃惊。所谓媒介即讯息只不过是说：任何媒介（即人的任何延伸）对个人和社会的任何影响，都是由于新的尺度产生的；我们的任何一种延伸（或曰任何一种新的技术），都要在我们的事务中引进一种新的尺度。比如，由于自动化这一媒介的诞生，人类协作的新型模式往往要淘汰一些职业，这是事实。这是其消极后果。从其积极因素来说，自动化为人们创造了新的角色；换言之，它使人深深卷入自己的工作和人类协作之中，而以前的机械技术却把这种卷入摧毁殆尽。许多人会说，机器的意义或者讯息不是机器本身，而是人们用机器所做的事情。但是，如果从机器如何改变人际关系和人与自身的关系来看，

1 大卫·萨诺夫（David Sarnoff, 1891—1971），美国工程师，无线电广播之父，曾任美国无线电公司总经理，第二次世界大战期间被任命为将军。

2 肯尼斯·博尔丁（Kenneth Boulding, 1910—1993），美国经济学家，曾任美国经济学会会长，著有《和平经济学》、《经济学的重建》、《组织革命》、《经济政策原理》等。

无论机器生产的是玉米片还是凯迪拉克高级轿车，那都是无关紧要的。人类工作和协作的结构改革，是由切割肢解的技术塑造的，这种技术正是机械技术的实质。自动化技术的实质则与之截然相反。机器在塑造人际关系中的作用是分割肢解的、集中制的、肤浅的，自动化的实质是整体化的、非集中制的、有深度的。

电光源的例子在这方面能给人启示。电光是单纯的信息。乍一看，它似乎是一种不带讯息 (message) 的媒介，除非它是用来打文字广告或拼写姓名。这是一切媒介的特征。这一事实说明，任何媒介的“内容”都是另一种媒介。文字的内容是言语，正如文字是印刷的内容，印刷又是电报的内容一样。如果要问“言语
20 的内容是什么”，那就需要这样回答：“是实际的思维过程，而这一过程本身却又是非言语 (nonverbal) 现象。”抽象画是创造性思维过程的直接显示，这种思维过程在计算机设计中也会出现。然而，我们在此考虑的是设计或模式所产生的心理影响和社会影响，因为设计或模式扩大并加速了现有的运作过程。任何媒介或技术的“讯息”，就是由它引入人类事务的尺度变化、速度变化和模式变化。铁路的作用，并不是把运动、运输、轮子或道路引入人类社会，而是加速并扩大人们过去的功能，创造新型的城市、新型的工作和新型的闲暇。无论铁路是在热带还是在北方寒冷的环境中运转，都发生了这样的变化。这样的变化与铁路媒介所运输的货物或内容是毫无关系的。另一方面，由于飞机加快了运输的速度，它又使铁路所塑造的城市、政治和社团的形态趋于瓦解，这个功能与飞机所运载的东西是毫无关系的。

我们再回头说电光源。无论它是用于脑外科手术还是晚上的棒球赛，都没有区别。可以说，这些活动是电灯光的“内容”，

因为没有电灯光就没有它们的存在。这一事实只能突出说明一点："媒介即讯息"，因为是媒介对人的协作与活动的尺度和形态发挥着塑造和控制的作用。媒介的内容或用途五花八门，却对塑造人类协作的形态不起作用。实际上，任何媒介的"内容"都使我们对媒介的性质熟视无睹，这种情况非常典型。只是到了今天，产业界才意识到自己所从事的是什么业务。IBM公司发现，它的业务不是制造办公室设备或商用机器，而是加工信息，此后，该公司才以清楚的视野开辟新的航程。通用电气公司获取的利
润，很大一部分靠的是制造灯泡和照明系统。通用电气还没有发 21
现，正如美国电话电报公司一样，它的业务也是传输信息。

电光这个传播媒介之所以未引起人们的注意，正是因为它没有"内容"。这使它成为一个非常珍贵的例子，我们可以用它来说明，人们过去为何没有研究媒介。直到电光被用来打出商标广告，人们才注意到它是一种媒介。可是，人们所注意的并不是电光本身，而是其"内容"(实际上是另一种媒介)。电光的讯息就像工业中电能的讯息，它全然是固有的、弥散的、非集中化的。电光和电能与其用途是分离开来的，但是它们消除了人类协作里的时间差异和空间差异，和广播、电报、电话和电视所做的一样，它们带来了深度卷入。

如果摘录莎士比亚的著作，我们可以编写一本相当完整的研究人的延伸的手册。有人会说，莎士比亚在《罗密欧与朱丽叶》中的几句广为人知的台词中，是不是在指电视：

> 轻声！那边窗子里亮起来的是什么光？它欲言又止。[1]

1　第三句话为作者所加。

和《李尔王》一样，《奥瑟罗》与幻觉改变人的痛苦有关。《奥瑟罗》的几句台词，说明莎士比亚对媒介改变事物的力量有一种直观的把握：

> 世上有没有一种引诱青年和少女失去贞操的邪术？罗德利哥，你有没有在书上读到过这一类事情？

《特洛伊罗斯与克瑞西达》几乎全部用来对传播进行心理和
22 社会研究。莎士比亚在此表明他的认识：正确的社会和政治导向，有赖于对革新产生的后果的预见。他写了以下的台词：

> 什么事情都逃不过旁观者的冷眼，渊深莫测的海底也可以量度得到，潜藏在心头的思想也会被人猜中。

对媒介作用日益增长的意识，不论媒介的“内容”或程序如何，在下面这一节表现烦恼的无名氏诗歌中显露出来：

> 在现代思潮里（即使事实并非如此），
> 不起作用的东西，确确实实存在；
> 只写隔靴挠痒的东西，也被看作是睿智有才。

与此相同的完整的轮廓意识出现在了最新近、最基础的医学理论中，揭示出为何媒介是社会交往的讯息。汉斯·谢耶 (Hans Selye) 在《生活之压力》(*The Stress of Life*)[1]中，述及同事听见他

1 这个版本正文里引用的文献维持旧版原貌，但在本书的文献里做了必要的修正。——编者

最新理论时的沮丧情绪：

> 我用这种那种不纯净的或有毒的物质做动物实验，以观察结果。看见我如痴如狂地描绘实验情况时，他用极其悲伤的眼神看着我，显然带着绝望的神情说：“可是谢耶，你要知道自己在干什么，否则后悔就来不及了！你做的决定，是搞那些脏东西的药理学，这要耗掉你的生命！”

谢耶在他的疾病的“压力”理论中研究的是整个环境。同 23
样，媒介研究的最新方法也不光是考虑“内容”，而且还考虑媒介及其赖以运转的文化母体。过去人们对媒介的心理和社会后果意识不到，几乎任何一种传统的言论都可以说明这一点。

几年前在圣母大学接受荣誉学位时，大卫·萨诺夫将军在演说中说：“我们很容易把技术工具作为那些使用者所犯罪孽的替罪羊。现代科学的产品本身无所谓好坏，决定它们价值的是使用它们的方式。”这是流行的梦游症的声音。假定我们说：“苹果馅饼无所谓好坏，决定它们价值的是如何吃。”或者说：“天花病毒无所谓好坏，决定其价值的是如何使用它。”又比如说：“火器本身无所谓好坏，决定火器价值的是使用火器的方法。”换言之，如果子弹落在好人手里，子弹就是好的东西。如果电视显像管的画面显示适当的武器向适当的人开火，武器技术就是好的东西。我这样说并不是刚愎自用。萨诺夫的话里，根本就没有经得起检验的东西，因为这番话忽视了媒介的性质，包括任何媒介和一切媒介的性质。它表现了人在新技术形态中受到的肢解和延伸，以及由此而进入的催眠状态和自恋情绪。萨诺夫将军接下来解释了他对印刷术的态度。他说，印刷术固然使一些垃圾得以流通，但是它同时又传播了《圣经》，宣传了先知和哲人的思想。萨诺夫将军从未想到，也许技术可以做到任何事，但就是不能给人类自身增加什么东西。

西奥博尔德、罗斯托[1]和加尔布雷斯[2]之类的经济学家多年来
24 试图解释，古典经济学何以不能说明变革和增长。机械化自身有一个矛盾：虽然它是最大限度增长和变革的动因，可是机械化的原则既排除了增长的可能性，又排除了理解变革的可能性。因为机械化的实现，靠的是将过程切分，并把切分出的各部分排成一个序列。然而正如休谟在18世纪就证明的那样，单纯的序列里不存在因果原理。一事物紧随另一事物出现时，并不能说明任何因果关系。尾随发生的只有变化，岂有他哉。所以，最大的逆转与电能的问世同时发生，电能打破了事物的序列，它使事物倏忽而来，转瞬即去。由于瞬息万变的速度，事物的原因又开始进入人们的知觉，正如过去它们在序列和连续之中出现时不曾被人觉察一样。人们不再问先有鸡还是先有蛋；突然之间，人们似乎觉得，鸡成了蛋想多产蛋的念头。

飞机速度接近音障的临界点时，机翼上的声波变成了可见波。声音行将消逝时突然出现的可见性足以说明存在所具有的美妙的模式。这一模式显示，早先形式的性能达到巅峰状态时，

1 W. W. 罗斯托（W.W. Rostow, 1916—2003），美国经济史学家，发展经济学先驱之一，著有《19世纪英国经济论文集》、《经济增长过程》、《经济成长阶段》等。

2 约翰·肯尼斯·加尔布雷斯（John Kenneth Galbraith, 1908—2006），哈佛大学教授、经济学家、外交家，曾任驻印度美国大使，著有《富裕社会》、《美国资本主义：抵消力的观念》、《新兴工业国》等。

就会出现新颖的对立形式。机械化的切分性和序列性，在电影的诞生中得到了最生动的说明。电影的诞生使我们超越了机械论，转入了发展和有机联系的世界。仅仅靠加快机械的速度，电影就把我们带入了创新的外形和结构的世界。电影媒介的讯息，是从线形连接过渡到外形轮廓。正是这一过渡产生了现已被证明为十分正确的思想："如其运转，则已过时。"(If it works, it's obsolete.) 当电的速度进一步取代机械的电影序列时，结构和媒介的力的线条变得鲜明和清晰。我们又回到无所不包的整体形象。

对于高度偏重文字和高度机械化的文化来说，电影看上去是
一个用金钱可以买到的使人得意扬扬的幻影和梦幻的世界。在 25
电影出现的时刻，立体派艺术出现了。贡布里希在《艺术与错觉》(*Art and Illusion*) 中，把立体派说成是"根绝含糊歧义、强加一种解读方式去理解绘画的最极端的企图，而绘画则是一种人造的构图，一种有色彩的画布"。因为立体派用物体的各个侧面同时取代所谓的"视点"，或者说取代透视幻象的一个侧面。立体派不是表现画布上的第三维这一专门的幻象，而是表现各种平面的相互作用，表现各种模式、光线、质感的矛盾或剧烈冲突。它使观画者身临其境，从而充分把握作品传达的讯息。许多人认为这是绘画的操练，而不是幻觉的运用。

换言之，立体派在两维平面上画出客体的里、外、上、下、前、后等各个侧面。它放弃了透视的幻觉，偏好整体上对事物的迅疾的感性知觉。它抓住迅疾的整体知觉，猛然宣告：**媒介即讯息**。一旦序列性让位于同步性，人就进入了外形和结构的世界，这一点还不清楚吗？这一现象在物理学中发生过，正如在绘画、诗歌

和信息传播中发生过一样，这一点难道不是显而易见的吗？对专门片断的注意转移到了对整体场 (total field) 的注意。现在可以非常自然地说：媒介即讯息。在电的速度和整体场出现之前，媒介即讯息这一现象并不显著。那时的讯息似乎是其“内容”，因为人们总是爱问，一幅画表现的是**什么内容**。然而，人们从来不想问，音乐的旋律表现的是什么内容；也不会问，房子和衣服表现的是什么内容。看待这样的东西时，人们保留着整体的模式感，保留着形式和功能是一个统一体的感觉。但是，进入了电力时代以后，结构和外形这个基本观念已经变得非常盛行，以至于教育理论也接过了这个观念。结构主义的教育方法不再处理算术里
26 专门的“问题”，而是遵循数字场的力的外形，周旋于数论和“集合”之间。

红衣主教纽曼 (Cardinal Newman) 评价拿破仑时说：“他深谙火药的语法。”拿破仑还重视别的媒介，尤其重视旗语，这使他占了上风。据载他曾经说过：“三张敌对的报纸比一千把刺刀更可怕。”

托克维尔是第一位深明印刷术和印刷品精义的人物，所以他才能解读出美国和法国即将发生的变革，仿佛他正在朗读一篇传递到他手上的文章。事实上，法国和美国的19世纪对他来说正是一本打开的书，因为他懂得印刷术的语法，所以他也知道印刷术的语法何时行不通。有人问他既然谙熟英国、钦慕英国，为何不写一本有关英国的书。他回答道：

> 谁要是相信自己能在六个月之内对英国做出判断，那么他在哲理上一定是非常愚蠢的。要恰如其分地评价美国，一年的时间似乎嫌短。然而，获取对美国清晰

> 而准确的观念比清楚而准确地了解英国，却要容易得多。从某种意义上说，美国的一切法律都是从同一思想脉络中衍生出来的。可以说，整个社会只建立在一个单一的事实上，一切东西都导源于一个简单的原则。你可以把美国比作一片森林，许多道路贯穿其间，可是所有的道路都在同一点交会。你只要找到这个交会的中心，森林中的一切道路全都一目了然。然而，英国的道路却纵横交错。你只有亲自踏勘过它的每一条道路以后，才能构建出一幅整体的地图。

托克维尔在略早一些的有关法国革命的著作里曾经说明，18 27
世纪达到饱和状态的出版物，如何使法国实现了民族的同一性。法国人从北到南成了相同的人。印刷术的同一性、连续性和线条性原则，压倒了封建的、口耳相传文化的社会的纷繁复杂性。法国革命是由新兴的文人学士和法律人士完成的。

然而，英国古老的习惯法的口头文化传统却是非常强大的，而且中世纪的议会制还为习惯法撑腰打气，所以新兴的视觉印刷文化的同一性也好，连续性也好，都不能完全扎根。结果，英国历史上就没有发生最重要的事情。换言之，根据法国革命的路线方针而组织的那种英国革命就没有发生。美国革命需要抛弃的，除了君主专制之外，没有中世纪的法律制度。许多人认为，美国的总统制已经变得比欧洲的任何君主制更加富有个人的色彩，已经比欧洲的君主制还要更加君主制了。

托克维尔就英美两国所做的对比，显然是建立在印刷术和印刷文化基础上的，印刷术和印刷文化创造了同一性和连续性。他说英国拒绝了这一原则，坚守了动态的或口头的习惯法传统，因此而产生了英国文化的非连续性和不可预测性。印刷文化的语法无助于解读口头的、非书面的文化和制度的讯息。英国贵族被马修·阿诺德[1]恰到好处地归入未开化的野蛮人，因为他们的权势地位与文化程度无关，与印刷术的文化形态无关。格洛斯特公爵 (Duke of Gloucester) 在爱德华·吉本 (Edward Gibbon) 的《罗马帝国衰亡史》(*The History of the Decline and Fall of the Roman Empire*) 出版时对他说："又一本该死的大部头的书，唉，吉本先生？乱画一气、乱写一通、胡乱拼凑，唉，吉本先生？"托克维尔是
28 精通文墨的贵族，他可以对印刷品的价值和假设抱一种超脱的态度。这便是为何只有他才懂得印刷术的语法。只有在这样的条件下，站在与任何结构或媒介保持一定距离的地方，才可以看清其原理和力的轮廓。因为任何媒介都有力量将其假设强加在没有警觉的人的身上。预见和控制媒介的能力主要在于避免潜在的自恋昏迷状态。为此目的，唯一最有效的办法是懂得以下事实：媒介的魔力在人们接触媒介的瞬间就会产生，正如旋律的魔力在旋律的头几节就会被施放出来一样。

E. M. 福斯特 (Edward Morgan Foster) 在《印度之旅》(*A Passage to India*) 中用戏剧手法表现东西方文化的差异，揭示了口头的、直观的东方文化和理性的、视觉的西方经验模式遭遇时那种无能为力的情况。当然，理性对西方来说一向意味着"同一性、连续性和序列性"。换言之，我们把理性和文墨、理性主义和某种特定的技术相混淆了。因此，对传统的西方人来说，电力时代的人似乎变

1 马修·阿诺德 (Matthew Arnold, 1822—1888)，英国诗人、批评家、教育家，著有《多佛滩》、《邵莱布与罗斯托》、《文化与无政府状态》等。

成了非理性的。在福斯特这部小说中，男女主人公到达马拉巴山洞的时刻，正是西方印刷文化痴迷状态的真实情况及其不合时宜的性质暴露出来的时刻。阿德拉·奎斯蒂德的推理能力对付不了印度文化整个的无所不包的共鸣场。在山洞的经历以后，小说写道："生活一如既往，可是没有任何影响。换句话说，声音不再回响，思想也不再发展。一切东西似乎都被连根切断，因而受到了幻觉的侵染。"

《印度之旅》的书名取材于惠特曼，他认为美国正在走向东方。这本书是电子时代的西方人的一则寓言，只是很偶然地与欧洲或东方相关。按照书名的寓意所指，视觉和声音之间、感知和经验组织的书面形式和口头形式之间的最后冲突，业已降临到我们头上。正如尼采所言，既然理解能阻止行动，那么借助弄懂媒介如何使人延伸，如何挑起我们里里外外的战争，我们就可以节制这场冲突的激烈程度。

读书识字所引起的非部落化进程及其对部落人所造成的创伤，是精神病学家J. C.卡罗瑟斯 (J. C. Carothers) 一本书的主题，书名是《非洲人的精神健康与病变》(*The African Mind in Health and Disease*，世界卫生组织，日内瓦，1953年)。本书的许多材料 29
见于他发表在1959年11月号《精神病学》(*Psychiatry*) 上的文章，题为"文化、精神病和书面语"。这篇文章揭示了同样的情况：从西方输入的技术力量如何在偏远的丛林、草原和沙漠里起作用。有一个例子是贝都因人[1]骑着骆驼听半导体收音机的现象。洪水般滚滚而来的观念使土著人面临灭顶之灾，没有任何东西使

1 贝都因人，沙漠地区从事游牧的阿拉伯部族，住在阿拉伯半岛、叙利亚和非洲。

他们做好准备去对付汹涌而来的各种观念。这就是我们的技术通常所起的作用。我们在读书识字的环境中遭遇收音机和电视机时所做的准备,并不比加纳土著人对付文字时的本领高强。文字环境把加纳土著拽出集体的部落社会,使他们搁浅在个体孤立的沙滩上。我们在新鲜的电子世界中的麻木状态,与土著人被卷入我们的文字和机械文化时所表现出来的麻木状态,实际上是一样的。

电的速度把史前文化和工业时代商人中的渣滓混杂在一起,使文字阶段的东西、半文字阶段的东西和后文字阶段的东西混杂在一起。失去根基,信息泛滥,无穷无尽的新信息模式的泛滥,是各种程度的精神病最常见的原因。温德姆·刘易斯[1]的系列小说《人的时代》(*The Huaman Age*)所写的就是这一主题。其中第一卷《儿童的屠场》(*The Childermass*)所表现的正是做加速运动的媒介变革,表现它如何屠杀天真无邪的人们。在我们的世界里,因为能更好地觉察技术对心理形成和变化的影响,所以我们对正确判定犯罪的信心正在丧失殆尽。古代的史前社会把暴力犯罪看作是可怜的。杀人者在古人的心目中就像今天的癌症患者一样可怜。“他那样做内心一定感到很痛苦吧。”他们说。辛格[2]在剧本《西部世界的花花公子》(*Playboy of the Western World*)中卓有成效地继承了古人的这一思想。

如果说古时候的罪犯是不遵守传统规范的人,他们不能适应

1 温德姆·刘易斯(Wyndham Lewis, 1882—1957),英国小说家、艺术家,旋风派主帅,20世纪上半叶最重要的前卫文学家和艺术家之一,第二次世界大战期间旅居北美,与麦克卢汉过从甚密,画作有《巴塞罗那的投降》,著有《爱的复仇》、《诗人艾略特》、《无艺术的人》、《单向的歌》等。

2 辛格(J. M. Synge, 1871—1909),爱尔兰剧作家,著有《骑马下海的人》、《幽谷阴影》、《西部世界的花花公子》等。

技术的要求，而我们的行为则是遵照相同而连续的模式，那么我 30
们很容易把不顺应传统的人看成是可怜的人。尤其是儿童、伤残人、妇女和有色人更是可怜，在一个视觉和印刷技术的时代，他们是不公平待遇的受害者。如果从相反的角度来看问题，如果一种文化给人们分配的是角色而不是各种工作，那么侏儒、驼背和儿童就能够开辟自己的天地。我们不应该把他们塞入格格不入的、整齐划一的、可以重复的框框之中。想想这句话："这是一个男人的世界。"作为来自一种同质文化内部的无限重复的经验之谈，这句话指的是，男人在这样的世界中若要找到归属，就不得不像漫画里的"达格伍德"一样整齐划一。我们在智商测试中搞出来的那些不恰当的标准真是泛滥成灾。我们的测试者没有意识到自己文化的偏颇，他们想当然地认为，统一而连续的习惯是智慧的表征，因而就淘汰了听觉和触觉发达的人。

斯诺[1]在评论罗斯 (A. L. Rowse) 的书《绥靖》(*Appeasement*) 时 (见《纽约时报书评》1961年12月24日)，描绘了20世纪英国最高层的智囊和经验。他说："这些人物的智商大大高于一般的政治领袖。为什么他们竟然带来了一场浩劫?"斯诺赞成罗斯的观点："他们不倾听别人的警告，因为他们不愿意听。"由于他们反对红色苏俄，他们就不能解读希特勒的信号。但是，他们的失败与我们现在的失败相比，真可谓小巫见大巫。美国人把读书识字当作技术所下的赌注，在教育、政治、工业和社会生活各个层次上的整齐划一性，全都受到电力技术的威胁。斯大林或希特勒的威胁来自外部，而电力技术就在大门之内。然而，我们对电力技术

1 斯诺 (Charles Percy Snow, 1905—1980)，英国作家、科学家，著有《陌生人和亲兄弟》、《两种文化与科学革命》等。

与谷登堡技术遭遇时所产生的威胁却麻木不仁，真可谓又聋又瞎又哑。美国生活方式的形成，既要以谷登堡技术为基础，又要借重这个渠道。但是，现在来提出救世的策略还不是时候，因为世人连这种威胁是否存在都尚未公认。我的处境与巴斯德的处境
31 十分相似。他告诫医生们说：医生的敌人是完全看不见的，而且医生对自己的敌人也一无所知。我们对所有媒介的传统反应是：如何使用媒介至关重要。这就是技术白痴的麻木态度。因为媒介的"内容"好比是一片滋味鲜美的肉，破门而入的窃贼用它来吸引看门狗的注意力。媒介的影响之所以非常强烈，恰恰是另一种媒介变成了它的"内容"。一部电影的内容是一本小说、一部剧本或一场歌剧。电影这个形式与它的节目内容没有关系。文字或印刷的"内容"是言语，但是读者几乎完全没有意识到印刷这个媒介形式，也没有意识到言语这个媒介。

阿诺德·汤因比不了解媒介是如何塑造历史的。不过在他的著作里，媒介塑造历史的例子可真是俯拾即是，可供媒介研究者引用。有一个时期，他认真地指出，成人教育比如英国工人教育协会所从事的成人教育，对于流行的出版物是一个有用的反击力量。他认为，虽然所有的东方社会都已经接受了工业技术及其社会后果，"但是在文化这个层面上，并没有出现与此相应的整齐划一的倾向" (Somervell, I. 267)。这像是文人在广告环境中苦苦挣扎时夸下的海口："就我个人而言，我根本不理睬广告。"东方各国人民对我们的技术可能抱有精神上和文化上的保留态度，这对他们自己是一无好处的。技术的影响不是发生在意见和观念的层面上，而是坚定不移、不可抗拒地改变人的感官比率和感知模式。只有能泰然自若地对待技术的人，才是严肃的艺术家，因

为他在觉察感知的变化方面够得上被称为专家。

货币媒介17世纪在日本的运作所产生的结果，与印刷术在西方的运作不无相同之处。桑瑟姆(G. B. Sansom)认为，货币经济渗入日本，“引起了一场缓慢但不可抗拒的革命，终于导致封建社会的瓦解。日本在两百多年的闭关锁国以后，终于又恢复了与外国的交往”［引自《日本》(*Japan*)，克雷塞出版社，伦敦，1931
年］。货币重新组织了各国人民的感性生活，正是因为它是我们 32
的感性生活的延伸。这一变革并不取决于社会中生活的人赞同与否。

阿诺德·汤因比从一个角度去研究媒介的改造力量，反映在他的“以太化”(etherization)概念中。他所谓的以太化，是组织或技术中递进简化和递增效率的原理。这是一个典型的例子，说明他忽视这些媒介形式的挑战对我们的感性反应所产生的影响。他认为与社会中的媒介或技术相关联的，是我们意见的反馈。显然，他对这个“观点”着了魔，是被印刷技术迷住了。因为在一个有文字的、形态同一的社会里，人对多种多样、非连续性的力量，已经丧失了敏锐的感觉。人获得了第三向度和“个人观点”的幻觉。这是他自恋固着(narcissus fixation)的组成部分。他完全与布莱克[1]或《圣经·诗篇》作者敏锐的知觉隔绝起来了。我们自身变成我们观察的对象。

今天，如果我们想在自己的文化中认清方向，就有必要与某一种技术形式所产生的偏颇和压力保持距离。要做到这一点，只需要看一看这种技术尚未存在的一个社会，或者它尚不为人所知

1　威廉·布莱克(William Blake，1757—1825)，英国诗人，前浪漫主义代表人物，代表作有《天真之歌》、《经验之歌》等。

的一个历史时期就足够了。施拉姆[1]教授在其大作《电视对儿童生活的影响》(*Television in the Lives of Our Children*) 里，就使用了这种策略。他寻找电视尚未渗入的领域，进行了一些测试。但是，因为他没有研究电视形象的具体性质，所以他的测试偏重电视的“内容”、收看时间和词汇频率。总之，他研究电视的方法用的是研究文献的方法，尽管他并未意识到这一点。因此他的报告
33 极其空泛。即使倒回到公元1500年，用这样的方法去研究印刷书籍对儿童或成人生活的影响，他也不可能发现印刷术给个人心理和社会心理带来的变化。印刷术在16世纪造就了个人主义和民族主义。程序分析和“内容”分析在弄清这些媒介的魔力或潜在威力方面，都不可能提供任何线索。

伦纳德·杜布 (Leonard Doob) 在其研究报告《非洲的传播》(*Communication in Africa*) 里，谈到了一位非洲人。虽然一句话也听不懂，这个人却费尽心思每晚必听BBC的新闻节目。每晚七点准时听见那些声音，对他是至关重要的。他对言语的态度，正像我们对旋律的态度——铿锵悦耳的语调本身就很有意思。17世纪时，我们的先人对媒介的形式所抱的态度，就与这位非洲土著人的态度相同。这一点在下文所表现的情感中是显而易见的。法国人贝尔纳·拉姆 (Bernard Lam) 在《说话之艺术》(*The Art of Speaking*，伦敦，1698年) 中写道：

> 此乃上帝智慧所赐。上帝造人，意在使人幸福。凡有益于人之会话 (会话乃人之生活方式) 者，均于人相

1　威尔伯·兰·施拉姆 (Wilbur Lang Schramm，1907—1987)，美国传播学家，代表作有《传播学概论》、《大众传播学》和《大众传播的流程与效应》等。

宜……因为凡食物者，倘有营养，均宜品味；反之，其他食物，若不能为我吸收、不能成为我血肉之躯者，则索然无味、味同嚼蜡也。说话者难以应付之谈话，不能使听话者感到愉悦；听话者不感到高兴之谈话，说话人也难以做到伶牙俐齿。

这是关于人的食物和言语所表达的一种平衡理论。经过几个世纪的分割肢解和专业分工以后，我们才开始寻求一种关于媒介的平衡理论。

教皇庇护十二世(Pope Pius XII)主张认真研究媒介，他对此深表关注。1950年2月17日，他曾经说：

可以毫不夸张地说，现代社会的未来及精神生活是否安定，在很大程度上取决于在传播技术的强度和个人的回应能力之间是否能维持平衡。 34

数百年来，人类在这方面的失败是典型而完全的。对媒介影响潜意识的温顺的接受，使媒介成为囚禁其使用者的无墙的监狱。正如利布林[1]在《出版业》(*The Press*)一书中所言，倘使人看不见他所走的方向，他就不可能自由，即使他携枪达到目的，他也不能获得自由。因为每一种媒介同时又是一件强大的武器，它可以用来打垮别的媒介，也可以用来打垮别的群体，结果就使当代成为内战频仍的时代。这些内战并不仅限于艺术界和娱乐界。

1 阿博特·约瑟夫·利布林(Abbott Joseph Liebling, 1904—1963)，美国记者，《纽约客》评论员。

在《战争与人类进步》(*War and Human Progress*) 中，内夫[1]断言：“我们时代的战争都是一系列聪明错误的结果……”

倘若媒介的塑造力正是媒介自身，那就提出了许许多多的大问题。可惜我们只能在此一笔带过，虽然它们值得用浩繁的卷帙大书特书。换句话说，技术媒介就是大宗商品或自然资源，酷似煤炭、棉花和石油。任何人都会承认，如果社会经济依赖一两种粮食、棉花、木材、鱼类或牲畜之类的大宗产品，结果就会产生一些显而易见的组织模式。太强调几种大宗产品，就会使经济极不稳定，但是它又造就人们极大的忍受能力。美国南方人的怜悯和幽默，扎根于有限产品的经济之中。依靠几种产品而形成的社会，把这些产品当作社会纽带来接受，很像大城市把新闻当作社会纽带一样。棉花和石油，如同收音机和电视机一样，在人民的整个精神生活中变成了“固持的电荷”(fixed charges)。这一普遍的事实造成了一切社会的独特文化景观。每一种塑造社会生活的产品，都使社会付出沉重的代价。

35 一切媒介均是感官的延伸，感官同样是我们身体能量上“固持的电荷”。人的感觉也形成了每个人的知觉和经验。这两点可以从另一方面体会出来。心理学家荣格论及此时写道：

> 每一名罗马人都生活在奴隶的包围之中。奴隶及其心态在古代意大利泛滥成灾，不知不觉间，每一名罗马人在心理上都变成了奴隶。因为他们不断生活在奴隶的氛围之中，所以他们也透过无意识受到了奴隶心理

1 约翰·乌尔里克·内夫 (John Ulric Nef, 1899—1988)，美国化学家，美国研究生制度创始人。

的侵染。谁也无法保护自己不受这样的影响［《分析心理学文集》(*Contributions to Analytical Psychology*)，伦敦，1928年］。 36

二　热媒介和冷媒介

38　本章首次提及刘易斯·芒福德[1]，以后还会多次提到他，但芒福德常常成为麦克卢汉媒介分析的负面范例。在本书第二版的序言里，作者以显著地位介绍了杰克·帕尔。在这一章里，帕尔亦颇受礼遇，成为冷热媒介冲突的风向标。两百页以后，他会再次露面，既被用作趣闻逸事的引子，又被用以说明麦克卢汉有关电视媒介及其属性的重要观点。麦克卢汉说："通过模仿实际生活中火辣辣的情景，游戏可以给这些情景降温。"这里嵌入了一种寓意丰富的探索。游戏是集体的、原型的活动，实际生活的情景是多元的，充斥着陈词滥调。游戏与实际生活情景相互作用。稍后，麦克卢汉将把这一原理称为"重新混合"(reamalgamergence)。这一探索说明，为何马塞尔·马叟[2]在麦克卢汉的媒介分析里能与大众媒介舒舒服服地相提并论。这一探索需要继续下去，因为它挑战读者去继续应用、反复应用，以便使之成为理解媒介运行的规律。对麦克卢汉而言，探索或警语是不可或缺的工具。本章明确

1　刘易斯·芒福德(Lewis Mumford，1895—1990)，美国社会哲学家、建筑师、城市规划师、评论家，代表作有《技术与文明》、《城市文化》、《机器的神话(上)：技术与人类进化》、《机器的神话(下)：权力五边形》等。

2　马塞尔·马叟(Marcel Marceau，1923—2007)，法国默剧大师。

指出，弗朗西斯·培根的文风是迫使读者深度参与的冷媒介的范例。

——编者小引

萨克斯[1]在《世界舞蹈史》(*World History of the Dance*) 中解 39
释说："华尔兹舞的兴起，是渴望真实、纯朴，渴望贴近自然和原始风格的结果，这一成就是在19世纪中后叶取得的。"在这个爵士乐的世纪，我们可能会忽略一个事实：华尔兹是一种热烈、奔放的舞蹈，它冲破了宫廷舞和教堂舞那种风格刻板的封建樊篱。

如何区分收音机之类的热媒介和电话之类的冷媒介，电影之类的热媒介和电视之类的冷媒介？这里有一条基本的原理。热媒介只延伸一种感觉，具有"高清晰度"。高清晰度是充满数据的状态。从视觉上看，照片具有高清晰度，卡通画却只有"低清晰度"。原因很简单，因为它提供的信息非常之少。电话是一种冷媒介，或者叫低清晰度的媒介，因为它为耳朵提供的信息相当匮乏。言语是一种低清晰度的冷媒介，因为它提供的信息少得可怜，大量的信息还得由听话人自己去填补。与此相反，热媒介并不留下那么多空白让接受者去填补或完成。因此，热媒介要求的参与度低；冷媒介要求的参与度高，要求接受者完成的信息多。自然，像收音机这种热媒介对使用者的影响，与电话这种冷媒介对使用者的影响，是大不相同的。

象形文字或会意文字之类的冷媒介，与拼音文字之类的热烈

1 库尔特·萨克斯 (Curt Sachs, 1881—1959)，德国音乐学家、教师和乐器学专家。

而爆炸性的媒介，也具有大不一样的影响。拼音字母抽象的视觉程度被推向高峰时，就成为印刷术。带有专一视觉强度的印刷文字，冲破了中世纪团体性行会和修道院的束缚，创造了极端个体性模式的企业和垄断现象。但是，极端的垄断使集团组织卷土重
40 来，它把没有个性的大帝国强加在许多个体身上，于是情况就发生了逆转。文字媒介逐渐升温，热到可以多次重印的强度时，就导致了16 世纪的民族主义和宗教战争。笨重不便、大而无当的媒介比如石头，把纵向的时间黏合起来。它们被用来书写时是很冷的媒介，把许多个时代黏合成一个整体。另一方面，纸却是热媒介，它把横向的空间连成一片，在政治帝国和娱乐帝国里都是如此。

任何热媒介容许的参与度，比冷媒介容许的参与度都要少，正如讲座比研讨要求较低的参与程度，书本比对谈要求更少的参与度一样。印刷术问世以后，昔日许多形式的媒介被排除在生活和艺术之外，许多新的形式又被赋予新的强度。不过，当代俯拾即是的例子说明了以下的原理：热媒介有排斥性，冷媒介有包容性。一个世纪前芭蕾舞女星开始跳足尖舞时，人们觉得芭蕾舞艺术获得了一种新的“灵气”。由于它这种新的强度，男舞星被排除在外。随着工业时代专业分工的来临，由于家庭的功能爆炸分裂而成洗衣房、面包店和医院，并分布在社区的边缘，妇女的角色也被分割肢解了。高强度或高清晰度使生活产生专门化和分割性，这和娱乐业里的情况一致。它说明任何高强度的经验，为何要首先被“忘记”和“抑制”，为何要被压缩到很冷的程度，然后才能被“学到手”或被人吸收。这种所谓“抑制”是弗洛伊德的无意识抑制，与其说它具有道德的功能，不如说它是一种不可或缺的学习条件。倘若

我们完全而直接地接受作用于各种知觉结构的每一次神经冲动，我们很快就会成为神经质的人，就会随时心惊肉跳、揿动警铃。无意识抑制保护我们的核心价值系统，正如它借助一种简单的机制，大大缓解经验的冲击，从而保护我们的神经系统一样。对许多人来说，这种冷处理系统导致终身的心理僵化 (rigor mortis) 或梦游症。新技术问世的时期，这种情况尤为显著。

热技术紧随冷技术出现所产生的破坏性影响，罗伯特·西奥 41
博尔德在《富人与穷人》(*The Rich and the Poor*) 里提供了一个例子。澳大利亚土著从传教士手里得到钢斧以后，他们建立在石斧之上的文化就土崩瓦解了。原有的石斧不但稀缺，而且是男子至上地位的基本象征。传教士提供大量的锋利钢斧，送给妇女和儿童以后，男人甚至不得不向妇女和儿童借钢斧用，于是，大丈夫的尊严随之土崩瓦解。传统的部落和封建的等级制度和机械的、整齐划一的、重复使用的任何一种热媒介遭遇时，都会迅速分崩离析。货币、轮子和文字都会分割肢解部落的结构。任何其他形式的媒介，只要它专门从某一个方面加速信息交换或流通的过程，都会起到分割肢解的作用。与此相似，一种很快的加速现象比如随电力发生的加速现象，又可能有助于恢复参与强度高的一种部落模式。收音机在欧洲推广以后出现的情况就是一个例子。电视在美国的普及如今又倾向于产生这样的结果。专门化的技术产生非部落化的影响 (Specialist technologies detribalize)，非专门化的技术又产生重新部落化的后果。技能重新布局以后就会产生混乱，与其伴生的现象是文化迟滞。文化迟滞使人觉得必须用老眼光来看待新情况，仿佛新情况是原来就有的东西。于是在内爆的时代就有人提出“人口爆炸” (population explosion) 的思想。

在钟表时代，牛顿用钟表的形象来描绘自然宇宙。但是，在回应钟表的挑战时，布莱克之类的诗人却远远地走在牛顿的前面。布莱克说，人有必要“从单一的视野和牛顿的睡眠中”解放出来。他深知，牛顿对新的机械论的回答，本身只不过是机械地重复了一次这种挑战。布莱克认为，牛顿和洛克等人是处在催眠状态中的自恋型人物，完全不能对付机械论的挑战。叶芝在一首讽喻诗中充分表现了布莱克对牛顿和洛克思想的嘲讽：

42 洛克陷入昏迷，
伊甸园也猝死；
上帝取出肋骨，
做成珍妮织机。

在叶芝的笔下，洛克这位机械联想和线性联想的哲学家被他自己的形象搞得昏昏沉睡。“伊甸园”即统一的无意识完结了。18世纪的人获得了一种延伸，其形式是珍妮纺织机。叶芝给珍妮纺织机赋予完全的女性意义。于是，女性本身也被当成了男子存在的延伸。布莱克为他的时代提出的抗衡策略，是用有机神话 (organic myth) 来对付机械主义。今天，我们已经深入电力时代，有机神话本身成了一种简单和自动的反应。这种反应可以用数学公式和数学语言来表达，无需布莱克那种想象的感知。假如他生活在电力时代，他应付电的挑战时，大概不会简单地重复电的形式。因为神话是以瞬间眼光，观看一个往往覆盖了长时间的复杂过程。神话是一种过程的收缩和内爆。电力瞬息万里的速度给今天普通的工业和社会行动赋予神话的特点。我们用神话的方式**生活**，但我们的思维依然支离破碎，仅仅在一个平面上展开。

今天的学者敏锐地觉察到，他们探讨课题的方法和探讨的课题之间，是有距离的。研究《旧约》和《新约》的学者常常说，虽然他们处理素材的方法必须是线性的，但是他们的课题并不是线性的。他们的课题是探讨上帝和人、上帝和世界的关系，是人和邻居的关系——所有这些关系都是共生共存、相互影响的。希伯来和东方思维方式在探讨问题时，一开始就同时对付问题和答案，这是一切口头文化社会的普遍特征。接着，他们对课题的整 43
个信息反复追踪，以同轴圆的轨迹进行螺旋形追踪，尽管这种追踪貌似多余的重复。如果你准备深挖他们的文本传达的讯息，读过开头的几句以后，在任何地方停下来，你都可以抓住通篇文章的信息。这种文章布局似乎给赖特[1]以灵感，他设计的古根海姆博物馆就是以螺旋形的同轴圆为基础的。这是电力时代必不可免的冗余形式。电力瞬息万里和深层覆盖的特性决定了这个同轴圆模式。但是，同轴圆模式无穷无尽的平面相切对我们获得深刻的洞见是必不可少的。事实上，这一模式正是洞察的技法。因此，它对于媒介研究也是必要的。因为没有一种媒介具有孤立的意义和存在，任何一种媒介只有在与其他媒介的相互作用中，才能实现自己的意义和存在。

电力时代生活中的新结构和新形貌，越来越多地与机械时代陈旧、线性和切割的研究方法和分析工具相冲突。我们日益从研

1　弗兰克·劳埃德·赖特 (Frank Lloyd Wright, 1869—1959)，美国建筑师，工艺美术运动美国派的代表人物，重要作品有东京帝国饭店、古根海姆博物馆、詹森公司总部等，还设计了许多私人住宅。

究讯息的内容转向研究其总体效应。肯尼斯·博尔丁在《形象》(*The Image*)一书中论及这一点时说:“讯息的意义在于它给形象带来的变化。”关注**效应**而不是关注**意义**,是我们这个电力时代的基本变化,因为效应与总体情况相关,而不是和信息运动的单一层面相关。奇妙的是,在英国人对诽谤的看法中就有这种对效应而不是对信息的承认。英国谚语云:“事情越真实,诽谤越厉害。(The greater the truth, the greater the libel.)”

电力技术问世初期产生的结果是焦虑。现在它的结果似乎是厌烦。我们在一切疾病和生活压力中都经历了三个阶段:惊慌、抗拒和倦怠,个体的病症和集体的病症都是如此。至少,与电力初次交手后的疲惫往往使我们期待新的问题。然而,落后国家几乎没有经历过我们机械的、专门化文化的渗透,因此它们正视
44 和理解电力技术的能力远远超过我们。落后的非工业化国家在与电磁技术遭遇时,没有专门化的习惯需要克服。不仅如此,它们还保留了许多传统的口头文化,这种文化恰恰又具有新的电磁技术那种整体的、统一的“场”的性质。我们悠久的工业化地区,由于口头传统受到了侵蚀,现在必须重新发现自己的口头传统,才能对付电力时代的挑战。

用冷媒介和热媒介这个主题来表述就可以说,落后国家是冷的,我们则是热的;“城里的老油子”是热的,淳朴的乡巴佬是冷的。但是,如果用电力时代的办事程序和价值观念的逆转来说明,过去的机械时代就是热的,我们这个电视时代就是冷的。华尔兹是热烈、快节奏的机械舞蹈,它适合工业时代浮华与浓烈的情绪。相反,扭摆舞是冷的,是神情卷入、不拘形式、即兴发挥的舞蹈。到了电影和广播这两个热媒介的时期,爵士舞也变热了。

不过，爵士舞自身倾向于一种随意轻松的舞蹈对白形式，它缺乏华尔兹那些重复和机械的形式。吸收了广播和电影的第一波冲击以后，冷的爵士舞自然就流行起来了。

1963年9月13日的《生活》杂志是有关俄国的专号，据载，俄国的饭店和夜总会“虽然容忍查尔斯顿舞[1]，却又禁止扭摆舞”。这一切说明，一个处在工业化进程中的国家，往往把快节奏的爵士舞看成与国家的发展规划相一致的东西。相反，扭摆舞清冷和要求卷入的形式给这种文化的印象，不仅是腐败的，而且还与该社会偏重机械的倾向水火不容。查尔斯顿舞看上去像弹簧驱动的玩偶，所以它在俄国被看作先锋派形式。与此相反，我们则认为先锋派是超然冷漠、崇尚原始风格的，因为它要求深入参与和整体表现。

“硬性”推销和“热线”在电视时代成了纯粹的喜剧。所有的
推销员在电视的巨斧下不堪一击、死于非命。美国的热文化因此 45
变成它自己也不太了解的冷文化。事实上，美国人似乎还生活在米德[2]所描述的逆变过程中。她在1954年9月4日的《时代》周刊撰文说：“社会前进不得不保持过高的速度，方能跟上机器的速率，人们对此的怨言实在是太多了。如果你的前进完全彻底，如果社会、教育和娱乐的变化并驾齐驱，那么迅速前进是大有好处的。你必须同时改变整个模式，同时改变所有的人——而且人民必须自己下决心向前推进。”

米德在此考虑的变化，是落后社会里整齐划一的运动，或者

1 查尔斯顿舞 (Charleston)，一种快节奏4/4拍子的舞蹈，20世纪20年代开始在美国流行。
2 玛格丽特·米德 (Margaret Mead, 1901—1978)，美国人类学家，代表作有《萨摩亚人的成年》、《三个原始部落的性别与气质》、《新几内亚人的成长》等。

叫整齐划一的升温。我们离一个自动控制的社会已经很近，近得可以想象出来，其控制程度也很高。我们可以说："下周印度尼西亚的电台要少播六个小时，否则人们对文化学习的兴趣要大大下降。"或者说："下周在南非安排的电视节目可以减少二十个小时，以便使上周被广播节目提高的部落温度降下来。"我们现在可以制订规划，使整个文化氛围保持稳定，正如我们开始了解如何使世界商业经济保持平衡一样。

在纯粹个人私交的氛围中，我们常常想起，不同的时间和季节如何要求语气和态度有所变化，以便能把握交往的情势。英国交际俱乐部的成员，为了维护同伴情谊和亲切气氛，一向禁止在参与程度高的俱乐部里谈宗教和政治这样的热性话题。奥登[1]怀着同样的情绪写道："……在这个季节，心怀善意的人把话藏在心里，而不是挂在嘴上……今天，诚实的大丈夫风格正中伊阿古[2]下怀。"[约翰·贝奇曼(John Betjeman)，《精明而不精简》(*Slick but Not Streamlined*)序] 在文艺复兴时代，由于印刷技术把社会环境加热到很高的程度，所以绅士和朝臣的风格(哈姆莱特和麦丘提奥的风格)与上述风格截然不同。他们抱着喜爱玩笑的高贵人物
46 那种随意轻松、漫不经心的态度。奥登用伊阿古的暗喻提醒我们注意，伊阿古是奥瑟罗的心腹和助手，奥瑟罗是极为认真、富有激情的将军。伊阿古亦步亦趋地模仿奥瑟罗，装出严肃认真、直率坦诚的样子，逐渐给自己的形象加温，做出有啥说啥的样子，直到奥瑟罗明白无误地把他称为"诚实的伊阿古"，并把他当作很合

---

1 威斯坦·休·奥登(Wystan Hugh Auden，1907—1973)，英国诗人、文学评论家。

2 伊阿古(Iago)，莎剧《奥瑟罗》中的人物，奥瑟罗的副官，阴险、狡诈，在篡权中谋害了奥瑟罗的妻子和副将。

心意的爱将。

刘易斯·芒福德在《历史名城》(*The City in History*)中，始终偏爱冷的、结构松散的城市，不喜欢热的、塞得满满的城市。他觉得，雅典的极盛期，是乡村生活里的大多数民主习惯仍然盛行的时期。此时，各种形式的人类表达和探索喷薄而出。这种现象在以后高度发达的都市中心是不可能出现的。因为根据清晰度，高度发达的环境给人提供的参与机会少，对专门化分工的要求却很高，这就对管理者提出了很高的要求。比如，今天在商务和管理中的所谓“扩大权限”(job enlargement)，就允许雇员有更多的自由去发现和确定自己的作用。同样，读探案小说时，读者要参与进去和作者共同创造。其原因很简单：小说的叙述略去的东西太多。大网眼的长筒丝袜比平滑的尼龙丝袜更美观，因为眼睛必定要代替手掌去填充并补足它整体的形象，正像电视屏幕上的马赛克图像需要填充一样。

道格拉斯·凯特(D. Cator)在《政府的第四部》(*The Fourth Branch of Government*)中说，华盛顿新闻局的官员很高兴去补足或填充柯立芝总统人格中的空白。因为他太像一幅没有生气的卡通画，所以他们有冲动为总统本人和公众去完善他的形象。报业用“冷”来称呼柯立芝总统，这给人以启示。从冷媒介的意义上说，柯立芝在公众中的形象是，他难得把事情说清楚。所以只能用一个字来形容他：他确实非常之“冷”。在“热”的20世
纪20年代，“热”的新闻媒介觉得卡尔太“冷”，并且由于他的形 47
象缺乏清晰度而感到高兴，因为它迫使新闻界去参与填补总统在公众心中的形象。与此迥然不同的是，罗斯福总统则是个热媒介，他成了报纸的竞争对手，乐于在另一个热媒介广播中取笑

报业。反之，杰克·帕尔为冷的电视媒介主持一个冷的栏目。他成了夜总会顾客及其在报纸八卦栏目中的盟友的竞争对手。帕尔与八卦栏目作者的战争，可以说明冷热媒介之间稀奇古怪的冲突，恰如“骗人的电视猜谜舞弊丑闻”那样。一方是报纸和电台这两种热媒介，一方是电视这种冷媒介，两军对垒，互相争夺烫手的广告费。由此引起的混乱给事情加温，毫无意义地把猜谜节目主持人查尔斯·范多伦 (Charles Van Doren) 给拉了进去。

美联社1962年8月9日从加利福尼亚州圣莫尼卡发出的一篇报道中说：

> 将近一百名违反交通规则的人看了一部警方摄制的车祸影片，以此补偿自己的过失。有两人因为恶心和休克而不得不接受治疗……
>
> 违反交通规则者，凡是同意看这部题为《警号200》的影片的，均可减免5美元的罚款。该片由俄亥俄州警署制作。
>
> 影片展示了扭曲损毁的汽车、碾压变形的肢体，配有车祸现场受害者尖厉惨叫的录音。

热电影用热内容，是否可以给头脑发热的驾车人降温，倒是可以讨论。但是，这与理解媒介的性质的确有关系。热媒介疗法所产生的结果，任何时候都不能包括感情移入或参与。例如，如果一则保险广告推出一位在用人工心肺机的父亲，周围再叠印出全家欢乐的镜头，那么它给观者的恐怖，恐怕比全世界所有的警

世智慧更令人胆寒。这个问题在死刑中也被提出。严刑峻法是对严重犯罪的最大威慑力量吗？再说炸弹和冷战，大规模报复的 48
威胁是维护和平的最有效手段吗？凡事被推向饱和，必然要发生沉淀。一切有人的场合都是如此，难道这不是显而易见的吗？任何有机体或结构中的一切有用资源被调动起来以后，就会发生模式逆转的现象。残暴的场面作为威慑可以使人变残暴。暴力用于运动可以变得富有人情味，至少在有的情况下是这样。但如果用炸弹和报复作为威慑手段，非常明显，任何长期恐怖的结果都只能是麻木。这个道理是在提出放射性尘埃防护计划时被发现的。没完没了的警报付出的代价，就是满不在乎。

然而，热媒介究竟是被用于热文化还是冷文化，却大有区别。收音机这种热媒介若被用于冷文化或者不重文字的社会，其影响甚为剧烈；若被用于热文化，其结果则截然不同。比如在英国或美国这样的热文化里，人们觉得听收音机是一种娱乐。冷文化或者文字作用较低的文化，不可能把电影或收音机之类的热媒介当作娱乐。热媒介对它们造成的急剧震荡，至少与电视这个冷媒介对我们高度偏重文字的社会所造成的震荡一样厉害。

至于对付冷战和热弹恐惧，我们亟需的文化策略是幽默和游戏。通过模仿实际生活中火辣辣的情景，游戏可以给这些情景降温。俄国和西方国家之间的竞技运动，很难达到松弛神经、缓和气氛的目的。显而易见，这样的运动煽风点火。我们在媒介中看作是好玩的东西，对冷文化而言难免是政治鼓动。

寻找冷热媒介两种用法之间的基本区别，有一个办法，就是把交响乐演出的录像节目和交响乐排练时的录像节目进行对比研究。加拿大广播公司播映过的两个最好的交响乐节目，一个是

49 格伦·古尔德[1]录制的钢琴演奏会的实况，一个是伊戈尔·斯特拉文斯基指挥多伦多交响乐团排练新作品时的录像。电视之类的冷媒介在实际使用时，就要求这样的参与过程。精练、紧凑的整套节目适合热媒介，如收音机和电唱机。培根孜孜不倦地比较冷散文和热散文。他撰写论述“方法”的文章或一揽子论题相似的文章，并且把论述“方法”的文章和格言警句性的文章进行比较。他的警句有：“复仇是私人的执法。”他认为，被动消遣的读书人要的是内容充实的一揽子文章。然而，意在追求知识、探究原因的人，却需要向格言警句请教。其原因正是：格言警句言犹未尽，需要读者深入地参与其间。

区别冷热媒介的原则，完美地表现在俗语的智慧中：“男子鲜少向戴眼镜的女孩献殷勤。”镜片强化了外视的目光，完全填补了女性的形象。反之，墨镜却使人的形象神秘莫测、难以接近，需要人去参与了解，去补充完成。

再者，在偏重视觉和文字的文化中，我们与人初次见面时，他的外观占据了首要的地位，这使我们听不清楚他的名字。所以为了不至于失礼，我们又接着问：“请问您的大名怎么拼写？”相反，在偏重听觉的文化里，人名的**读音**是最重要的事情，正如乔伊斯在《芬尼根的守灵夜》(*Finnegans Wake*) 中对此的理解是：“谁给你取的这个麻木 (numb)[2]？”因为一个人的名字对他自己的确是麻木的一击，他永远不可能从这种麻木状态中恢复过来。

还有一个很好的办法检验冷热媒介的差异，就是用要弄人的玩笑。热性的文字媒介完全排斥玩笑中实用和参与的一面，所以

1 格伦·古尔德 (Glenn H. Gould, 1932—1982)，加拿大著名钢琴家。

2 numb (麻木) 与 name (名字) 近似，用于双关。

鲁尔克[1]在《美国的幽默》(*American Humor: A Study of the National Character*) 中说，文字媒介绝无玩笑可言。对于偏重文字的人来说，由于捉弄人的玩笑要求全身心投入，它就和双关语一样索然寡味、倒人胃口，因为双关语使我们脱离了印刷文字井井有条、流畅平滑、整齐划一的既定轨道。事实上，识字的人完全意识不到 50
印刷媒介高度抽象的性质：对他们来说，较为粗糙的、需要人参与的艺术形式是“热”的，而抽象的、高度偏重文字的形式是“冷”的。约翰逊博士[2]脸上挂着拳师的笑容说：“您可以觉察到，夫人，我是有教养的，彬彬有礼，到了谨小慎微的地步。”约翰逊博士是对的。他认为“富有教养”已经成了衣冠楚楚的同义语，而衣冠楚楚又可以和印刷的精确度相比。所谓“舒服”指的是放弃视觉安排，让位于感官的随意参与。任何一种感官，尤其是视觉，被加热到支配地位时，都会排斥舒适的感觉。

另一方面，如果在实验中剥夺一切外在的感觉，受试者就开始狂热地填补或补足各种感觉，实际上他这时的感觉全然是幻觉。由此可见，一种感官的加温往往会产生催眠的效果，所有感官的降温往往会产生幻觉。 51

1 康斯坦斯·梅菲尔德·鲁尔克 (Constance Mayfield Rourke, 1885—1941)，美国史学家和文化学家，研究美国文化和民族特性的先驱。

2 塞缪尔·约翰逊 (Samuel Johnson, 1709—1784)，常被称为约翰逊博士，英国文学家、批评家、词典编纂家。

三　过热媒介的逆转

52 在本章里，麦克卢汉宣告他最重要的主题之一：电力技术的功能是非集中化的。电力技术的影响无处不在、难以回避，使几千年来机械技术时代的社会组织扩张的主导趋势完成逆转。在这里，麦克卢汉首次用一段文字述及语词，述及“媒介或结构”的范围，这是理解麦克卢汉思想的重要线索（第一章里“从社会意义上看，媒介即讯息”那句话已经隐含着这一线索）。他继续引用他人的著作，那些作者忽视了其中的意义，他却用这些引语为自己指路：“倘若班达[1]熟悉自己的历史……”他讥讽“愤怒的一代”（英国愤怒的青年）[2]失去了勇气。第一章业已引用的肯尼斯·博尔丁为麦克卢汉提供了重要的概念，即“断裂界线”(break boundaries)，这就是本章题名里“逆转”的实质。他探索媒介逆转无穷无尽、无限丰富的各个方面，把重新部落化的概念（见上一章和书末的“关键词”）与**地球**村必然逆转为**地球**城市 (global city)（地球城市这一表述只见于他未发表的书信里）联系在一

1 朱利安·班达 (Julien Benda, 1867—1956)，法国小说家、哲学家，著有《对欧洲民族的讲话》、《知识分子的背叛》等。

2 愤怒的青年 (Angry Young Men)，英国20世纪50年代一些愤世嫉俗的作家和评论家，在作品中对当时西方社会的种种现象进行批判。

起："新型的富有吸引力的或世界性的大都会将是静态的、图像性的、无所不包的。"与此同时，他认为，电视上主持人的头部特写不会使电视这种冷媒介过热，但书页上的独词句并不会使书籍这种热媒介过冷。这有利于他强化本章的主题，预示稍后讲印刷词和电视的章节。

——编者小引

1963年6月21日有这样一条新闻： 53

> **华盛顿—莫斯科热线　将于六十天内开通启用**
>
> 据《泰晤士报》日内瓦讯：
>
> 建立华盛顿和莫斯科之间的直接通信联系，以应付紧急情况的协议，昨日在此由美国的查尔斯·斯特尔和苏联的塞姆扬·拉扎普金签署……
>
> 这条通信线路叫作热线，根据美国官员透露，它将于六十天内开通。它将租用商业通信线路，一条是电缆，一条是无线电通信线路，并将使用电传打字机。

用印刷这一热媒介，替代要求人参与的电话这一冷媒介，这一决定是极为遗憾的。毫无疑问，促成这一决定的，是西方对于读写的偏向，理由是它比电话的个人色彩少。印刷形式在莫斯科和在华盛顿的影响是完全不同的。电话形式在两地的影响也是如此。俄国人喜爱电话这一工具，它非常适合俄国人的口头传统，因为它的非视觉参与程度高。他们使用电话以求预期效果的方式，使我们联想到揪住对方衣领说个没完没了的人，这种人离对方的脸只有十二英寸远。

电话和电传作为莫斯科和华盛顿无意识文化偏好的放大媒介，都可能引起极大的误解。俄国人在室内安装窃听器，用耳朵做谍报工作，觉得这是非常自然的事情。但是，他们看见我们用视觉手段搞谍报工作却非常气愤，他们觉得这样做很不自然。

一切事物在其发展过程中表现出来的形式，与其最终呈现
54 的形式截然相反，这是一条古老的原理。对事物演化过程中逆转性能的兴趣，在各种各样的观察中，都是显而易见的；无论在庄重的还是戏谑的观察里，都可以看到这样的兴趣。蒲柏有诗为证：

丑恶乃魔鬼，面目可怕，
无论何人见，均要痛恨。
可常见常睹，便习以为常，见怪不怪，
先对它容忍，继对之怜悯，终至于拥抱。

据说，一只蝴蝶的幼虫目不转睛地看着一只蝴蝶说："哇，你用那该死的翅膀休想捉住我。"

在另一个层面上，我们在本世纪目睹了人们对神话传说态度的转变，由嘲笑其虚假到恭敬地研究神话。我们对地球村的社会生活和问题开始做出反应时，反倒成了倒退保守分子。与我们瞬息万里的技术同时产生的参与要求，把"社会意识最强"的人变成了保守派。苏联第一颗人造地球卫星被送入地球轨道时，一位小学教师叫她的二年级学童就此写儿歌。一位儿童凑了几句：

星星这么大，
地球这么小，
待在地球上，
别跟它飞走。

对人而言，知识和探求知识的过程同等重要。同样，我们领悟河外星系和亚原子结构的能力，是感官的运动，这个认识活动既包括又超越河外星系和亚原子结构。上述二年级小学生生活在一个非常浩瀚的世界中，这个世界比任何科学家靠仪器测算或观念描绘的世界都要浩瀚得多。叶芝如此形容这样的逆转："看得见的世界不再是真实，看不见的世界不再是梦幻。"

实在的世界转换成科学幻想，与此相联系的是另一个飞速展
开的逆转。由于这一逆转，西方世界正在走向东方，同时东方世 55
界也在走向西方。乔伊斯把这一相互逆转的过程写入了他的两
句神秘的诗句之中：

幸福将使东方惊醒，
但你也会把晚间当作早晨。

他的小说《芬尼根的守灵夜》这一书名，就是一套多层次的双关语，说的是西方人追随着老芬尼根的足迹，再次回到部落社会（或曰芬尼根）的周期。但是，这一次重新进入部落生活的夜晚时，却非常清醒，毫无睡意。这就是我们当代人对"无意识"的觉醒。

机械形式转向瞬息万里的电力形式，这种加速度使外向爆炸

逆转为内向爆炸。在当前的电力时代里，世界因内爆（或曰紧缩）而产生的能量，与过去扩张的、传统的组织模式发生了冲突。直到不久前，我们的制度和安排，包括社会的、政治的、经济的制度和安排，都只有一个单向的模式。直到今天，我们仍然觉得这一模式是“爆炸性的”或“扩张性的”。虽然这一模式不再通行，我们依然在说“人口爆炸”和“知识爆炸”。事实上，造成我们对人口担心的，并不应该是世界人口的增加。更确切地说，引起我们焦虑的，倒是这样的拥挤：电力媒介使人们的生活彼此纠缠，造成了极端的拥挤。同样，教育的危机并不是谋求教育的人数在增长。我们新的担心，是知识相互关联而产生的转变，过去课程表中的各门学科是彼此隔离的。部门割据的独立王国在电力速度的条件下，像君主制一样冰消雪融了。沉迷于老式的、机械的、由中心向边缘扩展的单向模式，再也不适合我们当今的世界。电的作用不是集中化，而是非集中
56 化。这种区别就像铁路系统和输电网络系统的区别。铁路系统需要铁路终端和大都会中心，而电力可以一视同仁地输往农舍和办公楼，所以它容许任何地方成为中心，并不需要大规模的集中。这一逆转模式在“省力”的电器中出现得很早，无论是烤面包片的小电炉、洗衣机还是真空吸尘器。与其说它们节省劳力，不如说它们容许每个人单干。19世纪时人们分派给仆人做的事情，现在由我们自己动手干了。这条原则完全适合于电力时代。在政治方面，它容许卡斯特罗作为独立的核心或中心而存在。它也可能容忍魁北克省脱离加拿大联邦，这种情况在铁路王国时代完全是无法想象的。铁路需要统一的政治和经济空间。相反，飞机和广播容许空间组织中最大限度的非连

续性和多样性。

今天，古典物理学、古典经济学、古典政治学的伟大原理，即一切过程可分的原理，由于延展为统一场理论而自身发生了逆转。由于复杂过程中的一切功能都有机地互相交错，工业中的自动化取代了过程的分割。电力线接替了装配线。

在新型、电力的信息时代和程序化生产中，商品本身越来越具有信息的性质，虽然这一趋势主要出现在日益增加的广告预算中。意味深长的是，维持媒介的主要负担，都落在用于社会交往的商品上，比如香烟、化妆品和肥皂（肥皂是用来洗掉化妆品的）。由于电力信息水平的提高，几乎任何一种材料都可以用来为任何需要或功能服务，这就迫使知识分子越来越多地承担社会指挥者和生产服务者的角色。

班达所著《知识分子的背叛》(*The Great Betrayal*) 有助于 57
澄清新的形势：知识分子突然承担了执牛耳的角色。艺术家和知识分子长期被排除在权力之外。自伏尔泰起，知识分子都处在反对派的地位。可是班达发现，他们突然应召进入了最高的决策集团。这是一场莫大的背叛：他们拱手放弃了自己的独立地位，变成了权力的仆从，比如当前的原子物理学家就是这样的仆从。

倘若班达熟悉自己的历史，他本来不会如此气愤、如此惊诧的。因为知识分子的角色，从古至今都是新旧权力集团之间的联系人和中间人。最广为人知的知识分子群体是希腊籍的知识分子奴隶，他们长期担任罗马帝国权贵的教育者和私人秘书。从古至今，西方知识分子所承担的，正是这个奴颜婢膝的私人雇员的角色。他们一向就是大亨巨头——商业的、军事的和政治的大亨巨头的奴仆。英国“愤怒的青年”就是这样的一群知识分子，他们突然之间穿过教育界的应急出口从底层冒了出来。爬入上层权力社会以后，他们发现里面的空气一点也不新鲜清爽。但是他们丧失勇气的速度甚至赛过了萧伯纳。和萧伯纳一样他们很快就沉迷于奇想之中，沉迷于培养安乐情趣的价值中。

在巨著《历史研究》(*A Study of History*) 中，汤因比记述了许多形式和动力逆转的历史现象，比如在4世纪中叶，为罗马人效劳的日耳曼人，猝然启用并保留了自己的部落形式，并以此为荣。这一时刻是一个标志，说明他们接受罗马人的价值，达到了饱和状态，并因此而产生了自信。同时，它标志着罗马人的价值已经摆向了尚古的价值。(美国人“吃饱”了欧洲传来的价值观念以后，尤其是在电视问世以后，开始执着地追求美式马车灯、拴马栓和厨房用品等文化器物。) 正当野蛮人爬上罗马社会阶梯的顶端
58 时，罗马人自己也爱上了部落人的服装和习俗。他们的动机和路易十六的法国宫廷爱上牧羊人的世界是一样的，都是一种轻佻、势利的风气。好比是，统治阶级在迪士尼乐园游乐，让知识分子接过安邦治国的重任。这似乎是顺理成章的事情。

本章想要说明，任何媒介或结构都存在博尔丁所谓的“断裂界限，即一个系统在此突变为另一个系统的界限，或者说，系统在动态过程中经过这一点后就不再逆转”。本书稍后将要讨论几种这样的“断裂界限”，包括由静态到动态的界限、由机械状态过渡到有机状态的界限。静态照片的一个结果，是掩盖富人的摆阔气消费；静态照片加速为动态摄影以后，它给全球的穷人提供的是虚幻的富有。

今天，道路越过了断裂界限，把城市变成了道路，而马路本身

也带上了都市的性质。道路的断裂界限越过以后，还出现了另一个典型的逆转：乡村不再是工作的中心，城市不再是休闲的中心。实际上，大大改善的道路和运输使古老的模式发生了逆转，城市变成了工作的中心，乡村变成了休闲和娱乐的场所。

早一些时候，随着金钱和道路的增加而变得繁忙的交通，结束了静态的部落状态（汤因比称之为漂移的、采集食物的文化）。
在断裂界限上发生的逆转有一个典型的特征。这是一个自相矛 59
盾的奇特现象：游动迁徙的人，在社会生活中是静止不动的。相反，静坐少动的专业人士却是动态的、爆炸性的、进步的。新型的富有吸引力的或世界性的大都会将是静态的、图像性的、无所不包的。

在古代世界，人们对断裂界限作为逆转发生和不可回归的临界点，有一种直觉，这反映在希腊人所谓狂妄自大的概念中。汤因比的《历史研究》在“创造力的报应”(The Nemesis of Creativity)和“角色的颠倒”(The Reversal of Roles)这两个小标题下介绍了这两种直觉。古希腊剧作家表现的创造性同时又产生其独有的盲目性，比如解开斯芬克斯之谜的俄狄浦斯王就是这样的。希腊人似乎觉得一次突破所受的惩罚完全堵塞了通向整体场意识的道路。中国的一本书《道德经》（阿瑟·韦利译本）中，有许多例子说明紧随过热的媒介（即过度延伸的人或文化）以后接踵而至的突变和逆转：

> 企者不立，跨者不行；自见者不明；自是者不彰。[1]

1 《道德经》第二十四章。

任何系统发生突变最常见的原因之一，就是与另一个系统的“异体受精”，比如印刷术和蒸汽印刷机结合所产生的突变，广播和电影结合所产生的突变（即有声电影）。今天，由于出现了缩微胶卷和缩微卡，不用说还有电子存储器，印刷文字又有了很强烈的手工特性。但是，活字印刷本身在拼音文字文化的发展史上就是一次重大的突破，正如拼音字母表曾经是部落人和个性人之间发生断裂的界限一样。

在官僚结构和进取精神相互作用下所发生的无穷无尽的逆转和断裂界限，包括这样一个转化点：个人开始为“个人的
60 行动”负责。这是部落集体权威崩溃的时刻。若干世纪以后，当进一步的爆炸和膨胀耗尽了个人行动的力量时，集体的努力又发明了公债的概念，这就使个人私下里为集体的行动承担责任。

19 世纪给机械的、分裂切割的技术方法加温，于是人们的整个注意力就转向联合和整体的东西。在机器取代人工的第一个伟大时代里，卡莱尔[1]和前拉斐尔派[2]的文艺家们就宣传这样一种教义：工作是神秘的社会群体交往。罗斯金[3]和莫里斯[4]之类的百万富翁为艺术而呕心沥血。马克思就受到了这种学说的影响。在维多利亚时代伟大的机械化过程和道德高调之中，最奇怪的逆

1 托马斯·卡莱尔（Thomas Carlyle, 1795—1881），英国散文家、史学家，著有《法国革命史》、《英雄与英雄崇拜》等。

2 前拉斐尔派（Pre-Raphaelites），19 世纪中叶兴起的英国文艺派别，反抗学院画派，推重拉斐尔之前自然、古朴的画风。

3 约翰·罗斯金（John Ruskin, 1819—1900），英国艺术批评家、社会理论家，大力支持前拉斐尔派。

4 威廉·莫里斯（William Morris, 1834—1896），英国诗人、艺术家、设计师、空想社会主义者，前拉斐尔派重要成员。

转就是刘易斯·卡罗尔[1]和爱德华·利尔[2]的抗衡策略。他们的打油诗被证明有极为持久的生命力。当卡迪根老爷们(Lord Cardigans)正在血洗死亡谷[3]时,吉尔伯特和沙利文[4]却在宣布,维多利亚时代逆转的断裂界限已经被越过了。 61

1 刘易斯·卡罗尔(Lewis Carrol, 1832—1898),英国作家、数学家,他的作品《爱丽丝漫游奇境》风靡至今。

2 爱德华·利尔(Edward Lear, 1812—1888),英国风景画家,以打油诗闻名。

3 死亡谷(Valley of Death),美国内华达州和加州东部的大片沙漠。鸟类多而植物少。在19世纪中叶以后开发西部的狂潮中,淘金者在此屠杀、驱赶印第安人,夺占他们的家园。

4 吉尔伯特和沙利文(William Gilbert, 1836—1911; Arthur Sullivan, 1842—1900),英国剧作家和作曲家。亦指二人合作写的轻歌剧,吉氏作词,沙氏谱曲。19世纪末,其作品风靡伦敦。

四　小玩意爱好者：麻木性自恋

62　麦克卢汉继续用探索和警语来包装他的主题，将其作为工具交给读者，让读者接过手去探索他的主题："自我截除不容许自我认识。"稍后，媒介典型的截除效应将会再次露面，用"过时"的概念来表示（见"主题索引"和"关键词"），**或者**作为以下关键词意义的向导："感知关闭或寻求感知平衡"、"感知关闭或感知位移"。在第七章"挑战与崩溃"里，这个主题变异为"感知关闭或心理影响"，这是对受到那喀索斯怠慢的回声女郎厄科的回应，是就生活危险发出的紧急警报，比危及生命和肢体的危险还严重，在潜意识里埋藏得更深。

——编者小引

63　希腊神话中的那喀索斯与人们的生活经验直接相关，这一关系反映在该词的意义中。考其词源，那喀索斯与"麻木"同出一源。少年那喀索斯误将自己的水中倒影当成另一个人。他在水中的延伸使他麻木，直到他成了自己延伸（即复写）的伺服机制（servomechanism）。回声女郎试图用那喀索斯片言只语的回声来赢得他的爱情，竟终不可得。他全然麻木了。他适应了自己延伸的形象，变成了一个封闭的系统。

这一神话的要旨是：人们对自己在任何材料中的延伸会立即产生迷恋。古往今来的玩世不恭者硬说，男人最钟情的，是反映他们自己形象的女人。即使此说不错，这个神话的寓意也丝毫不能说明，那喀索斯爱上了自认为是自我的东西。显而易见，如果他知道倒影是自己的延伸或复写，他的感情是会迥然不同的。也许这一神话说明，我们的文化太偏重技术，已近乎麻木。因此我们在解释这一神话时才坚持认为：那喀索斯是爱上了自己，他想象水中的倒影是自己！

从生理学的角度看，有充分的理由说明，我们的延伸会使我们麻木。医学专家如汉斯·谢耶、阿道夫·乔纳斯（Adolphe Jonas）都认为，我们的一切延伸，无论是病态的还是健康的，都是保持平衡的努力。他们把人的任何延伸都看成是“自我截除”。人体无法探查或避免刺激的根源时，就诉诸自我截除的力量或策略。我们的语言里，表示压力强制下自我截除的说法，真可谓俯 64
拾即是。我们说：“想大发雷霆”（wanting to jump out of my skin），“气得发疯”（going out of my mind或driven batty），“怒发冲冠”（flipping my lid）。我们常常利用受控条件下的运动和游戏去创造人为的情景，以抗衡实际生活中的刺激和压力。

乔纳斯和谢耶固然无意对人的创造和技术提出解释，但是他们给我们提出了一种有关疾病（不舒适）的理论。这一理论十分有利于说明，人为什么被迫用“自我截除”来延伸自我的肢体。身体受到超强刺激的压力时，中枢神经系统就截除或隔离使人不舒适的器官、感觉或机能，借以保护自己。因此新发明的刺激，就构成增加速度和加重负担的压力。以腿脚的延伸轮子为例，文字与货币媒介加快交换过程、形成新的负担、造成压力，这就构成腿脚需要延伸为轮子的直接原因，或者说是从人身上“截除”脚的功能的直接原因。反过来，轮子作为应付加重负担的对抗手段，通过其分离或隔离出来的功能（即转动的脚），就产生了放大的效应，引起了腿脚行走时所没有的强度。于是，唯有借助麻木和堵塞感知通道，神经系统才能承受这种运动的强度。这才是那喀索斯神话的意义。这位少年在水中的倒影，正是刺激的压力所造成的自我截除或延伸。这一倒影产生了全身性的麻木和休克，这一麻木和休克是无法被识别出来的。自我截除不容许自我认识。

自我截除是中枢神经系统解压的直接手段。很容易用它来说明包括从言语到电脑的传播媒介的起源。

从生理功能来看，中枢神经系统是为感官协调各种媒介的电路网络，发挥着关键的作用。凡是威胁中枢神经系统功能的东西
65 都必须受到遏制，必须把它限制在局部范围或者把它切断，甚至连威胁中枢神经系统的器官都要被截除。人体是各种器官构成的一个整体，维持和保护着中枢神经系统，是对付自然环境和社会环境中各种突然刺激的缓冲装置。突然的社会失败和羞愧使人震撼。有人会痛心疾首，有人会全身肌肉震颤。这是身体发出的信号，叫人退出构成威胁的环境。

身体治疗或社会治疗都是一种抗刺激机制。治疗有助于维持人体器官的平衡，而人体器官又是保护中枢神经系统的。愉悦（比如运动、娱乐、饮酒）是一种对抗刺激的手段，而舒适则是去除刺激的手段。愉悦和舒适都是维持中枢神经系统平衡的策略。

电力技术到来以后，在人的身体之外延伸出（或者说在体外建立了）一个活生生的中枢神经系统的模式。这一发展意味着一种拼死的、自杀性的自我截除，仿佛中枢神经系统已经失去保护，人体器官已经不再是它的缓冲装置，再也不能去抗衡横暴的机械装置万箭齐发的攻击了。自从印刷术发明以来，人体器官功能相继实现机械化。这样的社会经验太猛烈、刺激性太强，人的中枢神经系统无法承受这样的经验。很可能正是这样的原因才延伸出一个神经系统的模式。

这就是自我截除唯一可信的原因。说到这里，我们还得回归那喀索斯的主题。如果那喀索斯真是由于看见自我截除的形象而麻木的，那么他的麻木是很有道理的。身体上和心理上的创伤或震撼的模式有很大的相似性。突然失去心爱的人，突然摔倒，都会使人感到震惊。失去亲人和摔倒时的震惊都是要自我截除的极端例子。震惊诱发泛化的麻木，使各种感知 66
的阈限提高。遭受震惊的人似乎感觉不到疼痛，也没有什么别的感觉。

震耳欲聋的厮杀声所造成的战场上的震撼效应，经过修正被用于一种名为“止痛耳机”(audiac) 的装置中。病人戴上耳机，转动旋钮将噪声调到需要的音量，直到他感觉不到牙钻引起的疼痛为止。只挑选一种感官去对付强烈的刺激，只挑选一种延伸的、分离的、“截除的”感觉去用于技术——在一定的意义上说，这就是技术使创造者和使用者麻木的原因。这是因为中枢神经系统要调动全身的麻木反应，去对付专门化刺激的挑战。

突然摔倒的人感觉不到疼痛，也感觉不到其他的刺激，因为中枢神经系统必须避免任何强烈的冲击。只有当他开始颤抖、出汗或是做出其他反应的时候，他才会开始逐渐恢复正常的视觉和听觉，因为这时候他的中枢神经系统已经做好了应付突然摔倒的准备。

我们可根据被技术所延伸或截除的是哪一种感觉或官能来预测，其他感官是否关闭，或者说是寻求感官平衡。颜色的平衡机制能得到预测，感官的平衡机制也能得到预测。感觉是一个100%的常数，颜色也是一个100%的常数。但是，其构造成分的比例可能会变化无穷。如果一个成分得到强化，其他成分就立即受到影响。以听觉为例，如果它被强化，触觉、味觉、视觉就立即受到影响。收音机对重文字和视觉的人施加的影响，是重新唤起他对部落生活的回忆。无声电影配上声音的结果，是减少模仿、触觉和动觉的作用。同样，游徙的人转向静止的、专门分工的生活方式时，其感觉也会出现专门化倾向。书写的发展、以视觉形象组织生活的方式，使人发现个人主义和内省等成为可能。

67 任何发明或技术都是人体的延伸或自我截除。这样一种延伸还要求其他的器官和其他的延伸产生新的比率、谋求新的平衡。比如，电视形象所引起的新的感知比率或感知关闭，是没有办法不去服从的。但是，电视形象进入生活所产生的效果，却因文化的不同而不同，其差别随每一文化现存的感官比率而定。在偏重听觉和触觉的欧洲，电视强化了视觉，驱使欧洲人开始像美国人一样重外观、重装潢。在高度倚重视觉文化的美国，电视打开了听觉和触觉的大门，使感觉通向有声语言、膳食和造型艺术的非视觉世界。作为感知生活的延伸和加速器，任何媒介都立刻影响人体感觉的整体场，正如很久之前《圣经 · 诗篇》的作者在第115篇中所做的说明：

他们的偶像是金的银的，是人手所造的，
有口却不能言，有眼却不能看，
有耳却不能听，有鼻却不能闻，
有手却不能摸，有脚却不能走，有喉咙也不能出声。
造他的要和他一样，凡靠他的也要如此。

希伯来《诗篇》作者对“偶像”的看法，很像希腊人对那喀索斯神话的看法。《诗篇》作者认为，看见偶像（使用技术）会使人顺应偶像（顺应技术）。“造他的要和他一样”，这是感知“关闭”机制的简单事实。诗人布莱克发展了《诗篇》作者的思想，形成了一个完整的通信和社会变迁的理论。他在长诗《耶路撒冷》(*Jerusalem: The Emancipation of the Great Albion*) 中说明，人为何变得与自己 68
的目睹物一样。他说，人所具有的是“人类推理能力的幽灵”：人的推理能力被切割，并且与“想象力分离，仿佛是被钢铁封闭起来”了。总之一句话，布莱克认为人是被技术分割肢解了，他认为这些技术是人体器官的自我截除。器官被截除以后，每一种器官都变成一个高强度的封闭系统，这个系统把人抛进“苦难和战争”之中。而且，布莱克点明《耶路撒冷》的主题是感知器官：

感知器官变化，感知对象似乎也变化；
感知器官关闭，感知对象似乎也随着关闭。

我们观看、使用或感知任何技术形式的延伸时，必然会接受它。听收音机、看书读报时，必然要将这些延伸纳入自己的系统中，必然要经历接踵而至的感知“关闭”或感知位移。正是因为持续不断地接受日常使用的技术，所以在与我们自身这些形象的关系中，我们才进入了潜意识中知觉和麻木的那喀索斯角色。由于不断接受各种技术，我们成了技术的伺服系统。所以，如果要使用技术，人就必然要为技术服务，必然要把自己的延伸当作神祇或小型的宗教来信奉。印第安人成为其独木舟的伺服系统，同样，牛仔成为其所乘之马的伺服系统，行政官员成为其时钟的伺服系统。

从生理上说，人在正常使用技术（或称之为经过多种延伸的人体）的情况下，总是永远不断受到技术的修改。反过来，人又不断寻找新的方式去修改自己的技术。人仿佛成了机器世界的生殖器官，正如蜜蜂是植物界的生殖器官，使其生儿育女，不断衍化
69 出新的形式一样。机器世界促进人的意愿和欲望的实现，给人提供物质财富，以此来回报人的呵护。心理学里动机研究的功绩之一，是揭示出人与汽车的“性关系”。

从社会层面上说，正是群体压力和刺激的积累，才促发了抗刺激物的发明和革新。战争和对战争的惧怕，一直被认为是人体技术延伸的主要刺激因素。芒福德在《历史名城》中认为，有围墙的城市是我们肌肤的延伸，正如住宅和衣物是我们肌肤的延伸一样。入侵以后的余殃时期和备战时期相比，是一个技术上更加硕果累累的时期，因为臣服的文化不得不调节其全部的感知比率，以顺应入侵文化的影响。从如此强烈的混合交换中，从思想和形式的撞击中，必然释放出最大的社会能量，必然兴起最了不起的技术。巴克敏斯特·富勒[1]估计，自1910年以来，世界各国政

---

1 巴克敏斯特·富勒（Buckminster Fuller, 1895—1983），美国建筑学家、工程师、发明家、哲学家兼诗人，拥有众多专利发明，主要是建筑设计，其中以球形屋顶最为著名。

府在研制飞机上花费的钱已达到3.5万亿美元。这是世界现存黄金供给量的62倍。

麻木的原理在电力时代发挥作用，正如它在其他任何社会要发挥作用一样。中枢神经系统延伸和暴露以后，我们必须使其麻木，否则我们就必死无疑。因此，这个焦虑和电力媒介的时代又是无意识和冷漠的时代。然而，除此之外，这个时代显然又是认识到无意识的时代。因为我们的中枢神经系统在战略上变得麻木起来，有意识知觉和秩序的任务就迁移到人的物质生活里去了，于是人开始意识到，技术是自己身体的延伸。显而易见，在电力时代给予我们迅速且整体的场知觉的手段之前，这个结果是不会发生的。有了这一知觉，潜意识的生活，无论是个人的还是集体的，都被提升起来，赫然进入我们全部的视野，结果“社会觉悟”表现为内疚感的原因。存在主义提出了一种结构的哲学，而不是范畴的哲学；它提出了一种全盘的社会卷入的哲学，而不是个体 70
分离或个体观点的资产阶级精神。在电子时代，我们身披全人类，人类就是我们的肌肤。 71

五　杂交能量：危险的关系

72 在上一章末尾，麦克卢汉开始把注意力集中在传播媒介上（他提到麦克温尼和爱森斯坦[1]）。这一章更加注意这个重点。所以他必然转向“语言媒介本身，去研究语言如何塑造日常生活”。这句话隐约指向萨丕尔—沃尔夫假说：语言宛若选择现实的网格或过滤器。这是麦克卢汉进一步发挥的出发点，他纵横驰骋在广阔的领域里对语言进行探索（人们很少认识到语言在他的全部论著里占有的核心地位）。下一章（“作为转换器的媒介”暗示语言这个主题）将开始发挥这一思想。这一思想与他媒介分析的基础合为一体。他在下一章里说：“言语是人最早的技术，借此技术人可以用欲擒故纵的办法来把握环境。”新的探索在本章继续进行，继续强调的重点还有媒介创造新的环境以及理解并控制媒介的必要性：“如果我们愿意，我们可以先深思熟虑、钻透原理，然后再去着手完成我们想要创造的东西。”本章主要的教益是论述叙事技艺和描绘技艺的黯然失色演化过程，从而牵引出群星璀璨的万

1　谢尔盖·爱森斯坦（Sergei Eisenstein，1898—1948），苏联电影导演，电影艺术理论家、教育家，对蒙太奇理论做出重要贡献，作品有《战舰波将金号》、《亚历山大·涅夫斯基》、《伊凡雷帝》、《十月》等。

神殿：克利[1]、毕加索、布拉克[2]、爱森斯坦、马克斯兄弟[3]和詹姆斯·乔伊斯。他从不反对让崇高与荒诞促膝而坐，所以他破例做了一个历史的注脚，来一点幽默，意在给多伦多市好心的父母官挠挠痒：“在偏重印刷读物的多伦多市，在公园里朗诵诗歌是对公众的冒犯。宗教和政治演说是被容许的，可是朗诵诗歌却不行，许多年轻的诗人最近才发现这一点。”

——编者小引

“在我们大半辈子的生活中，艺术界和娱乐界的内战连绵不断……电影、唱片、广播、有声电影各界都爆发内战……”这是广播媒介分析家唐纳德·麦克温尼 (Donald McWhinnie) 的观点。同时，这一内战多半都深刻地影响着我们的精神生活，因为策动内战的力量，是人的延伸和放大。事实上，媒介的相互影响，正是这场内战的另一种说法，它在社会上、在人的心灵中激烈地进行。有人说：“对盲人来说一切事情都很突然。”媒介杂交释放出新的力量和能量，正如原子裂变和聚变要释放巨大的核能一样。只要知道有值得观察之处，我们在这些事情中就不必像盲人那样感到突然了。 73

我已经阐明，媒介 (即人的延伸) 是一种“使事情所以然”的动因，而不是“使人知其然”的动因。这些媒介的杂交和化合，提供了一个注意其结构成分和性质的特别有利的机会。谢尔盖·爱

1 保罗·克利 (Paul Klee, 1879—1940)，瑞士画家，曾在包豪斯艺术学院执教，创作油画、版画、水彩画。
2 乔治·布拉克 (Georges Braque, 1882—1963)，法国立体派画家。
3 马克斯兄弟 (Marx Brothers)，美国喜剧班子，五人都是亲生兄弟。

森斯坦在《一位电影导演的笔记》(*Notes of a Film Director*) 中写道："无声电影大声呼唤声音，有声电影又大声呼唤色彩。"这种观察可以有条不紊、推而广之地用来研究一切媒介。他又说："印刷机大声呼唤民族主义，收音机大声呼唤部落主义。"这些媒介是我们的延伸，同时它们的相互作用和衍化发展又要依靠我们。它们相互作用、繁殖后代的事实，是一代又一代人迷惑不解的根源。如果劳神去钻研其机理，这个问题不会再使我们感到困惑。如果我们愿意，我们可以先深思熟虑、钻透原理，然后再去着手完成我们想要创造的东西。

柏拉图竭力构想一所理想的训练学校，可是他并未注意，雅典本身比他构想的任何大学都更为完美。换句话说，早在人们构
74 想出来之前，最完美的学校已经创造出来供人使用了。现在，媒介尤其是如此。早在我们想到之前，它们已经被创造出来了。事实上，由于它们处于我们的意识之外，我们想到它们的可能性往往已经被一笔勾销。

大家注意到煤炭、钢铁和汽车对日常生活安排的影响。我们的时代把研究对象最后转向语言媒介本身，去研究语言如何塑造日常生活。其结果是：社会仿佛成为语言的回声，成为语言规范的复写。这个情况使俄国共产党人深感不安。他们与19 世纪的工业技术联姻，其阶级解放的基础正是这个技术。语言媒介和生产资料一样塑造社会发展进程，这个思想对马克思主义辩证法的颠覆作用，是再严重不过了。

实际上，在所有产生巨大能量和变革的大规模的杂交结合中，没有哪一种能超过读写文化和口头文化交会时所释放出来的能量。读写文化赋予人的，是视觉文化代替听觉文化。在社会生

活和政治生活中，这一变化也是任何社会结构所能产生的最猛烈的爆炸。这一视觉文化的爆炸现象常常在“落后地区”出现，我们称之为西方化。由于书面文化即将与中国、印度和非洲的文化杂交，所以我们即将经历人的威力和攻击性暴力的一次猛烈的释放期，它使拼音文字技术的历史显得非常温和。

这仅仅是东方那一边的故事。电力时代的内爆还把东方口头的和部落的听觉文化带到了西方。视觉的、专门分工的、割裂的西方人，每天都得与地球上一切古老的口头文化最紧密地生活在一起。不仅如此，西方人的电力技术开始把重视觉的西方人还原为部落模式和口头模式的人。部落文化和口头文化编织的亲属关系和相互依靠的网络，是天衣无缝的。

我们从自己的历史中知道，书面文化使部落和家族单位发生 75
爆炸时，像原子裂变一样要释放出大量的能量。读书识字的人突然被电磁场攫住时，电力聚变（或内爆）就产生社会能量和心理能量（正如欧洲共同体在新的压力中所产生的能量）。对于这种社会能量和心理能量，我们知道些什么呢？请别弄错，业已熟悉个人主义和民族主义的人发生聚变，和正在走向个人主义和民族主义的“落后”文化和口头文化发生裂变，这两种过程是不一样的。这种差别犹如原子弹和氢弹的差别。氢弹爆炸更猛烈，其威力远远超过原子弹。而且，电力聚变的产品是极为繁复的，而裂变的产品却非常简单。书面文化造就的人，较之普通的部落和口头文化社会所造就的人，要简单得多。因为被割裂的人所创造的是性质同一的西方世界。相反，组成口头文化社会的人，却不是由专门技术或鲜明标志区别开来的，而是由其独特的情绪混合体来识别的。重口头文化者，其内心世界的情绪错综复杂。讲究实际的西方人，为了效率和实用，其内心的复杂情绪早已销蚀殆尽、受到压抑了。

重读写、受割裂的西方人在遭遇自己文化中的电力内爆时，眼前的前途就是镇定而迅速地转变为情绪复杂、结构深沉的人，而且要知道他与世人完全处于相互依存之中。无论好坏，老牌的西方个人主义现在正以卡普[1]塑造的布尔·穆斯将军 (General Bull Moose) 的或伯奇主义者[2]的面目出现，他们以忠于部落的精神去反对部落。割裂的、重文字、重视觉的个人主义，在电力格局和内爆的社会中没有立足之地。怎么办？是敢于在意识层次上去迎战这样的事实呢，还是最好掩盖和压抑这些问题直至暴力使
76 我们从压力中解脱出来呢？西方人面临内爆和相互依存的命运，比部落人面对外向爆炸和独立自主的命运要更加可怕。这种感觉也可能仅仅是我个人的气质引发的，不过仅仅靠了解和澄清这些问题，我就发现卸掉了一些包袱。另一方面，既然意识和知觉似乎是人天赋的殊荣，将其延伸到我们隐蔽的冲突——个人的和社会的冲突，难道不是更好吗？

本书追求弄懂许多媒介，理解造成媒介的冲突和媒介所产生的更大的冲突，并且通过增强人的自主性，以提出削弱这些冲突的希望。现在我们来说明媒介杂交或互相渗透所产生的一些结果。

举一个例子，喷气式飞机旅行使五角大楼的生活大大复杂化了。每隔几分钟就要响起一次集会的铃声，把许多专家从办公桌

---

1 阿尔·卡普 (Al Capp, 1909—1979)，美国画家，创作漫画《小阿布纳》(*L'il Abner*)。

2 伯奇主义者，伯奇协会 (John Bircher Society) 会员。该协会是美国一个极端保守反共的半秘密组织，用来命名的约翰·伯奇 (John Bircher, 1918—1945) 是传教士，曾任美国情报官。

边召唤到一起，去听来自某个遥远角落的专家做报告。与此同时，待办的公文在办公桌上却越摞越高。但是，每个部门每一天仍在派遣人员乘喷气式飞机到天涯海角去搜集整理更多的资料和报告。喷气式飞机、口头报告和打字机遭遇的过程太迅猛，以致被派往天涯海角的专家到位时连地名都不会拼写。刘易斯·卡罗尔指出，由于大比例尺的地图越来越详细、越来越普遍，它们就趋于妨碍农业发展、激起农夫抗议。既然如此，为何不将地球本身当作一幅大地图使用呢？我们搜集资料的工作业已到达一个类似的时刻，我们每一次伸手取口香糖的动作，都清清楚楚地被计算机捕捉住了，我们最细微的动作都被转换成为一种新的概率曲线或某种社会科学参数。我们的个人生活和团体生活变成了信息加工过程，因为我们已经把自己的中枢神经系统放在身外的电力技术中了。这就是解读布尔斯廷[1]教授《形象：美国梦怎么了？》(*The Image, or What Happened to the American Dream?*) 77
一书中使人困惑之谜的钥匙。

电光终结了昼夜分明、室内外分明的世界。但是，只有当电光与现存的人类组织形式遭遇时，杂交能量才会释放出来。于是，汽车可以通宵行驶，球赛可以通宵进行，建筑物可以不开窗户。总之一句话，电光的讯息是全盘的变迁。电光是纯粹的信息，限制其转换功能和传递信息功能的内容，是不存在的。

电光的威力，可以转换它渗进和接触的一切时间、空间、工作和社会。研究媒介的学者只需思索一下它的这种威力，就可以掌握解读媒介威力的关键。一切媒介都要重新塑造它们所触及的一

1　丹尼尔·布尔斯廷 (Daniel Boorstin, 1914—2004)，美国历史学家、博物学家，曾任国会图书馆馆长，著《美国人》(三卷)、《发现者》、《创造者》、《探索者》等。

切生活形态。除了电光之外，一切媒介都成双结对。一种媒介充当另一种媒介的“内容”，使一对媒介的运转机制变得模糊不清。

操作媒介的雇员所关注的，是电台、报纸或电影的节目内容，这是他们特殊的偏向。雇主本人更关注媒介本身，他们并不想超越“公众想要的东西”或某种模糊的公式。老板知道媒介的威力，而且知道这一威力与媒介的“内容”即媒介中的媒介没有多大的关系。

电报改造了新闻媒介以后，新闻媒介揭开了“人情味”的键盘。于是报纸就枪毙了剧院，正如电视沉重打击了电影和夜总会一样。萧伯纳足智多谋、富于幻想，他发动了维护戏剧的反攻。他把新闻媒介纳入戏剧，让戏剧舞台接过新闻媒介争论和人情味的世界，狄更斯在小说中接过了这些东西。随后，电影又接过小说、报纸和舞台等媒介，一股脑儿全都接过来。继后，电视又渗入电影，把“表现无遗的戏剧”奉还给公众。

78 我说的意思是：媒介作为我们感知的延伸，必然要形成新的比率。不但各种感知会形成新的比率，而且它们之间的相互作用也形成新的比率。电台改变了新闻报道的形式，正如它改变了有声电影的形象一样。电视造成电台节目制作的急剧变化，其形式表现为播放最流行的节目或纪实小说。

诗人和画家对广播电视之类的新媒介能做出即时的反应。收音机、电唱机和录音机使我们重温诗人的声音，给诗歌鉴赏增加了一个新的维度。而且，加上电光以后，语词又可以变成画面。但是，由于电视具有深入参与的形式，它又促使年轻诗人突然出现在咖啡馆、公园和其他公开场合去朗诵自己的诗作。由于出现了电视，他们突然感觉到有必要亲自与公众见面。(在偏重印刷读物的多伦多市，在公园里朗诵诗歌是对公众的冒犯。宗教和政治演说是容许的，可是朗诵诗歌却不行，许多年轻的诗人直到最近才发现这一点。）

小说家约翰·奥哈拉[1]1955年11月27日在《纽约时报书评周刊》撰文写道：

> 你从自己撰写的书中得到满足。你知道读者被囚禁在书页之中。但是作为小说家，读者所获得的满足你只能去想象。然而，在剧场里——《老伙计乔》(*Pal Joey*)的两次公演我都光顾了，我在那儿是观看，而不是想象，观众在尽情享受。我乐意立即着手写下一部小说，我要写一个小镇，不过我需要看戏消遣。

在我们的时代，艺术家们调配媒介膳食和调配书本膳食一样驾轻就熟。叶芝这样的诗人在创造文学效果时就充分运用了农民的口头文化。很早的时候，艾略特就精心利用了爵士乐和电影的形式来创作诗歌，造成了极大的影响。其长诗《普鲁夫洛克情歌》(*The Love Song of J. Alfred Prufrock*) 从电影形式和爵士乐风格的相互渗透中获取了巨大的感染力。这种交融的威力在他的《荒原》(*The Waste Land*) 和《力士斯威尼》(*Sweeney Agonistes*) 两首诗中达到了顶峰。《普鲁夫洛克情歌》不只是运用电影形式， 79
而且运用了查理·卓别林的电影主题。詹姆斯·乔伊斯的小说《尤利西斯》(*Ulysses*) 也借用了卓别林的主题。小说的主人公布

1　约翰·奥哈拉 (John O'hara, 1905—1970)，美国作家，著有《向怒而生》、《酒绿花红》、《青楼艳妓》、《露台青潮》、《北弗雷德里克街十号》等，《北弗雷德里克街十号》获美国国家图书奖。

鲁姆是有意识地从卓别林处借用来的，乔伊斯在小说《芬尼根的守灵夜》中把卓别林称为乔尼·乔普林 (Choney Choplain)。正如肖邦成功地使钢琴适应芭蕾舞的风格一样，卓别林匠心独运，将芭蕾舞和电影媒介巧妙地糅合起来，发展出一套类似巴甫洛娃的狂热与摇摆交替的舞姿。卓别林把古典芭蕾舞步运用于电影表演中。他的表演恰到好处地糅合了抒情和讽刺。这种糅合也反映在艾略特的诗作《普鲁夫洛克情歌》和乔伊斯的小说《尤利西斯》中。各种门类的艺术家总是首先发现，如何使一种媒介去利用或释放出另一种媒介的威力。在一种较为简单的形式里，这种糅合就是查尔斯·博耶所运用的技巧，他的表演把法国味和英国味杂糅起来，带有温文尔雅、声音嘶哑的痴情味。

印刷的书籍促使艺术家尽其所能，把一切表现形式压缩到印刷文字那种单一的描述性和记叙性的平面上。电力媒介的出现立即把艺术从囚衣的束缚下解放出来，也创造了保罗·克利、毕加索、布拉克、谢尔盖·爱森斯坦、马克斯兄弟和乔伊斯的世界。

《纽约时报书评周刊》(1962年9月16日) 激动地以大字标题声称：

畅销书使好莱坞明星荡气销魂。

这说得不错，现在，只有在被炒作的书里担任角色的那种诱惑，才能吸引电影明星，使他们离开海滩，搁下科幻小说和自我修养的教程。媒介的相互作用对电影界许多人的影响就是这样实现的。他们对自己媒介问题的了解，并不比麦迪逊大街的广告业主强多少。但是，从电影及相关媒介的老板的观点来看问题，畅销书是一种安全保险的形式，因为它使一种新的庞大完形或模式从公众的心理中分离出来。对细心而精明的信息加工者来说，稳赚大钱的是开发石油或投资金矿。换句话说，好莱坞银行家比文学史家机灵，因为文学史家瞧不起通俗趣味的作品，除非它们是 80
经过课堂过滤而保留下来的文学手册。

莉莲·罗斯 (Lillian Ross) 在《图画》(*Picture*) 一书中尖刻地批评了把小说《红色勇士奖章》(*The Red Badge of Courage*)[1]改编成电影之举。这本批评一部优秀影片的愚蠢之作，竟然讨了便宜出了风头。她靠的仅仅是想当然的**假设**：文学媒介胜过电影媒介。她的书之所以吸引人是因为它是媒介杂交的产物。

在表现侦探赫尔克里·波洛的十二个短篇（集子题名《赫尔克里的丰功伟绩》）中，阿加莎·克里斯蒂的手法大大超越了她通常的水准。她使古典的主题适应类似的现代主题，借以把侦探小说的形式推向无与伦比的高度。

这也是乔伊斯在《都柏林人》(*Dubliners*) 和《尤利西斯》中使用的方法。他采用酷似古典的手法，产生了真正的杂交能量。艾略特说，波德莱尔“教我们如何把平凡生活的意象上升到最强烈的高度”。为达到这一目标，不是靠省去诗意的力量，而是靠简单调节一种文化的氛围，使之与另一种文化的氛围形成杂交的形式。在战争和移民浪潮中，新的文化融合为日常生活中的普通规范，正是靠这种方式实现的。

当电影脚本或连环画形式被用来表现思想性文章时，杂志界发现了一种杂交形式的文章，它结束了短篇小说称霸的局面。当

---

1 《红色勇士奖章》，美国作家斯蒂芬·克莱恩 (Stephen Crane，1871—1900) 所著，从一个士兵的角度描写战争，突出战斗环境中个人的具体感受，带有印象主义色彩。

轮子被前后串联起来时，轮子的原理与线性的印刷原理结合起来，创造出一种空气动力学的平衡。轮子与工业的线性形式杂交，推出了飞机这一新的形式。

两种媒介杂交或交会的时刻，是发现真相和给人启示的时刻，由此而产生新的媒介形式，因为两种媒介的相似性使我们停留在两种媒介的边界上。这使我们从自恋和麻木状态中惊醒过
81 来。媒介交会的时刻，是我们从平常的恍惚和麻木状态中获得自
82 由解放的时刻，这种恍惚麻木状态是感知强加在我们身上的。

六　作为转换器的媒介

本章确定的一些操作性定义留待稍后的几章再进一步展开。 84
这些界定有：一切技术都是知识从一种形态转换为另一种形态的转换器（此为本章题名的拓展），自动化是有机模式，语词是信息检索的手段。作者引述乔治·赫伯特[1]给祈祷下的定义，借以显示语言和本章主题的关系；他首次尝试说明，媒介分析能容纳精神的一维。本章的最后一段用诘问的形式，足以使批评家给麦克卢汉扣上技术乐观主义者的帽子。如果将其转换为一个陈述句，那就没有任何乐观主义的调子了。相反，它隐约发出警示，预示下一章的主题：迎接挑战或面临崩溃。

——编者小引

神经质的儿童打电话时，神经质的症状往往消失，这一直使 85
精神病学家困惑不解。有些口吃的人转而使用外语时，就克服了口吃的毛病。技术将一种知识转换为另一种形式的知识，莱

1 乔治·赫伯特（George Herbert，1593—1633），英国玄学派宗教诗人，著有《教堂》、《圣殿：圣诗与抒怀》等。

曼·布赖森（Lyman Bryson）已经把这一现象表述清楚了：技术是显豁的。因此，转换是将各种形态的知识详细表现出来。所谓“机械化”是将自然加以转换，将我们自己的品性加以转化，将其改变为放大的形式和专门化的形式。所以，《芬尼根的守灵夜》中的妙语“昨日鸟类所做的，明日人可能会去做”，是对技术发展进程的缜密的、朴实无华的观察结论。前肢交替攀缘树枝前进可以扩大行动范围，以此为基础的技术能力是高级树栖猿相对于地栖猿的能力。埃利亚斯·卡内蒂[1]把这种一握一放的能力恰如其分地与股票市场投机者的策略联系起来。罗伯特·布朗宁[2]有句著名的话也包含了这个意思：“人伸手可得的东西一定会超过他把握或比喻的东西。”一切媒介在把经验转化为新形式的能力中，都是积极隐喻。言语是人最早的技术，借此技术人可以用欲擒故纵的办法来把握环境。语词是一种信息检索系统，它可以用高速度覆盖整个环境和经验。语词是复杂的比喻系统和符号系统，它们把经验转化成言语说明的、外化的感觉。它们是一种明白显豁的技术。借助语词把直接的感觉经验转换成有声的语言符号，我们可以在任何时刻召唤和找回整个的世界。

在这个电力时代，我们发现自己日益转化成信息的形态，日益接近意识的技术延伸。我们说我们日益了解人，就是这个意
86 思：人可以越来越多地把自己转换成其他的超越自我的形态。人是一种表现形态，传统对人的期待是重复他自己的言语，重复造

1 埃利亚斯·卡内蒂（Elias Canetti，1905—1994），保加利亚出生的英国小说家、评论家、社会学家和剧作家，用德语写作，1981年诺贝尔文学奖得主，著有《迷惘》、《群众与权力》等。

2 罗伯特·布朗宁（Robert Browning，1812—1889），英国维多利亚时期代表诗人之一，著有《戏剧抒情诗》、《剧中人物》、《指环与书》等。

物主对他的表扬。乔治·赫伯特说:"祈祷是颠倒的雷霆。"人有能力反射造物主的雷霆。其手段是言语转换机制。

借助置身于我们外延的中枢神经系统,借助电子媒介,我们创造了一种动力。有了这一动力以后,虽然一切技术仅仅是手、足、齿和体温控制系统的延伸,虽然一切技术包括城市都是人的延伸,可是它们都会转换成信息系统。电磁技术要求人绝对恭顺、沉思默想。对于精神业已转到头颅之外、神经业已转到肌肤之外的生物体来说,这些要求是很适合的。人曾经以高度的忠诚伺候他的柳条船、独木舟、印刷术以及其他一切人体器官的延伸。他现在要以同样准确的伺服机制去为自己的电力技术服务。但是这里有一种差别:过去的技术是不完整的、支离破碎的,而电力技术却是完整的、无所不包的。现在,一种外在的共识和良心,和个人的意识一样,是必不可少的。但是,有了新的媒介以后,人们又可以储存和转换一切。至于速度的储存和转换,根本不成问题。在没有超越光障 (light barrier) 之前,再没有比电速更高的加速度了。

由于物理和化学里信息水平的上升,任何东西都可以用作燃料、纤维品或建筑材料了。同样,有了电力技术,一切实物商品都可以借助信息电路,以实物商品的形式被召唤到我们的眼前,信息电路是以所谓自动化和信息检索的有机模式建立起来的。在电力技术条件下,人的全部事务都变成了学习和认识。从我们依然视为"经济"(希腊语的意思是家居环境) 的方面来说,这意味 87
着一切职业都成了有薪金的学习,一切形态的财富盖源于信息的运动。求职问题将会困难,寻找财富却相当容易。

人谋求将自然转换为人为技术的漫长革命,我们一直称之为

“运用知识”。“运用”的意思是从一种材料转换成或跨越进另一种材料。凡是愿意思考西方文明中应用知识的惊人过程者，莎士比亚的《皆大欢喜》(*As You Like It*) 都给他提供了许多思考的余地，他的亚登森林是一个金色的世界，充满各种东西转换而来的好处，充满闲暇无为的乐趣，我们穿过电力自动化的大门，正在进入这样的世界。

谁也不会指望莎士比亚懂得，他的亚登森林是自动化时代的一个先驱模式，在自动化时代里，所有的事物都可以转换成人所欲望的任何其他东西：

> **公爵**：我们的这种生活，虽然远离尘嚣，却可以听到树木的谈话，溪中的流水便是大好的文章，一石之微，也暗寓着教训；每一件事物中间，都可以找到些益处来，我不愿改变这种生活。
>
> **阿米恩斯**：殿下真是幸福，能把命运的顽逆说成这样恬静而可爱。
>
> （《皆大欢喜》第二幕第一场）

莎士比亚在这里所说的世界，似乎靠编制一定的程序，就可以在许多层次和强度上播放出自然世界的素材。目前，用电子的手段，我们已经接近于大规模实现这一目标。这是一个黄金时代的形象，一个将自然完全变形或转换成人为技术的世界。它已经近在咫尺，我们的电子时代对这样的世界伸手可及。诗人马拉美认为，“世界的存在终止于书中”。我们现在已经能够超越这一局
88 限，可以将整个世界的场景迁移到电脑的储存器中。因为正如朱

利安·赫胥黎[1]所说，人不像单纯的生物，他具有传递和转换的装置，这一装置建立在储存经验的能力上。人的储存能力，比如语言里的储存能力，同时又是转换经验的手段：

他的那双珍珠般的眼睛。

我们的两难处境可能变得和一位电台听众的处境一样，他给电台去电话说："喂，电台吗？你们的天气预报节目时间增加了两倍。请你们停播。我快要被吵死了。"

我们也可能回到部落人的状态。对部落人来说，巫术仪式是"应用知识"的手段。没有文字的土著人不是把自然转化为技术，而是力图赋予自然以精神的活力。

或许，上述问题的一些答案存在于弗洛伊德的思想中：我们不能将某一自然事件或经验转换为有意识的技术时，我们就"压抑"它。正是这一机制使我们面对人体的延伸时陷入麻木状态，人的延伸就是本书研究的媒介。正如比喻能转换和传递经验一样，媒介也能转换或传递经验。我们说："我下次一定从命。"(I'll take a rain-check[2] on that.) 此时我们借用比喻，将邀请转换成体育活动，因而使一般的遗憾变成了一种自然而然的失望形象："您的邀请不是那种我得谢绝的随便姿态。不能接受它，使我感到很失望，就像是因雨停看的一场精彩的球赛。"正如一切暗喻一样，这句话的四部分之间存在着复杂的比例关系："您的邀请之于一

1　朱利安·赫胥黎 (Julian Huxley, 1887—1975)，英国生物学家、人道主义者、动物行为学家、综合进化论领军人物，曾任联合国教科文组织第一任总干事，《天演论》作者托马斯·赫胥黎的孙子，小说家奥尔德斯·赫胥黎的兄弟。

2　rain-check，(因雨停止比赛时) 留待下次补看的票根，因故谢绝邀请时用这一说法。

般邀请，正像球赛之于平常的社会生活。”正是以这种方式，透过一套关系去看另一套关系，我们储存并放大以货币之类的形式所表现的经验。因为货币也是一种暗喻。一切媒介作为人的延伸，
89 都能提供转换事物的新视野和新知觉。培根说：“据说潘[1]或山野之神专拣回声女神厄科为妻（而不爱任何别的言语或噪音），因为只有回声才是真正的哲学，哲学忠实地翻译世界的语词……”

今天，我们可以将《马可福音》第二章信手拈来，帮助我们把文学杰作从一种语言翻译成任何别的语言，用俄国一位托尔斯泰评论家的话说：“战争与世界（和平……然而文化却不会固持不变）使土地付出代价。翻译有失有得，印刷亦有失有得。”（布尔斯廷，《形象》，第141页）

“把握”(grasp)或“领悟”(apprehension)指向借助一物求得他物的过程，即使用多种感官去感知许多方面的过程。显然，“接触”并不只是肌肤的感觉，而是几种感官的相互作用；“保持接触”或“与人接触”是多种感官有效交会的问题，是视觉转换成声觉，声觉又转换成动觉、味觉和嗅觉的问题。千百年来，“常识”被认为是人的独特能力，是将一种感知经验转换成各种感知的能力，是将感知的结果不断以统一的表象展现给人脑的能力。实际上，各种感官比率统一的表象长期被认为是我们理性的标志；在电脑时代，可能又是如此。这是因为我们现在有可能给人的各种感觉编制程序，使之接近于人的意识。但这种接近状况必然是我们意识的延伸，正如轮子的转动是腿脚交替运动的延伸一样。既然已经将我们的中枢神经系统延伸进或转化成了电磁技术，那么将我

1 潘，希腊神话中的山林、畜牧神，爱好音乐，发明芦笛，爱回声女神，在罗马神话中等同于农牧山野之神浮努斯(Faunus)。

们的意识迁移到电脑世界中去，只不过是再走一步而已。到了那个时候，我们至少要能够按这样的方式来编制意识：不再被娱乐界的那喀索斯幻觉弄麻木或干扰。人和自己延伸出的玩意遭遇 90
时，一向受到这种幻觉的困扰。

城市的功能是重新塑造人，把人改变成比他的游徙祖先更适宜生活的形态。如果是这样，难道不可以说，当目前整个生活转换成信息的精神形态时，全球和人类大家庭都要被转换成统一的意识吗？ 91

七　挑战与崩溃：创造力的报应

92 本章题名内容丰富，呼应第一版序开篇的“创造性的认识过程”，明确预示稍后的一段话：“矮胖子[1]遇到墙的挑战，因而碰得粉身碎骨。”（第249—251页）即使没有那致命的墙壁，矮胖子也会像香蕉皮跳舞那样头破血流，鼻青脸肿。麦克卢汉提出警告，发出可能碰壁的挑战，却不像儿歌那样异想天开：“每个美国家庭里都有一道柏林墙，隔断了大人和孩子。”又一些给予媒介影响的重要论述浮现出来：“广播冲击的是视觉，照片冲击的是听觉。”还出现了一些定义（“作为抗刺激的专门化”）和暗喻（“拼音文字是人类用于均质化军事生活的、最了不起的加工媒介，自古如此”）。一段话使我们窥视到麦克卢汉对大企业的态度［“我们把这些‘支点’（我们的感官）租借给私营大公司了”］；另一段话对意志的力量和情景的感知进行比较（第102页）。论及中世纪的经院哲学家时，麦克卢汉发出了重要的讯息：各个时代最严重的失败是面对教育挑战时的崩溃。这正是很早就促使麦克卢汉从事媒介研究的问题：“倘若具有复杂口头文化素养的经院哲学家

1　矮胖子（Humpty-Dumpty），英国儿歌《鹅妈妈童谣》中的人物，从墙上摔下跌得粉身碎骨。

们了解谷登堡的印刷术，他们本来可以创造出书面教育和口头教育的新的综合，而不是无知地恭请并容许全然视觉形象的版面去接管教育事业。”在第二十章“照片”里，麦克卢汉再次批评经院哲学家“用一种防卫性的傲慢态度和恩赐态度去对待‘通俗文化’”。在这个问题上，经院哲学家和现代教育工作者是一致的。

——编者小引

罗素声称：20世纪的伟大发现，是“悬置判断”(suspended 93
judgement) 的技巧。另一方面，怀特海[1]阐明，19世纪的伟大发现，是如何发现了发现的技巧。换言之，发现的技巧就是从尚待发现的事物入手，由此一步一步地回溯，像在装配线上一样，直至达到原来的起点。要达到预想的目标，就必须从这个起点出发。在艺术领域，发现的技巧意味着从**效果** (effect) 着手，继之以创作一首诗、一幅画、一幢建筑。这些作品要恰如其分地达到这种预期的效果，而不是其他的效果。

然而，“悬置判断”的技巧还要再前进一步。它预先估计结果，比如不愉快童年对成年人的影响，事先抵消这种影响以防患于未然。在精神病学中，这就是完全纵容 (permissiveness) 的技巧，把它作为脑子的麻醉剂。在纵容的过程中，错误判断的各种附生物和道德效果就被有条不紊地消除干净了。

这一技巧和新技术的麻木或麻醉效果相比，真是大不相同：

---

1 阿尔弗雷德·诺思·怀特海 (Alfred North Whitehead, 1861—1947)，英国数学家、教育家和哲学家，与罗素合著的《数学原理》被称为永恒的伟大学术著作，创立了20世纪最庞大的形而上学体系。

新技术对人的注意力来说犹如催眠曲，新技术的形态关闭了判断和感知的大门。因为要动大手术才能将新技术置入集体的大脑，这一手术是靠前述媒介的固有麻醉机制完成的。“悬置判断”提出了排斥麻醉机制，无限期推迟新技术，使之尽可能晚一些置入社会心理。一种新的静态平衡已经在望。

维尔纳·海森堡[1]的《物理学家的自然观》(*The Physicist's Conception of Nature*)，是量子物理学家新观念的一个例子。新兴的量子物理学家对形态的总体知觉使他们认识到，与大多数形态保持一段距离是有好处的。他指出，技术变革不只是改变生活习
94 惯，而且改变思维模式和评价模式。现引中国圣人的观点为证：

> 子贡［……］过汉阴，见一丈人方将为圃畦，凿隧而入井，抱瓮而出灌，搰搰然用力甚多而见功寡。子贡曰：“有械于此，一日浸百畦，用力甚寡而见功多，夫子不欲乎？”
>
> 为圃者仰而视之曰：“奈何？”
>
> 曰：“凿木为机，后重前轻，挈水若抽，数如泆汤，其名为槔。”
>
> 为圃者忿然作色而笑曰：“吾闻之吾师，有机械者必有机事，有机事者必有机心。机心存于胸中，则纯白不备；纯白不备，则神生不定；神生不定者，道之所不载也。吾非不知，羞而不为也。”[2]

1 维尔纳·卡尔·海森堡(Werner Karl Heisenberg, 1901—1976)，德国物理学家、哲学家和社会活动家，量子力学的创始人之一，提出著名的“测不准原理”。

2 《庄子·天地篇》。

也许，这一轶事最为有趣的一点，是它对现代物理学家具有魅力。它不可能吸引牛顿或亚当·斯密，因为他们是主张切分方法和专门化方法的大家。汉斯·谢耶研究疾病“压力”的思想，就与庄子的观点颇为吻合。在20世纪20年代，他感到迷惑不解：为什么医生总是把注意力集中于认识单一的疾病，集中于针对孤 95
立病因的具体疗法，从来不注意“仅因不适而产生的症候群”(syndrome of just being sick)。那些关注媒介的活动“内容”而不关注媒介本身的人，看来和忽视“仅因不适而产生的症候群”的医生是一样的。汉斯·谢耶用整体、宽泛的方法去研究整个的疾病领域。他开创的工作在阿道夫·乔纳斯的《刺激与反刺激》(*Irritation and Counter-Irritation*)中继承下来，换句话说，这是探求人对伤害的反应或任何新奇冲击的反应。今天，我们已经有了麻醉剂，这使我们能给人做最可怕的外科手术。

我们用新媒介和新技术使自己放大和延伸。这些新媒介、新技术构成了社会机体的集体大手术，它可以完全弃消毒剂于不顾。如果需要手术，必须考虑到手术中整个系统难免受感染。因为用新技术给社会动手术时，受影响最大的部位并不是手术切口。手术的冲击区和切口区是麻木的。被改变的是整个的机体。广播冲击的是视觉，照片冲击的是听觉。每一种新的影响都要改变各种感知的比率。今天我们追求的是一种手段，以控制心理和社会观点中感知比率的变化，或者完全避免这些变化。生病时不表现出病症就叫作免疫。迄今为止，没有一种社会对自身的运转机制有过足够的了解，并因此而培养出对抗新延伸和新技术的免疫机制。今天我们开始感到，艺术也许能提供这样的免疫机制。

在人类文化史中，还找不到一个例子能说明：人有意识地调整各种各样个人的和社会的因素，去适应新的延伸。唯一的例外是艺术家虚弱无力、处于边缘的努力。早在文化和技术挑战转换的冲击力出现之前几十年，艺术家往往就已经探索出这一讯息。
96 尔后，他们就构建模式或挪亚方舟，去迎接即将到来的变化。古斯塔夫·福楼拜说："倘使人们读过我的《情感教育》(*Sentimental Education*)，1870年的战争[1]就绝不会打起来了。"

肯尼斯·加尔布雷斯向继续从商的人们推荐并嘱其仔细研究的是**新型**艺术。因为在电力时代，再说艺术家走在时代之前就毫无意义了。如果根据我们对技术的前卫本质的认识能力，那么就可以说，现在的技术同样走在时间的前面。为了防止社会中不必要的破坏，如今的艺术家倾向于离开象牙塔，转入社会的控制塔。正如高等教育不再是虚饰或奢侈，而是电力时代生产和操作设计中绝对需要的设施一样，在塑造、分析和理解电力技术所创造的形态的力量和结构时，艺术家的作用是必不可少的。

新技术冲击的受害者，总是千篇一律地用陈词滥调指责艺术家不切实际、耽于幻想。但是，在过去的一个世纪里，人们普遍认识到——用温德姆·刘易斯的话来说就是："艺术家总是详细撰写未来的历史，因为只有他们才能察觉当前的特性。"现在，了解这个简单事实对维护人类的生存是必需的。避开任何时代新技术的粗暴打击，完全有意识地避开新技术的强暴锋芒——艺术家的这种能力是非常悠久的。同样悠久的是，遭到新技术冲击的受害者没有避开新技术猛烈锋芒的能力，他们认识不到自己需要艺术家。给艺术家以报偿、使其出名，也可能适得其反，反而造成对艺术

1 1870年的战争，指普法战争。法国战败，拿破仑三世投降，巴黎爆发革命。

家预言的忽视，妨碍及时将他们的预言用于维护人类生存。所谓艺术家在各行各业里都有。无论是科学领域还是人文领域，凡是能把握自己行为以及当代新知识含义的人，都是艺术家。艺术家是具有整体意识的人（The artist is the man of integral awareness）。

艺术家在意识过程尚未在新技术的打击下麻木之前，就能矫 97
正各种感知的比率。他能抢在麻木、潜意识摸索和潜意识反应出现之前，去矫正感知的比率。如果此说不错，如何才能对与艺术家处境相同的人提出这个问题，使他们有所作为呢？即使以上分析只有一丝可能正确的道理，我们也有理由来一场全球的停火，并用一段时间来清点我们的成就。艺术家有办法预计和避免技术创伤所产生的后果。如果这一说法正确，那么我们又该如何看待“艺术鉴赏”的圈子和官僚习气呢？把艺术家说成是摆架子的、轻佻的米尔唐[1]似的人物，难道不会看上去突然像一个阴谋吗？艺术是对付下一次技术的心理和社会后果的准确的、超前的知识。如果能让人们相信这一点，会不会人人都成为艺术家呢？或者说，他们会不会开始把新的艺术仔细转换成社会的导航图呢？我很想知道，艺术的实质突然被看清以后，什么样的事情会发生。我很想知道，看清艺术的本质以后，人们是否准确知道艺术如何重组人的心理，以预测延伸的官能的下一次打击来自何方。到了那个时候，我们会不会不再以探宝者的眼光来看待淳朴的无文字民族用作装饰的黄金宝石呢？

无论如何，在实验艺术中，人们所得到的对自身心理的猛烈冲击，是来自自己的抗刺激手段或技术。因为我们以新发明的形

1　米尔唐（Milltown），抗焦虑的药物氨甲丙二酯，俗称安宁、眠尔通等。——编者

式抛出的人体的延伸，是抗衡或抵消集体压力和刺激的努力。然
而，抗刺激手段常常被证明是比初始的刺激更大的灾害，像吸毒
一样的灾害。正是在这一点上，艺术家可以给我们示范，如何“避
98 开打击的锋芒”，而不是“硬碰硬地吃败仗”。我们只能说，人类
的历史充满了这种失败的记录。

涂尔干早已阐明这样的思想：专门化的任务总是看不见社会良心的作用。在这方面，艺术家看来是社会良心，并因此而受到相应的待遇！巴厘人[1]说："我们没有艺术，我们做一切事情都尽量做好。"

由于汽车的冲击，现代大都会在无节制地迅速膨胀。作为对铁路高速运行挑战的回应，郊区和花园城市不是来得太晚，就是赶上了汽车泛滥成灾的时候。因为适应一套强度的功能安排，在另一种强度中会变得令人难以忍受。一种用于缓解身体压力的人体的技术延伸，可能会产生更为严重的心理压力。西方的专门化技术在罗马帝国后期被迁移到阿拉伯世界时，就释放出了汹涌澎湃的部落能量。

认定新媒介的实际形态和冲击所必须使用的、有点迂回的诊断方法，与彼得·切尼 (Peter Cheyney) 的探案小说中的表现手法不无相同之处。在《你不能留下零钱》(*You Can't Keep the Change*，柯林斯书局，伦敦，1956年) 中，他写道：

> 对于卡拉汉来说，一件案子只不过是一群人，有些人甚至是所有的人都在给他提供不正确的信息，或者都在

1 巴厘人 (Balinese)，印度尼西亚巴厘岛上的土著民族，民风淳朴、能歌善舞。巴厘岛曾经是人类学家田野调查的圣地。

> 说谎，因为环境迫使他们或诱使他们身陷这样的过程。
>
> 然而，事实上他们**不得不**说谎，**不得不**提供虚假的信息，这就迫使他们要重新给自己的观点和生活定向。他们早晚总会耗尽心机，因不小心而吐露真情，到了那时，只有到了那时，探长方能明确认定一件事实，这一事实将指引他去得出一个可能的合乎逻辑的解答。

注意这一点饶有趣味：维持平常受人尊敬的正面形象，只有靠背后急急忙忙的调整才能办到。罪案发生或打击降临以后，惯 99
常的正面形象只能靠匆忙重组的支柱来支持。同样，在社会生活中，新技术打击发生时也会出现这种情况。在个人生活中，某种强烈而难以接受的经验发生时也是这样。此时，潜意识抑制力立即行动起来，使我们对打击的感觉迟钝，使人体的官能做好准备去吸收侵扰人的刺激。彼得·切尼对探案小说手法的观察，是说明通俗娱乐的功能的又一个例子，这是模仿真人真事的一种模式。

也许新技术带来的最明显的感知"关闭"或心理影响，正是人对它的需求。汽车问世以前，谁也不需要汽车。电视节目出现以前，谁也不会对电视感兴趣。技术产生一种迫使人需要它的威力，但是这一威力并不能摆脱技术而独立存在，技术是人体和感官的延伸。我们失去视觉时，别的感官在一定程度上接替了视觉的作用。但是，动用可以调动的感官的需求，和呼吸一样，是很顽强的。这一事实有助于弄懂人们想让收音机和电视机一直开下去的冲动。继续使用的冲动，与公众的节目"内容"和私人的感知生活均毫不相关，这说明技术是人体的一部分。电力技术与我们的中枢神经系统直接相连，因此说“公众想要什么”作用于自己的神经上，是荒唐可笑的。这等于是问人们在大城市里愿意选择周围的什么景观和声音一样。一旦拱手将自己的感官和神经系统交给别人，让人家操纵——而这些人又想靠租用我们的眼睛、耳朵和神经从中渔利，我们实际上就没有留下任何权利了。将我们的眼睛、耳朵和神经借给商业公司，就像是将公众的言论交付给私营公司，就像是把地球的大气送给一家公司作为垄断的
100 商品。这样的事情在外太空已经发生，其原因和我们将自己的中枢神经系统租借给各种大公司没有什么不同。只要我们抱着那喀索斯的态度，认为自身的延伸真正存在于**人体之外**，真正与己无关，我们就会以强为不可为的策略去迎接挑战，并因此而土崩瓦解。

阿基米德说：“给我一个支点，我将撬动地球。”今天，他一定会指着我们的电力媒介说：“我要站在你们的眼睛、耳朵、神经和脑子上，让世界按我的意愿以任何速度或模式运动。”我们把这些“支点”租借给私营大公司了。

汤因比在《历史研究》中，用大量的篇幅分析千百年来许多文化面对的各种挑战。他分析了骁勇善战的社会中的跛子和残疾人，看他们如何对待自己的残疾，他的解说与西方人的关系非常密切。这些残疾人成为火神伏尔甘一样的专门工匠，或加工金属，或制造盔甲。整个社区被征服后遭到奴役时，人们又如何行事呢？对尚武社会中的残疾人有利的策略，对这样的社区同样有用。他们可以专干某几行，使主人少了他们就不行。专精某行的人被打上奴颜媚骨、懦弱可欺的耻辱的烙印，甚至到了现代也是如此。这大概与人类悠久的奴役历史有关，或许与作为抗衡手段

的专精一行的策略也有关系。西方人对自己的技术俯首投降，而技术又日渐强调专门化，于是许多人始终把这看成是一种奴役。不过，西方人由此而生的肢解割裂是自觉自愿、积极热情的，和军事征服中的俘虏有意采取的专精一行的苟全策略不同。

显而易见，作为任何暴虐和压迫下苟安策略的分割与专门
化，有一种伴生的危险。为了完美地适应环境，生物体需要把它 101
的全部能量和生命力集中在一个方向，使它自己处于某种静态的极限。哪怕是环境的轻微变化，也会使适应力完美的生物无法去迎接新的挑战。这就是社会中"传统智慧"的代表们所处的困境。他们把安全和地位的全部赌注都押在已经习得的知识这种唯一的形式中，所以革新对他们不是新奇，而是毁灭。

一个与此相关的挑战形式自古以来就摆在文化的面前，这就是边疆或边墙这一简单的事实。边疆或边墙的另一边存在另一种社会。任何两种组织形式比肩而立时，就产生了大量的张力。实际上，这正是过去一百年象征主义艺术结构的原理。汤因比认为，与部落社会毗邻而居的文明构成的挑战一再说明：比较简单的社会发现，自己整合性的经济和制度，由于受到复杂社会那种"文明所产生的心理雨水的冲刷而土崩瓦解"。两个社会并肩存在时，复杂社会所构成的心理挑战使那个简单社会的能量爆发出来。要寻找大量的证据来说明这个问题，只需用超越的眼光去看一看在复杂的都市中心生活的少年就够了。正如野蛮人社群与文明接触时被逼得烦躁不安、分崩离析、大举迁徙一样，大城市的少年也被压垮，因此他们铤而走险，进行"毫无道理的造反"。他们被逼着分担城市的生活，而城市又不承认他们是成年人。早些时候，少年曾收到一张等待兑现的支票，他们也准备等待机会。

但是，自从电视出现以后，参与成人社会生活的驱力使少年期不复存在。每个美国家庭里都有一道柏林墙，隔断了大人和孩子。

汤因比提供了非常丰富的、范围很广的有关各种挑战和崩溃的事例，他尤其长于阐明：以未来主义和拟古主义为手段去迎战
102 急剧变革，常常是徒劳无益的。指向昔日的马车时代也好，指向未来的抗重力运载工具也好，都不足以回答汽车的挑战。不过，这两种相同的向前看和向后看的方式，是避免眼前的经验中断而常用的方法。这些方法需要我们进行敏锐的检查和评价。似乎只有忠诚的艺术家才有能力去迎接现实的挑战。

汤因比一再敦促人们采用仿效伟人的文化策略。这当然是在**意志**的力量中去寻找文化上的安稳，而不是在充足的环境**感知**能力中去寻找文化安稳。谁都可以讥笑，这是英国人对品性而不是对才智的信赖。鉴于人们面对挑战时有无穷无尽的力量使自己陷入无知无觉的催眠状态，我们可以认为，意志力在维护生存中与智力一样重要。今天，我们要做到信息灵通、见多识广，同样是需要意志力的。

汤因比举了一个例子，说明如何有效地对付和创造性地控制文艺复兴时的技术。他说明中世纪非集中化议会的复兴如何拯救了英国，使之免受中央集权制的垄断，而欧洲大陆却被中央集权制攫住了。刘易斯·芒福德在《历史名城》里讲了一个令人惊讶的故事：新英格兰的城镇能够采用中世纪理想城市的格局，因为它可以不要城墙，从而使城乡混合成一片。当一个时代的技术向一个方向迅猛突进时，智慧完全可以召唤一种与之抗衡的反冲击。本世纪电能的内爆不能用外向爆炸或扩张去对付，但是它可以用非集中化和众多小型中心的灵活性来对付。比如说，学生蜂

拥进入大学的现象就不是外爆，而是内爆。迎战这一力量所需的策略并不是增加大学的规模，而是创办许多独立学院的集群，以 103
代替我们现有的集中制的大学工厂，现有的大学工厂是按照欧洲政治和19世纪的工业路线发展出来的。

同样，电视形象过度的触觉效果，不能靠单纯的节目变化去对付。以恰当诊断为基础的富于想象力的策略，可以给现存的文字和视觉世界规定一个相应的、具有深度的或结构主义的方法。如果我们坚持用常规的方法去研究这些发展，我们的传统文化就会像16世纪的经院哲学家一样被扫荡干净。倘若具有复杂口头文化素养的经院哲学家们了解谷登堡的印刷术，他们本来可以创造出书面教育和口头教育的新的综合，而不是无知地恭请并容许全然视觉形象的版面去接管教育事业。重口头传统的经院哲学家没有迎战印刷术新的视觉挑战。由此而生的谷登堡技术的扩张或爆炸，在许多方面使文化贫乏。许多学者，例如芒福德，已开始解释这一现象。汤因比的《历史研究》在考虑文明"发展的性质"时，不光是把膨胀观念作为真正发展的标准，而且还说明："地理扩张常常是真正衰亡的共生现象，在'麻烦时期'或领土辽阔的国家——它们是走向衰亡和瓦解的两个阶段。"

汤因比阐明了一条原理：麻烦时代或巨变时代产生黩武主义，黩武主义又产生帝国和扩张。有一则希腊神话说，字母文字产生黩武主义（卡德摩斯王锯断龙牙，这些牙齿长成了武士）。这一神话比汤因比的阐述还要深刻。事实上，黩武主义仅仅是模糊的描述，根本谈不上因果分析。黩武主义是社会能量的一种看得见的组织。它既是专门化的，又具有爆炸性。因此，像汤因比阐述的那样说，黩武主义既建立庞大的帝国，又导致社会瓦解——

104 这纯粹是一种多余的重复。但是应该说，黩武主义是一种产业主义形式，是把大量均质能量用于集中生产的形式。罗马帝国的士兵装备了铲子，他们是高明的工匠和建筑师。他们把许多社会的资源加工包装，送回老家。在机器问世以前，唯一可资利用的加工物质材料的庞大劳动力，就是士兵或奴隶。拼音文字是人类用于均质化军事生活的、最了不起的加工媒介，自古如此，上述神话已指出这一点。希罗多德[1]认为，“比过去二十个世代里所受的困扰更多”的希腊时代，从看重文字的观点来回顾，看起来是人类历史上最伟大的几百年。麦考利[2]说，读起来激动人心的时代，生活在其中的人是不会愉快的。亚历山大大帝以后的时代是希腊文化在亚洲扩张的时代，它为以后罗马帝国的扩张准备了道路。然而，这几百年显然正是希腊文明走向崩溃的时代。

汤因比指出考古学对历史莫名其妙的歪曲。过去的许多物品存留下来了，但是这并不能说明普通人生活的质量和经验。战争手段在技术上不断得到改进，这在整个希腊化时期和罗马帝国衰亡时期都在发生。汤因比用希腊农业的发展来验证他的假说。当梭伦[3]改革使希腊人脱离混合农业，走向专门产品出口的农业规划时，产生了许多令人高兴的结果，希腊生活表现出壮观的活力。紧随其后的阶段也强调专业化生产，它仰赖奴隶劳动，生产的增加也颇为壮观。然而，由于专业技术分工的奴隶大军种田，
105 独立自由民和小农社会生存的路子就给堵死了，结果就产生了没有根基的、寄生虫麇集于罗马城镇的奇怪世界。

---

1 希罗多德（Herodotus，约公元前484—前425），古希腊作家、历史学家，著有《历史》。

2 托马斯·麦考利（Thomas B.Macaulay，1800—1859），英国历史学家、作家、政治家，著有《英国史》、《古罗马之歌》。从青年时代起，麦克卢汉就很崇拜麦考利。

3 梭伦（Solon，约公元前638—559），古希腊政治家、诗人、执政官，进行过政治经济改革。

机械化工业的专业分工和市场组织给西方人提出的挑战，是单一裂面 (mono-fracture) 的制造业的挑战，是每次一丁点地对付一切事物和一切操作过程的挑战。它比罗马奴隶劳动提出的挑战要严重得多。它渗入了我们生活的各个方面，使我们在各个方面、各个领域都非常成功地膨胀了。 106

第二部

八　口语词：邪恶之花？

本章副标题的灵感取自19世纪诗人夏尔·波德莱尔的诗集 110
《恶之花》。波德莱尔是法国印象派之父，上文已经和乔伊斯、艾略特一道提及他。他下一次露面是在第十一章“数字”，在那里，麦克卢汉将要论及波德莱尔对媒介及其影响的直觉把握。在这一章里，麦克卢汉讨论了波德莱尔的同胞亨利·柏格森[1]论语言的观点。在第十三章里，麦克卢汉对柏格森的思想做了这样的解释：“为了放大或增加人体官能的力量，我们放任自己，我们自我异化，这是邪恶的花朵或赘生物。”（第169页）在前面的七章里，麦克卢汉无情地把看似无关的思想结合在一起，使之摩擦，以期产生出乎意料的结果。大概是意识到读者的不安，他再次做了一些让步，以朴实的语言表述一个原理，认为将语言和轮子归于媒介是有道理的：“语言之于智能犹如轮子之于脚和人体。轮子使人的肢体更轻盈、快速地在事物之间移动，使肢体的卷入越来越少。”

——编者小引

1　亨利·柏格森（Henri Bergson，1859—1941），法国哲学家，文笔优美，曾获诺贝尔文学奖。著有《创造进化论》、《直觉意识的研究》、《物质与记忆》等。

111 从流行音乐节目主持人的录音中信手拈取一段几秒钟的谈话，打印出来就是这样的：

> 那是帕蒂宝贝，天生的舞蹈细胞，那是弗雷迪·加农，他参加我们的晚场，戴夫·米基主持的晚场——呜——哇——多舒服——你们好吗——哇。接下来请听《在星星上荡秋千》，嘻——哇，在月光上飘荡。
>
> 哇，来一个，这个怎么样——你们最喜欢的——最逗人爱的——真想亲一亲的帅哥，现在是晚上九点二十二分，好啦，我们要接通你的电话了，请拨打WAlnut 5-1151，WAlnut 5-1151，接通以后告诉我们你的电话号码。

戴夫·米基 (Dave Mickie) 的声音不断交替变化，或高扬，或低沉，或激荡，或吟唱，或独唱，或慢拖，或跳跃，他的声音始终对他的动作做出反应。他完全在口头的经验而不是书面的经验中游刃。听众的参与就是靠这种方式产生的。口语词使人的一切感官卷入的程度富有戏剧性，虽然喜弄文墨的人讲话时会趋于连贯成篇、悠然自在。在有些文化中，知书识字并不是经验的主导形式，这些文化自然需要感知上的卷入。这一需求有时表现在导游手册中，比如一本希腊导游手册中就有这么一条：

> 你会注意到，许多希腊男人似乎花很多时间数珠子，这些珠子看起来像琥珀念珠，但是它们并无宗教意义。它们是“排遣烦闷的珠子”，是土耳其人留下的遗产。希腊

> 人在陆上、海上、空中都不停地数珠子，以排解难以忍受的沉闷：凡是会话较少的时候，他们都感受到沉默的威胁。牧人数念珠，警察数念珠，装卸工人数念珠，店铺老板数念珠。如果你觉得奇怪，为什么很少有希腊妇女戴念珠，你将会明白，那是因为她们的丈夫抢夺了数珠子玩的优先权。玩珠子比捻弄大拇指更富有审美情趣，比抽烟省钱。 112
> 这种迷恋数珠子的习惯，表明一个民族侧重触觉的特点，这个民族创造了西方世界最伟大的雕塑……

凡是倚重书面语视觉形象的文化，都会出现另一种形式的感知卷入和文化鉴赏情趣，我们的希腊导游手册一时兴起，做了这样一番解释：

> ……请不要为此而感到奇怪：你在希腊逗留期间，希腊人常常会拍你的肩膀，和你拥抱，用手指头戳一戳你。到后来你可能会觉得自己像是在一个重感情的家庭里……像受宠的爱犬。对我们来说，这一摸肩拍背的癖好，似乎就是上述强烈好奇心在触觉上的延伸。仿佛你的东道主试图摸一摸你，弄清你是什么材料做成的一样。

今天，由于和无文字民族的接触日益增加，口语和书面语大相径庭的性质就容易研究了。有一位土著人是他那个社群里唯一识字的人，他谈起为别人读书信的情况。他觉得必须用手指头塞住耳朵，以免听见别人书信里的隐私。这一有趣的例子证明，由于拼音文字着重视觉形象，它养成了隐私的价值观念。这种听觉和视觉分离、个人和集体分离的情况，没有拼音文字的影响是难得发生的。个人主义和保守隐私的习惯需要视觉功能的延伸和放大。这种延伸和放大，口语词是无法提供的。

将口语词和书面词进行对比，有助于了解口语词的性质。拼音文字固然可以分离并延伸词语的视觉功能，然而它却比较粗疏
113 和缓慢。“今晚”这个词的书写方式不多，但是，斯坦尼斯拉夫斯基曾要求他的年轻演员用五十多种不同的音调说这个词，并请在场的听众记下每次表达的思想感情有何细腻差别。洋洋洒洒的抒情散文和卷帙浩繁的记叙文，用来表达什么是饮泣、呻吟、大笑、尖叫等诸如此类的意思。书面词语用线性序列的形式详细表达了口语词汇中稍纵即逝的隐蔽的含义。

此外，我们说话时倾向于对每一种情景做出反应，甚至对我们自己说话的行为本身也用语气和手势做出反应。然而，书写倾向于一种分离和专门化的行为，我们很少有机会对书写行为做出反应，而且也没有必要。有文化的人或社会都培养出了一种能力，就是做任何事情都抱着相当疏离超脱的态度。不识字的人或社会却事事经历感情上或情绪上的卷入。

法国哲学家亨利·柏格森生活和著述的思想传统是，无论过去和现在，语言被认为是人的技术，它损害并削弱了集体无意识的价值观念。柏格森认为，如果没有语言，人的智能会全部卷入其注意的客体。语言之于智能犹如轮子之于脚和人体。轮子使人的肢体更轻盈、快速地在事物之间移动，使肢体的卷入越来越少。语言使人延伸和拓展，却又使人的官能割裂。人的集体意识或直觉，由于言语这种意识的技术延伸而被削弱了。

柏格森的《创造进化论》(*Creative Evolution*) 认为，连意识本

身也是人的延伸，意识使集体无意识中的极乐境界暗淡无光。言语的作用是把人与人分开，把人类和宇宙无意识分开。作为人各种感觉的同时延伸或言说（即外化），语言一向被认为是人最丰富的技艺形式，它把人与动物界区别开来。 114

如果可以把人耳比作无线电接收机，它可以译解电磁波代码，将其重新编码并还原为声音，那么人的嗓音就可以被比作无线电发射机，它可以把声音转换成电磁波。嗓音把空气和空间塑造成言语模式的功能出现之前，完全可能有一种不大专门化的用叫喊、咕哝、体姿和指令等表情达意的方式，一种用歌舞表情达意的方式。反映在各种语言里的感知模式，与衣服款式、艺术风格一样丰富多样。每一种母语以完全独特的方式教它的使用者如何看待世界，感知世界，在世上行事。

我们新的电力技术以拥抱全球的方式使我们的感知和神经延伸，它对语言的未来蕴含着重大的意义。电力技术不需要语言，正如数字型计算机不需要数字一样。电能指向意识延伸的道路，这是在全球范围内的无需任何言语的道路。这样的集体知觉状态很可能是人类语言出现之前的状态。作为人的延伸的语言，其分割和分离的功能是众所周知的，这很可能是人借之以登上九重天的巴别塔的功能。今天，计算机展示了瞬息之间将一种代码和语言翻译成任何其他代码或语言的前景。简言之，计算机以技术给人展示了世界大识大同的圣灵降临的希望。合乎逻辑的下一步似乎不是翻译，而是绕开语言去支持一种普遍的寰宇意识。它也许很像柏格森梦想的集体无意识。生物学家说，“无重力”状态预示着肉身的不朽。也许，“无重力”状态和无语言的境界会同时出现吧，无语言的状况可能会赋予人永恒的集体和谐与太平。 115

九　书面词：以眼睛代替耳朵

116　拼音文字的发展打开闸门，千百年来，这一强大媒介对西方文明的影响如洪水泛滥。麦克卢汉笔下的拼音字母是一种独特的技术。他强调指出，拼音文字的发展损害了非拼音文字比如象形文字和会意文字的“意义世界和感知世界”。他明确指出这样一个悖论：非拼音文字是非连续的（彼此没有系统的联系），却是整合一体的（会意文字的形式有意义，声音也有意义，形、声、义三者相连）；相反，字母表是统一的系统，却没有整合一体，因为其字母本身没有意义，字母的读音也没有意义。这就是麦克卢汉的意思。他说：“字母表的视觉世界和听觉世界是决然分割、平行发展的。”在这一章里，他把“媒介即讯息”的意思表述得很清楚：“字母表的威力是延伸视觉统一性和连续性模式，这就是各种文化感知到的字母表的‘讯息’。”然而，接下来的章节并不是论字母表的下一步的重大演变，那是第十八章“印刷词”讲述的内容。下一章展示的是字母表对古代社会、文化、政治、经济和军事组织的影响。

——编者小引

莫杜普亲王[1]讲述他在非洲老家首次接触文字时的经验，他写道： 117

> 神父佩里的住宅里有一块拥挤的地方，那就是他排列书架的地方。我渐渐领悟到，书页里的记号是**被捕捉住的词汇**。任何人都可以学会译解这些符号，并把困在里面的字释放出来，还原成词汇。印书的油墨囚禁了思想。它们不能从书中逃出来，就像**野兽**逃不出陷阱一样。当我完全意识到这意味着什么时，激动和震惊的激情流遍全身，就和第一次瞥见科纳克里辉煌的灯火时一样激动不已。我震惊得浑身战栗，强烈渴望自己学会去做这件奇妙无比的事情。

和土著人的急切希望适成显著对比的是，文明人对书面语词充满了忧虑。对一些西方人来说，书面词或印刷词已经变成一个棘手的课题。诚然，今天手写、印刷和阅读的材料之多远远超过从前，但是同时又存在一种新的电力技术，它威胁着建立在拼音字母表基础之上的读写学问这一古老的技术。由于电力技术使我们的中枢神经系统延伸，它似乎偏好包容性和参与性的口语词，而不喜欢书面词。我们西方的价值观念建立在书面词的基础上，这些观念已经受到电话、电台、电视等电力媒介相当大的影响。我们时代的许多大学问家在研究这个问题时，难免道德上感到恐慌，其原因恐怕就是电力技术的影响吧。此事还有更深一层

1 莫杜普亲王（Prince Modupe），见《我曾经是野蛮人》（*I Was a Savage*），该书将在本书第215页再次出现。——编者

118 的原委：在两千多年的读写文化中，西方人很少去研究或了解拼音字母的影响，不了解拼音字母在创造许多基本文化模式中所起的作用。现在来开始检查这个问题似乎是太晚了。

假定我们不展示星条旗，而是在一幅布上写上“美国国旗”这两个词并将其展出。虽然这两种不同的符号传达的意思相同，可是其效果却迥然有别。把星条旗丰富的视觉图案转换成文字，就会使星条旗失去大多数团队形象的性质和经验的性质，而抽象文字的束缚却保持不变。也许这一例子有助于说明部落人学会识字时所经历的变化：在他与社群的关系中，几乎一切情绪的和团体的家族情感都被剔除了。他摆脱了情感的羁绊，能从部落中分离出来，成为文明的个体，成为一个靠视觉组织经验的人，一个与所有其他文明个体具有相同的态度、习惯和权利的人。

关于拼音字母的希腊神话就是那个卡德摩斯王的神话。据说他把拼音字母引进希腊，种下凶龙的牙齿，牙齿长成了全副武装的勇士。正如一切神话一样，这一神话将漫长的演化过程凝练成瞬间完成的顿悟。拼音字母意味着权力、权威，意味着运筹帷幄、决胜千里。字母表和埃及人的莎草纸相结合以后，停滞不前的寺院“官僚”和僧侣对知识和权力的垄断就结束了，字母文字之前的文字、符号众多，难以掌握。字母文字代表着非常宽泛的知识和复杂的技能，当获取这种知识和技能的过程全靠砖石之类的笨重材料时，书记员阶层就稳稳当当地垄断了僧侣的权力。较
119 易学会的字母表和轻巧、廉价、便携的莎草纸相结合，引起了权力
从僧侣阶级向武士阶级的转移。所有这一切，包括城邦国家的衰落、大帝国和军事官僚阶级的兴起，都寓于卡德摩斯王的神话及其龙牙的生长之中。

说到人的延伸，卡德摩斯王神话的龙牙主题有极为重大的意义。埃利亚斯·卡内蒂在《群众与权力》(*Crowds and Power*) 中提请我们注意，牙齿显而易见是力量的媒介，在许多动物的身上尤其如此。各种语言都有丰富的例证，说明牙齿衔食嚼食的力量和精致的功能。作为攻击性和精确性媒介的字母的力量，竟然会用龙牙的延伸来表现，其实是自然而然、恰如其分的。牙齿的线性排列是非常引人注目的。字母不光在视觉形象上像牙齿，而且它们在建立大帝国中所发挥的威力，在西方历史中也是一目了然的。

拼音字母是一种独特的技术。历史上有许多象形的和分音节的文字，但是没有意义的字母和没有意义的语音相对应的拼音字母表却只有一种。从文化上说，视觉世界和听觉世界之间的这种决然分割、平行发展，是粗暴无情的。用拼音文字书写的词汇牺牲了意义和知觉，而埃及的象形文字和中国的会意汉字之类的文字却能将意义和知觉固定下来。但是，这些文化内涵比较丰富的文字形态却不能向人提供突然转换的手段——从部落词语充满魔力的非连续性的传统世界转入低清晰度的整齐划一的视觉媒介的手段。许多世纪以来对会意文字的使用，并没有威胁中国天衣无缝的家族网络和微妙细腻的部落结构。相反，今日在非洲，只需一代人使用拼音文字——正如两千年前的高卢人一样——至少就足以初步使个人从部落网络中分离出来。这一事 120
实与拼音文字书写的词的**内容**无关，它是人的听觉经验和视觉经验突然分裂的结果。唯有拼音字母表才将人的经验分裂为这样截然分明的两部分，让使用者用眼睛代替耳朵，使他从洪亮的话语魔力和亲属网络的部落痴迷状态中解脱出来。

由此可以说，只有拼音字母表才是创造“文明人”的技术手段。这里所谓“文明人”，是在成文法典面前一律平等的所有独立的个体。个体的分离性、时空的连续性和法典的一致性，是有文字的文明社会的首要标志。部落文化，如像印度和中国的文化，在文化知觉和表达的广度和精巧方面要比西方文化优越得多。但是，我们在此关注的并非是价值问题，而是社会的结构。部落文化不可能接受独立的个体和分离的公民。它们的空间观念和时间观念既没有连续性，也没有一致性，而是有强烈的同情性和抗压性。字母表的威力是延伸视觉统一性和连续性模式，这就是各种文化感知到的字母表的“讯息”。

作为视觉功能的强化和延伸，拼音字母在任何有文字的社会中，都要削弱其他官能(声觉、触觉和味觉)的作用。这一情况没有发生在诸如中国这样的文化中，因为它们使用的是非拼音文字，这一事实使之在经验深度上保留着丰富的、包容宽泛的知觉。这种包容一切的知觉，在拼音文字的发达文化中受到了侵蚀。会意文字是一种内涵丰富的**完形**，它不像拼音文字那样使感觉和功能分离。

显然，西方世界的成就证明读写文化极有价值。但也有许多人持反对意见，理由是我们为专门化技术和价值观念付出的
121 代价太高。当然，拼音文字使理性生活呈现出线性结构，使我们卷入一整套相互纠缠的、整齐划一的现象之中。这些一致的东西引人注目。本来，我们有足够的理由用比本章更多的篇幅对这些现象做一番研究。而且，如果用完全不同的路子，或许还有更好的研究方法。比如说，意识被认为是理性存在的标志。然而，意识的任何时刻都有整体知觉场，这样的知觉场并没有任何

线性的东西或序列的东西。意识不是一种言语过程。但是在使用拼音文字的千百年间，我们一直偏重作为逻辑和理性记号的演绎链。中国的文字却大不相同，它赋予每一个会意字以存在和理性的整体直觉，使得视觉序列在标记脑力活动和组织上只起很小的作用。在西方有文字的社会里，说甲是乙“尾随而至”的起因，仍然是说得通的、可以接受的，仿佛造成这样的序列里有什么机制在起作用。大卫·休谟在18世纪已经证明，无论是自然序列或逻辑序列里都没有因果关系。序列是纯粹的相加关系，而不是因果关系。康德说：“休谟的论点使我从教条的沉睡中惊醒。”然而，西方人偏爱序列，把它当成是全面渗透的拼音文字技术的逻辑。这种偏爱的背后有何隐蔽的原因，休谟或康德都没有发现。今天在电力时代，我们觉得可以像自由创造非欧几里得几何那样自由地创造非线性逻辑。就连装配线这种使各种制造和生产机械化的分析序列方法，现在也在让位于新的形式了。

唯有使用拼音文字的文化，才掌握了作为心理和社会组织普遍形式的、连续性的线性序列。将各种经验分解为整齐划一的单
位，以产生更快的行动和形态变化（应用知识），始终是西方的力 122
量既驾驭人又驾驭自然的秘密。我们西方的工业计划在无意之间非常之咄咄逼人，我们的军备计划又高度工业化，其原因就在这里。因为二者都是由拼音字母塑造的；拼音字母使一切情景一致以实现转换和控制，这一技术塑造了西方的工业和军备。这一程序早在古希腊—罗马阶段就已经十分明显，再加上谷登堡技术所开发的一致性和可重复性，它就有了更强大的力度。

文明以文字为基础，因为文字是使文化一致的加工过程，这

一加工过程靠的是视觉的时空延续，时空延续又靠的是拼音字母表。在部落文化中，经验由占主导地位的听觉生活来安排，听觉生活压制着视觉价值。听觉与低清晰度的、中性的视觉不同，它具有高度的审美功能，它是精微细腻、无所不包的。口头文化在行动的同时要做出反应，拼音文化却赋予人行动时压抑情感和情绪的手段。只行动而不用做出反应，不用卷入其间，这是使用文字的西方人特有的优越性。

偏重视觉的、文明开化的美国人与部落式的、偏重听觉的东方文化遭遇时，犯下了难以计数的错误。《丑陋的美国人》(*The Ugly American*) 对美国人在一场实验中的差错进行了描绘。这是联合国教科文组织主持的实验。他们在一些印度人的村子里铺设自来水管，由于水管是一种线性组织，所以不久村民就要求拆除自来水管。因为对他们来说，大家不再上公用井汲水以后，村子里的社交生活都被削弱了。对我们来说，水管是一种方便的设施。我们不把它当成是文化，也不把它当成是文字的产物，正如我们不认为文字会改变自己的习惯、情绪或知觉一样。对无文字的人来说，最常见的方便设施也代表着文化的全盘变迁，这一点完全是一目了然的。

123 俄国人受读写文化模式渗透的广度不如美国人；在感知和顺应亚洲人的态度时，他们遭遇到的困难比我们小。对西方人来说，读写文化长期以来就意味着管道、水龙头、街道、装配线和库存目录。也许读写文化最有说服力的表现，是我们统一的价格体系，这一体系扩散到遥远的市场，加速了商品的周转。在有文字的西方，就连我们的因果观念也长期表现在事物顺次展开和连续展开的形式中。这样的因果观念使任何部落文化或听觉文化的人都觉得十分荒唐可笑。这一观念在我们自己新近的物理学和生物学中已经失去了它首要的地位。

现在西方世界使用的所有拼音文字，从俄国人的到巴斯克人的文字，从葡萄牙的到秘鲁的文字，都是希腊—罗马字母表派生出来的。它们的形、音、义和言语内容是相互分离的，这使它们成为翻译和文化同质化的最重要的技术。所有其他形态的文字都只为一种文化服务，都只有助于将那种文化与其他文化分离开来。唯有拼音字母才能用来把任何语言的语音翻译成——尽管比较粗糙——同样一种视觉代码。今天，中国人借用我们的拼音字母的努力，在声调多变和同音异义这两个问题上遇到了特殊的困难。这就导致一种新的言语习惯——将单音词的汉语切分组合为多音词的语言，以消除声调引起的歧义。西方的拼音字母，在汉语和中国文化的中枢听觉特征转换中正在发挥作用，以便使中国也产生西方那种线性模式和视觉模式，这些模式曾赋予西方的工作和组织以中央同一和聚合一致的力量。我们正在步出我们文化的谷登堡时代，我们可以更容易看清自己文化的同质性、一致性和连续性。这些特征曾经使希腊人和罗马人轻而易举地
战胜了无文字的野蛮人。野蛮人或部落人被文化多元性、独特性 124
和非连续性捆住了手脚，古今皆如此。

总之，巴比伦文化、玛雅文化、中国文化中使用的象形文字代表视觉的一种延伸，它们被用于储存人的经验，便于提取人的经验。所有这些形态的文字，都给口语的意义赋予图形的表现。由于这样的形态，它们接近于卡通，使用起来极为笨拙。因为它们需要许多符号才能表现数量无限的资料和社会行动的操作过程。拼音字母表则与此相对，它只需要少数的字母，就足以包容一切

语言。然而，这一成就又引起符号和声音从它们的语义和戏剧性意义中分离出来。其他任何书写系统都没有实现这一分离。

拼音字母表使语言的形、音、义分离，这一特性还延伸到它的社会和心理效应中。正如卢梭（以及后来的浪漫主义诗人和哲学家）早就宣告的那样，读书识字者的幻想生活、情感生活和感觉生活经历了很大的分离。今天，只需提起D. H. 劳伦斯的名字，就足以使人想起，人们在20世纪的努力，是超越文字人的局限，恢复人的“整体性”。由于使用字母表，西方人的内在敏感性经历了很大的分裂，但是他同时又赢得了从家族和家庭中分裂出来的自由。这一塑造个人前途的自由在古代世界中表现为军事生涯。由于同样的原因，罗马共和时期和拿破仑时代的法兰西一样，职业生涯为有才能的人敞开着大门。新兴的文字创造了同质的、可塑的环境。在此环境中，武装集团的流动性和抱负不凡的个人的
125 流动性一样，都是既新奇又实际的。

十　道路与纸路

在本章首页，加拿大政治经济学家和传播研究的先驱哈罗 126
德·伊尼斯的影子赫然出现。同时，伊尼斯的思想和前面几章阐述的思想的重要联系也赫然在目："每一种形式的传输都不只是简单的搬运，而且涉及发讯者、收讯者和讯息的转译和变换。"地球村和部落村的比较用四个子项来表示："电力时代的加速度对偏重文字和线性逻辑的西方人的破坏力，和罗马的纸路对部落村民的破坏力一样大。"媒介效果的悖论和边缘—中心的动态关系(边缘—中心的课题在以后的章节里会进一步展开)联系起来。"轮子和纸片在组织新的权力结构中的效果，不是非集中化，而是集中化。这一点似非而实是。"麦克卢汉多重感知的深刻的一致性清楚浮现出来。他提出，对发展边缘—中心动态关系的有利条件是乡村生活，而乡村生活是采集、狩猎的社会组织过渡到城市、城邦的中间阶段。这是他"媒介即讯息"的又一个例子。

——编者小引

直到电报问世以后，信息运动的速度才比信使传递快。在此 127

之前，道路和书面词语是紧密相连的。只有等到电报问世以后，信息才从石头和莎草纸之类的实物中分离出来，很像货币早些时候从兽皮、金银锭、金属中分离出来，并最终表现为纸币的形式一样。早在它于电力时代被转换成“信息运动”之前，“交通运输”(communication) 一词曾广泛与道路、桥梁、海路、江河、运河等结合起来使用。若要问电力时代的性质，我们可以首先研究运输作为传播概念的兴起，尔后再研究这个概念从运输的意义如何向以电力为媒介的信息迁移；也许，这是描绘电力时代性质最恰当的方式。“隐喻” (metaphor) 一词由两个希腊语素meta (变化) 加pherein (传送) 组成，其意义是搬运或运输。我们在本书中所关注的，是一切形式的货物运输和信息传输 (transport) ，它们既是隐喻，也是交换。每一种形式的传输都不只是简单的搬运，而且涉及发讯者、收讯者和讯息的转译和变换。任何媒介的使用或人的延伸都改变着人际依存的模式，正如它改变着我们各种感觉的比率一样。

本书有一个自始至终的主题：一切技术都是肉体和神经系统增加力量和速度的延伸。而且，除非力量和速度有所增加，人体新的延伸是不会发生的，发生了也有可能被抛弃。因为任何构造成分的任何组合所引发的力量或速度的增加，本身就是一种破坏力，它必然引起组织的变化。社会群体构成的变化，新社区的形成，都随着信息运动的加速而发生。信息运动又借助纸面的讯息和道路上的运输。如此的速度增加意味着在更远的距离进行更
128 多的控制。从历史上来看，它意味着罗马帝国的形成以及此前希腊化世界中城邦的诞生。在莎草纸和拼音字母的应用刺激人们修筑快速的硬面道路之前，有围墙的城镇和城邦是经久不衰的自

然而然的形态。

村庄和城邦，本质上是包含人的一切需求和功能的形式。由于速度的加快以及因此而产生的远距离的、更强大的军事控制，城邦崩溃了。曾经包罗万象和自给自足的城邦，其需求和功能扩展为帝国的专业化活动。速度加快趋于使功能分离，包括使商业的和政治的功能分离；加速度超越任何系统中的某一点时，都会变成破坏力和瓦解力。所以，汤因比在《历史研究》中着手以大量的篇幅描写“文明的崩溃”时，开宗明义地指出：“最引人注目的瓦解征兆之一，正如我们所注意到的，是……瓦解之中的文明屈从于版图辽阔的、强制推行的政治统一的国家，借以换取暂时的苟安。”瓦解和苟安一样，都是信息运动日益加快的结果，信息运动的加快是靠信使在精良的驿路上传递信息实现的。

速度加快造成有些经济学家所谓的**中心—边缘**结构。如果这一结构范畴太广，以致其生产和控制中心无法驾驭整个结构，有些板块就开始分离出来，构成新的独立的中心—边缘系统。最广为人知的例证是英国在美洲的殖民地的历史。北美十三个殖民地开始形成自己相当完善的社会生活和经济生活时，它们感到有必要自立为中心，并拥有自己的外围地区。此时，原有的中心可能做出更大的努力来加强对边缘的集中控制。英国当时确实是这样做的。海路交通的缓慢，证明纯粹以中心—边缘模式为基础来维持如此庞大的帝国，是力不从心的。陆上强国比海上强国
更容易形成一元化的中心—边缘模式。正是海上交通的缓慢促 129
使海上强国以播种的办法去建立许多中心。因此海上强国趋于建立无边缘的中心，陆上帝国偏爱中心—边缘结构。电力的速度在各地形成中心。这个星球上再也不存在边缘地区了。

信息运动速度缺乏同质性，就会产生组织模式的多样化。所以，任何传送信息的新媒介，都会改变权力结构，这一点完全可以预见。只要新媒介在各地同时可资利用，就有可能只改变结构而不至于造成崩溃。凡是运动速度差别很大的地方，比如存在空运和公路运输、电话与打字机差别的地方，组织内部都会发生冲突。当代的大城市变成了这类差别的例证。如果速度的同质性是完全一致的，就不会发生反叛，不会出现崩溃。有了印刷品以后，凭借同质性的政治统一，首次有了现实的可能。但是，在古罗马却只有轻便的莎草纸手稿去穿透部落村的模糊性，或减少其非连续性。莎草纸的供应一衰竭，繁忙的道路上就不见车马，正像在我们这个时代里汽油限额供应时公路上冷清的情况一样。所以，原有的城邦又再次出现，封建主义就取代了共和政体。

显而易见，加速发展的技术手段会消除村庄和城邦的独立性。每当加速发展发生以后，新的中央政权总要采取行动使尽量多的边缘地区同质化。古罗马借拼音字母实现的，与其纸路同步发展的过程，在过去一百年间的俄国出现了。而且，从当前非洲的例子中我们可以看出：拼音文字媒介对人的心理的视觉加工需
130 要发展到什么程度，才可能产生可以察觉的同质化的社会组织。这种视觉加工在古代世界中就已经靠许多非文字的技术完成了，比如在亚述就是这样。然而，拼音文字使人脱离封闭的部落回音室 (echo-chamber)，并转向线性组织的视觉世界，其转换作用是无与伦比的。

新兴的电子技术使今日非洲的情况复杂化。西方人由于自身的加速发展正在经历非西方化的过程，正如非洲人由于我们古老的印刷术和工业技术正在经历非部落化的过程一样。如果我

们了解自己古老的和新兴的媒介，我们就可以使这些混乱和分裂程序化和同步化。然而，我们使职能专业化和分化以求加快发展所取得的成就，又是我们对环境不注意、不觉察的原因，至少在西方世界中一直存在着这种情况。对自己文化的动因和局限的觉悟，似乎威胁着自我的结构，因而总是要加以避免的。尼采说过，理解阻塞行动 (understanding stops action)，并且，行动的人在回避理解的危险时，对这一事实似乎有一种直觉。

靠轮子、道路和纸片加速的要害，是在日趋同质和一致的空间中实现力的延伸。所以，直到印刷术赋予道路和轮子的速度大大超过了罗马涡旋 (Roman vortex) 的速度，罗马技术的潜力才真正得到发挥。然而，电力时代的加速度对偏重文字和线性逻辑的西方人的破坏力，和罗马的纸路对部落村民的破坏力一样大。我们今天的加速度并不是缓慢地从中心向边缘的外向爆炸，而是瞬间发生的内爆，是空间和各种功能的融合。我们专门化的、分割肢解的中心—边缘结构的文明，突然又将其机械化的碎片重新组合成一个有机的整体，而且这一重组又是瞬间完成的。这是一个地球村的新世界。正如芒福德在《历史名城》里阐述的那样，村 131
庄实行了人的一切官能在社会和制度两方面的延伸。加速发展和城市聚合，只能促使人的官能分解为更加专门的形态。电力时代不能支持中心—边缘结构的缓慢速度，这种结构是与西方世界过去两千年的历史联系在一起的。今天的加速发展也不是一个价值观念的问题。假使我们了解比较老的媒介，比如道路和书面词语，假使我们对这些媒介对人的影响给予足够的重视，我们本可以减少甚或消除电力媒介对我们生活的影响。一种文化既了解支持它自身结构的技术，又准备维持这样的结构——有没有这样的例子呢？如果有，那也是一种价值观念或推论的偏好。在我们的社会生活中，从这样那样的技术的自动操作中衍生出来的价值观念或偏好，是不可能永远维持不变的。

“轮子”那一章将要说明，在轮子发明以前，不用轮子的运输发挥了很大的作用，那时的运输有一部分是用雪橇完成的，雪橇既用于雪地也用于沼泽。很大一部分运输是靠驮运完成的，首先承担驮运的是妇女。然而，过去的运输多半还是靠江河和海洋，这一事实在世界大都市的位置和形态中仍然有生动的体现。有些人撰文指出，最早驮运东西的是妇女，因为男子必须腾出手来保护女子；驮运重物的妇女仿佛是橄榄球赛中的带球人，必须受到保护。但是，那个阶段属于轮子产生以前的运输阶段，那时的人以狩猎和采集为生，生活在人烟稀少的荒野中。今天，最大宗的运输却存在于信息传输中，轮子和道路正走向萧条和衰退。但是在轮子和道路的时代里，只要存在对轮子的压力和来自轮子的压力，就必须修建道路去顺应轮子的需要。人口聚居的地方产生交换的驱力，促使原材料和农产品越来越多地从农村流向加工中
132 心，这些加工中心实行劳动分工，有专门的手工技艺。轮子和道路的改进，以相互渗透的交换把越来越多的东西运到乡下。这是我们在美国出现汽车以后看见的过程。公路的极大改善把城市日益引向农村。人们开始说“驾车到乡下去兜兜风”时，公路就成了城市的替代物。高速公路的诞生使道路成为人和乡村之间的围墙。接踵而至的是公路变为城市的阶段，这种城市绵延不断地跨越整个大陆，把早些时候的城市化解为向四周蔓延的居民点，这些分散的居民点又使大城市的人口急剧减少。

空运使过去的城市—乡村复合体进一步瓦解，这个复合体是

与轮子和道路同时产生的。飞机问世以后，城市开始进入它和人的需求只发生微弱关系的阶段，这种关系和博物馆与人的关系相同。城市变成了放置陈列柜的走廊，反映了正在退出历史舞台的工业装配线的形态。于是，道路越来越少地用于交通，越来越多地用于娱乐。旅行者转向航空线，并因此而不再觉得是在旅行。过去人们常说，跨越大洋的班船颇像是大都市里的一家旅店。同样，乘坐喷气式飞机的旅行者，无论他是在纽约或东京上空飞行，都颇像是置身于一间鸡尾酒会大厅——就他旅行中的感觉而言是这样的。只有等他下飞机以后，他才开始真正的旅行。

与此同时，由于农村是由飞机、公路以及电力媒介的信息搜集定向和塑造的，所以农村再次成为轮子出现以前那罕有人迹的，游牧生活式的地区。垮掉的一代[1]聚集到沙滩上去冥想徘句诗。

媒介对现存社会形式产生的主要影响是加速度和分裂。今天的加速度趋向于全方位。因此，空间不再是社会安排中的主要因素。汤因比认为，加速度这一因素将物质问题转换成道德问题。他指出，昔日狗拖车、马拉车、人力车拥挤的道路上充满着令 133
人烦恼的事情，同时又处处潜藏着危险。而且，由于驱动交通的力量日益增强，拖曳搬运的问题已不复存在。相反，体力问题变成了心理问题，因为空间距离的消除使旅行困难的问题也容易解决了。这一原理适用于一切媒介研究。一切交换和人际交往的手段，往往随速度的增加而得到改善。反过来，速度又加重了形式和结构的问题。过去的安排并没有考虑到这样快的速度，人们在试图使原有的物质形式适应新型的、更快的运动时，开始感到

1　垮掉的一代 (the beatniks)，第二次世界大战以后美国出现的一个幻想破灭、失去信仰、反叛传统的亚文化群体。

生活中的价值观念慢慢在枯竭。不过这些问题并不新鲜。恺撒执政后的第一个行动，就是限制有轮子的车辆晚间在罗马城行驶，让市民安眠。文艺复兴时期得到改善的运输，把中世纪有围墙的城市变成了贫民窟。

拼音文字和莎草纸使权力发生相当大的扩散以前，连国王在国内拓展统治空间的企图，都受到僧侣官僚阶层的反对。僧侣官僚阶层使用的石刻文字，是复杂而笨拙的媒介，这一媒介使庞大的帝国对这种静态的垄断阶层构成了很大的危险。统治人心的人和控制物质资源的人之间的斗争，绝不是一时一地的斗争。在《圣经·旧约》里，这样的斗争见于《撒母耳记上》第8章。以色列人哀求撒母耳给他们立一位国王。这时，撒母耳向他们说明，国王统治和僧侣统治在性质上的相互对立究竟是怎么回事：

> 管辖你们的王必这样行：他必派你们的儿为他赶
> 134 车、跟马、奔走在车前；又派他们作千夫长、五十夫长，
> 为他耕种田地，收割庄稼，打造军器和车上的器械；必
> 取你们的女儿为他制造香膏，做饭烤饼；也必取你们最
> 好的田地、葡萄园、橄榄园，赐给他的臣仆。

轮子和纸片在组织新的权力结构中的效果，不是非集中化，而是集中化。这一点似非而实是。交通的加速总是使一个中央权威将其作用扩展到遥远的边缘地区。字母表和莎草纸的运用意味着，必须要培养更多的书记员和行政人员。然而，由此引申出来的同质化和相同的训练在古代或中世纪并未起很大作用。直到文艺复兴时期机械化的印刷术出现以后，高度的统一和中央

集权才有可能。因为这一过程仍在发生，所以我们容易看到，正是在埃及和罗马军队中，统一的技术教育所引发的一种民主化进程出现了。出头的机会为受过文字训练的人敞开了大门。在“书面词”那一章，我们看见拼音文字如何将部落人转送到视觉世界中，怎样吸引他们承担按视觉来组织空间的角色。寺院里的僧侣阶层所关注的是历史的记录，是控制看不见的内在心灵空间，而不是外在的军事征服。因此，在垄断知识的僧侣和希望将知识用于国外征服和强权的武士之间，就发生了冲突。(这种冲突如今在大学和企业界之间也在发生。) 正是这种竞争激发了托勒密二世[1]，促使他在帝国权力中心的亚历山大城建立了一座宏伟的图 135
书馆。图书馆编制庞大，配备许多文职人员和书记员，从事专门分派的任务。这就构成了与埃及的僧侣阶层对立和抗衡的力量。图书馆为帝国政治组织服务的方式是僧侣阶层根本不感兴趣的，今天，在原子科学家和那些主要关心权力的人之间，也存在着相似的对抗。

如果我们认识到，作为中心的城市首先是受到威胁的村民的集合，我们就容易把握，这类受折磨的成群的难民是如何散开形成帝国的。城邦这一形式，并非是对平和的商业发展做出的回答，而是人们团聚起来在混乱和分化中谋求安全的手段。因此，希腊城邦是一种部落形式的、宽泛而完整的社区，它们与作为罗马军事征服延伸出来的、专门化的城市是完全不同的。希腊城邦的最终瓦解，是由于专业贸易和功能分化的长期作用，芒福德在《历史名城》中描绘了这一过程。罗马的城市是这样兴起的——

1 托勒密二世 (Ptolemy II，公元前285—前247年在位)，埃及托勒密王朝中较有建树的国王之一。

中心权力的专门化运作机制。希腊城市的瓦解也是走的这样的路子。

城市与乡村进行贸易时，它立即与乡村形成一种中心—边缘结构。这个关系包含从乡间输入原料和初级农业品，用工匠的专业产品与之交换。相反，如果这个城市试图进行海外贸易，那么“播种”另一个城市中心则比较自然，它不会将海外地区当成它特化的边区或原料供应基地。古希腊人正是这样做的。

简要回顾一下轮子、道路和莎草纸所引起的空间组织的结构变化，可以将其表述如下：首先兴起的是村落，村落缺乏上述各种人体的集体延伸。然而，村落已是一种社区形态，它和以渔猎为
136 生的社会形态不同，因为村民也许已经定居，也可能开始有了劳动分工和功能分化。他们聚居在一起的事实本身，就是人类活动加速的一种形式，它给人类行动的进一步分化和专门化提供了动力。这就是轮子作为腿脚这一延伸产生的环境，轮子加速了生产和交换。这也是加剧社区冲突和破裂的环境，冲突和破裂又使人们结成愈来愈大的聚落，以抗衡其他社区加快步伐的活动。为了对抗别人的发展，为了寻求安全和保护，村落又被席卷起来塞进城市国家。

村落将人的一切功能制度化为低强度的各种形式。在这种低强度的形式中，人人都担任许多角色。参与程度高，组织程度低。这是任何类型的组织谋求稳定的公式。然而，村子膨胀发展而为城邦时，又需要更大的强度，并必然导致更大的功能分裂，以对付这一强度和竞争。村民都参与季节性的仪式，这些仪式进入城市以后演变为专门的希腊戏剧。芒福德觉得，“村落的尺度在希腊城邦的发展中一直占上风，直到4世纪……”（《历史名

城》)。人的器官延伸并转化为村落模式，而又不失去机体的统一——芒福德把这个模式作为任何时间地点最佳城市形态的标准。对人造环境的这种生物学探索，在如今的电力时代中又一次成为人们追求的方法。真不可思议，“人的尺度”的观念在机械主义的几百年间，似乎完全没有什么诱人的魅力。

城市社区规模扩大的自然趋势，是增加各种功能的强度和速度。无论是言语、工艺、货币和交换的功能，其强度和速度都有所
增加。反过来，这一趋势又意味着，以上功能经过分化以后必然 137
要进一步延伸，或者通过发明(其实是一回事)而产生进一步的延伸。所以说，虽然城市形成了人的一种保护性外皮或盾牌，但是这一层外皮付出的代价却是城墙之内最严重的斗争。希罗多德描述的模拟战以市民之间的血洗仪式开始。论坛、法庭和市场都存在激烈竞争的紧张景象，这种竞争现今被称为“老鼠争食的竞争”(the rat race)。然而，正是在此类刺激中，人完成了作为抗刺激手段的最伟大的发明。这些发明是人靠聚精会神的操劳而完成的自我的延伸，人希望借此抵消他所受的痛苦。医学之父希波克拉底用希腊字“辛劳”(ponos，即toil)来形容人体与疾病的斗争。今天，这一观念被称为体内平衡(homeostasis)，即机体维持力量的策略上的平衡。一切组织尤其是生物体，在外部冲击和变化的动荡中，都竭力维持内部情况的稳定。作为人体延伸的人造社会环境也不能例外。城邦作为一种政体(the body politic)的形态，通过随机应变的新的延伸回应新的压力和刺激——总是努力去运用维持力、衡稳态、平衡机制和体内平衡。

城市虽然是因其保护机制而形成的，可是出乎意料的是，它在功能和知识加速进行的相互作用下，产生了激烈的斗争和新型

的杂交能量。它突然迸发出攻击性。村子的警报，和随之而来的城市的抗拒，发展成帝国的衰竭和惰性。这是疾病和刺激综合征的三个阶段，凡是经历过这三个阶段的人，都觉得它们是反刺激、恢复健康的正常的身体表现。

谋求城市内部各种力量平衡斗争的第三个阶段，以帝国（或曰地域辽阔之国）的形态出现。它产生了轮子、道路和字母表等
138 形态的感官延伸。有人将这些工具首先看成是天赐的手段，其功能是给偏远地区的动荡和混乱带来秩序，我们可以同意这种看法。这些工具似乎曾经是一种光荣的“外援”形式，它们将中心地区的天赐恩惠扩展到野蛮人的边缘地区。当前，我们对通信卫星这一工具的政治含义还很不清楚。由于发射了这些作为人的中枢神经系统外延的卫星，人类政体的一切机构就自然要做出回应。通信卫星强加的新型的密集强度，需要将一切机构进行彻底的重新安排，以维持现存的力量和平衡。每个儿童的教育和学习过程很快将受到影响，商务金融中的一切决策都会形成新的模式。在世界各国人民中，新奇的权力旋涡会出乎意料地出现。

充分发育的城市与文字的发展巧合，尤其与拼音文字的发展巧合，此时的拼音文字是形声分裂的特殊文字。正是有了这一工具，罗马才能将部落区域转换成一种视觉序列。拼音识字的效果不依赖劝说或诱骗也能被人们接受。这一技术将口语铿锵的部落世界转换为欧几里得线性排列和视觉空间的功能，是自然而然的。罗马的驿道和街道无论修到哪里，都是一个样子，都是可重复的一个模式。它们不会根据地形或习俗而加以修改。由于莎草纸供应的衰竭，这些驿道上的轮车交通也随之结束了。莎草纸的丧失，是由于罗马帝国失去了埃及，这就意味着官僚体制的衰

落和军事组织的衰落。于是，中世纪的发展过程中，既没有整齐划一的道路，也没有整齐划一的城市，亦没有整齐划一的官僚体制。中世纪与轮子抗争，正如后来的城市形态与铁路抗争，正如 139
我们今天和汽车抗争一样。因为新的速度和力量与现存的空间排列和社会排列是水火不相容的。

芒福德述及17世纪城市中新建的笔直而宽阔的道路时指出，罗马帝国轮车交通繁忙的城市中也存在过一个相同的因素。换言之，它们共同的因素是：需要宽阔笔直的道路，借以快速调动军队，借以表现权力的浮华和盛大。在罗马帝国广袤的地域里，军队是机械的、创造财富的劳动大军。以士兵为统一的、可替换的零件，罗马的军事机器运输货物时，很像工业革命初期工业运转的情况。罗马军团所到之处，贸易总是接踵而至。而且，罗马军团本身就是工业机器，无数新兴的城市就像是新兴的工厂，是受过相同训练的军事人员组成的工厂。由于印刷术发明后学问的普及，统一训练的士兵和创造财富的产业工人之间不可分割的联系，就不如以前那样显著了。在拿破仑的军队里，这种联系还比较明显。拿破仑组织了一支公民构成的军队，可以说他就是工业革命的代名词，因为这支军队把工业革命传播到了工业革命长期渗透不到的地区。

罗马军队这支机动性强、创造财富的产业大军，还在罗马城镇中造成了一个广大的消费群体。劳动分工总是造成生产者和消费者的分离，甚至还趋向于产生劳动地点和生活地点的分离。罗马的文字官僚阶层产生以前，世界上从未有过与罗马的专门消费者相似的现象，这一事实制度化为所谓的“寄生虫”和角斗的风俗。个体的寄生虫和集体的寄生虫都伸出手来，争夺感官生活的粮食。它们的争斗发展到非常独特而显著的程度，这一点完全可以与弱肉强食的军事机器强权相匹敌。

由于伊斯兰教徒切断了莎草纸的供应，地中海这个长期以来受罗马人控制的小湖，变成了伊斯兰教徒的湖泊，罗马这个中心
140 随之崩溃。过去曾是中心—边缘结构的边缘区域，如今成为独立的、建立在新兴的封建结构基础之上的中心。轮子、道路和莎草纸衰竭，成为昔日强权幽灵的范本，罗马帝国的中心到公元5世纪就分崩离析了[1]。

莎草纸此后再也没有回到欧洲。拜占庭帝国与欧洲中世纪的中心一样，倚重羊皮纸。但是，羊皮纸太昂贵、太稀有，所以它不能加快商务的发展，甚至不能加快教育的发展。中国的纸张逐渐由中东传入以后，欧洲的教育和商务从11世纪开始稳步发展，给"12世纪的复兴"[2]提供了基础，使印刷读物得以普及，并且最终使15世纪的活字机器印刷术成为可能。

印刷品形式传输的信息兴起以后，停用了一千年的轮子和道路又重新开始发挥作用了。在英国，印刷机的压力在19世纪产生了硬质路面的道路，随之而起的是整个人口和工业的重新布局。印刷品即机器印出的文字，推广了人的功能的分离和延伸，其程度连罗马时代也难以想象。因此，大大加快的轮子速度，包括路上行驶的轮子和工厂中运转的轮子，与拼音字母表联系在一起，就非常自然了，因为字母表在古代世界中曾经发挥了与轮子相似的加速发展和专门分工的作用。速度至少在机械世界的低级阶

1 公元475年，西罗马帝国灭亡，欧洲形成许多封建国家，这一事件常被作为奴隶制终结的标志。又，东罗马帝国（即拜占庭帝国）存在至1453年。

2 "12世纪的复兴"（Renaissance of the twelfth century），有些学者将它与15世纪开始的"文艺复兴"（Renaissance）相区分，概念上略有不同，但用同一个词Renaissance。

段，总是起着分离、延伸和放大人体功能的作用。甚至连高等教育的专业学习也是靠忽略学科联系展开的，因为这种复杂的知觉延缓了成为行家里手的过程。

英国的邮路过去多半由报纸支付费用。交通的迅速发展产生了铁路，铁路适应了比道路加轮子更加专门化的一种轮子的需求。现代美洲的历史以印第安人发现白人开始。但是正如有人 141
打趣时说的那样，它很快从独木舟探险进入铁路发展的阶段。在三百年的时间里，欧洲人在美洲投资以换取鱼类和皮毛。捕鱼船和独木舟走上道路和邮路之前，成为我们北美人空间组织的标记。在皮货生意中投资的欧洲人，自然不愿意让汤姆·索亚和哈克贝利·芬[1]蹂躏他们捕猎毛皮兽的线路。他们反对土地测量员和定居的移民（如华盛顿和杰斐逊），因为这些人绝不会用貂皮来思考问题。因此，北美独立战争深刻地触及媒介和原料的争夺。任何新的媒介，由于它的加速作用，都会扰乱整个社区的生活和投资。铁路将兵法提高到闻所未闻的精度，使美国内战成为首次靠铁路进行的战争。那时，欧洲的一切总参谋部都研究铁路、羡慕铁路，因为他们尚无机会将铁路用于大规模的流血战争。

战争就是以加速度发展的技术变革。发展速度在现存的结构中产生明显的失衡时，战争就爆发了。德国实现工业化和统一的时间较晚，这使它在争夺原材料和殖民地的竞赛中落后了许多年。正如拿破仑战争是法国在技术上对英国的赶超一样，第一次世界大战是德国和美国最后实现工业化的一个主要阶段。正如

1 汤姆·索亚 (Tom Sawyer) 和哈克贝利·芬 (Huckleberry Finn) 是马克·吐温小说《汤姆·索亚历险记》和《哈克贝利·芬历险记》中的少年主人公。小说反映了美国西部开发的一个侧面，两部作品在美国文学史上均占有重要地位。

罗马昔日未表明而俄国今日已表明的那样，军国主义本身是落后地区技术教育和技术加速发展的主要道路。

1812年的战争[1]以后，各国几乎一致热心于改进陆上交通。加之英国对北美大西洋海岸的封锁迫使陆上运输量空前增长，这就突出了公路对需要的不适应。战争确实是突出问题的一种形
142 式，它深深触动了迟滞的社会注意力。然而，自从第二次世界大战以来的“热和平”(hot peace) 中，不适应需要的倒成了人脑中的公路。自从俄国人发射第一颗人造卫星以来，许多人对我们的教育方法感到不满。其不满的态度，与1812年战争期间许多人对陆路交通的抱怨一样。

人借用电力技术实现了中枢神经系统的延伸，所以战场已经转到形成和破坏大脑印记的争斗之中，在战争和商务中都发生了这样的转移。电力时代以前，高等教育是有闲阶级的特权和奢侈品。今天，它已成为生产和生存的必需品。现在，信息本身成了主要的交流，对先进知识的需求已经对最因循守旧的思想情绪构成了压力。大量的学问洪流突然泻入市场，这一事实就带有典型的突变或逆转的性质，结果遭到艺术家和学者们的嘲笑。但是，等到政府官邸都被有博士头衔的人接管以后，这种狂热的嘲笑就会销声匿迹的。

为了洞察轮子、道路和纸片引起的加速度如何使人口和居住模式打乱重组，我们来看看奥斯卡·汉德林 (Oscar Handlin) 在《波士顿移民》(*Boston's Immigrants*) 里所举的几个例子。他告诉我们，1790年的波士顿是一个人口密集的城市，工人和商人住在

1 1812年的战争，即1812年爆发的美英战争 (1812年至1815年)。这是美国独立后第一次对外战争，亦称“第二次独立战争”。

朝夕见面的距离之内，所以就不存在按阶级划分居住区的趋势。“但是，等到该城规模扩大以后，等到城郊的交通更方便以后，人们就分散开来，并同时定位于各具特色的居住区。”上述这句话包含了本章的主题。这句话也可以作为对书写的艺术的概括：“当知识以视觉手段传播开来时，当它以字母表的形式出现、更方便人们使用时，知识就发生定位，并分割为专门的领域。”直到电气化的前夕，速度的增加都一直使社会功能、社会阶级和知识产生 143
分化。

然而，在电速条件下，一切都颠倒了。内爆和收缩代替了机械的外向爆炸和扩张。如果把上述的汉德林公式推广到权力范畴，它就变为：“权力增加并更加容易达到外围地区时，它就定位于各具特色的、分派的职务和职能之中。”这一公式是人的各级组织的加速原理。它与那些以轮子、道路和纸片传递讯息的形式出现的人体延伸尤其有密切的关系。既然我们延伸的不光是身体器官而且是中枢神经系统本身，作为速度的一个因素的专门化和分化原理就不再适用了。当信息以中枢神经系统信号的速度传输时，人面临着早些时候一切加速形式所发生的退化——比如公路和铁路的退化。此时兴起的是一个宽泛知觉的整体场。过去的心理调适模式和社会调适模式落后于时代了。

汉德林告诉我们，19世纪20年代以前，波士顿人来来去去靠的是步行，或使用私人的交通工具。1826年采用了马拉车，它们大大加速和拓展了商务。与此同时，英国工业的加速使产业进入乡间，使许多农民失去家园，移民速度随之加快。运送移民的海运业成为有利可图的行业，这就大大促进了大洋运输业的发展。于是，库纳德海运公司受到英国政府的补贴，以保证与其殖民地的快速联系。铁路线迅速与库纳德公司的海运线连接起来，把邮件和移民运往北美大陆内地。

虽然美国已经开发了一套规模宏伟的内陆运河和天然江河的航运系统，可是汽船不适应新兴的工业革命飞快的轮子。因而
144 就需要铁路去对付机械化生产，去跨越大陆远程的距离。铁路作为一种加速器，被证明是一种最富有革命性的延伸之一，它创造了一种新型的集中制、新型的都市形态和规模。美国都市抽象的网格布局，其生产、消费和住所的无机分离，都要归因于铁路。汽车使工业城镇的抽象形态陷入混乱，使城镇分离的功能混杂交错，以致市镇规划人员和市民都感到挫折和沮丧。等到飞机问世时，城市形态和功能的混乱就到了登峰造极的地步。因为飞机问世后，市民的流动性增加到使都市空间本身过时的程度。都市空间对于电话、电报、电台和电视来说，同样已经过时，市镇规划人所研讨的理想都市空间中所谓的“人的尺度”，对于这些电力媒介同样是不适用的。我们的电力延伸简直是超越时空的。这些延伸造成的人的卷入问题和人的组织问题都是前所未有的。也许有朝一日我们又要回头渴望汽车和高速公路那种生活朴素的
145 时代。

十一　数字：集群的侧面像

麦克卢汉的创新之处在于，他不局限于引述不可或缺的文献，
比如托比亚斯·丹齐克[1]的《数：科学的语言》(*Number: The* 146
Language of Science)。他还援引了社会学家埃利亚斯·卡内蒂、包
豪斯艺术家、象征主义诗人波德莱尔和史学家奥斯瓦尔德·斯宾
格勒的论述，借以探索读者不太可能预料到的课题。至于为何
“数”对充分理解媒介具有核心的作用，麦克卢汉阐述得明白晓畅。
“数”的功能是延伸触觉，这是我们最亲密的感官。本章还有一些
看似离题的旁白，比如抽象派艺术的悖论、宛若触觉式爵士乐的曼
哈顿、匪徒的黑话等，这一切都给他的核心主题追加了丰富的洞
见。本章不妨更名为“数字的魔力”，麦克卢汉就文字和数字的对
比言简意赅。他阐述了一个微妙的主题，“数字的魔力”和“语词
的魔力”(见第120，183，189页)对应，这是他师从剑桥大学导师理
查兹时学到的。与此同时，他邀请读者沿着符号学的原理去思考
问题，这一原理贯穿媒介研究，将一切技术都视为媒介。

——编者小引

1　托比亚斯·丹齐克(Tobias Dantzig，1884—1956)，拉脱维亚裔美籍数学家，著有《数：科学的语言》、《线性规划及其范围》等。

147 希特勒对《凡尔赛和约》特别憎恨，因为它使德国军队元气大伤。1870年以后，人数众多、纪律严格的军队成了部落式团结和力量的象征。在英国和美国，纯粹由数字造成的宏伟景象和与日俱增的工业产量相联系，财富和生产的统计数字达到百万位。单是财富和人口数字的力量所发出的勃勃生机，在促进增长和扩张方面所产生的效果也是不可思议的。埃利亚斯·卡内蒂在《群众与权力》中说明了通货膨胀和群体行为的关系。我们未能把通货膨胀作为集群现象来研究，这使他感到困惑，因为集群现象对现代社会的影响是无所不在的。任何群体、群集、集团中固有的走向无限发展的驱力，似乎将经济膨胀和人口膨胀联系在一起。

在剧院、舞场、球场、教堂里，每个人都喜欢在场的其他人。置身人群之中的乐趣，是喜欢数字增值的快感，长期以来，西方社会的读书人一直在怀疑这样的感觉。

在这样的社会中，个人和群体在空间中的分离（静居独处）、在思想上的分离（“观点”）、在工作上的分离（专门分工），一直在读书人中得到了文化支持和技术支持，还得到与文字伴生的工业制度和政治制度的支持。但是，印刷文字造就同质化社会人的威力一直在稳步增长：到了我们的时代，它造成了“群体心理”(mass mind) 的悖论和公民军队的大众尚武精神。字母文字被推到机械化的极端，似乎常常产生与文明相对立的效果，正如古代的计数似乎破坏了部落的团结一样，亦如《旧约》所云（“撒旦起来攻击以色列人，激动大卫数点他们”）。拼音字母和数字是最
148 使人分割和非部落化的媒介。

在西方历史的整个过程中，我们始终把字母看作文明的源头，把书面文献当作文明成就的标记。这是我们的传统，这一观

点是有道理的。然而，从古至今都有一个数字的影子纠缠着我们，这个数字的影子就是科学的语言。孤立地去看数字，数字像文字一样神秘莫测。如果被视为人体的延伸，数字就完全可以理解了。正如文字是我们最公允、最客观的感觉（即视觉）的延伸和分离一样，数字是我们最亲密的、相互关系最密切的活动（即触觉）的延伸和分离。

这一触觉的官能，希腊人称为"haptic"。在20世纪20年代的德国，由于保罗·克利、瓦尔特·格罗皮乌斯[1]等许多人的努力，触觉通过包豪斯学校的审美教育计划被名副其实地普及了。由于触觉赋予艺术作品一种神经系统或有机的统一，所以塞尚以来的艺术家都执着地探索触觉。一百多年来，艺术家们都将神经系统的角色赋予触觉，企望它把其他感官统一起来，借以迎接电子时代的挑战。这一期待已经在"抽象派艺术"中实现了——看似悖论，但确有道理。因为抽象派赋予艺术品一种中枢神经系统，而不是老派绘画形象那种传统的外壳。人们越来越清楚地认识到，触觉对完全的存在是必不可少的。太空舱中失重的乘客要费很大的力气，才能维持使人整合的触觉。机械技术使人体功能延伸和分离，使我们与自身失去接触，因而使我们近乎分崩离析。很可能在我们有意识的心理生活中，感官的相互作用是构成触觉的原因。也许**触觉**并不只是肌肤与**实物**的接触，而且还是**头脑**中储存的生命力？希腊人有通感的观念或"常识"的官能。这种常 149
识能把每一种感知转换成其他的感知，并且赋予人意识。今天，我们已经靠技术实现了人的各部分肢体和各种感知的延伸，所以

1 瓦尔特·格罗皮乌斯 (Walter Gropius, 1883—1969)，德裔美籍建筑师，现代主义建筑学派奠基人之一，现代设计学校先驱包豪斯创办人。

我们对技术和经验外在通感的需要随时困扰着我们，通感可以使我们的集体生活提升到全球共识的水平。我们既已实现全球切割，考虑全球整合并非不自然。这种意识中的普世性是但丁的梦想。他认为，只有人们全都由一种无所不包的意识统一起来，他们才不至于停留在破碎的裂片里。然而，我们今天所有的意识，并非是经由电力安排的一种社会意识，而是一种私下的潜意识或个人的“观点”，这种潜意识或观点是受到过时的机械技术严格限制的。这是“文化滞后”或文化冲突的非常自然的后果。在两种技术之间悬空的世界中，常常会出现文化滞后或文化冲突。

古代世界不可思议地把数字与物质实体的性质联系在一起，与事物的因果关系联系在一起。在这一点上它颇像科学，直到近代，科学始终倾向于将一切客体量化。然而，数字似乎既具有余音绕梁和反复回荡的一面，又具有可以触摸的实实在在的一面。

数字的性质，说明它何以有力量产生偶像或广义的浓缩形象。这一效果正是它在报刊报道中的效果，比如：“摩托车驾驶人约翰·詹姆森，十二岁，与客车相撞”或“威廉·萨姆森，五十一岁，被任命为布鲁姆大学副校长”。新闻记者从切身经验中发现了数字的偶像力量。

自柏格森和德国包豪斯学校的艺术家以来，荣格和弗洛伊德自不待言，无文字的甚至反文字的部落人的价值观总的来说受到了热情的研究和倡导。对许多欧洲艺术家和知识分子来说，爵士
150 乐成为他们追求整体浪漫主义形象的一个结合点。欧洲知识分子对部落文化不加批判的热情，表现在建筑师勒柯布西耶的赞叹之中，他初访曼哈顿时惊叹道：“这是凝聚于石头中的快节奏爵士

乐。”这种热情还表现在艺术家莫霍利—纳吉记述他1940年访问旧金山一家夜总会的观感中。他写道：一支黑人乐队正在热烈的情绪和欢声笑语中演奏。突然之间，一位乐手吟唱道：“一百万零三。”另一位乐手唱和道：“一百万零七点五。”接着另一位乐手接着唱：“十一。”随后又一位乐手唱：“二十一。”于是，在“欢声笑语和高亢的歌唱中，数字就接管了这个夜总会”。

莫霍伊—纳吉注意到，对欧洲人来说，美国像是一个抽象数字的国土，数字在这儿有了自己独立的存在，表现在以下的语汇中：57 Varieties[1], the 5 and 10[2], 7 Up[3], behind the 8-ball[4]。这些说法有道理。也许，这是倚重价格、图表和数字的工业文化的一种回声吧。以36—24—36这个尺寸为例，一边挥动触觉的手在空中比画，一边在口中念出这一充满魔力的女性身段公式，数字的伸手可触性及可感性莫过于此。

波德莱尔对数字作为联结分离单位的一种触觉手或神经系统有一种正确的直觉，他说：“数字存在于个体的心中。陶醉就是一种数字。”这就说明为何“置身人群中的乐趣，是喜欢数字增值的神秘表现”。换言之，数字不仅像口语词一样是听觉的和洪亮的东西，而且它发端于触觉，是触觉的一种延伸。统计数字的聚合或数字的密集，产生了当代统计学家图表中的“洞穴画”或“手指画”。从各种意义上说，统计数字的聚集，都给人注入一种对于公众口味和公众情感的新的原始直觉和充满魔力的潜意识知觉：“你使用名牌产品会感到更加满意的。”

---

1 57种番茄酱，亨氏公司广告语。
2 5分10分商店，即廉价商店。
3 7点，一种两至四人玩的牌戏。
4 台球比赛中将8号球先击入袋中即视为犯规，因此“8号球入袋后”便意为处于不利地位。

151 与货币、钟表及其他一切计量形式一样，文字的发明使数字取得了自己独立的生气和强度。无文字的社会不大用得上数字。今天，不用文字的数字计算机用数字取代了“是”和“非”。计算机善于图像识别，不善于数字识别。所以实际上，电力时代使数字回头与视觉经验和听觉经验统一起来，无论好坏都是这样。

斯宾格勒的《西方的没落》(*The Decline of the West*) 在很大程度上发端于他对新型数学的关注。一方面是非欧几里得几何，另一方面是数论中函数理论的兴起——对于斯宾格勒而言，这意味着西方人的末日。他没有把握住这一事实：欧几里得空间之发明本身，就是拼音字母作用于人的感官所产生的结果。他也没有意识到，数字是人体的延伸，是人的触觉的延伸，斯宾格勒以沮丧的心情看着传统的数字和几何学化解为“无穷的函数运算法”。其实所谓无穷的函数运算法，也是我们的中枢神经系统在电力技术中的延伸。我们不用感激斯宾格勒之类的预言世界末日的作家，他们把我们的技术看成是外星人所赐的东西。斯宾格勒们痴迷于部落的传统，渴望回到集体无意识的昏迷状态。印度的得福[1]思想——置身盛大聚会中的神秘感受——处在与西方显意识价值的理念决然相对的另一极端。

澳洲和非洲最原始的部落，和今天的爱斯基摩人一样，尚未达到以指头计数的阶段，亦未发明序列数字，而只有一种二进制系统，由一和二这两个独立的数组成，复合数字最高只能数到六。再往上的数在他们的感知中，只不过是浑然一体的“一堆”。由于缺乏序列的感觉，如果从一排七根针中拿走两根，他们是很难

1 得福 (darshan)，功德，印度教徒的信仰，因看到伟人或圣人而得到的幸福。

察觉的。然而，如果少了一根针，他们反而能立刻觉察出来。托 152
比亚斯·丹齐克研究这些问题后指出（见《数：科学的语言》），这些民族的一致性或动觉胜过他们对数字的感知能力。数字的出现，确实表明一种文化中日益倚重视觉的倾向。一种严密整合的部落文化不会轻易让位于分离倾向的视觉压力和个体本位压力，这些压力导致劳动分工，尔后又引起文字和货币之类的加速形态的媒介。另一方面，如果西方人决心坚守分裂切割的和个体本位的生活方式——这种生活方式尤其是从印刷文字中推导出来的——他们最好就废弃自电报发明以来的一切技术。电力技术内爆（即压缩）的性质，将西方人的唱片或影片倒回部落蒙昧状态的核心地区，或者倒回到约瑟夫·康拉德[1]所谓的“非洲腹地”。电信传输瞬息万里的特性，不是使人类大家庭扩大，而是使其卷入村落生活的凝聚状态。

重分析的西方世界的切分力和分割力，竟然导源于对视觉的倚重，这似乎有一点自相矛盾。上述这种视觉同时又形成了将一切事物看成连续的和连接的习惯。借助对视觉的倚重而形成的切分，出现在分离的时刻和分割的空间平面中，而分离的时刻和分割的空间平面，是超乎触觉、听觉、嗅觉或动觉的。由于电力技术将不能用图像显现的关系强加于人——这些抽象关系是瞬息万里的速度产生的，所以它能将视觉拉下马，把伴生感觉和视觉之外的密不可分的其他感觉重新扶上支配的地位。

斯宾格勒看见西方人从数量世界中退避到功能的童话世界和抽象关系之中，这使他一头扎进了失望的泥潭。他写道：“经典

1 约瑟夫·康拉德（Joseph Conrad，1857—1924），英国小说家，丰富的航海经验给他的创作提供了丰富的素材，代表作有《水仙号上的黑家伙》、《黑暗的心》等。

数学最珍贵的东西是如下命题：数是**可以感知的**一切事物的本
153 质。如果将数定义为量度，数就包括执着于‘此地’和‘此刻’的一个人对整个世界的情感。在这个意义上，计量意味着对亲近和有形东西的计量。”

部落人那种入迷的气息从斯宾格勒的每一页著述中散发出来。他从未想到，有形实物的**比率**绝不可能是不合理性的。换言之，理性或意识本身就是经验的感性成分的比率或比例，而不是**赘加**于这种感觉经验的东西。亚理性的存在物 (subrational beings) 无法在其感性生活中达到这样的比率或比例，但是它们的感觉可以说有固定的波长，仿佛在自己的经验领域是确实可靠的。由于意识复杂而细腻，它可能因任何一种感知强度的加重或减弱而受到损害，也可能因此而终止。将一种感知强度加重或减弱，是催眠术的方法。用一种新兴媒介加强一种感知，可以使一个社区全部陷入催眠状态。因此，当斯宾格勒认为，他看见现代数学和科学放弃视觉关系和构造而转向关系和功能的非视觉理论时，他宣告了西方的没落。

倘若斯宾格勒花些时间去发现，数字和欧几里得空间盖源于拼音字母的心理效应，《西方的没落》可能就不会写成这样了。该书以下述假设为基础：古典人，即阿波罗型的人[1]，并不是希腊文化偏重技术的产物 (即文字对部落社会的早期影响)，而是环绕希腊世界的一种心理品质所发生的特别震颤的结果。这个假设是一个例子，它突出说明，任何文化中的人，由于新媒介的间接压力而导致熟悉的模式或标记变得模糊或发生移位时，是很容易感到

1 阿波罗型的人 (Apollonian man)，务实、理性的人，与酒神狄俄尼索斯型的人 (Dionysian man) 即创造型、幻想型的人相对。

恐慌的。斯宾格勒和希特勒一样，从无线电推导出一种潜意识的使命去宣告一切“理性”价值的终结，即视觉价值的终结。他和狄更斯小说《远大前程》中的主人公匹普的行为相似，匹普是穷 154
孩子，有一位暗中的保护人想帮助他爬到绅士的地位。匹普心甘情愿地接受施主的恩惠，直到他发现保护人是一位逃犯。斯宾格勒、希特勒和本世纪许多其他未来的“非理性主义者”就像是唱着歌投递电报的孩子，这些儿童完全不懂促使他们唱歌的电报媒介。

以托比亚斯·丹齐克的《数：科学的语言》而言，从触觉的屈指计数到“同质的数的概念——它使数学成为可能”，这一过程是触觉性操作运算经过视觉抽象后的结果。我们在日常生活中看见这一过程的两个极端。匪徒的黑话“染指”(to put the finger on) 说的是某人“劫数”(number) 已到。统计图表曲线的另一个极端，是为谋求各种权力而操纵老百姓的那种目的。在任何大型股票交易所，都有一位现代“巫师”，名叫“监测小股民交易的先生”(Mr. Odd Lots)。其魔力是研究大交易所中小股民日常的交易。长期分析的经验显示，这些小股民80%的时候看错了行情。小人物不能把握行情的统计轮廓图，这就使大经纪人所做的80%的交易是对路的。于是，正确导源于错误，财富来自穷困，其产生盖源于数字。这就是数字的现代魔力。更原始的对数字的态度出现在征服者威廉[1]治下的英国，国王下诏要求英国人登记人口及财产，老百姓将这种土地调查清册称为“阎王簿”[2]。

1 征服者威廉 (William the Conqueror, 1028—1087)，即英王威廉一世 (1066—1087年在位)，1066年由法国北部诺曼底入侵英国。

2 “阎王簿”(Doomsday Book)，直译为“末日审判书”，1086年发布。

我们回头说一说表现范围比较局限的数字问题。丹齐克阐
155 明，原始数字发展到数学水平之前，必须有同质性的概念。接着他又指明老式数学中的文字因素和视觉因素。他说："对应和顺序这两条原理渗透到数学的全部领域——不，渗透到缜密思维的一切领域，这两条原理编织进了我们的数字系统中。"事实上，它们还编织进了西方逻辑和哲学中。我们已经看到，拼音文字这一技术如何促进视觉连续性和个人观点的形成，如何有助于统一的欧几里得空间的兴起，丹齐克断言，正是对应的概念赋予了我们基数。线性和视点这两种空间概念都来源于文字，尤其是拼音文字。然而，这两种概念在我们的新型数学和物理学中，都不是必需的。文字对电力技术也并非必要。尽管如此，文字和传统算术当然有可能长期对人极为有用。就连爱因斯坦在面对量子论时也感到不大自在。他是一位太倚重视觉的牛顿学说信奉者，所以他在这个新的任务面前无能为力。他说，量子无法用数学去处理。这一断言等于是说，吟诵的诗歌不能转换为印刷书页上的视觉形态。

丹齐克展开他关于数的观点说：使用文字的人很快就脱离了算盘和屈指计数法，虽然文艺复兴时期的算术手册仍然讲述屈指算术的繁复规则。在有些文化中，数字早于文字而兴起，这可能是事实。但与此同时，倚重视觉的倾向必然也先于文字而出现。因为文字只不过是视觉延伸的主要表现形态，今日的照片和影片可以使我们想起这一点。事实上，富有数学头脑的莱布尼茨在二进制系统0和1的神秘雅致之中看到了造化的形象。他觉
156 得，上帝靠二进制在太虚中操作的统一体，足以从太虚中创造出一切存在。

丹齐克又提醒我们注意，在用手书写的时代，数字的书写符号混乱而庞杂。直到印刷术问世以后，其形态才稳定下来。虽然这只是印刷术产生的最微不足道的文化效果之一，但是它有助于使人回想起这一事实：希腊人借用腓尼基人的拼音字母的主要原因之一，是腓尼基商人数字系统的威望和流行。罗马人从希腊人手中转借了腓尼基字母，但他们保留了自己更为悠久的数字系统。韦恩和舒斯特 (Wayne and Shuster) 这一对滑稽演员叫一群身着罗马长袍的罗马警察站好队，从左到右用罗马数字报数时，总是要搞得满堂观众笑破肚皮。这一玩笑说明，数字的压力如何使人不断寻求更精简的计数方法。序号数、序列数和位置数问世之前，统治者不得不靠置换法来计算庞大军队的数目。有的时候，士兵被分组带进大体已知其容积的空间里去计算。另一种方法是要士兵鱼贯而行，同时将小石子投入容器计数，这一方法并非与算盘和计数板无关。最后，在近代初期，计数板计数导致了数位的原理。仅仅靠把3、4、2依次置放于计数板上，就可以加快计算的速度和潜力，产生神奇的效果。发现用位置数计算，而不是单纯靠加数计算，又导致了“0”的发现。但仅仅把3和2放在计数板上会产生歧义：究竟是32还是302并不明确。因此就需要发明一个符号来填补3和2之间的空白。直到13世纪，sifr (阿拉伯字，意为“缺口，空白”）才拉丁化为ziphrium，并以“零”的概念进入我们的文化，直至最后它才成为意大利文中的“zero” 157
(“零”）。“零”实际上的意义是一个数位空白。直到文艺复兴时期绘画艺术中兴起透视法和“消失点” (vanishing point) 的概念以后，它才获取了必不可少的“无穷”的概念。文艺复兴绘画中新型的视觉空间对数的影响，正像若干世纪之前士兵排队等候对数的影响一样深远。

我们已经谈到关于数字的一个主要事实，它是由中世纪的位置数“0”和文艺复兴时期的“消失点”联系起来的。消失点和无穷值在古希腊和古罗马文化中均不为人知晓，这可以用文字的副产物来加以说明。只有等到印刷术使视觉延伸为非常精密、非常一致和强度特别高的媒介以后，其他的感官才能受到足够的压力，这才使产生无穷值的新知觉成为可能。作为透视和印刷的一个侧面，数学或数字无穷值可作为一个例子，说明人体的延伸即媒介如何以人自己的感官为中介而互相影响。正是以这种方式，人看起来像是技术世界的生殖器官，萨缪尔·勃特勒[1]在小说《乌有乡》(*Erewhon*) 中预告了这一非同寻常的事实。

任何技术效应都在人身上产生新的平衡，平衡又产生全新的技术。我们刚才在数字 (可以用触觉感知的、量的形式) 和更为抽象的书面文化和视觉文化的相互关系中，已经看到了这一点。印刷技术将中世纪的“0”转化为文艺复兴时的无穷值，不仅是借助聚焦—透视法加“消失点”，而且还因为人类历史上第一次发挥了准确重复性 (exact repeatability) 的作用。印刷术赋予人无限重复 (indefinite repetition) 的观念，这一观念对数学中的无穷值概念是必不可少的。

上述同一、连续和无限重复的小单位所构成的谷登堡技术，同时还激发了与此相关的无限小的微积分概念。借用这一概念，就可以将任何难以把握的空间转化为直线、平面、整齐和“理性
158 的”东西。这一无穷的概念不是逻辑强加于我们的。它是谷登堡

1 萨缪尔·勃特勒 (Samuel Butler, 1835—1902)，英国小说家，著有《乌有乡》、《重游乌有乡》、《众生之路》等。

技术赋予我们的。后来的工业装配线也是如此。将过程分割为不同侧面，并将其置入不固定而同一的线性序列中——用这种办法将知识转化为机械生产的功能，这是印刷机的形态要素。这一令人叹为观止的空间分析技巧，靠一种回波效应（echo）能立刻产生自己的副本，它侵入了数字和触觉的世界。

这仅仅是一个熟悉的说明一种媒介有自我转换为另一种媒介的能力的例子。既然一切媒介都是我们肢体和感官的延伸，既然我们在经验中习惯将一种感觉转换为另一种感觉，所以我们延伸后的感官或技术将一种形态转换和融合为另一种形态的过程加以重复，就不足为奇了。这一过程很可能与触觉密不可分，与界面之间互相摩擦的作用不可分离，无论在化学中、群体中或技术中都是这样。倘若货币和数字确实是拓展触觉功能和抓握功能的技术，那么，群体和大笔财富有发展和延伸的神秘需要就不难理解了。这是因为无论是人的数字还是手指的数字，与货币单位似乎都具有实实在在的抓取和吸取的魔力。

希腊人试图将理性数学用于解析几何问题时，一头扎进了将自己的媒介加以转换的问题。于是就出现了阿基里斯和乌龟的幽灵[1]。他们这些努力造成了西方数学史上的第一次危机。这个危机与确定正方形的对角线和圆的周长有关：这个例子清楚说明，数字这种触觉试图靠压缩视觉空间本身来对付视觉空间和图画空间。

对文艺复兴来说，算术之所以能接管力学、物理和几何，靠的 159

1 阿基里斯和乌龟的幽灵：麦克卢汉借此寓言表达两重意思。一是快慢的悖论，阿基里斯这位神话英雄来去如飞，与乌龟赛跑理应获胜，却因为失去先机而失败。二是古希腊人太执着于一种媒介，忽视了媒介的转换功能。

是无限小的微积分。对谷登堡活字印刷术而言，无限然而连续和同一的过程是最基本的观念，这一观念导致了微积分的问世。如果放弃这一无限过程的观念，那么，不论纯理论数学还是应用数学都要被还原为毕达哥拉斯之前的那种状况。换言之，如果放弃同一、线性重复和分割的新媒介印刷术，现代数学就化为乌有了。然而，如果把这个无限而同一的过程用来求弧的长度，就只需画出一系列直线，使直线构成的图形的边数不断增加。于是，前人用液体置换法求容积的方法，用微积分转换成了抽象的视觉表述。关于长度的原理，还可以应用于其他的概念：面积、容积、质量、时刻、压强、强度、张力和应力、速度和加速度。

借助这一无限分割和无限重复的神奇功能，一切歪斜的、曲线的和不平坦的非视觉形象的东西转换为视觉形象上平面的、直线的和相同的东西。同样，由此再往回推几百年，拼音字母表已经侵入非连续性的蛮族文化，并且将其错综复杂性和轮廓模糊性转换成西方世界视觉文化的整齐划一性。被我们至今当作“理
160 性”生存标准的，依然是这种同一的、连续的、视觉的有序性。在我们这个电力时代，事物的相互作用瞬间发生，并且是以非视觉的形态。因此，如果过去未注意“理性”首先是来自何方的话，如
161 今我们就发现自己不知道如何界定它。

十二　服装：延伸的肌肤

本章一开头就明确预期下一章的主题（“衣服和住宅几乎是 162
一对孪生子”），接着就进一步阐述作者对媒介效果的整合性解释（“缝纫机产生了衣服中的长排直线针法，正如整行铸排机使人的言语风格趋于一致一样”），由此再引申出非语言交流向语言交流强有力的转换（赫鲁晓夫夫人素雅的棉布连衣裙、革命时代朴素的服装等）。麦克卢汉将媒介研究扎根在感知系统里，这使他能把分布范围广的粗话的触觉性、脱衣舞的过时性和阿尔弗雷德·金赛[1]的盲点纳入论述的视野。

——编者小引

经济学家估计，不着衣物的社会比穿西服的社会所吃的食物 163
要多40%。作为肌肤延伸的衣服有助于储存能量和输导能量。所以尽管西方人所需食物较少，可他所需的性却可能较多。然而衣服或性都不能作为单独的孤立因素去理解；许多社会学家注意

1　阿尔弗雷德·查尔斯·金赛（Alfred Charles Kinsey，1894—1956），美国生物学家、心理学家，以研究人类性行为著称，著有《男性性行为》和《女性性行为》。

到，性可以成为忙乱生活的补偿。隐私和个体本位主义一样，在部落社会中是闻所未闻的。西方人在估计我们的生活对无文字民族的吸引力时，要记住这一事实。

衣服作为肌肤的延伸，既可以被视为一种热量控制机制，又可以被看作社会生活中自我界定的手段。在这两个方面，衣服和住宅几乎是一对孪生子，虽说衣服更贴近人体、年岁更大些。因为住宅延伸的是机体的内在温度控制机制，而衣服则是体表更直接的延伸。今天的欧洲人已开始为使自己引人注目而穿衣，这本来是美国人衣饰的风格。与此同时，美国人却开始放弃他们传统的偏重视觉的风格。媒介分析家知道，为何这两种截然相反的风格突然调换了位置。自第二次世界大战以来，欧洲人开始强调视觉价值。他们的经济支持大量整齐划一的消费品生产，这一点并非巧合。相反，此时的美国人第一次开始反叛整齐划一的消费价值。在用车、穿衣、读平装书方面，在蓄须、育婴和蜂巢式发型上，美国人赞成要着重触觉、参与、卷入和造型的价值。美国曾经是抽象视觉世界的国土，现在它与欧洲的饮食、生活和艺术传统再一次发生了深刻的联系。20世纪20年代旅居欧洲的美国人眼里的先锋派艺术，如今成了青少年的价值标准。

164 然而，欧洲人在18世纪末经历了一场消费革命。工业主义新奇的时期，上层阶级放弃华丽的宫廷式服装，喜爱较为朴素的衣料，这一风尚风靡一时，男人穿士兵的马裤，就是从那时开始的。不过，当时穿马裤是轻浮的、社会“一体化”的姿态。在此之前，封建制度使上层阶级追求一种时尚：谈吐和衣饰同样高雅，同样带上宫廷的风格，这种风格完全与普通人的风格相脱离。他们的衣饰和谈吐被赋予华美的色彩和浮华的气质，这些浮华的东西，要等到普及识字和规模生产以后才能最终消除干净。比如说，缝纫机产生了衣服中的长排直线针法，正如整行铸排机使人的言语风格趋于一致一样。

最近，经济产业研究公司电脑服务部打出的一则广告中，有一件素雅的棉布连衣裙，配有一行大字："为什么K夫人（指赫鲁晓夫夫人）穿这样的裙子？"这一则非常机敏的广告的一些副本还加上了如下的说明："她的裙子是一种象征。对本国的下层人民和不对它承担义务的东方人和南方人，它说：'我们勤劳、朴素、诚实，我们热爱和平、舒适自在、美好善良。'对西方自由国家，它却说：'我们将要埋葬你们[1]。'"

我们的祖先在法国革命时期所穿的新颖而朴素的衣服，对封建阶级发出的正是"埋葬"的讯息。那时的衣服是政治鼓动的宣言书。

今日在美国，我们的衣服所表现的革命态度，与我们的院子和小汽车所表现的革命态度一样鲜明。十多年来，妇女的服装和发型放弃了偏重视觉的倾向，趋于偏重图像即雕塑和触觉的倾向。和短筒斗牛士裤及高筒女袜一样，蜂巢式发型也具有图像性和宽泛的感官审美性，而不是抽象的视觉性。简言之，美国妇女第一次用可以触摸和摆弄的形象来表现自己，而不仅仅以可望而不可即的形象出现。俄国人正在朦朦胧胧地向着偏重视觉的消
费价值摸索，而北美人却已经在新近发现的汽车、服装和住宅的 165
触觉的、雕塑的空间中欢乐嬉戏了。故此，我们认出衣服是肌肤的延伸，是比较容易的。在比基尼泳装和无潜水服潜泳的时代，

1　赫鲁晓夫1959年访美时，曾经说过这样的话。

我们开始悟出“肌肤这座堡垒”自成空间、自成世界的道理。脱衣舞激动人心的时代一去不复返了。只有对一种偏重视觉的文化来说，裸体才会引起淫邪的激情，因为视觉文化刚刚从较少抽象价值的社会的听觉—触觉价值中脱离出来。迟至1930年，印刷品中出现粗鄙的脏话仍然是惊世骇俗的。人们每天口头说的脏话，一旦印上书，就变得像裸体一样疯狂。大多数这样的脏话偏重触觉卷入。因此，对偏重视觉的人来说，它们似乎是富于泥土气息并富有表现力的。裸体亦如此。对于仍然深深嵌进感官生活的全部场景的落后文化来说，由于它们尚未因文字和工业视觉形态而抽象化，裸体对他们来说全然是可怜的。金赛教授在对男性性行为的实验报告中对一个事实表示困惑不解：农民和落后民族对婚床和闺房裸体并不欣赏。赫鲁晓夫并不喜欢好莱坞供他娱乐的康康舞。这再自然不过了。那种模仿感官卷入的表演，只有对书面文化悠久的社会才有意思。落后民族对裸体的态度与我们所认为的画家和雕塑家对待裸体的态度一样，即调动所有感官。对于使用整个感觉系统的人来说，裸体是结构形态最丰富的表现。然而，对于工业社会太偏重视觉的、失去平衡的感知来说，与可以触摸的肉体突然遭遇，确实就像是欣赏令人心醉的音乐。

今天，出现了一种走向新的平衡的趋势，因为我们觉察到，人们对服装质地粗厚的衣料和雕塑似的造型有所偏好。同时，室内外的衣着也出现了礼仪性裸露肌肤的现象。心理学家早就告诉我们，我们的听觉有很大一部分是通过肌肤发生的。过去的千百
166 年里，我们从头到脚都紧紧包裹在衣服里，包围在统一的视觉空间中。现在的电力时代把我们引入了一个新的世界，在这里，我

们将通过整个体表生活、呼吸和倾听。当然，在服饰和住宅中，都会兴起许多崇尚新奇的热情，各种官能的最终平衡都会使大量新兴的礼仪逐渐被人抛弃。与此同时，在新服饰和新住宅中，我们统一的感受力在对材料和色彩的宽泛知觉中纵情享受，这就使我们的时代成为音乐、诗歌、绘画和建筑最伟大的时代之一。 167

十三　住宅：新的外貌和新的观念

168　在这里，麦克卢汉言简意赅地论述了媒介的教育功能："住宅从社会的角度解决问题，使家庭和群体能得到热量和能量，培养新的技能和新的学问，它行使其他一切媒介的基本功能。"这段话暗示并导入另一段话，清楚表明，他不区分狭义的传媒比如报纸、广播、电视和广义的媒介："衣服和住宅，作为肌肤和体温调控机制的延伸，其所以是传播媒介，首先是因为，它们塑造并重新安排人的协作模式和社区模式。"说到电光时，可以拯救那喀索斯的同化（延伸改变感知）原理再次得到呼应。本书第一章开宗明义提到同化原理，而本章的主题就和这一原理相联系："在这个领域，媒介即讯息。电灯一亮，就出现一个感知的世界。电灯一灭，这一感知世界就荡然无存。"

——编者小引

169　如果服装是个体肌肤的延伸，是储存和输导体温的手段，那么，住宅就是家庭或群体为此目的而集体采用的手段。作为居所的住宅是人体温度控制机制的延伸，即集体的肌肤或衣服。城市则是适应庞大群体需要的、人体器官的进一步延伸。许多读者熟知乔伊斯如何组织小说《尤利西斯》，他用城墙、街道、城市建筑等市镇组织和媒介来给各种人体器官命名。城市和人体的相似性使乔伊斯构建了古代的伊萨卡岛[1]和现代的都柏林市之间更深一层的相似性，创造了一种深刻的古今人类的一致性，这种一致性超越了历史。

波德莱尔原想给诗集《恶之花》取名为《肢体》(*Les Limbs*)，因为他心中的城市是人体器官的延伸。他认为，为了放大或增加人体官能的力量，我们放任自己，我们自我异化，这是邪恶的花朵或赘生物。对他而言，城市作为声色追求的放大器，具有整体、有机和心理的统一性。

识字人或文明人，趋于限制和包围空间，并将功能加以分割，而部落人则纵情延伸自身形态去包容整个宇宙。部落人像宇宙器官一样行动，他把人体功能当作参与神力的形式。印度宗教思想里的人体实际上就和宇宙的形象相联系，这一观念反过来又融入了住宅的形式中。对部落社会和无文字的社会来说，住宅既是人体的形象，又是宇宙的形象。修建住宅时将炉边作为火的祭坛，实际上就与开天辟地相联系。上述仪式在古城修建中嵌入的 170
程度还要更为深刻，城市的外形和作用都仿照对神的赞美而加以精心的安排。部落世界的城市和家庭(如像今天的中国和印度)，可以被视为**言语**、**神话**和人类共同渴望的具体化。就是在我们当前的电力时代，许多人也渴望这一无所不包的策略，为自己分离的存在谋求意义。

1　伊萨卡岛，希腊西部一小岛，希腊神话中尤利西斯的故乡。

识字人一旦接受了肢解切分的分析技术，他在把握宇宙模式上就远远不及部落人了。他偏好个体的分离和空间的分隔性，而不是开放的宇宙。他不太倾向于把自己的身体当作宇宙的摹本，不太可能把自己的住宅或任何别的传播媒介当成自己身体的延伸。一旦接受了拼音字母表的视觉动态，人们就开始失去部落人对宇宙秩序和仪式的迷恋。部落人认为，宇宙秩序和仪式在他们的身体器官及其社会延伸中要循环往复地出现。然而，对宇宙的冷漠却可以培养对细枝末节和专门任务的强烈关注，这正是西方人独特的力量所在。专门化的人绝不犯小错，然而他走向的目标却是绝大的谬误。

人们生活在圆形的住所里，直到他们不再游徙，直到他们在劳动组织中走向专门化分工。人类学家常常注意到从圆屋走向方屋的变化过程，可是他们不知道原因何在。媒介分析专家可以在这个问题上给人类学家帮助，虽然他们的解释对偏重视觉文化的人并非是一目了然的。同样，视觉文化的人不大能看清电影和电视的区别、科威尔汽车和大众牌汽车的差别，因为这种分别并非两种视觉空间的分别，而是触觉空间和视觉空间的分别。帐篷或棚屋不是一块围界分明的空间或视觉空间。山洞或地穴居所亦非如此。上述各种空间——帐篷、印第安人的圆顶棚屋、爱斯基摩人的雪屋、洞穴，在视觉意义上并非是圈定的空间，因为它们
171 遵循的是动态的力线 (dynamic lines of force)，像三角形一样。建筑被围起来或转换成视觉空间以后，趋向于失去触觉的动态压力。方形是视觉空间的圈定图形，换言之，它包含从明显张力中抽象出来的空间属性。三角形遵循力线原理。这是固定纵向物体最省事的办法。方形超越了这种动态的压力，它包容着视觉空

间关系，同时又依赖对角线来支撑。视觉压力与直接触觉和动态压力的分离，以及这一分离向新型居住空间的转换，只有等到人们实行感官的分离和劳动技能的分解以后才会发生。方形房屋代表的是定居的专业分工者，而圆形棚屋或圆锥形帐篷代表的却是以采集为生的初民社会那种整合的、游徙的生活方式。

以上的探讨全都冒着相当大的被误解的风险，因为上述各种问题从空间上来说全是些高度技术性的问题。然而，一旦这些空间问题被人弄懂以后，它们就会成为解开许多古今谜团的钥匙。它们可以解释从圆屋顶建筑向哥特式尖顶建筑形式的变化。引起这一变化的原因，是社会成员感官生活中的比率或比例发生的变化。这样的转变之所以发生，是由于人体在社会的技术和发明中得到了延伸。一种新的延伸在人的所有感知和官能中建立起一种新的平衡，这就导致我们所谓的"新观点"——在许多领域中的新态度和新偏好。

如上所述，简而言之，住宅是对延伸人体温度控制机制所做的努力。服装在应付这个问题时，方式更直接，但较少从根本上解决问题。它从个体的角度去调控体温，而不是从社会的角度去努力。但是，服装和住宅储存热量和能量，使完成许多任务所需的热量和能量能招之即来，否则这些任务是无法完成的。住宅从
社会的角度解决问题，使家庭和群体能得到热量和能量，培养新 172
的技能和新的学问，它行使其他一切媒介的基本功能。体温调控是住宅和服装的主要因素。爱斯基摩人的雪屋是一个很好的例证。爱斯基摩人待在里面，可以在零下五十摄氏度严寒的气候下数天不进食而维持生命。不着衣服的土著人，如果失去营养，一般情况下几个小时就会冻馁而死。

许多人听说爱斯基摩人雪屋的原始形态竟然可以追溯到普利姆汽化炉时，可能会感到惊诧。很长一段时期内，爱斯基摩人居住在圆形石屋里，而且迄今他们多半仍然住在这样的居所中。用“雪砖”叠砌的雪屋是这个石器民族生活中比较晚近的一种发展。住这种结构的雪屋，只有等到白人及其手提灯到来后才有可能实现。雪屋是一种短命的栖身之所，是猎取毛皮兽的人设计的、暂时使用的藏身之地。只有在与白人接触以后，爱斯基摩人才有可能成为这样的猎手。此前，他们仅仅以采集为生。可以将雪屋做一个例子，说明如何通过强化一种因素——在此是人工加热住所——将一种新的模式引进一种古老的生活方式。同样，在我们复杂的生活中强化一种因素，自然也引起我们因技术而延伸的官能产生一种新的平衡，进而又因为新动机和新发明而产生新面貌和新观点。

在20世纪，我们所熟悉的住宅和建筑的变化，是用电能开动电梯所产生的结果。用于照明的电能，对于我们的生活和工作空间的改变更为剧烈。电光消除了昼夜之别、室内外之别和地上地下之分。它改变了工作和生产中要考虑的一切因素，正像其他电力媒介深刻改变了社会的时空经验一样。上述之一切，均在相当程度上广为人知。不那么广为人知的，是若干世纪以前由于取暖
173 技术的改进而引发的建筑革命。由于文艺复兴时期大规模的采煤业，气候寒冷地区的居民发现了保存个人能量的巨大的新资源。新的加热手段和取暖手段促成玻璃制造业，使住房加大和楼板加高成为可能。文艺复兴时期城市商人的住宅成为兼有卧室、厨房、工场和铺面的大杂烩。

一旦将住宅看成是群体（或团体）服装和温度的控制机制，就

可以将新的取暖手段理解为改变空间形态的原因。玻璃的历史与住宅的历史密切相关，其道理就在这里。镜子的历史是衣着、礼俗和自我意识历史中的一个主要篇章。

最近，一位富有想象力、身居贫民窟的校长给本校的学生每人拍了一张照片，教室里又挂了许多大镜子，结果使学生的学习速度令人震惊地迅速增长。一般地说，贫民窟里的孩子的视觉定向力很差。他们不能用视觉去构想长远的目标和目的。他们深深陷入自己日常生活的狭小天地，不能在高度专门化的视觉型感性生活中建立一个滩头堡。贫民窟儿童的窘境通过电视形象，正在日益延伸到全体居民的身上。

衣服和住宅，作为肌肤和体温调控机制的延伸，其所以是传播媒介，首先是因为，它们塑造并重新安排人的协作模式和社区模式。丰富多样的照明和取暖技术，似乎只能给衣服和住宅媒介的基本原理带来新的弹性和广度。换言之，它们对人体调温机制的延伸，只能使我们在不断变化的环境中求得一定程度的平衡。

现代工程提供的住宅涵盖从太空舱到喷气式飞机的机舱等 174
多种形式。有的公司专门提供巨型建筑，其内墙和地板可以随意拼装。这样的灵活性自然趋向于构成有机的整体。人的感受似乎再一次与普天之下的潮流协调合拍，这些潮流使部落人成为在浩瀚宇宙中潜游的能手。

给这一趋向提供佐证的，不只是乔伊斯的小说《尤利西斯》。近来对哥特式建筑的研究强调了建筑师以有机统一为目的。圣徒把人体当作精神的象征性外罩，把教堂看作第二人体，用完美的标准去审视它的一切细部。乔伊斯描绘了城市作为第二人体的详细的形象。在诗集《恶之花》里，波德莱尔提出了一个与此类似的人体各部的“对话”——人体各部的延伸构成了城市。

电光把一种其他时代闻所未闻的有机灵活性带进了人在住宅和城市里的延伸的文化复合体。如果说彩色照相术产生了“没有墙壁的博物馆”，那么电光照明所产生的没有墙壁的空间、没有黑夜的日子就深刻得多了。无论是在夜间的城市、公路还是赛场，借助灯光的速写和写作已经从摄影领域转向室外由照明产生的活生生的动态空间。

几个世代以前，玻璃窗仍然是无人知晓的奢侈品。由于用玻璃窗控制光线，又一种媒介来临了。这一媒介控制室内工作的规律性，并可以稳定地用于手工业和贸易。无论天气寒冷还是刮风下雨，整个世界被置于一个框架之中。借助于电光，我们不仅能做最精密的手术——不论时间、地点或气候如何，而且能轻而易举地给超微世界拍摄照片，就像走进有矿藏和洞穴画的地下世界一样。

175 作为我们官能延伸的电光照明，给我们提供了一个最清楚明白的例证，它说明这类延伸如何改变我们的感知。至于轮子、印刷术或飞机能改变我们的感知习惯，人们往往持怀疑的态度。即使这样，一接触电光照明，他们的疑问就涣然冰释了。在这个领域，媒介即讯息。电灯一亮，就出现一个感知的世界。电灯一灭，这一感知世界就荡然无存。

“以灯光绘画”是舞台电光布景的一句行话。电光在运动领域的使用，与电能在动力世界的使用一样花样繁多。光线是没有“内容”的信息，正如导弹是没有轮子或公路的运载工具一样。导弹是一个既消耗燃料又消耗引擎的自足系统；同样，电光也是一个自足系统，这个系统的媒介就是讯息。

晚近开发的激光给光线引进了新的可能性。激光是用受热辐射产生的光放大而产生的。放射能的集中使光产生新的性质。激光使光线的密度加大，这使它可以经过调节后用来传输信息，其功能和无线电波一样。然而，由于它的强度大得多，所以一根激光束所传输的信息，可以相当于美国全部电台和电视频道相加所传输的信息。这样的光不在可见光范围之内，它将来很可能在军事上被用作致命的武器。

夜间从空中俯瞰，都市地区表面的纷乱宛若黑天鹅绒上呈现出来的一幅精湛的刺绣。凯佩斯[1]将都市夜景发展成为一种新型的艺术，即"借助灯火表现的夜景"，而不是"用灯光照亮的夜景"。他的新型电光风景与电视的形象完全一致。电视的存在也是靠光线**传输**，而不是靠光线**照明**。 176

法国画家安德烈·吉拉尔在电影普及以前就开始在胶片上作画。在那个早期阶段，考虑"借助光线作画"容易，考虑在绘画艺术中引进动景亦不难。吉拉尔说：

> 五十年以后，如果没有人注意其主体在非常狭小的画布框架之内**保持不动**的绘画，我是不会感到奇怪的。

电视的问世又激发了他新的灵感，他说：

> 有一次，在一间控制室里，我突然看见照相机敏感

1 捷尔吉·凯佩斯（Gyorgy Kepes，1906—2001），匈牙利裔美籍画家、设计师、摄影家和作家。先后活跃在欧美许多国家，从事过"物理照片"、"摄影图画"等实验，著有《视觉语言》、《平面艺术》、《今日之视觉艺术》、《环境艺术》等。

> 的镜头将景物一个接一个地推到我的眼前，面孔、风景、我作的一幅大型画中的人的表情，以我从未想过的顺序展现出来。我觉得自己像一位作曲家，听他自己写的一出歌剧，剧中各幕各场混乱倒错，与他所写的顺序并不相同。就像你乘坐一部快速电梯看一幢建筑，先看见房顶，后看见底楼一样，它只在一些楼层停留，在另一些楼层却不停。

自那时以来，吉拉尔与哥伦比亚广播公司（CBS）及美国全国广播公司（NBC）的技术人员合作，已经研究出借助光线作画的一些新技巧。他的工作与住宅的关系，使我们能构想建筑和艺术中调节空间的全新可能性。借光作画犹如设计没有围墙的住宅。上述电力技术延伸到提供全球性恒温控制时，鲜明地显示出，作为人体调温机制的住宅已经过时了。集体无意识过程的电力延伸在产生没有围墙的意识中，可能会使语言的障壁过时，这一点同样是可以想到的。语言是我们五官的结结巴巴的延伸，五种感官的比率和波长因语言而有所不同。最近的意识模拟将以大规
177 模的超感官知觉的形式超越语言，正像全球恒温机制可以超越我们称为住宅的肌肤和身体的延伸一样。这样一种凭借电力模拟
178 意识过程的延伸，很容易发生在20世纪60年代。

十四　货币：穷人的信用卡

仅就记忆价值而言，《理解媒介》里很难找到几段能胜过本章 180
的一个设想：设计可食用的太空飞船。至于本章主要的话题，有两段话给人以教益，那就是明确指出货币和语言的相似性。这个比喻给上文所述的语词的魔力（第120页）又注入了新的成分，麦克卢汉明确宣告，一切媒介都有神奇的一面。在这方面，他的一个观点宛若一座使人思考的符号学的富矿。他说："字母表是单向加工过程，它把无文字文化简约为我们西方世界里专门化的视觉片断。"就文化意义而言，这段话是上文语言论的必然结果：语言是经验的还原剂和扭曲机制。前面的章节证明，这是颇有价值的观点，它在本章的再现给麦克卢汉的一条基本原理画上了圆满的句号："既然一切媒介都是人的延伸，是我们的部分机能向各种物质材料的转换，所以对任何一种媒介的研究都有助于对所有其他媒介的研究。"接着，他又对这一原理做了进一步阐述："于是，这一实物就储存了劳动和信息，或储存了技术知识，其储存量与人们为它付出的劳动相等。一件实物换取另一件实物时，它已经承担着货币的职能……"

——编者小引

181 金钱情结和人体的关系，是现代精神分析理论的核心。有些精神分析学家从婴儿玩弄粪便的冲动中推演出金钱情结。更有甚者，费伦齐[1]把金钱称为“只不过是脱水的无臭无味秽物给弄成了闪光的样子”。费伦齐在他的金钱观念中发挥了弗洛伊德“性格与肛欲”的观点。虽然把“肮脏钱”与肛门联系起来的这个观点一直位于精神分析的主流思想之中，可是它与金钱在社会中的性质和功能，并不吻合到足以使它成为本章的一个主题。

货币在无文字的文化中肇始于商品，比如斐济岛上的鲸鱼牙齿、复活节岛上的老鼠。这些商品后来被视为精巧器物和奢侈用品，于是就成为一种中介的手段或实物贸易中的交换品。1574年西班牙人包围荷兰莱顿时，当地政府曾发行过皮革货币。但是困难加重以后，人们被迫煮食这一新的货币。

在有文字的社会里，环境有时迫使人重新把商品用作货币。在第二次世界大战中被德国人占领期间，荷兰人渴望得到烟草。因为供应短缺，珍贵的东西比如珠宝、精密仪器甚至住宅，都被用来换取少量的香烟。《读者文摘》(*Reader's Digest*) 曾经在1945年记述过德国人占领荷兰初期的一则逸闻。文章描述一包未开的香烟，只要无人损坏其包装封口，就被当作货币，辗转相传，成为人与人工作技能的转换器。

货币总是保留着商品属性和通用属性。它使人对原料和商品的控制得以延伸，但它的这种功能在初级阶段却是非常脆弱无力的。其时，人们借助货币所增加的商品控制和商品交换的流动
182 性，是微不足道的。儿童语言的发生也是这样。在最初的几个月

1 费伦齐·山多尔 (Ferenczi Sandor, 1873—1933)，匈牙利精神分析学家，因其对基本精神分析理论的贡献及对治疗方法所进行的实验而著名。

里，婴儿的抓握动作是反射行为，只有等到快满一岁时，随意放手的能力才会来临。言语的能力与松手放开物体的能力同时到来。松手的能力给人一种与环境拉开距离的能力，它又是认识环境时的巨大活动能力。金钱用作货币而不是用作商品这一观念的发展，也经历了同样的过程。货币也是放开身边产品和商品的一种办法——这些东西最初是被当作金钱用的，目的是将贸易延伸到整个社会的有机复合体中去。借助货币的商品贸易，建立在呈振荡周期的抓放交替的原理之上，一只手握住物品，诱使对方交换，另一只手伸向意欲换取的东西。一旦第二只手抓住所需的物品，第一只手就放弃它把握的东西，颇像表演空中飞人的演员从一根杠子飞向另一根杠子的情形。事实上，埃利亚斯·卡内蒂在《群众与权力》中提出这样一个观点：进行贸易的人卷入的是一种最古老的消遣，即人类祖先爬树荡树的消遣。他认为，大型树栖猿最原始的抓握、计算和计时的活动，可转换为一种最古老的运动型的金融活动。猿人的手在树枝上学会了一种抓握的模式，这一模式与用手进食的模式相去甚远。同样，商人和金融家也形成了一整套使人着迷的抽象活动，这些活动是大型树栖猿热心攀缘和迁徙运动的延伸。

亦如其他任何媒介，货币是一种产品，一种自然资源。作为变化和交换冲动的一种外在的可见形态，货币是一种团体的表象，其制度性地位依赖于社会。离开公众的参与，货币就毫无价值。鲁滨孙在沉船上看到硬币时发现了这个道理：

> 看见金钱我禁不住莞尔一笑。“没用！”我失声说道，183
> “你有什么用，你对我没有价值——没有，连拾起来都不

值得：那边任何一把刀子都赶得上这一大堆钱的价值，我给你派不上用场；你就留在这儿，沉入海底吧，就像不值得救它一命的东西一样沉入海底。”

但是，经过一番考虑以后，我还是把钱带走了。我用一块帆布把钱全部包在一起，然后开始考虑再造一只筏子。

原始的商品货币，和无文字社会的咒语一样，可以是力量的宝库，并常常成为狂热经济活动的诱因。南太平洋的土著民族从事这一活动时，并不追求经济利益。狂热勤奋的生产以后，随之而起的可能是有意损坏做出的产品，以求获取道德上的威望。然而，即使在这些有“交换礼物”的节日的文化中，货币也产生了促进和加速精力的效应。随着拼音文字技术的问世，这种效果在古代世界就推广开来。和文字一样，货币也有力量使人的精力专门化和得到重新疏导，并使功能分离，正如它可以将一种工作转换并译解为另一种工作一样。即使在电力时代，货币也没有失去这一力量。

“交换礼物”这种节日的文化分布得非常广泛，在采集和生产食物容易的地方尤其广泛。比如，在美国西北海岸的渔民或婆罗洲[1]的稻农中间，由于生产大宗剩余产品，就必须将其销毁，否则会出现阶级分化，而阶级分化又要摧毁传统的社会秩序。游人在婆罗洲可以看到成吨的大堆稻米在庆典和祭礼中任随雨淋，可以看到耗费巨大人力的完美艺术建筑被人摧毁。

1 婆罗洲 (Borneo)，又译加里曼丹，世界第三大岛和亚洲第一大岛，分属印尼、马来西亚和文莱三个国家。

与此同时，在这些原始社会中，虽然货币可以爆发大量的能量，以便使一小块铜获得魔幻的威力，可是它能买到的东西却很 184
少。那时的富人和穷人，生活方式必然差别不大。今天，到了电力时代，最富裕的人又不得不过上与普通人大同小异的生活。他们吃的东西和普通人相差不大，用的交通工具也和普通人几乎相同。

使用货币这样的商品，自然会增加商品生产，17世纪弗吉尼亚州非专业化的经济，使精巧的欧洲货币成为必需品。弗吉尼亚人的资本很少，他们又希望尽量少将这一点资本换成货币。于是有些情况下，他们就转向使用商品货币的形式。当烟草之类的商品通过立法而成为法定货币时，这种货币就产生了刺激烟草生产的效果，正如法定的金属货币可以推进金属采矿业一样。

货币作为一种使劳动和技能放大和延伸的社会资产，是便于获取和携带的，但是随着象征性货币即纸币的到来，它就失去了很大的魔力。正如文字使言语失去魔力，印刷术又使言语进一步失去魔力一样，当货币取代了黄金时，黄金的迷人气息就不复存在了。萨缪尔·勃特勒的《乌有乡》在论及贵金属赋予人的神秘威望时，明确指出了这一点。他将崇敬金钱的陈旧态度放进一种崭新的社会环境之中以嘲笑货币媒介。高度工业化时代新式而抽象的印刷纸币，并不支持这一陈旧的态度。他说：

> 这是货真价实的慈善。他靠针织品生意发了大财，他的劳动成功地使毛织品降价1/1000便士，他顶得上10位专业的慈善家。他的善举给乌有乡人留下了极深的印

> 象，所以倘使有人一年赚了2万英镑，乌有乡人是不会让他纳税的，因为他们把他当作一件艺术品，珍贵得不
> 185 能让人抚摸摆弄。他们说："他一定对社会做出了极大的贡献，否则社会怎么会让他占上风，送给他这么多的钱。"一种宏伟壮丽的组织使他们感到震撼，他们将其视为上苍赏赐凡人的圣物。
>
> 他们说："金钱是职责的象征，是完成了人类欲望的圣物。人类未必是很完美的裁判，但是再也找不到一位更好的裁判了。"起初，这番高论使我震惊，因为我记得权威人士曾经断言，有钱人难上天堂，但是，乌有乡的影响使我开始以新的眼光看待问题。我不禁默想，没钱的人升天堂就更加困难了。

在《乌有乡》稍前的地方，勃特勒讥讽了工业化世界里宛若现金出纳机的道德和宗教，书中假托"音乐银行"的名义，把教士比作银行财务主任。在紧接上述引文的一段话里，他认为货币是"完成了人类欲望的圣物"。他说，货币是"无形的内在美德的外在可见符号"。

货币是社会媒介，亦是内心希望和动机的延伸；货币产生了社会价值和精神价值，就像妇女时装的潮流一样。一则流行广告突出了时装与货币的相似之处（即时装作为社会圣物或外在可见符号的属性）："今日时装之要诀，就是要看起来穿着流行的衣料。"顺应这一时尚，就能给一种款式或一种衣料赋予**流行的**价值，并且能产生一种社会媒介。这一媒介能增加财富和表现力。难道这不能突出说明，货币或任何其他媒介是如何构成、如何变

得有效的吗？当人们对通过一致性和重复性，以及满足人类欲望所产生的社会价值变得拘束不安时，我们就可以把这一时刻作为 186
机械技术衰亡的标志。

“金钱万能”，因为货币是一种隐喻、一种迁移、一种桥梁。正如词语和语言一样，货币是公共积累的工作、技能和经验的仓库。但是，货币又像文字，是一种专门的技术。正如文字强化了言语和顺序的视觉形象一样，正如钟表从视觉形象上把时间和空间分开一样，货币把劳动和其他社会功能分离开来。甚至到了今天，货币依然是将农夫的劳动转换成理发师、医生、工程师或管道工劳动的一种语言。作为一种宏大的社会暗喻、桥梁或转换器，货币与文字一样，能加速交换过程，加强社区内部的相互依存。正如文字和历法一样，它使政治组织在空间上大大拓展，使其控制范围大大增加。货币是远距离起作用的机制，在空间上和时间上都是如此。在读写文化高度发达、偏重分割事物的社会中，“时间就是金钱”，金钱储存着别人的时间和心血。

在中世纪，国库或“国王钱袋”的概念使金钱的概念和语言紧密相关（所谓纯正英语叫作“King’s English”），和交通密切相关（水陆交通干线叫作“King’s Highway”）。在印刷术到来之前，把传播媒介看成人体的延伸，是十分自然的。在书面文化日益发达的社会里，货币和钟表获得了高度的视觉重要性或切分事物的重要性。实际上，西方人把货币用作储存和转换社会劳动和技术的手段，依靠的是我们对书面词语的长期习惯，依靠的是书面词语专门化、分配和分化组织功能的力量。

看看无文字社会里货币的性质和使用的情况，就可以更好地
理解，文字如何有助于货币扎根。商品的一致性和我们现在视之 187

为理所当然的固定价格体系，在印刷术为它们铺好路之前，是不可能的。“落后”国家要花费很长时间才能实现经济“起飞”，因为它们没有经历印刷术广泛的加工过程，印刷术的整齐划一性和重复使用性具有心理调节作用。无孔不入的书面视觉文化支撑着价格和计数，但西方人对此一般是知之甚少的。

无文字的社会非常缺乏心理资源去创造和维持统计信息的庞大结构，这种结构我们称之为市场和物价。组织生产容易，然而，训练全社会的人，使之养成习惯将自己的愿望转换为统计数字就很难，借助供求机制和表示物价波动的视觉技术来表现自己的愿望就更困难得多了。直到18世纪，西方人才开始接受这一内心生活延伸的形式，即市场机制中新型的统计模式。对当时的思想家来说，这一新机制看上去非常古怪，所以他们称之为“享乐主义的微积分”。在情感和欲望上，价格似乎可以比作宏大的空间世界，早些时候，空间世界已将其不平均性让位于微积分的转换功能。总而言之，18世纪价格机制所造成的内心生活的分割，似乎与一个世纪以前微积分所造成的细腻的空间切分一样，是神秘莫测的。

我们的价格体系所代表的极端抽象和疏离，对于交易过程中伴发激动人心的讨价还价的社会群体来说，是全然不可思议、难以采用的。

今天，瞬息万里的电力媒介掀起的力量旋涡使这个行星上的
188 所有人都相互依存，因此，社会组织和个人经验中的视觉因素随之减弱，货币作为储存并交换劳动和技能的媒介的功能日益减弱了。自动化也就是电子媒介，它所代表的与其说是体力劳动，不如说是程序化知识。因为劳动被纯粹的信息运动所代替，作为储

存劳动的货币与信贷和信用卡的信息形态融合起来。从金属币到纸币，从纸币到信用卡，这是一个稳步使商业交换成为信息运动的过程。这一走向兼容并包的信息的趋势，以信用卡的形式表现出来，这一趋势再一次接近部落货币的性质。因为部落社会不知道职业或劳动的专门分工为何物，而且没有专门的货币，其“货币”既可以吃，又可以喝，也可以穿，宛若新设计的可以食用的太空船。

然而，“工作”这一概念在无文字的世界里是不存在的。原始的猎手和渔夫无所谓“工作”，这一点与今天的诗人、画家和思想家并无不同。只要全身心地介入从事的活动，都无所谓工作不工作。“工作”的出现肇始于劳动分工和职能的专门化，发端于不再游徙的农业社区的任务之中。在电脑时代，“工作”让位于奉献和承诺，部落时代也是如此。

在没有文字的社会里，金钱与其他社会机构相联系，关系非常简单。货币开始推动社会功能的专门化和分化以后，其作用随之大大增加。事实上，在有文字的社会里，货币成为联系日益专门化活动的主要媒介。在当前的电子时代里，由于读写文化将视觉与其他感官分离开来，视觉的分割力量更容易辨认了。现在，由于有了电脑和程序设计，储存和传输信息的手段的可视性和机械性正日益减弱，其整合性和有机性正日益加强。瞬息万里的电 189
力形态所产生的整体场不能视象化，这与电子粒子不可视象化是一个道理。瞬息万里的信息产生时间、空间和职业的相互作用，过去的货币交换形态日益不能适应这一需要。如果现代物理学家试图用视觉感知模式去组织原子数据，他就不可能逼近问题的本质。在信息瞬息万里的电子时代，时间（按视觉和切割计量的时间）和空间（统一的、形象的和有周边密封的空间）已不复存在。在信息瞬息万里的时代，人结束了分割的专门化工作，承担起了搜集信息的角色。今天，信息搜集恢复了"文化"的宽泛观念，这一点和采集食物的原始人要与环境保持完美的平衡完全相同。在这个新型的、踪迹不定的、无所谓专门"工作"的世界里，我们的猎物是知识，是对生活和社会过程的洞察力。

人们离开封闭的部落世界走向"开放的社会"，借助文字技术把耳朵转换成了眼睛。字母表尤其能使人冲出部落世界的小圈子和回荡震耳的魔法。一个类似的经济变化过程，从封闭社会走向开放社会、从重商主义和对国家贸易的经济保护走向自由贸易那种开放市场的理想的过程，在晚近一些时代里完成了。它借助的手段是印刷文字，是金属货币向纸币的变化。今天，电力技术使货币概念本身陷入了危机，因为人们相互依存的新型动力学，从印刷术之类的分割媒介转向了电报之类的宽泛媒介或大众媒介。

既然一切媒介都是人的延伸，是我们的部分机能向各种物质材料的转换，所以对任何一种媒介的研究都有助于对所有其他媒介的研究。货币也不例外。货币的原始用法即它在无文字社会
190 里的用途，尤其富有启发性，因为它很容易接受把主要产品作为传播媒介来使用的习俗。无文字的人之所以同意将任何重要产品当货币使用，部分是由于一个社区的重要产品既是传播媒介又是商品。棉花、小麦、家畜、木材、鱼、毛皮和许多其他产品，曾经在许多文化中被用作形成社区生活的主要力量。当一种主要产品成为社会关系的支配力量时，它又可以被当作价值的储藏所，当作技能和任务的转换器或交换器。

弥达斯[1]著名的咒语——将一切触摸到的东西变成黄金的力量，在一定程度上是一切媒介包括语言的性质。弥达斯神话突出了肢体和感官延伸所具有的魔力。换句话说，它引人注意一切技术。一切技术都具有弥达斯那种点物成金的魔力。当一种商品生发出某种自我延伸时，它就趋向于使其他一切功能适应那种延伸。

与货币一样，语言可以被用作感知的储藏所，用作感知和经验的传输器，将感知从一个人传给另一人，从一代人传给另一代人。语言是经验的转换器和储藏所，除此之外，它还是经验的还原器和畸变放大器。它加速学习过程，使知识可以跨越时空传输，这一巨大优势轻而易举地压倒了它必须将经验进行语言编码的不方便劣势。在现代数学和科学中，用非言语手段将经验进行编码的方式正在日益增多。

和语言这种劳动和经验的储藏所一样，货币也可以被当作转换器和传输器。因为书面词推动了社会职能的分离，所以货币就可以脱离储存劳动的职能。货币储存劳动的职能在家畜或毛皮之类的产品或商品用作货币时，是一目了然的。货币从商品形态中分离出来，变成交换（即价值转换）的特殊媒介时，它的运转速 191
度和强度就日益加大了。

直到不久前，纸币（即"象征性货币"）作为商品货币的代用品还造成了混乱。与此相似，谷登堡技术产生了一个庞大的文人圈子，在文学和生活的边界上激起很大的混乱。建立在印刷技术基础上的纸币，产生了新型快速的信贷尺度，这些尺度与金属货

1　弥达斯（Midas），希腊神话中的佛律癸亚国王，贪婪成性，求神赐给他点物成金术。

币和商品货币的惰性物质属性是完全不可调和的。然而，人们却一心一意要这一新型的快速货币像迟钝的金属货币一样运转。凯恩斯在《货币论》(*A Treatise on Money*) 中就阐明了这一方针：

> 于是，在纸币时代面前，漫长的商品货币时代终于结束了。黄金不再是流通的硬币、贮藏的财宝、拿在手里认领的财富——只要伸手抓住这些实物不放，它们的价值就不会溜掉。黄金变成了抽象得多的东西——就像是一种价值标准。黄金不时在一群中央银行之间小批量地流通。黄金仅仅保留其名义货币的地位。当其中一家银行使其操纵的纸币膨胀或紧缩，而且它膨胀或紧缩的程度又与相邻银行膨胀或紧缩的程度有所不同时，就有小批量黄金流通。

纸币 (即“象征性货币”) 作为专门货币以后，脱离了它古老的储存劳动的职能，承担了同样古老而基本的货币职能——作为传输器和加速器，使任何劳动转化为任何其他劳动的职能。字母表是从埃及人丰富的象形文字文化中强行抽取出来的视觉文化，
192 同理，它又将埃及的象形文字文化译解和转化成希腊罗马世界中宏大的视觉文化旋风。字母表是单向加工过程，它把无文字文化简约为我们西方世界里专门化的视觉片断。货币是这种专门的字母表技术的副产品，它甚至把可以机械重复的谷登堡技术提升到了新的强度。正如字母表将纷繁复杂的原始文化转换为简单的视觉文化，借此使分歧巨大的原始文化趋于平衡一样，纸币在19世纪也使道德价值发生了转换。正如纸片加强了字母表的力

量，使之把口头的蛮族文化转化成统一的罗马文明一样，纸币也使西方工业覆盖全球。

纸币问世以前不久，欧洲时事通讯和报纸中信息流动量的陡增，产生了国家信贷的形象和概念。这样一种公共信贷形象，无论在过去还是现在都依靠快速而广泛的信息流动，这种信息流动被我们视为理所当然已达两百多年。在公共信贷露头的那个阶段，货币承担了进一步转换劳动储存范围的职能——不仅是转换地区的劳动储存，而且还将劳动储存从一种文化转入另一种文化。

信息流通加快与货币转换力量加强必然带来一种发财的机会。那些提前几个小时或几年——提前的时间视情况而定——预料到货币转换力量的人，肯定可以发财。我们今天特别熟悉的，是借助超前信息使人靠股票、债券和房地产发财的例子。过去，财富与信息的关联并非一目了然，一个社会阶级可以垄断从偶然的技术变迁中产生的财富。凯恩斯在《莎士比亚和利润膨胀》(*Shakespeare and the Profit Inflations*) 一文中报告了这样一个例子。他阐释说，因为新的财富和金钱首先滚向统治阶级，所以他们突然感到快活和幸福，高兴地从惯常的紧张和焦虑中解脱出来，这就促进了繁荣。反过来，繁荣又激励阁楼中饥饿的艺术家去创新，去创作诗画中高昂的节奏和欢快的形式。只要利润远远走在工资的前面，统治阶级就要纵情玩乐。他们享乐的风格给贫穷的艺术家以灵感，使他们在心中构想最美好的意境。然而，193
如果利润和工资相比是贴近而适度的，统治阶级的欢欣鼓舞就会相应地减弱，于是艺术就不能在繁荣中得到好处了。

凯恩斯发现了作为媒介的货币的动态学。研究货币这一媒介的任务，与研究一切媒介的任务是一致的。换言之，亦如凯恩斯所言，这一任务是“对问题做动态处理，解析其中的不同成分，以这样的方式去进行研究，以显示决定价格水平的随意过程，显示从一种平衡态向另一种平衡转变的方法”。

总之一句话，货币不是封闭的系统，它自身没有独立的意义。作为一种转换器和放大器，货币具有用一事物替代其他事物的特别力量。信息分析家已经得出结论，一种资源替代另一种资源的程度随着信息的增加而增加。我们知道的东西越多，我们对任何一种食物、燃料或原料的依赖就越少。现在的衣服和家具可以用许多不同的材料来制作。在许多世纪里，货币曾经是信息传输器和转换器，但它现在的功能正在越来越多地迁移到科学和自动化里去。

今天，连自然资源也具有信息的一面，它们的存在依靠某些社区的文化和技能。然而这句话倒过来说也是正确的。一切媒介（即人的延伸）也是自然资源，它们的存在依靠社区共享的知识和技能。正是对货币这个方面的觉察，使鲁滨孙回到沉船的地方去搜寻东西时深感震撼，导致他深刻的反思。本章开头的引文记录了这一思想。

194 只有货物没有货币时，某种形式的以货易货（一种产品直接换取另一种产品）必然发生。但是，商品在无文字社会里被用来直接交换时，我们最容易注意到它们包含货币职能的趋势。哪怕是把一种原料做了距离上的迁移，也是为它付出了劳动，于是，这一实物就储存了劳动和信息，或储存了技术知识，其储存量与人们为它付出的劳动相等。一件实物换取另一件实物时，它已经承担着货币的职能，成了把许多事物转换或译解为某种共同价值的东西。这个一般等价物或转换器，同时又叫省时器和加速器。因此，时间就是货币。在这一运转过程中，难以把节省劳力和节省时间分离开来。

关于腓尼基人，有一个难解之谜。虽然他们是热心的海上贸易商，可是他们使用铸币的时间却比扎根陆上的吕底亚人[1]晚。人们归之于这一延误的原因，未必能解开这个谜，不过它使人敏锐地注意到货币作为媒介的一个基本事实：靠陆上商旅队贸易的人需要一种轻便的支付媒介。相反，腓尼基人之类的海上贸易者却不那么迫切需要铸币。作为使行动的有效距离加快和延伸的手段，莎草纸的便携性非常引人注目。字母表刻在黏土或石头上是一回事，书写在莎草纸上又是另一回事。由此而产生的速度和空间的飞跃创造了罗马帝国。

在工业时代，日益精确的劳动计量显示，节省时间是节省劳力的重要方面。货币、文字和钟表这三种媒介再次融合成一个有机整体。这就使我们投入工作的程度与原始社会的土著人，或画室里的艺术家投入工作的程度相当。

货币的特点之一，是提供向数字的自然转换，因为货币的储存或收藏与人的集群有许多共同之处。而且，人群的心理模式和 195
财富的积累模式非常接近。埃利亚斯·卡内蒂强调指出，构成人群基础的动力是迅速和无限增长的驱力。这种驱力也是财富或财宝的特征。事实上，普遍使用的现代财富单位是**百万**。这是任何货币都可以接受的一个单位，与**百万**这一单位随时相连的思想，是相信迅速的投机钻营就可以达到这个数字。同样，卡内蒂又说明，为什么在希特勒讲演中总是能听到数字增长的野心。

1 吕底亚人 (Lydians)，居住在小亚细亚的一个民族。

人群和钱堆不仅努力增长，而且还滋生出对可能遭遇的瓦解和紧缩的不安情绪。这一扩张和紧缩的双向运动导致了人群动荡不安以及与财富相连的忧心忡忡。卡内蒂对第一次世界大战以后德国的通货膨胀所产生的心理影响进行了大量的分析。公民的贬值与马克的贬值同时发生。既有人的丢脸，又有货币的贬
196 值，人的单位和货币的单位混淆不清了。

十五　时钟：时间的气味

在这里，麦克卢汉对一些思想家提出批评。他说帕金森[1]“觑”着眼睛看问题很滑稽，伊利亚德[2]“没有意识到”所谓“神圣”宇宙的性质，芒福德研究时间时“没有注意字母表”。这一章谈的东西太多。他在一小段文字里，先论及整个技术进化史，然后解释说，在电力技术条件下，同步化不再意味着同时发生，接着又回到时钟这一课题。此外他又说，书面文化意味着禁欲，还指出公元前5世纪、文艺复兴和12世纪的关系。本书开卷论述电力时代曾提到的神话在这一章里与图像性和多面性联系起来了。本章起首两次提到闹钟（第三次提闹钟见第二十一章“报纸”），述及闹钟用作随身携带物品的功能。这段话给翁贝托·艾柯以灵感，使他注意研究聋人的独白（见“评论界对《理解媒介》的批评”，第552—557页）。 198

——编者小引

1 西里尔·诺思科特·帕金森（Cyril Northcote Parkinson，1909—1993），英国历史学家、社会学家、管理学家，以帕金森定律闻名世界。

2 米尔恰·伊利亚德（Mircea Eliade，1907—1986），罗马尼亚宗教史家，1961年在芝加哥大学创办《宗教史》季刊，著述重点为传统宗教文化和神秘主义。

199 伦纳德·杜布在论及他的著作《非洲的传播》时说道："头巾、腰刀，现在又加上闹钟，是穿戴或携带之物，以显示高贵的身价。"大概还要很长一段时间过后，非洲人才会注意时钟以及养成守时的习惯。

正如位置数、串联数（如302而不是32等）发现以后，数学就爆发了一场伟大的革命一样，在人们发现可以把时间固定在两点之间以后，西方就发生了伟大的文化变迁。从视觉的、抽象的和统一的单位的运用中，产生了我们西方人把时间当作期间（duration）的感觉。我们将时间切分为统一的、可以视象化的单位，由此产生了我们对"期间"的感觉，产生了我们对两件事情之间延误时间时不耐烦的感觉。这种不耐烦的感觉，或时间是"期间"的感觉，在没有文字的文化里是闻所未闻的。正如**工作**的概念肇始于劳动的分工一样，"期间"的感觉发端于时间的切分，尤其是发端于分秒的划分——机械钟表借分秒的划分，把统一的时间接续性（succession）强加在我们的时间感觉上。

作为一项技术，钟表是一种机器，它按照装配线模式生产统一的秒、分、时等时间单位。经过这样统一的加工，时间就从人的经验节律中分离出来了。简言之，机械钟表有助于创造一个数量化和机械驱动的宇宙的形象。时钟走上现代发展的道路，是在中世纪的修道院中，因为修道院里需要统一的规章和同步化秩序，以指导修士们的公共生活。不靠个人独特的经验计量时间，而是用抽象的统一单位来计量时间，这种方式计量的时间慢慢渗透进了一切感知生活，就像文字和印刷技术渗透进感知生活一样。不仅工作，而且吃饭睡觉，都逐渐顺应了时钟的需要，而不是生物体
200 的需要。由于任意的和统一的时间计量模式在社会中延展开来，

连服装都经历了一年一度的变化，以方便工业生产。到了这个时候，机械计时作为应用知识的原理，和印刷术、装配线通力合作，成为统一的分割过程的手段。

可以想象的最具整合性的、卷入程度最高的时间感觉，表现在中国文化和日本文化中。17世纪传教士东去和时钟输入之前，中国人和日本人用香火的刻度来计量时间已实行了数千年。不光是时辰和日子，而且连季节和黄道十二宫都同时用仔细排列的气味来表示，嗅觉长期被认为是记忆的根基和个性统一的基础。在怀尔德·彭菲尔德[1]的实验中，嗅觉又成了突出的要素。在脑外科手术的过程中，用电极探查脑组织的方法使病人的许多记忆得以复活。这些唤醒的记忆受特定的气味支配，并由其整合，这些气味构建了过去的经验。嗅觉不仅是人最美妙的感官，而且也是最形象化的感官，因为和其他任何感官相比，它能更加完整地调动人的整个感官系统。因此，读写文化高度发达的社会采取步骤去减弱或消除环境中的气味，就不足为奇了。体臭是人的个体特征的独特信号和宣示，它在有文字的社会里是一个不好的字眼。对我们超然和专注的习惯来说，它的卷入程度太过分了。计量时间气味的社会往往具有很大的黏合力和深刻的团聚力，以至于拒斥一切变革。

刘易斯·芒福德认为，在对社会机械化的影响力上，时钟应排在印刷机的前面。但是，他却没有注意拼音字母表的影响。使时间的视觉切分和统一切分成为可能的，正是拼音字母表。事实上，他没有意识到拼音字母表是西方机械主义之源，正如他不知 201

1 怀尔德·彭菲尔德 (Wilder Penfield, 1891—1976)，加拿大神经外科学家，著有《癫痫与大脑定位》、《癫痫与大脑的功能解剖》、《大脑的奥秘》等。

道机械化是社会从听觉—触觉型转向视觉价值型的过程一样。我们的新型电力技术的趋向是有机的、非机械型的，因为它延伸的不是我们的目力，而是我们类似行星网罩的中枢神经系统。在电力技术的时空世界中，过去的机械时间使人觉得不能接受了，仅仅是由于它的统一性。

现代语言学研究是结构研究，而不是文字研究，它的许多成就归功于翻译机所提供的新颖的可能性。一旦整个语言作为统一的系统经过检查，就会出现新奇的领域。马丁·朱斯[1]考察英语的惯用法尺度以后，诙谐地将五种风格的语言变体称为“语言风格的五座时钟”(five clocks of style)，也就是五种不同的区域或独立的文化气候。只有其中的一个区域是**负责任**的区域。这是同质性和同一性的区域，它浓墨重彩地将谷登堡印刷规则作为自己的领域。这是渗透着中部标准时区[2]的标准英语的风格区域。在这个时区里的居民，可以说表现出不同程度的守时性。

爱德华·霍尔在《无声的语言》里探讨了“时间的语言：美国口音”，他将我们的时间与霍比印第安人的时间进行了对比。霍比人的时间不是一种统一的接续或期间，而是许多种事情共存的多元现象。“它是谷物成熟或小羊长大的现象……是生物上演生命戏剧的自然过程。”因此，对他们而言，有多少种生命，就有多少种时间。这也是现代物理学家和科学家对时间的感觉。他们不再设法把事件限制在时间概念之中，而是认为每样事物都有自

1 马丁·朱斯(Martin Joos, 1907—1978)，德国语言学家，长期在美国、加拿大、英国等大学执教，著有《五座时钟》、《语言学选读》等。

2 中部标准时区，美国时区之一，简称中部时间。

己的时间和空间。而且，由于我们借助电力媒介生活在信息瞬息万里的世界中，所以空间和时间就在一个时空世界里互相渗透。同样，画家塞尚恢复了**造型**[1]的手法，所有的感知借此而共存于一 202
个统一的模式中。每一件物体或一套物体凭借它与其他物体之间的关系而产生自己独特的空间。当这一知觉在西方世界中反复重现时，它被指责为使一切事物在流动中合而为一的知觉。现在我们知道，这种忧虑是对新兴的非视觉技术的一种自然而然偏重文字、偏重视觉的反应。

扬[2]在《科学中的疑问与确信》(*Doubt and Certainty in Science*)中说明，电不是任何东西传输或包容的东西，而是两个以上的物体处于特定位置时发生的物理现象。我们从拼音文字技术衍生而来的语言，不能对付这一新的知识观念。我们仍然说电是在“流动”，我们仍然说电能被“释放”出来，就像枪炮发射枪弹那样成为线状。但是，正如画家的功力表现出审美魔力一样，“电荷是物体构成某种空间关系时我们观察到的现象”。画家学会如何调整事物之间的关系以释放出新的感知。化学家和物理学家知道另外一些关系如何释放出其他一些力量。在电力时代，越来越不容易找到恰当的理由，把同一套关系强加在每一种物体上或每一群物体上了。但是在古代，谋求权力的唯一手段就是让数以千计的奴隶像一个人一样地干活。在中世纪里，教堂的钟声延伸出来的时间，使小规模社区的精力能高度地协调。在文艺复兴时期，时钟和人们一致尊崇的新兴的印刷术相结合，

---

1 造型 (plastic image)，塞尚绘画的形象，像雕刻和建筑那样稳定、坚实而不可动摇。他靠色块的强烈对比塑造形体。

2 扬 (J. Z. Young, 1907—1997)，英国动物学家和神经生理学家，著有《哲学与大脑》、《大脑的记忆系统》、《大脑的模式》和《科学中的疑问与确信》。

使社会组织力量拓展到几乎是民族国家的规模。到了19世纪，时钟提供了富于黏合力的与工业和运输不可分离的技术，使一个大城市几乎像一台自动机一样地运转。现在，到了这个权力和信息非集中化的时代，我们对于在统一的钟表时间下生活开始感到焦躁不安。在这个空间—时间时代里，我们谋求的是节
203 奏的多元性，而不是节奏的重复性。这是士兵的行进节奏和芭蕾舞节奏的区别。

新发明（即我们身体的延伸）的魔力新鲜的时候，这个新拓展的地区就出现了**麻木**，了解这一点是了解媒介和技术的必需途径。直到电力时代使机械时间显得赤裸裸地不协调时，人们才开始抱怨时钟。在我们这个电力世纪里，机械时间控制的城市看上去像是梦游者和行尸走肉者汇聚的场所，艾略特的诗作《荒原》的前半部已经使这一景象广为人知。

在一个被新媒介压缩为小小村落的行星上，城市本身看上去稀奇古怪，像是在古旧的形态上铺盖了一层新鲜的文化模式。然而，当机械文字（mechanical writing）——这是印刷术最初的名字——赋予机械时钟新的力量和实用性时，人们对于新的时间感觉所做出的反应是模糊不清的，甚至是冷嘲热讽的。莎士比亚的十四行诗里就充满这样的双重主题：印刷手段所赋予的万世不朽的美名和时钟计量的日常生存的庸碌委琐：

> 当我数着壁上报时的自鸣钟，
> 见明媚的白昼坠入狰狞的夜……
> 于是我不禁为你的朱颜焦虑：

终有一天你要加入时光的废堆。

(十四行诗第十首[1])

在《麦克白》(*Macbeth*) 中，莎士比亚把印刷术和机械时间这对孪生技术结合起来，广为人知的独白表现了麦克白世界的崩溃。

明天，明天，再一个明天，
一天接着一天蹑步前进，
直到最后一秒钟的时间。

时间被时钟和印刷术切割成连续的片断，所以它变成了文艺复兴时期神经病的一个重要主题，神经病与科学对精确计量的新 204
崇拜是不可分离的。在第六十首十四行诗里，莎士比亚把机械时间置于篇首，把不朽的新型引擎 (即印刷术) 置于篇尾：

像波浪滔滔不息地滚向沙滩，
我们的光阴息息奔赴着终点；
后浪和前浪不断地循环替换，
前推后涌，一个个在奋勇争先……
可是我的诗未来将屹立千古，
歌颂你的美德，不管它多残酷！

约翰·多恩[2]在咏叹"旭日初升"的诗歌里运用对比的手法

1 原注有误，应为莎士比亚十四行诗第十二首。
2 约翰·多恩 (John Donne, 1572—1631)，英国玄学派诗歌代表，著有《灵魂的进程》、《歌与短歌》等。

比较了贵族的时间和**资产阶级**的时间。19世纪的资产阶级最受人诅咒的特点，是他们的守时性，是他们对机械时间和顺序的迂腐拘守。当时空一体的观念从新型电力技术中冲出知觉的闸门时，一切机械的习惯都变得索然无味，甚至是滑稽可笑了，多恩的作品对钟表时间的不适用表达了相同的讽刺，但是他假称，宏大的宇观时间周期亦有时钟的微小的侧面：

> 太阳，忙碌的老傻瓜，
> 难以驾驭的太阳，
> 你为何穿过窗户、穿过窗帘，
> 把我们拜访？
> 难道恋人的节令，
> 要追随你的升降？
> 你这鲁莽的迂夫子，太阳，
> 去呵斥迟到的学童、乖张的学徒，
> 去告诉御用的猎手，
> 陛下要驰骋猎场；
> 去叫乡间的蚂蚁快快收藏。
> 爱情，一无例外，
> 没有一个节令将它理解，
> 没有一种气候知其衷肠；
> 时辰、日子、月份这些破碎的时间，
> 也不能理解爱情，不知其详。

多恩在20世纪受欢迎的重要原因，归之于他对谷登堡新时代

权威的挑战，这使他带上统一的可重复的印刷术的印记和精确视 205
觉计量的动机。与此相似，安德鲁·马韦尔[1]的长诗《致羞涩的爱人》充分抒发了对时间和美德的新的计量精神的鄙薄之情：

假如我们有足够的天地和时间，
你的羞怯，我的爱人，岂能是罪孽。
我们静坐幽思，去何方漫步，
抒幽幽恋情，度悠悠岁月……
赞美你的明眸，凝视你的前额，
要用一千年的岁月；
钦慕你的每一只乳房，
要花两百年的时光，
讴歌你的玉体，要用三千载；
颂扬它的每一细部，至少要一个时代，
洞悉你的心田，要到最后的年代。
你无愧我的赞颂，
我的钟情永世不衰。

马韦尔把货币兑换率与赞辞融合起来，这类赞辞适合于他的爱人那种既传统又时髦的碎片化的形象。他以另一种时间结构和一种不同的感知模式，去取代她对现实的受欢迎的态度。这与哈姆莱特所说的“看这幅画，再看那幅画”并无不同。与其静悄悄地用资产阶级的手法，将中世纪爱的代码转换成新兴中产阶级

1　安德鲁·马韦尔 (Andrew Marvell, 1621—1678)，英国玄学派诗人，著有《致羞涩的爱人》、《花园》等。

商人的语言，为什么不用拜伦式的嬉戏手法游向理想爱情遥远的彼岸呢？

> 我心里常听见
> 飞快的时间车轮匆匆地驶过；
> 我们的前面，远方那一边，
> 横亘着无垠的荒原，永恒的时间。

这里表现的是与谷登堡技术同时诞生的绘画里的线性透视法。但是直到弥尔顿的《失乐园》(*Paradise Lost*) 问世以后，线性透视法才进入了言语世界。就连书面语言也抵制线性序列和消
206 失点这种绘画里的抽象视觉次序长达两千年之久。但是，马韦尔以后的时代爱上了山水诗，并喜欢让语言服从特别的视觉效果。

马韦尔用下面两行诗结尾，表现他战胜资产阶级钟表时间所用的相反的策略：

> 虽然不能使太阳静止立定，
> 我们要使它转个不停。

他建议和爱人一道变成炮弹射向太阳，驱赶太阳。仿佛借逆转时间的特征，就可以战胜时间——只要能把时间加快到一定的程度。对这一事实的感觉经验，要等到电子时代才能变为现实。电子时代发现，瞬息万里的速度消除了时间和空间，使人重温一种整体和原始的知觉。

今天，不仅钟表时间，而且连轮子本身都已陈旧过时，它正在

日益加快的速度脉冲下退回到动物的形态。在上引的诗歌中，安德鲁·马韦尔的直觉是完全站得住脚的，钟表时间可以被速度征服。当前，在电速条件下，机械的东西开始让位于有机的统一体。现在，人类回顾两三千年不同程度的机械化时充分意识到，机械的时代是两个伟大的有机文化时代的插曲。1911年，意大利雕塑家翁贝托·波丘尼说："我们是一种未知文化的原始人。"半个世纪过去了，我们现在对电子时代新文化的了解略胜于他，这一认识驱散了笼罩在机器上的神秘气氛。

与单纯的工具相对而言，机器是生产流程的延伸或外化。工具使拳头、指甲、牙齿、胳膊得以延伸。轮子以转动或序列运动的方式使腿脚延伸。印刷术是手工艺的第一种完全机械化的技术，它把人的运动分解为一系列界限分明的步骤，这些步骤是可以重复使用的，正如轮子是转动的一样。从这种解析的序列中衍生出装配线原理。但是，装配线在电力时代已经过时，因为同步化不 207
再具有序列性特征。借助电线可以使任何数量的不同动作同步进行。因此，机械的解析原理走到了尽头。原则上说，连轮子也到了尽头，虽然它还保留在我们文化的机械层面中，但那只是历史累积的动能，是过时的形貌了。

现代钟表原则上是机械的，曾经是轮子的体现。现在它不再保留其陈旧的意义和功能。多元化时间接替了大一统时间。今天，在纽约美餐，到巴黎才感到不消化的事情太容易发生了。旅行者还有这样日常的经历：一个小时前，他还停滞于公元前3000年的文化中，一个小时后，他却进入了公元1900年的文化了。美国文化从外观上看多半是按照19世纪的路子组织的，但是我们的内在经验日益变得与上述机械模式不相符合了。这种内在经验的形态是电气化的、无所不包的、神秘的。这种神秘的、图像性的知觉形态以多侧面的形式取代了一管一孔之见。

历史学家一致认为，时钟在中世纪修道院的生活中，担负着使人的工作同步化的角色。除非是在书面文化高度发达的社区里，要接受将生活切分为时分秒这样的概念，是难以想象的。让人的机体服从异己的机械时间，在公元1世纪和今天一样都要依赖读写文化。时钟要支配人的生活，必须有一个前提，这就是接受偏重视觉的倾向，而这一倾向又是和使用拼音文字的文化不可分割的。读写文化本身又是抽象的禁欲主义，它为人类社区中无穷无尽的匮乏模式铺平了道路。读写文化普及以后，时间可以呈现出封闭空间或图画型空间的特性，这样的时间可以反复切割。它可以被填充，如所谓“我的时间塞得满满的”。也可以留出空当，比如说“下个月我有一周空闲时间”。正如塞巴斯蒂安·德·格拉西亚[1]在《时间、工作与闲暇》(*Of Time, Work and Leisure*) 中说明的那样，并非世上的一切空闲时间都是闲暇，因为闲暇既不接受
208 构成工作的劳动分工，也不接受产生“忙碌时间”和“空闲时间”的时间切分。闲暇排除了将时间当作容器的观念。一旦时间在机械或视觉形态上成为封闭的、分割的和充盈的概念以后，人就可以日益有效地使用时间了。时间可以转换为一种省力的机器，这是帕金森在著名的“帕金森定律”里揭示的。

研究时钟历史的学者将会发现，一条崭新的原理发端于机械钟表的发明。最初的机械钟表沿用了滴漏和水车中的驱力连续动作原理。到了1300年，才跨出了用冠状杆和摆轮瞬间中断旋转

1 塞巴斯蒂安·德·格拉西亚 (Sebastian de Grazia, 1917—2001)，美国作家，普利策奖得主，著有《政治共同体》、《心理治疗之误》、《时间、工作与闲暇》、《无名的国度》等。

运动的这一步。这一功能称为“擒纵机理”。借助这一原理，轮子的连续力量被转换成了视觉的同一性和割裂的连续性。擒纵装置采用了人们用手来回捻转纺锤这种交互逆转的原理。纺锤是人手的延伸，轮子是向前的转动，这两种古老的延伸在机械钟表里结合起来，实际上，这是手脚机制的相互转换。可以说，再也找不到比这更困难的、互相纠缠的、人体的技术延伸了。于是，钟表的能源靠技术转换得以从人手中分离出来，或者从信息源中分离出来。擒纵机制将一种轮子的空间转换成统一的视觉空间，它直接预示着微积分的诞生，而微积分又可以将任何空间或任何运动转换成统一、连续的视觉空间。

帕金森抱着骑墙的态度看待工作和时间的使用，摇摆在机械使用时间和电力使用时间之间：他觑着眼斜视时间和工作这个画面，有时觑着右眼看，有时又觑着左眼看。他的样子很滑稽。像我们这样的文化，正处在转化点上，所以它们既产生大量的悲剧意识又产生大量的喜剧意识。正是形形色色的感知和经验的最 209
大限度的相互作用，才造就了公元前5世纪、公元16世纪和20世纪伟大的文化。然而很少有人喜欢生活在这些热烈激荡的时期，因为一切保证生活熟悉和安稳的东西都消融殆尽了，而且在几十年间一切东西都要重新构造一番。

不是时钟，而是受时钟强化的书面文化，造成了抽象的时间，导致人不是因为饥饿了才吃饭，而是在“该吃饭的**时间**去吃饭”。刘易斯·芒福德的洞察很有见地，他说文艺复兴时期的抽象时间感觉，使当时的人生活在历史上的古典时期，使人能摆脱当时的现实。同样，正是印刷机通过大规模生产古典文献和经文，才使得重新构建过去的古典时代成为可能。机械而抽象的时间**模式**

很快就延伸为衣服款式的周期变化，很像大规模生产延伸为报纸杂志的周期出版一样。今天，我们把这一点视为理所当然了：《时尚》(*Vogue*) 杂志把改变衣服的款式当成杂志印刷发行必不可少的任务。一种东西流行时，它就具有通货的性质。时装能创造财富，它创造财富的方式是使纺织品流动，从而使纺织品日益流行。这一过程我们在"货币"那一章已经看到了。钟表是转换工作任务、创造新的工作和财富的机械手段，它通过加快人际组合来完成这一职能。通过协调和加速人的会晤和行动，钟表增加了人际交往的数量。

因此，芒福德把"钟表、印刷机和鼓风机"相提并论，说它们是文艺复兴时代的伟大发明。这一提法并非不合理。钟表和鼓风机一样，加速了材料的熔化，促进了社会生活外形整齐划一性的兴起。在18世纪后期工业革命兴起之前很久，人们已经开始抱
210 怨，社会成了一台"枯燥的机器"，它以令人头晕目眩的速度把人放在里面搅拌。

钟表把人从四季节律和循环的世界中拽出来，如同拼音字母表把人从口头语言的魔幻回响和部落陷阱中释放出来一样有效。个人从自然控制和部落掌握中解放出来这样的双重转换，并非是不受惩罚的。然而，在电力时代条件下向自然和部落的回归，又简单得带有致命的色彩。我们要警惕那些发布纲领，努力使人回归原始状态和原始语言的人。这些"圣战者"先生从未研究过媒介和技术将人从一个维度抛向另一个维度的作用。他们就像那位背着闹钟、喜欢夜游的非洲部落酋长。

比较宗教学教授伊利亚德在其所著《神圣与世俗》(*The Sacred and the Profane*) 中没有意识到，他所谓"神圣的"宇宙其实是口语

词和听觉媒介支配的宇宙。相反，“世俗的”宇宙是受视觉符号支配的宇宙。由于钟表和字母表把世界切割成视觉片断，所以它们扼杀了事物相互联系的音乐。视觉符号使宇宙经历了一个非神圣化的过程，并造就了“现代社会不笃信宗教的人”。

然而，用历史眼光来看问题，伊利亚德的理论有助于详细说明，在钟表时代和受时间支配的城市兴起以前，部落人何以有一口庞大的“宇宙时钟”，何以有一种宇宙论的神圣的时间。那时的部落人想筑城盖房或治病时，都要给这口“宇宙时钟”上发条。所谓上发条是通过繁复的宗教仪式，把创世的原始过程重新表演一番或重新吟诵一遍。伊利亚德谈到斐济的情况时，说“新统治者的登基仪式叫作‘开天辟地礼’”。祈祷庄稼生长时他们也表演同样的仪式。现代人觉得有义务守时，有义务谨慎使用时间，
而部落人却承担着不断给“宇宙时钟”提供能量的责任。但是， 211
电力人和生态人（整体场的人）预期能够超越来自他们内心“非洲大陆”的古老的、部落式的宇宙观念。

原始人生活在一架暴虐的宇宙机器中，其暴虐性远远超过了重文字的西方人所发明的一切机器。耳朵世界的拥抱性和包容性远远胜过眼睛世界。耳朵是极为机敏的。眼睛却是冷峻和超然的。耳朵把人推向普遍惊恐的心态。相反，由于眼睛借助文字和机械时间而实现了延伸，所以它留下了一些沟壑和安全岛，使
人免受无孔不入的声音压力和震荡。 212

十六　印刷术：如何理解它？

214　这一章内容丰富，但评家论述麦克卢汉的著作时却很少引述这一章，令人吃惊。他同时在几条战线上开拓：赋予谷登堡之前的雕版印刷相当的地位，说明雕版印刷文本和图像在现代科学技术发展史上的意义；探讨印刷术在储存信息方面胜过口语的作用；将印刷术置于中世纪手稿到现代报纸的发展过程中；提醒人们注意这一演化过程中将开端和末端联系起来的共同的触觉性特征。麦克卢汉的观点说明，为何印刷术主导的文化都热情接受木刻和摄影术。本章的副标题、文本和结论都预示印刷术与下一章滑稽漫画的关系。麦克卢汉的媒介研究路径为理解知识的勃兴开辟了广阔的道路，本章结尾的论述就这一点做了清楚的说明：还原论的冲动使笛卡儿把数学的精确性当作哲学研究的必要条件，“这种追求不恰当精确性的努力，只起到将大多数哲学问题排除在哲学之外的作用。而且庞大的哲学王国很快就被瓜分为我们今天所知道的分布范围宽广的、互不通气的科学和专业了”。

——编者小引

用明晰而又可重复的形式做形象表述的艺术，在我们西方长 215
期被视为理所当然。但是，我们常常忘了，如果没有印刷品和蓝图，没有地图和几何，现代科学技术的世界是难以存在的。

在西班牙国王费迪南德及王后伊莎贝拉等热爱海洋探险的君主在位的时代，地图是绝密的宝贝，正如今天新型的电子领域的发现一样。船长返航以后，国王任命的官吏都不遗余力地收藏航海期间绘制的地图原本和复制品，结果就产生了一个有利可图的黑市。秘密地图被广泛地出售。这种地图实际上与后来设计的地图毫无共同之处，因为它们更像是各种冒险和经历的日记。中世纪的制图人尚不知后来统一而连续的空间知觉为何物，他们的成果像现代的非写实艺术。文艺复兴时期新型空间知觉的震慑力，今天的土著人第一次接触时仍然能感觉到。莫杜普亲王在自传《我曾经是野蛮人》中，记述了他如何在上学时学会看地图，如何把一张地图带回村里，那张地图绘制着他父亲多年经商中反复渡过的河流：

> ……我的父亲认为，这全是胡思乱想。他拒不承认这就是他在波马柯渡过的溪流，他说那儿的溪水不过一人深。他也不承认广阔的尼日尔河三角洲纵横交错的河网。用英里计量的距离对他是毫无意义的……他三言两语对我说，地图全是谎言。从他的口气中听得出来我冒犯了他，怎么开罪了他，我当时却不知道。刺伤感情的东西不会标在地图上。一个地方的实际情况只能寓于你在该地体会的欢乐和痛苦中。他用忠告的口气告诉我，最好不要对地图之类的任何不恰当的东西寄予

216 信赖……现在我方才明白——可当时并不知道，我弹指一挥、虚晃几下就横扫千万里的做法贬低了他徒步跋涉、疲惫不堪走过的距离。我用地图高谈阔论，这就抹去了他负荷重物、挥汗如雨跋涉的重要意义。

穷尽世间的言辞也无法令人满意地描绘一个圆桶之类的东西，虽然可以三言两语说明如何**制作**一只圆桶。语词不足以传达物体视觉信息的缺陷，这有效地阻碍了古希腊古罗马科学的发展。希腊和罗马植物学家不能用一种手段来传达植物和花卉的信息。老普林尼[1]就此评说道：

因此，另一些作家仅停留于口头描绘植物。事实上，他们有些人甚至连口头的描绘也没做，而是在大多数情况下仅限于罗列一下它们的名字……

在此，我们又一次面对媒介的基本功能——储存信息并加快信息传输。说穿了，储存信息也就是加快信息传输，因为储存的东西比尚待搜集的东西更易于提取。关于花草的视觉信息不能借助口语来储存，这一事实指明西方科学长期以来依赖视觉因素的特点。在一种以字母表技术为基础的、偏重读写的文化中，这个特点并不奇怪。因为字母表技术甚至把口语转化为视觉形态。由于电力创造了许多储存和提取信息的非视觉手段，所以不仅是文化的，而且科学的基础和特性也发生了转移。对于教育工作者

1 老普林尼（Pliny the Elder，公元23—79），古罗马政治家，著有《自然史》，编纂了百科辞典。

和哲学家来说，这一转移对学习和脑力活动究竟意味着什么，并没有必要一定要了解。

早在谷登堡研制出机械印刷术之前很久，就已经生产了许多雕版印刷品。也许，雕版印刷最普及的形式是图文并茂的《贫民圣经》(*Biblia Pauperum*)。雕版印刷走在排版印刷的前面，虽然难以确认它领先的时期究竟有多长。因为这些廉价通俗的雕版印刷为有学问的人所不齿，所以它们像今天的连环漫画杂志一样没有人收藏。文献学的一条重要定律在谷登堡之前的雕版印刷中发挥了作用："文献生产得越多，保存下来得越少。"这一定律适用于印刷品之外的许多东西——邮票和早期形态的无线电收音机。 217

中世纪和文艺复兴时期的人很少感受到艺术在后来才发生的分化和专门化。那时的手抄本和早期的书籍是被用来高声诵读的。诗歌被用来吟咏和歌唱。演讲、音乐、文学和绘画是紧密联系的。尤为重要的是，彩饰真迹手写本对造型的讲究几乎到了雕塑的程度。在对手写本彩饰艺术家安得烈亚·曼特尼亚[1]的研究中，米拉德·梅斯 (Millard Meiss) 指出，在书页花哨和宽阔的空白之间，曼特尼亚书写的字母"像纪念碑似的兀然挺立，富有石头的质感，稳如泰山、精雕细刻……基座之牢固和沉重有伸手可及之感，巍然屹立，常常将自己的影子投在彩色的土地上……"。

上述这种字母如同雕刻图像的感觉，今天又回到了我们的书画刻印艺术和广告陈列中，也许读者欣赏兰波的十四行诗和布拉

1　安德烈亚·曼特尼亚 (Andrea Mantegna, 1431—1506)，意大利画家、壁画家和版画家，巴杜亚派画家的领袖人物。

克的一些油画时，就会感受到这一变化趋势。但是，一般报纸标题的风格趋于将字母推向一种接近听觉回响的图像形态，这一形态也很接近触觉和雕塑质感。

218 也许印刷品的最重要特性并未引起我们的注意，因为它的存在非常随意且平淡无奇。它只不过是一种图画似的表述，可以清楚而无限制地加以重复——至少在印刷品表面延展的范围之内。可重复性是主宰我们世界的机械原理的核心。印刷术诞生以后，活字印刷的原理所引进的手段可以用切分整体动作的办法使任何手工艺机械化。肇始于字母表的口语体态、视象和声音的分离，随后又达到新的强度——首先是由于雕版印刷的问世，继后是由于排版印刷的诞生。字母表将口语的可视化成分作为最重要的成分保留在书面语中，将口语中其他所有的感官成分转换为书面形态。这有助于说明，为何木刻甚至照片在偏重文字的世界里受到非常热烈的欢迎。这些形式提供了大量范围广阔的姿势和富有戏剧性的体态，这些东西在书面语里必然是略而不表的。

人们迫不及待地抓住印刷术，将它作为传递信息以及刺激虔诚和默祷的手段。1472年，沃尔图里亚斯 (Volturius) 的《战争的艺术》(*Art of War*) 在维罗纳印行了，书中有许多版画用作战争机器示意图。借用木刻做默祷的辅助手段，在祈祷文书籍、寓意画画册和印有基督像的历书中大规模地使用了两百年。

古代的印刷物和版画同现代的漫画和连环画一样，给表现对象提供的具体时间和空间情况都非常之少，考察这一点相当重要。赏画人或读者被迫介入其间，完成和解释有限轮廓中提供的少量提示。与木刻和卡通片的性质不无不同的是电视的图像，因

为电视图像反映客体情况的程度低，结果是观众的参与程度高，219
以补充图像点镶嵌网络中暗示的信息。自电视出现以后，连环画就开始衰落了。

如果说冷媒介使观赏者的介入程度高，那么热媒介所要求的介入程度就不会高，也许这一点是很明显的。但是，作为热媒介的印刷术远不如手写本要求读者卷入的程度高。至于冷媒介的连环画和电视，它们要求使用者创造和参与的程度高。我们这一论述可能会与流行的观念相矛盾。

希腊罗马的奴隶劳动力衰竭以后，西方不得不比古代更加密集地提高技术。同样，美国农夫面临新任务和机会，又面对人力的严重短缺，这就激起了他们拼命创造省力装置的热情。看起来，他们在这件事情上成功的逻辑，是让劳动力最终退出劳动的现场。简言之，这一成功的逻辑，就是自动化。然而，如果说技术密集始终是人类一切技术背后的动力，也不能由此得出结论说，我们已经做好了接受其后果的准备。看看远古时代推动技术发展的过程，那有助于我们把握方向：那时的劳动是专门的奴役，而闲暇本身则意味着有尊严的生活，意味着全身心地介入人所从事的活动。

印刷术在笨拙的木刻阶段显露出语言的一个重要方面：词语在日常使用中不能产生鲜明的界说。17世纪初，笛卡儿纵观哲学界的情景时为哲学语言的混乱而感到震惊，于是他着手致力于将哲学转换为精确的数学形态。这种追求不恰当精确性的努力，只起到将大多数哲学问题排除在哲学之外的作用。而且庞大的哲学王国很快就被瓜分为我们今天所知道的分布范围宽广的、互不通气的科学和专业了。强调制定视觉蓝图和精确性，是一种爆

220 炸性力量，它既割裂力的世界又割裂知识的世界。视觉信息日益增长的精确度和数量，将印刷品转换成透视法和僵化观点的三维世界。博斯[1]的画将中世纪的形式融入文艺复兴的空间中。借助这样的作品，他告诉人们，生活在这场革命里新旧两个世界的夹缝中，究竟是什么滋味。同时，博斯又提供了老式的具有造型性和触觉性的形象，不过他将其置入明暗度强的新型视觉场景之中。他既给人以独特的、非连续空间的中世纪古旧观念，又将它附加在统一的、连续空间的新型观念之上。他以一丝不苟的执着热情达到了这一境界。

刘易斯·卡罗尔把19世纪带入一个梦境。他的梦境与博斯创造的梦境一样使人震惊，不过他这个梦境建立在相反的原理之上。《爱丽丝漫游奇境》(*Alice's Adventures in Wonderland*) 把文艺复兴时引起惊愕的连续时空观作为规范来献给读者。他用笔塑造了一部非连续时空观念的幻想作品，使这个幻觉世界渗透到为人熟知的、统一的、欧几里得时空观的世界中。他在创造幻觉世界这一点上走在了卡夫卡、乔伊斯和艾略特的前面。卡罗尔这位数学家是麦克斯韦[2]的同时代人，他具有十足的先驱精神，故能了解正在成为当时时尚的非欧几何。他在《爱丽丝漫游奇境》中，用戏谑的方式让自信的维多利亚时代人提前品尝了一下爱因斯坦的时空观。在此之前的博斯也让他同时代的人提前品尝了新型的、统一场景的、连续的时空观。博斯以恐惧的心理展望现

1 希罗尼穆斯·博斯 (Hieronymus Bosch，约1450—1516)，荷兰画家，善于表现地狱、妖魔鬼怪，作品充满了神秘和怪诞的想象，代表作有《最后审判》、《干草车》、《世上欢乐之园》、《圣安东尼的诱惑》。

2 詹姆斯·克拉克·麦克斯韦 (James Clark Maxwell，1831—1879)，英国物理学家，创立电磁理论，提出麦克斯韦等式，认为光的本质是电磁波，发展了色觉定量理论，最早制成彩色照片。

代世界，正如莎士比亚在《李尔王》(*King Lear*)、蒲柏在《群愚史诗》(*The Dunciad*) 中所表现出的心情一样。然而，刘易斯·卡罗尔却以喜悦的心情迎接未来时空一体的电子时代。

在美国大学里求学的尼日利亚人有时应邀去做指认空间关系的实验。面对置于阳光下的物体，他们常常不能指出阴影将投向哪个方向，因为这涉及三维立体投影。他们对太阳、物体和观察者本人的感知是分离的，三者被认为是互不相关的。对中世纪 221
的人而言，正如对土著人一样，空间并不是同质的，并且不**包容**物体。每一件物体都构成各自的空间，对土著人来说情况依然如故(对现代物理学家来说也是如此)。当然这并不意味着土著艺术家不构想事物的关系。他们常常设计出非常复杂而精细的外形。至于确认并解释物件的模式，土著艺术家和观察者都没有丝毫的困难，不过这一模式只能是传统的模式。如果你着手修改这一模式，或将它换为另一种媒介 (比如三维的媒介)，土著人就不能识别这一模式了。

有一部人类学题材的影片，表现一位美拉尼西亚人如何雕刻一架饰有图案的鼓。刀法娴熟、动作协调、驾轻就熟，观众不禁好几次为之鼓掌喝彩。他的雕刻技艺成了一支歌、一出芭蕾舞。但是，当人类学家叫这个部落做一些包装箱来装运这些木雕时，他们吃力地干了三天而终未成功。他们只能用两块木板交叉成90度的形状，然后就失望地搁下，不再继续。他们不能造包装箱把自己雕刻的木鼓装起来。

在中世纪低清晰度的木刻世界里，每一件物体都形成自身的空间，不存在它必须顺应的、合理而连贯的空间。由于视网膜上的形象受到强化，物体不再凝聚在自身形成的空间中。相反，它们被“容纳”进了一个统一、连续而“合理”的空间。1905年，相对论宣告统一的牛顿空间理论解体，并说明它是一种幻觉或神话，虽然它是一种有用的理论。爱因斯坦宣告了连续的或“合理”空间的末日，这就为毕加索和马克斯兄弟以及《疯狂》画刊[1]的艺
222 术铺平了道路。

1 《疯狂》画刊（*MAD* magazine），创刊于1952年的美国杂志，由时代华纳出版，专门恶搞电影、小说、电玩和卡通。

十七　滑稽漫画:《疯狂》漫画通向电视图像

这是麦克卢汉在《机器新娘》里广泛探讨的课题，如今浓缩在短短的几页篇幅里，令人称奇。这再次证明，大众的习俗给麦克卢汉提供了理解媒介的线索：媒介是文化与技术的中介。在此，电力时代的普通人对各种高清晰度的判断是恰如其分的。这也是上一章“印刷术”末尾美拉尼西亚人那一则趣闻余音绕梁的隽永意蕴：他们会创作精美的木雕，却不会制作装运木雕的木箱。麦克卢汉语出惊人，他说：“电视图像已经使美国文化走完了消费文化的阶段。”如果读者觉得这句话与事实不符，它倒是可以促使我们去推敲他另一惊人之语的丰富意蕴：“训练又使我们失去了一些能力。” 224

——编者小引

由于有了印刷术，狄更斯才成为滑稽故事的作者。他给一家通俗漫画社撰稿，从此开始了自己的写作生涯。接着上一章“印刷术”以后在这儿考察滑稽漫画，意在将注意力集中在20世纪漫画持久不衰的、版画似的，甚至是粗糙木刻似的特征之上。要感 225

知版画和木刻的共同特征何以在电视形象的马赛克网络中再现，绝非轻而易举之事。电视对于偏重文字的人是一个非常困难的课题，只能用迂回的办法去研究。在电视屏幕每秒钟显示的三百万个显像点中，观者只能以形象把握的方式接受其中的几十个光点——大约是七十个左右。他只能靠这七十个显像点形成图像。由此而构拟的图像和滑稽漫画的形象一样粗糙。所以，版画和漫画提供了理解电视形象的有用的方法，因为它们提供的信息或连续的细节非常之少。然而，画家和雕塑家很容易理解电视，因为他们知道，需要很大程度的触觉介入才能欣赏造型艺术。

版画和木刻的结构性质，也适用于漫画的特性。这三种媒介都具有共同的观者参与、自己动手的特点，这一特点渗入了今天种类繁多的媒介经验之中。版画是欣赏漫画的线索，正如漫画是理解电视图像的线索一样。

许多上了年纪的人还记得他们当年迷恋理查德·F.奥特考特(R.F. Outcault)出类拔萃的漫画《黄孩子》(*Yellow Kid*)的情况。《黄孩子》首次在纽约的《星期日世界》(*Sunday World*)中刊登时叫作《霍更的胡同》(*Hogan's Alley*)。它描绘了公寓住宅区一群孩子的活动场面，其中的两个孩子叫麦琪和吉格斯(Maggie and Jiggs)。这个漫画专栏成了许多报纸1898年以后好多年的卖点。赫斯特[1]很快就买下了这个漫画专栏，并着手在报纸中发行大篇幅的漫画增刊。上一章讲印刷术时业已说明，滑稽漫画清晰度

226 低，是一种参与程度很高的表现形式，完全适合报纸的马赛克形

1 威廉·伦道夫·赫斯特(William Randolph Hearst, 1863—1951)，美国报业巨头，创建赫斯特报系。曾经拥有25种日报、11种周刊和多种杂志，以轰动性新闻、醒目的版面和低廉的售价竞争取胜。

态。而且,它们提供了一种日复一日的连续感。单项新闻条目的清晰度很低,需要读者去补足和填充,正如电视图像和传真照片一样。电视构成了对漫画非常沉重的打击,其道理就在这里。电视是漫画名副其实的对手,而不是它的补充。但是,电视对图画式广告的打击更加沉重,它驱除了鲜明和光滑的形象,偏重粗糙的、雕塑似的、触觉的东西。因此才突然钻出了《疯狂》这样的画刊。这一画刊只不过将照片、收音机、电影等热媒介的形式,用一种滑稽和低清晰度的形式重新表现出来而已。《疯狂》画刊似的漫画,是古老的版画木刻形象在今日媒介里的再现。它的外形风格将要在塑造一切可以接受的电视图像里发挥作用。

由于电视冲击而受到最大损害的是阿尔·卡普的漫画《小阿布纳》。在长达十八年的时间里,他表现的"小阿布纳"一直处在意欲结婚而又不能结婚的状态中。他创造人物的精妙公式,与法国小说家司汤达运用的公式截然相反。司汤达说:"我仅仅把人物置于他们的愚蠢造成的后果中,然后又赋予他们头脑,使他们遭受痛苦。"阿尔·卡普实际上等于是说,"我仅仅把人物置于他们自己的愚蠢造成的后果中,**抽掉**他们的脑子,使他们无能为力"。他们这种无能为力的模式,成了其他一切扣人心弦的滑稽漫画模仿的模式。阿尔·卡普把悬念推向荒诞。然而,读者一向喜欢这一事实:报纸漫画表现的无能为力的困境,正是人们一般处境的范式。

随着电视及其马赛克图像的来临,日常生活看上去真正开始令人心满意足了。阿尔·卡普突然觉得,他那种扭曲的手法不再吃香。他觉得美国人失去了自我解嘲的能力。他错了。电视只不过使人们更加深刻地卷入彼此的生活罢了。电视这种冷媒介,

227 由于它要求人深刻介入，所以它需要阿尔·卡普重新调整“小阿布纳”形象的焦点。他的迷惑沮丧和美国一切大企业家的感觉是完全对应的。从《生活》(*Life*) 画报到通用汽车公司，从教室到办公室，重新调节目标和图像的焦点，以便使受众能日益增加介入和参与的工作，是势在必行的。卡普说：“美国已经变了，幽默家比任何人更加深刻地感受到了这一变化。现在美国的有些事情，我们是不能取笑的。”

深度卷入使人比以往更加认真地对待自己。由于电视使美国人冷静下来，给他们的视象、声象、触觉和味觉以新的选择和新的取向，所以阿尔·卡普的琼浆玉液也必须降低烈度。再也没有必要拿狄克·特雷西[1]或悬念程式来嘲弄了。正如《疯狂》画刊所发现的，新型的读者看到，平凡生活里的场景和主题与远离人间烟火的报纸插页漫画一样滑稽可笑。《疯狂》画刊所做的，只不过是将广告世界转换为滑稽漫画的世界。它进行这一转换时，正值电视图像开始与连环漫画直接唱对台戏并且要将其淘汰的时候。同时，电视图像使鲜明清晰的照片图像变得模糊不清了。电视使观众冷静，直到广告和娱乐业中持久的热情冷到非常适应《疯狂》画刊所创造的天地为止。事实上，仅仅通过把照片、电影、收音机等以前的热媒介表现为过热的包装，电视就可以将它们转换为滑稽漫画的天地。今天，十岁的儿童紧紧抓住《疯狂》画刊看的情况 (所谓“借助《疯狂》画刊确定你自己的形象”)，与俄国“垮掉的一代”珍爱从美国军方电台转录到的猫王普雷斯利的旧磁带的情况一样。假如“美国之音”猛然转向爵士乐，克里姆林宫的崩

1 狄克·特雷西 (Dick Tracy)，1931 年起在报纸连环画中出现的大侦探，由阿尔·卡普创造，卡普曾经想让他与小阿布纳结婚，以后陆续引入电台、电视和电影中。

溃就不是没有理由的。这种转变的效果，几乎和俄国公民搞到西尔斯·罗伯克百货公司[1]的商品目录仔细看，而不是只听我们对美国生活方式干巴巴的宣传的效果一样好。 228

毕加索一向迷恋美国漫画。从乔伊斯到毕加索，艺术精英一向都钟情于美国的通俗艺术，因为他们在其中发现了一种对官样文章的真正富有想象力的反动。相反，上流的艺术仅仅趋向于逃避和指责高清晰度的喧闹行为，或“令人满意的”社会中的喧闹行为。上流的艺术是工业社会里专业化特殊技艺的一种重复。通俗艺术犹如丑角，它提醒我们注意日常例行公事中忽略了的一切生活和功能。它大胆表现社会中专门化的例行公事，扮演一个整体人的角色。但是，整体的人在专门化的环境中全然是无能为力的。这至少是理解滑稽漫画艺术和丑角艺术的一种方式。

今天，我们十岁的儿童喜爱《疯狂》画刊，这是在用他们自己的方式告诉我们：电视图像已经使美国文化走完了消费文化的阶段。他们现在告诉我们的，正是十年前十八岁左右的“垮掉的一代”试图要说的话。图画似的消费时代已经死亡，图像 (iconic) 时代已经来临，我们现在把1922年到1952年间使我们关注的媒介扔给欧洲人了。如今轮到他们进入标准化商品的第一个消费时代。我们则进入我们的第一个艺术生产取向的深度介入的时代。美国正在欧洲化，其规模之宏大与欧洲正在美国化的规模相当。

这一变化将过去的通俗漫画置于何方？《金发悍妇》(*Blondie*) 和《抚养父亲》(*Bringing Up Father*) 这两种连环漫画的命运如何？

---

1 西尔斯·罗伯克百货公司 (Sears Roebuck)，简称西尔斯公司，美国最大邮购公司，每年精印一册商品目录，内容应有尽有。

它们表现的世界是原始、天真无邪、田园诗的世界。年轻的美国显然已经从这个世界毕业了。然而，在这两种画刊流行的岁月里，美国尚在度过它的青春发育期，那时的美国人尚有长远的理想、个人的梦幻和看得见的目标，而不是生气勃勃的、无时不在的群体参与的共同姿态。

上一章讲印刷术时已经说明，漫画何以是一种自己动手的经
229 验形态，随着电力时代的向前发展，这种经验已经形成了一种日益生机勃勃的生活。因此，一切电器绝非什么省力的装置，而是构成了新型的劳动形态，使工作非集中化，使人人有事要干。这也是电话和电视图像世界的性质，因为它们对使用者的要求，远远超过了收音机和电影的要求。由于电力技术的参与性和自己动手性，电视时代的任何一种娱乐都偏爱上述的个人介入性。于是就出现了一种矛盾的现象：电视时代的孩子不会读书，因为传授阅读技能的办法通常是浅层的、消费似的活动。所以高难度的平装书，由于它具有深度介入的性质，能吸引蔑视一般故事书的年轻人。今天的教师常常发现，一页历史书都不会读的学生却在成为代码和语言分析的专家。因此，问题不是现在的孩子不会读书，而是在深度介入的时代里，人们看不见长远的目标。

首批连环漫画出现于1935年。它们既无有机联系，又无特别学问，而且又和《凯尔斯书》[1]一样难解，所以它大受青少年的欢迎。这帮青少年中年纪稍长的人从未注意到，普通报纸和超现实主义的艺术展览一样疯狂，所以绝不能指望他们知道，漫画书和8世纪的插图一样奇异。既然他们对其**形式**一窍不通，他们对其**内**

---

1 《凯尔斯书》(*Book of Kells*)，中世纪拉丁文福音书手稿，藏于爱尔兰都柏林三一学院。

容当然就一无所知。他们看到的全是残害和暴力。因此，借助朴素的字面逻辑，他们就抱着等着瞧的态度，以为暴力会在世上泛滥成灾。或者抱着另一种态度：把现存的犯罪归咎于滑稽漫画。智力最低下的罪犯学会了悲叹："是连环画使我走上了犯罪道路。"

同时，工业和机械环境中的暴力又是我们不得不承受的生活现实，年轻人的神经和内脏又不得不赋予这种暴力以某种意义和动机。所谓经历和感受任何东西，就是将它的直接影响转换成许多间接的知觉形式。我们给年轻人提供了刺耳和喧闹的"沥青丛 230
林"[1]，和它相比，任何热带动物的丛林只不过像兔箱一样安静和沉闷。我们却认为这一切是正常的。我们付钱使之维持最高强度的调门，因为这样做获利甚丰。当娱乐业试图比较合理地摹写城市里司空见惯的激烈时，人们又皱起了眉头。

阿尔·卡普发现，至少在电视问世以前，任何程度的"斯克拉格"(Scragg) 式残害罪或"福格邦德"(Phogbound) 式的道德，都被认为是滑稽好玩的东西。但是**他**并不觉得好玩。他把自己目睹的东西如实地画到漫画中去。然而，训练又使我们失去了一些能力，使我们不能把一种情况和另一种情景联系起来，所以我们误认为，卡普辛辣讥讽的现实主义是幽默。他表现人们卷入的可怕困境，表现人们因此而不能自拔。他越表现这一困境，人们反而越起劲地痴笑。斯威夫特[2]说："讽刺是一面镜子，我们在镜中看见每个人的面容，唯独看不到自己的面孔。"

滑稽漫画和广告既属于游戏的世界，又属于其他模式和环境

1 "沥青丛林"(asphalt jungle)，大城市或大城市中犯罪猖獗的区域，也泛指失去自然美的城市生态环境。

2 乔纳森·斯威夫特 (Jonathan Swift, 1667—1745)，英国18世纪著名政论家、讽刺小说家，著有小说《格列佛游记》、《桶的故事》、《书的战争》等。

延伸的世界。《疯狂》画刊这个木刻、版画和漫画的世界，把它们和娱乐界的其他游戏和模式结合起来。《疯狂》画刊是把广告作为娱乐的报纸形式的马赛克，而娱乐是疯狂的一种形式。尤为重要的是，它是一种兼有版画和木刻特点的表现和经验的形式，它那突发的魅力是我们的文化深刻变化的可靠标志。我们现在需要的，是了解版画、滑稽漫画和政治讽刺画的形态特征，以及它对电影、照片和出版等商业文化构成的挑战和改变。没有任何方法能够完成这一任务，也没有一种观察或思想能在变化的人类感知
231 中解决如此复杂的一个问题。

十八　印刷词：民族主义的建筑师

印刷术把古代和中世纪两个世界融为第三个世界，使拼音字母表引发的爆炸进一步强化，但在电力技术条件下，这一爆炸却转化为内爆。这一事态造成的梦游症比困扰那喀索斯的梦游症更加严重。麦克卢汉把那喀索斯的恍惚与媒介的定义拴在一起："延伸似乎是器官、感觉或功能的放大，它激发中枢神经系统采取一种麻木的自卫姿态，去保护受到延伸的区域，至少要保护直接的审视和知觉延伸的区域。"此外，他给上文论媒介转换力的主题又加上了新的一维："新媒介绝不是旧媒介的赘加物，也不会让旧媒介过清净日子。" 232

——编者小引

"您大概察觉到了，夫人，"约翰逊博士带着拳师般的微笑说，"我很有教养，到了不必要的小心谨慎的地步。"无论他与当时兴起的注重衣冠整洁的时尚顺应到什么样的程度，他的确完全知道对仪表的要求在日益增长。 233

活字印刷是一种复杂手工艺的最早的机械化形态，它成了继后一切机械化的原型。从拉伯雷和莫尔到密尔和莫里斯，印刷术的爆炸延伸了人的头脑和声音，在世界规模上重新构造人的对话，这就构成了连接各个世纪的桥梁。这是因为，如果仅仅把印刷术看作一种信息储存，或者快速检索知识的一种新型媒介，那么它的作用就是结束狭隘的地域观点和部落观念，在心灵和社会、空间和时间上结束地方观念和部落观念。事实上，活字印刷术诞生后的头两百年的主要推动力，是渴望看古代和中世纪的书籍，而不是需要读新书、写新书。1700年以前，50%以上的印刷书籍是古代和中世纪的书籍，印刷术把古代的和中世纪的东西提供给了印刷词语的首批读者，中世纪的文本尤其受欢迎。

和其他任何形式的人体延伸一样，印刷术也有心理和社会的影响，这些影响突然改变了以前的文化边界和模式。印刷书籍将古代世界和中世纪熔于一炉——或者像有些人所言将二者混淆起来——并因此而创造出第三个世界，即现代世界。而现代世界现在又与一种崭新的电力技术（一种新的人的延伸）发生了撞击：传输信息的电力媒介急剧地改变着我们的印刷文化，和印刷术改变中世纪的手写本文化和学术文化一样急剧。

比阿特丽丝·沃德[1]不久前在《论字母表》(*Alphabet*)中描写
234 了用电光渲染出的文字广告。这是一则诺曼·麦克拉伦[2]的电影广告。她问道：

> 那天晚上我进场看电影迟到了。我在路上看见两

1 比阿特丽丝·沃德（Beatrice Warde, 1900—1969），美国学者，印刷术和字体研究专家，著有《今日印刷术》、《印刷术五百年》等。

2 诺曼·麦克拉伦（Norman McLaren, 1914—1987），加拿大动画电影大师，主要作品有《胜利》、《点》、《邻居》、《神奇的椅子》等。

> 个腿脚畸形的埃及体的字母A……它们像音乐厅里一对滑稽演员一样手挽手地以明确无误、昂首阔步的姿势迎面走来。我告诉你我迟到的原因就是这个，你会感到奇怪吗？我看见字母底下的衬线仿佛被芭蕾舞鞋拉在一起，以至于使那些字母活生生地像是芭蕾舞明星在跳足尖舞……经过四千年**必然是静态**的字母表的岁月以后，我看到其中的字母能在时间这个第四维度里做些什么：这就是"流动"或运动。你完全有理由说，我像受到电击那样地感到震惊。

印刷文化"能容纳一切东西，使一切东西各就各位"。在这一点上，没有任何东西能与之匹敌。

沃德夫人终身致力于印刷术的研究。她对电光渲染的字母而不是对活字印刷的字母的震惊反应体现了她的机敏。也许，拼音字母发端时引起的"外向爆炸"（反映在希腊神话中卡德摩斯王埋下的龙牙长成武士这一传说中），在瞬息万里的电流速度的冲击下，将要逆转为"内爆"。字母表（及其延伸印刷术）使力量的传播成为可能，这个力量就是知识。它粉碎了束缚部落人的枷锁，使之爆炸成为具有个性的个体。电光印出的文字和电的速度，顷刻之间就将其他一切人关注的东西持续不断地倾泻在每个人的身上。于是，人再次成为部落人。人类大家庭再次结为一个部落。

任何研究印刷书籍社会历史的人，都可能会因为缺乏对印刷术的心理和社会影响的了解而感到不解。在五百年的时间里，关于印刷术对人的感受力的影响所做的明确的评论和了解，实在是

寥若晨星。不过，关于人的一切延伸，我们都可以做出同样的观察结论，无论是衣服这种延伸还是电脑这种延伸。延伸似乎是器
235 官、感觉或功能的放大，它激发中枢神经系统采取一种麻木的自卫姿态，去保护受到延伸的区域，至少要保护直接的审视和知觉延伸的区域。间接评论印刷书籍影响的资料，大量见诸拉伯雷、塞万提斯、蒙田、斯威夫特、蒲柏、乔伊斯的著作。他们用印刷术这个媒介创造了新的艺术形式。

从心理上说，印刷书籍这种视觉官能的延伸强化了透视法和固定的透视点。视觉上着重透视点和消失点给人提供了一种透视的幻觉。与此相联系的另一种幻觉是：空间是视觉的、统一的和连续的。活字印刷排版的线条性、准确性和同一性，和上述文艺复兴时期经验中伟大的文化形态和革新是不能分割的，印刷术问世以后的第一个一百年间，偏重视觉和个人观点的倾向又有了新的加强，这和自我表现的手段是统一的。而自我表现手段之所以可能，又要靠印刷术这种人的延伸。

从社会角度看，印刷术这种人的延伸产生了民族主义、工业主义、庞大的市场、识字和教育的普及。因为印刷品表现出可重复的、准确的形象，这就激励人们去创造延伸社会能量的崭新的形式。印刷品在文艺复兴时期释放出了巨大的心理和社会能量——今天的日本和俄国也是这样的情况，因为它把个人从传统的群体中解放出来，同时又提供了一个把个体凝聚成一股强大力量的模式。个人创业的精神使作家和艺术家去进行自我表现的修养，同样的精神引导其他一些人去创建庞大的公司，包括军事的和商业的。

也许，印刷术给人馈赠的最重要的礼品，是超脱和不卷入的

态度——只需行动而不必做出反应的能力。文艺复兴以来的科学高扬着这一馈赠，可是到了电力时代它又成为使人窘困的束缚，因为在这个时代里，所有的人在所有的时候都与其他一切人相关。“公正无私”(disinterested) 这个字眼，过去表现的是印刷时 236
代的人最高尚的超然物外的态度和伦理道德。可是在过去的一百年间，它已经日益频繁地被用来表达下述意义：“他一点也不在乎。”“公正无私”所表现的品格，曾经是知书识字的、开明的社会的科学气质和学者气质，可是这一气质正在日益受到严厉的非难，被称为知识和感受力的“专门化”和割裂。印刷词语在我们心理生活中割裂和分解的能力，赋予我们的是“感受力的分裂”。自塞尚和波德莱尔以后，在文学艺术中，感受力的分裂是每一个旨在改造品位和知识的运动所力求首先铲除的东西。在电力时代的“内爆”中，思想和情感的分离和各级学校中知识的分门别类一样，日益显得莫名其妙了。然而，正是将情与思分离的能力，正是只需行动而不必做出反应的能力，使知书识字的人在个人生活和社会生活中，从严密的、受家族束缚的部落世界中分裂出来。

印刷术不过是抄书艺术的附加物，正如汽车是驭马的附生物一样。印刷术在它问世的几百年的时间里，曾经被人误解和误用。在这个意义上说，它经历了一个“不用马拉的车子”[1]的阶段。爱书人购到一册印刷书以后，常请抄书人复制一个有插图的缮写本，这种情况并不罕见。甚至到了18世纪初，“教科书”的定义依然是“学生缮写的、留行很宽的典范作品，其中留有空白，让学生记下老师口授的解释等；学生的笔记写在行间空白中”(《牛津英

1 “不用马拉的车子”(horseless carriage)，汽车刚刚问世时，无以名之，只好比照马车的意象的命名。

语词典》)。印刷术问世以前，各级学校中的许多时间就花在制作这样的课本上。教室动辄就变成评注书籍的**缮写室**。学生兼编辑和出版任务于一身。于是，图书市场成为货物稀缺的旧货市场。印刷术既改变了学习过程，又改变了市场买卖过程。书籍是最早的教学机器，也是最早大批量生产的商品。由于印刷术使书
237 面词语增值和延伸，所以它揭示并大大拓展了文字的结构。今天，由于电影和电讯加速了信息运动，印刷词语的形式结构，正如一般机械的形式结构一样，宛如挺立海边让海水冲刷的枯枝。新媒介绝不是旧媒介的赘加物，也不会让旧媒介过清净日子。它绝不会停止压迫旧媒介，直到它为这些旧媒介找到新的形式和新的位置。缮写书籍的文化就曾经维持教育里的口耳之学，高层次的口耳之学又叫作"经院哲学"(scholasticism)。但是，印刷术把同样的课本放在任何数量的学生或读者面前，于是，以口头论辩著称的经院哲学就寿终正寝了。印刷品为过去的著述提供了容量宏富的新型记忆器，这就使个人的记忆力不敷使用了。

根据玛格丽特·米德报告，当她把同一种书的几个副本带到一个太平洋海岛上时，岛民非常激动。土著人已经见过书，但只见过孤本，所以他们认为书只能有孤本。一模一样的几本书使他们震动，面对印刷术和大批量生产最神奇而有力的一面，这是一种自然而然的反应。这里涉及通过同质化而实现延伸的原理，这一原理是理解西方力量的一把钥匙。开放社会之所以开放，是因为它有一种同一的、借助印刷品实现的教育过程。借助积累的手段，这一过程可以使任何群体实现无限的拓展。印刷书籍以印刷术在视觉秩序上的同一性和可重复性为基础，它成为最早的教学机器，正如印刷术是手工艺最早的机械化一样。尽管在实现印刷

词语的过程中需要人的行动经受极端的切分或专门化，然而印刷书籍仍然是过去种种文化发明的丰富聚合体。体现在附有插图的机印书中的全部心血，给各种各样的独立的发明行为提供了一个显著的例子。这些发明对新技术成果的产生是必不可少的。 238

印刷物的心理和社会影响之一，是将其易于分裂而又整齐划一的性质加以延伸，进而使不同的地区逐渐实现同质化。结果使力量、能量和攻击性都得以放大，我们把这种放大与新兴的民族主义联系在一起。从心理上说，印刷物所引起的视觉延伸和个体价值增大，具有许多种影响。E. M. 福斯特先生提及了其中一个显著的影响。他在论及文艺复兴时期的一些字体时说道："仅在一个世纪之前，印刷机还被误认为是万古不朽的发动机，人们为了造福未来向印刷机投入行动和热情。"他们的行为方式使人觉得，印刷物不可思议的可重复性和延伸性能带来万古不朽。

印刷纸片的同一性和可重复性的另一个意义重大的方面，是它对追求"正确的"拼写、句法和发音所造成的压力。印刷物更为引人注目的影响，是造成诗与歌、散文与讲演术、大众言语和有教养的言语的分离。以诗为例，这种分离产生如下的结果：与歌曲分离以后，诗可以吟哦而不必让人听见。同样，乐器可用来弹奏而不必伴以诗歌。音乐偏离口语的方向，并且再次与巴托克·贝拉[1]和勋伯格合流。

由于印刷术的作用，功能分离（或曰爆炸）在一切层次和一切领域都迅速展开了。对于这个问题，任何观察和评论都不如莎士比亚在剧中的观察和评论那样尖刻，尤其是在《李尔王》中，对于

1 巴托克·贝拉（Bartók Béla，1881—1945），匈牙利钢琴家、作曲家，搜集整理创作了大量民族音乐，1940年移居美国。

数量化和分割化的过程进入政治和家庭生活的现象，莎士比亚提供了一个形象和典型。剧本一开头，李尔王就说明“我的心事”，作为他移交权力和义务的计划：

> 239 除了国王的名义和尊号以外，所有的行政大权、国库的收入和大小事务的处理，完全交在你们手里。为了证实我的话，我赐给你们一顶宝冠，归你们两人共同保有。

这一次权力分割和分配的行动使李尔王身心交瘁，使他的王国和家族分崩离析。然而，分而治之是文艺复兴时期组织权力中占支配地位的新鲜思想。“我的心事”指的是马基雅维里的思想，他提出了一套个人主义的、定量化的权力思想。他的思想在当时引起了极大的恐怖。因此，印刷书籍对中世纪组织中的团体模式所构成的挑战，和电力技术对我们现在分解割裂的个人主义所构成的挑战不相上下。

印刷术的同一性和可重复性，使文艺复兴时期弥漫着时空连续、可以量化的思想。这一思想最直接的后果，是使自然世界和权力世界都抹去了神圣的色彩。通过切分和割裂来控制物质过程的新技术，既使上帝和自然分离开来，又使人与自然、人与人分离开来。对于传统视觉的偏离和无所不包的知觉而引起的震惊，常常会指向马基雅维里的形象，他详细阐明了关于力量的定量化的、没有偏颇的、科学的、新颖的思想，他的思想是用于操纵王国的。

莎士比亚的全部作品都用来表现新的权力界线这样的主题，包括王权与平民权力。在他的时代，再没有什么景象比亨利二世所受的屈辱更加可怕的了，这位神圣的国王居然落到阶下囚的下场，而且被褫夺了一切特权。然而，在《特洛伊罗斯与克瑞西达》中，人们对新近出现的对裂变的、不负责任的权力（包括公共的和个人的权力）的崇拜，展示在莎士比亚笔端，成了面对激烈竞争时愤世嫉俗的字谜：

> 不要放弃眼前的捷径，光荣的路是狭窄的，一个人 240
> 只能前进，不能后退；所以你应该继续在这一条狭路上迈步前进，因为无数竞争的人都在你的背后，一个紧追着一个；要是你略事退让，或者闪在路旁，他们就会像汹涌的怒潮一样直冲过来，把你遗弃在最后……

社会形象被切割成大量同质的、量化的口味，这一形象给莎士比亚后期的戏剧蒙上了一层阴影。

在印刷术许多始料未及的影响之中，民族主义的兴起大概是最广为人知的。借助口语和语言集团而实现的政治统一，在印刷术将地方口语变成地域广阔的大众媒介之前，是难以想象的。部落这一血亲家族形式由于印刷术的出现而爆裂，取而代之的是经过相似训练的个体组合而成的群体。民族主义以群体命运和地位的一种强烈而新鲜的形象出现，它的出现有赖于印刷术问世之前未曾有过的信息运动速度。今天，民族主义作为一种形象仍然要仰赖印刷品，但是一切电力媒介都与它作对。无论是在商业上还是在政治上，连喷气式飞机的速度所产生的影响，都使得社会组织里的民族主义集团全然难以运转了。在文艺复兴时期，印刷的速度和后继的市场开发和商业发展，使民族主义（可以定义为同质空间的延续和竞争）既新鲜又自然。同理，印刷术所引起的信息加速度，要求功能的进一步分割和同一。所以中世纪行会和家族组织的异质性和没有竞争力的非连续性，就成了非常讨厌的
241 东西。本韦努托·切利尼[1]这种集金银匠、画家、雕塑家、作家和冒险家于一身的人，早已成为历史的陈迹。

一旦一种新技术进入一种社会环境，它就不会停止在这一环境中渗透，除非它在每一种制度中都达到了饱和。在过去的五百年间，印刷术渗透进了艺术和科学的一切阶段。详细描写艺术和科学的发展过程，这一点容易办到。通过这些过程，连续性、同一性、可重复性的原则，变成了微积分和市场机制的基础，而且成了工业生产、娱乐和科学的基础。仅指出一点就足以说明问题：可重复性原理使机印书成为一种价格统一的商品，这一属性非常新奇，它为价格体系敞开了大门。此外，印刷的书籍还有便于携带和容易获得的属性，而缮写的书籍从来就缺乏这样的属性。

与印刷文字的上述扩展性质直接相连的，是表情达意手段的革命。在手写书的条件下，作家的角色是不明确、不稳定的，他与行吟诗人的角色相仿。因此，那时的自我表现并不重要。但是，印刷术创造的一种媒介使人能放声吟诵、直抒胸臆。同样，它使人能神游于过去禁锢在修道院里的书籍世界中。醒目的机器印刷产生了狂放的表现手段。

一致性还进入了言语和文学，使一篇文章从头到尾用一个腔调和一种态度去处理主题。“文人”遂应运而生。这种**单一腔调**延伸到口语中，使文人说话作文都保持一种“高调”。这一腔调

1 本韦努托·切利尼（Benvenuto Cellinis，1500—1571），意大利文艺复兴时期的金银匠和雕塑家。

极具破坏性，它使19世纪的散文家去承担道德责任，如今喜欢模仿这种写法的人已非常之少。书面语的同一性渗入口语中，磨掉了文人的棱角，直到他们的言语成为印刷文字的摹本而已。他们的言语在音响效果上很贴近印刷物同一且连续的视觉效果。这种技术后果又衍生出另一种走得更远的现象：美国英语的幽默、俚语色彩和戏剧性表现力，如今成了半文盲垄断的货色了。 242

印刷术的这些问题对许多人而言值得一辩。然而，无论用什么方法去理解印刷术，都需要与存在问题的形式拉开距离。那些对于新媒介的威胁，以及我们正在制造的比谷登堡革命更为广阔的革命感到惊恐的人，显然是缺乏冷静的视觉超脱。他们对读写文化和印刷术赐予西方人的最有力的才能，也缺乏激情。这种才能就是只需行动而不必做出反应的能力。正是这种借助分离而实现的专门化，创造了西方的力量和效率。

如果没有这种行动与情感和情绪的分割，人们的行动就会受阻，行动时的态度就会犹豫踌躇。印刷术教会人们说："让鱼雷见鬼去吧，全速前进！" 243

十九　轮子、自行车和飞机

244　《理解媒介》频繁引用詹姆斯·乔伊斯。乔伊斯玩弄文字游戏，把“astonishing”（震惊）拆解为“a-stone-aging”（正在走向石器时代），一语双关。这给麦克卢汉以灵感。乔伊斯一时兴起的风趣睿智里埋藏着一条原理的种子：**再现** (retrieval)。麦克卢汉在稍后的著作里将阐明这一原理。这是新发明必然产生的结果：再现旧形式和旧环境，或再现行为、组织和思想的旧形式。麦克卢汉重温并加工他在第一版序里的双关语“独立离格”，用另一个“独立离格”的拉丁短语“ceteris paribus”（其他条件均同）来强化其双关意蕴，给“媒介即讯息”的命题加上一层新的含义，抢了乔伊斯语言游戏的风头。但就在这句话之前，他还为媒介的运作创造了一个语言暗喻：“当诸如此类的独立结构侵入以后，它们又改变了社会的句法。”本书专辟一章讲电影，但这一章已经给电影破题。麦克卢汉把电影技术媒介从机械形式向有机形式的转换与他经常提及的再现原理（见主题索引）联系起来，把这种转换称为“一切人类延伸里都出现的模式”。

——编者小引

轮子、自行车和飞机的相互作用，使那些不曾思考过这种关 245
系的人大吃一惊。学者治学时，往往以一个考古学设想为基础：事物需要分开来研究。这是专门化的工作习惯，它从印刷文化中衍生出来是十分自然的。林恩·怀特[1]大胆研究事物的内在联系。虽然其研究只限于历史领域，可是他仍然使那些只钻一点不及其余的同事感到不快。在《中世纪技术与社会变革》(*Medieval Technology and Social Change*)里，他说明，封建社会何以是马镫的延伸。马镫在西方最早露面的时间是8世纪，它是从东方传入的。随之而来的是骑兵的突袭战，这就呼唤出了一个新兴的社会阶级。欧洲的骑士阶级原来已经存在，但是给一位武士提供全副武装却要举十户以上农民的财力。查理大帝命令，家境不太富裕的自由民把农场并在一起，以便能装备一位征战的骑士。新兴战争技术的压力逐渐形成的阶级划分和经济制度，能为许多武士提供重型装备。到公元1000年，"miles"这个古词已经从"士兵"的意义转化为"骑士"。

此外，林恩·怀特还对马掌和马颈圈做了大量的评述：作为革命性的力量，它们在中世纪时期增强了人的力量，使人的行动范围和速度得到延伸。他对人的每一种技术延伸的心理和社会寓意都能敏锐洞察。他说明重型的轮式耕犁如何带来了耕作制度的新秩序，如何使当时的膳食发生变化。他说："中世纪的仓廪中，豆类多得快溢出来了。"

现在我们更贴近一点，来直接谈谈本章的课题：轮子。林
恩·怀特说明了中世纪轮子的演进与马颈圈和挽具的关系。马 246

1　林恩·怀特（Lynn White，1907—1987），美国中世纪研究专家，著有《中世纪技术与社会变革》、《中世纪宗教与技术》、《生态危机的历史根源》等。

颈圈发明之前，要加快马跑的速度、增加其耐力是不可能的。然而，一旦发明了马颈圈，装备精良的马车就随之开发出来，马车就装上了前轮轴和刹车。13 世纪中叶，负重荷的四轮马车业已司空见惯。这对城市生活产生了非同寻常的影响。农民开始迁入城里居住，同时又每天出城下地干活，几乎和现在加拿大萨斯喀彻温省驾汽车下地干活的农民的生活方式一样。萨斯喀彻温省的农民主要住在城里。他们在乡间没有住房，只有存放拖拉机和农具的棚屋。

随着马车和电车的出现，美国城市里开发的住宅不再位于举目可见商店和工厂的地方。随后，铁路接过了对郊区的开发，使住宅修建在步行可到火车站的地方。铁路附近的商店和旅舍使人口略为集中，构成了郊区的轮廓。往后的汽车和继起的飞机结束了按行人规模（即按人的尺度）设计的郊区。芒福德认为，汽车使郊区的家庭主妇成为“全日制的司机”(full-time chauffeur)。当然，轮子作为任务的加速器和日新月异的人际关系的建筑师的转换功能远没有结束，但它塑造环境的力量在电力信息时代正在减弱。这一事实使我们更明确地认识到，轮子的典型形态正在趋于过时。

有轮子的交通工具发明之前，只能用摩擦牵引的原理来搬运东西。滚木、滑橇和滑雪板作为运载器走在轮子的前面，正如摩擦的、半转动的手捻纺锤和手摇钻走在全自由转动的陶轮之前一样。要使手的来回搓动和轮子的自由转动分离开来，需要有一个转化或“抽象”的时刻。“无疑，轮子的观念肇始于这样的观察：
247 滚木头比掀木头容易。”芒福德在《技术与文明》(*Technics and Civilization*) 中做了这样的论述。有人可能会持反对意见，他们认为滚木头更贴近手捻纺锤的动作，而不是贴近以轮代步的旋转动作，因为滚木头的动作未必能转换成轮子的技术。人在受到压力时，更自然的做法是分割人体的形态，使其中的部分形态转换成另一种物质，而不是将任何外界物体转换成另一种物质。借助放大作用把人体姿势和运动转换成新的物质，是追求更大力量的衡稳的驱力。人体的大部分张力可以解释为延伸储存功能和运动功能的需求，这样的功能需求也发生在言语、货币和文字中。形形色色的器皿都是人体张力借人体延伸而产生的。对储存和便携功能的需求，在花瓶、水罐和“慢性火柴”(slow match，即储存的火种) 等物品的身上，可以一目了然地看出来。

大概可以说，一切工具和机器的主要特点是节省人体动姿，这是身体所受压力的直接表现。身体压力迫使人将肢体外化或延伸，无论言语或轮子都是人的外化或延伸。人可以用花卉、犁头或火车头来表现这种外化或延伸。《疯猫》[1]里的老鼠伊格纳茨 (Ignatz) 用砖头来表现自己的延伸。

轮子最先进、最复杂的用途之一，出现在电影摄影机和电影放映机里。意味深长的是，轮子这种最精细、最复杂的组合，竟然是在一次打赌中发明的。有人打赌说，奔马的四蹄有时要同时离地腾空。打赌的两个人是先驱摄影师爱德华·迈布里奇[2]和养马人利兰·斯坦福[3]，时间是1889年。起初打赌时，他们把一组照相机一字排开，每一架照相机只抢拍奔马运动中的一个瞬间画面。

1 《疯猫》(*Krazy Kat*)，美国连环漫画，初载报纸，后改编为动画，20世纪30年代和40年代风靡一时。
2 爱德华·迈布里奇 (Eadweard Muybridge，1830—1904)，英国摄影师，长期旅居美国西部。
3 利兰·斯坦福 (Leland Stanford，1824—1893)，商业大亨，政界人士，曾任加利福尼亚州州长，创办了斯坦福大学。

把这些照片连起来做机械移动以还原马蹄的运动，这一思想演化出电影摄影机和放映机。以人的腿脚的延伸为发端的轮子，在演
248 进中迈出了伟大的一步而进入了电影院。

通过大大加快装配线片断运动速度的原理，电影摄影机把现实世界的景观卷在拷贝盘上，只待倒转胶片就可以将实景还原到银幕上去了。通过将机械运动原理推进到逆转的边缘，电影再创造了一个有机的过程和运动的过程。一切人的延伸的效力发挥到极点时，都会出现这一模式，无论是在何种延伸里都会这样。借助高速运动，飞机把公路卷起来带到天上。飞机一起飞，公路就消失了，而飞机本身则成为一种导弹式的飞射器，一个自足的运输系统。在这个时刻，轮子再次消融在飞鸟或游鱼的形态之中——飞机起飞时就成了飞鸟或游鱼。不用潜水装具的潜水人不需要任何道路，他们说自己的潜泳像鸟儿的飞翔。他们的腿脚不再以渐进的、序列运动的形式存在，这种腿脚运动是轮子转动形态的源头。轮子与鸟翼和鱼鳍不同，它的运动是线性的，需要借助道路方能完成。

轮子串联在一起，先后产生了老式的脚蹬自行车和新式的脚踏车。轮子和线性运动的视觉原理相结合所产生的加速作用使轮子达到了新的强度。自行车将轮子提升到空气动力学平衡的高度，这与飞机的产生是直接相关的。发明飞机的赖特兄弟是自行车修理工。早期的飞机有点像自行车，这一点并非偶然。技术转换具有有机体进化的性质，这是因为一切技术都是人体的延伸。萧伯纳钦佩萨缪尔·勃特勒，因为勃特勒具有深刻的洞察力：进化过程通过向机器形态的迁移，得到了难以置信的加速发展。不过萧伯纳乐于点到即止，使这点令人高兴的意见若明若

暗，而没有把它说透。勃特勒本人至少说过，机器反过来对延伸出它的人产生影响，机器因此而具有替代性的生殖机能。对人体 249
通过延伸而增加的力量和速度所做的反应，又产生新的延伸。每一种技术在造就它的人的身上，都造成新的紧张和新的需要；新的需要及其新的技术回应，是由于我们拥抱现存的技术而诞生的——这是一个生生不息的过程。

熟悉萨缪尔·贝克特小说和戏剧的人，不用我提示就能回想起他借助自行车塑造的、意味深长的丑角形象。对他而言，这一形象是笛卡儿思想的最重要象征，它借助小丑摇摇欲坠的不平衡表演来表现笛卡儿思想中走钢丝似的身心关系。这一难以平衡的困境以线性的方式展开。它以丑角表演和模拟的，正是有意志、有智谋的独立行动的形态。对他而言，完整的人不是走钢丝的演员，而是丑角演员。走钢丝的演员的行动是专门家的行动，他只使用自己官能中某一有限的切分片断。丑角是整合的人，他以精妙的戏剧形式表现无能的样子，模仿走钢丝的演员。贝克特认为，自行车是一种符号和象征，说明当今电力时代的专门化是徒劳无益的，因为我们在这个时代必须相互交往、相互作用，必须同时使用我们的一切官能。

矮胖子是丑角模仿走钢丝演员不成功的、广为人知的例证。国王的所有御马和臣仆都不能将这个破碎的鸡蛋还原。但是，这并不意味着电磁自动化技术不能使破蛋重圆。无论如何，完整的鸡蛋骑在墙上也没有意思。墙是用一刀切的砖头砌成的，砖头是随着专业分工和官僚主义出现的。对鸡蛋这样的整合物而言，专业分工和官僚主义是死对头。矮胖子遇到墙的挑战，因而碰得粉身碎骨。

同一首儿歌里还有对矮胖子碰得头破血流的评价。这也是对国王的御马和臣仆的评论。他们也同样是肢解分割、专精一门的。由于他们没有统观全局的眼光，所以它们是无能为力的。矮
250 胖子显然是不可分割的有机整体的例证。墙的存在本身就意味着它粉身碎骨的结局。乔伊斯在《芬尼根的守灵夜》里，始终没有停止将这些主题编织在一起。小说的名字即表明他的知觉：尽管电力时代“正在走向石器时代”(a-stone-aging)，然而它正在恢复可塑性空间和图像式空间统一的特性，电力时代的的确确正在使矮胖子粉碎的肢体重新复原。

陶工的转轮与其他技术一样，是一种现存工艺过程加速的工具。游徙的采集生活转向定居的农耕生活以后，储存食物的需求随之增加，因而就需要储罐来满足日益增多的生活功能。人们运用耕犁来栽培作物，借以改造作物的形态；转向地区专业化生产以后，又产生了交换和运输的需求。为此目的，公元前5000年以前北欧就在使用雪橇了。自然，走在雪橇前面的，是人力荷重和畜力驮运。雪橇下面装上的轮子，是腿脚的加速器，而不是手的加速器。与脚的加速相伴生的，是对路的需求。同样，背部延伸成椅子的时候，随之而起的是对桌子的需求。轮子是从腿脚分离出来的独立结构，椅子同样是从人体背部分离出来的独立结构。然而，当诸如此类的独立结构侵入以后，它们又改变了社会的句法。在媒介和技术的天地里，绝不会出现什么“其他条件均同”(ceteris paribus) 的情况。每一种延伸或加速都立刻引起总体环境出现新鲜的形貌和轮廓。

轮子造就了道路，并且使农产品从田地里运往居民区的速度加快。加速发展造成了越来越大的中心，越来越细的专业分化，

越来越强烈的刺激、聚合和进攻性。所以装有轮子的运输工具一问世就立即被用作战车，正如轮子造成的都市中心一兴起就被用作带有进攻性的堡垒一样。人们用轮子的加速运动来组合并巩固专业技术。除此之外，无须借助更进一步的动机，就可以解释 251
人日益增长的创造性和破坏性了。

芒福德把上述都市化过程称为“内爆”，但这其实是外向爆炸。城市的建立是靠分割游牧方式的生活实现的。轮子和道路通过辐射模式即中央—边缘模式来表现和推动这一爆炸过程。集中制依赖边缘地区，中央权力到达边缘地区要借助道路和轮子。海上强权不采用这种中央—边缘结构，沙漠文化和大草原文化也不采用这种结构。今天，由于喷气式飞机和电力的使用，都市集中制和专业分化正在逆转，正在以日益非专业化的形式逆转而为非集中制，逆转而为社会功能的相互作用。

轮子和道路是形成集中制的媒介，因为它们加速的程度是轮船不能企及的。然而，加速运转超过某一程度，当它通过汽车和飞机而达到这个程度时，它就在原有的集中制内造成非集中化的过程。这就是当代都市混乱的原因。轮子被推动而超过了某一运动强度以后，它就不再起集中制的作用。一切电力形态都具有非集中化的效果，它像交响乐团里的风笛一样横切原有的机械模式。非常遗憾，芒福德先生选用了“内爆”这个字眼来表达都市化的专业分工爆炸。“内爆”属于电力时代，正如它属于史前文化一样。一切原始社会都具有内爆的属性，就像口语一样是内向爆炸的。然而，正如莱曼·布赖森所言，“技术是显豁的”。所谓显豁性或功能的专门延伸，就是集中制的特性或功能的爆炸，而不是内向的爆炸、收缩性或共时性。

有一位航空公司经理十分了解世界航空业的内爆性质，所以他请世界各航空公司的经理从自己的办公室门外捡一颗小石子送给他，他想用世界各地的小石子垒一个小石堆。有人问他："这是为什么？"他说由于航空业的发展，你可以在地球一隅用手触摸到世界各地。实际上，他已经想到同步接触和相互作用中的马
252 赛克原理即图像原理，这一原理是飞机内爆速度的固有属性。上述原理在各种电力信息运动中更具有典型的意义。

集中制，加上轮子和书面词语的力量，延伸到帝国边缘，直接产生显而易见的力量，包括外在的和内在的力量。但是人们未必会接受这样的观点。相反，内爆是部落和家族的咒语和符咒，而人们却欣然接受这样的符咒。在技术显豁的条件下——甚至在都市集中制结构的技术显豁条件下，有些人还是设法挣脱了部落巫术的符咒圈。芒福德引用中国贤哲孟子的话来评价这种情况：

> 以力服人者，非心服也，力不赡也；以德服人者，中心悦而诚服也。

作为人体专门化延伸的新颖表现形式，轮子和道路使人和补给品向中央地区聚集。这就需要无穷无尽的有来有往的相互扩张，这种相互扩张采取海绵式吸入和压出的形式，它使世间的一切都市结构在地域中和空间上陷入了困境。芒福德说："如果我对以上例证的解读是正确的，那么都市政体 (urban polity) 的合作形态从一开始就受到破坏性的、面向死亡的神话的瓦解和损害……这些神话与物质力量和技术巧力的过度扩张是伴生共存的。"要通过人体延伸来求得这样的力量，人们就必须将自身的心

理统一体分裂为显豁的碎片，在今天的内爆时代，我们正在倒着放映古代的爆炸，仿佛是在倒着放映电影胶片上的画面。我们可以看到人被分裂的肢体重新整合起来。这个时代的力量无与伦比，把这样的力量投入最富破坏性的用途看来是毫无意义的，即使对头脑混沌、思想扭曲的人也毫无意义。

在历史学家的心目中，古代大城市的形态表现出人格的各个 253
方面。建筑和行政管理的基本原理作为人的延伸，必然趋于世界范围的一致性。城市的中枢神经系统是城市的堡垒，包括大寺院和王宫，而寺院和王宫在广度、深度和形象上都被赋予权力和威望的色彩。这一中枢核心能稳稳当当地将其权力扩张到什么程度，取决于它在鞭长难及之处的行动力量究竟有多大。拼音字母与莎草纸同时问世之前，这个权力和威望的堡垒不可能拓展到很远的地方（参见“道路与纸路”那一章）。然而，古代城市兴起的速度，可以与专业分工的人在空间和建筑风格上使自己的心理功能得到分化的速度一样快。我们说阿兹台克人和秘鲁人修建的城市像欧洲的城市时，只不过是说，这两大洲的城市共有并延伸了相同的人的官能。它们在物质层次上是否通过扩张而彼此直
接影响和模仿，这个问题在此就与题无关了。 254

二十　照片：没有围墙的妓院

256 统合本章的线索是**句法**，麦克卢汉将其界定为“理性的网络”(net of rationality)。他追溯这一网络沿着晚期印刷品、电报讯息和印象主义绘画消失的历史轨迹，用这一累计的证据来支撑自己有关媒介影响的主张。他宣称，照片的逻辑“一不是口语的逻辑，二不是句法的逻辑”，所以在照片使人神魂颠倒的魔力下，由印刷术主导的西方文化败下阵来。摄影术提供的手段是自主地表现课题，使图像表征的能力超越画家的调色板，为逆转原理提供了又一个佐证，这一逆转可名之为“没有句法的表述”。麦克卢汉断言，这一宣示相当于体姿、哑剧表演，尤其相当于完形(见书末“关键词”)。摄影术的发展为诗人和画家探索人的心灵景观铺平了道路。在罗列媒介清单的半途，麦克卢汉留步提醒读者界定和研究媒介的标准。他说：“如果把握不住照片与其他新旧媒介的关系，要弄懂照片这一媒介是完全不可能的。因为媒介作为我们身体和神经系统的延伸，构成了一个生物化学性的、相互作用的世界；因为新的延伸在不断发生，这个世界必然要永不停息地谋求新的平衡。”

——编者小引

一帧题名“圣彼得教堂的历史时刻”的照片，是1963年6月14日《生活》杂志的封面特写。抓住某一时刻将其从时间中分离出来，这正是照片的特点之一。电视摄像机不能分离时刻。它连续不断的扫描动作给人提供的，既不是分离的时刻，也不是分离的侧面，而是整体形貌、图像外形和透明度。古埃及的艺术，与今日的原始艺术一样，给人提供的是意味隽永的轮廓，这一轮廓与任何时刻都没有关系，雕塑趋向于永世长存。 257

人们对照片转换力的觉察，常常体现在流行的对话中。比如一位朋友夸赞孩子说：“啊，你的孩子真乖！”母亲听见了接着说：“哦，说不上，你应该看看他的照片，那才叫乖呢。”照相机无处不在的渗透力和显示事物相互关系的力量，惟妙惟肖地表现在时装杂志《时尚》的夸耀之中（1953年3月15日）：“今日之妇女，不用出国，就可以买到五国（甚至不止五国）最好的时装，将它们挂在衣橱里……既漂亮又兼采天下之精华，真像是政治家的美梦。”在摄影术的时代，时装已经变得和抽象派拼贴画的风格相仿，其道理就在这里。

一百年以前，英国人狂热追求单片眼镜。它给人以照相机的力量，使戴它的人以居高临下的目光直视旁人，仿佛把旁人当成是没有生命的物体。埃里希·冯·施特罗海姆[1]用单片眼镜成功地塑造了一位趾高气扬的普鲁士军官的形象。单片眼镜和照相机都趋于把人变成物，照片使人的形象延伸并成倍地增加，甚至使它成为大批量生产的商品。影星和风流小生通过摄影术进入了公共场合。他们成为金钱可以买到的梦幻。他们比公开的娼

1 埃里希·冯·施特罗海姆（Erich von Stroheim，1885—1957），奥地利裔美籍电影演员与导演，代表作有《盲目的丈夫》、《愚蠢的妻子》、《贪婪》等。

妓更容易买到，更容易拥抱，更容易抚弄。大批量生产的商品一向带有娼妓的属性。这使一些人感到不安。让·热内[1]的剧作
258 《阳台》(*The Balcony*) 就是这个主题：社会在暴力和恐惧的包围中好比是一所妓院。人渴望出卖灵肉的愿望抗住了革命的混乱。在最狂热的变革中，这家妓院竟岿然不动、经久不衰。总之一句话，摄影术给热内以灵感，使他把握住了这一主题：自摄影术诞生以来的世界，犹如是一座没有围墙的妓院。

谁也无法单独搞摄影。单独读书写字的幻觉至少是可以成立的，然而摄影术并不能使人养成这样的态度。有人因电影和印刷术这类团体艺术形式的发展而扼腕叹息。如果这种态度确有一点道理，那么它肯定与这些团体艺术形象对个体技艺的侵蚀有关。话又说回来，假如过去没有版画、木刻和铜版画，摄影术的产生也断不可能。若干世纪以来，木刻和铜版画用线和点的排列来描绘世界，这种排列具有一种非常精细的“句法”。许多研究这一视觉句法的艺术史家（如 E. H. 贡布里希和威廉·M. 艾文斯）不遗余力地阐释，缮写本的艺术如何渗入木刻和版画。直到照相铜版术 (half-tone process) 问世，点和线才突然沉入平常视觉阈限之下。句法这张理性的网络在后来的版画中荡然无存，正如它趋于从电报和印象派绘画中褪尽一样。直到最后，在法国印象派画家修拉的点画法作品中，世界突然**通过**绘画而重新出现。将外部世界描摹在画作上的句法取向完结了，正如文字的书写形态随着电报的问世而缩减为简洁的标题形式一样。同样的道理，由于摄影术问世，人们已经发现如何不借助句法而做出视觉记录。

1 让·热内 (Jean Genet, 1910—1986)，法国小说家、剧作家、散文家，剧作有《阳台》、《黑人》，小说有《玫瑰之谜》等。

1839年，塔尔博特[1]向英国皇家学院宣读了一篇论文，题为“略论易于成像的艺术——使自然物不借助画笔而自我成像的工艺流程”。他十分清楚照相术是一种自动化流程，它去除了墨水笔和铅笔的句法程序。他大概没有完全意识到，他已经使图像世界与新兴的工业程序相一致。因为照相术像镜子一样地自动反映外部世界，便产生一种一模一样的可复制的视觉形象。正是这种极为重要的同一性和可重复性，才造成了中世纪和文艺复兴之间的谷登堡断裂。照相术和上述谷登堡技术几乎起到同样的决定性作用，它造成了纯机械性的工业主义和电子人 (Electronic Man) 的图像世界的决裂。从印刷人 (Typographic Man) 时代走向图像人 (Graphic Man) 时代的这一步，是由于照相术的发明而迈出的。银版照相和快速照相都将光学和化学纳入了工艺流程。自然物靠曝光自我成像，靠化学品定影。银版照相的流程中有细微的麻点，这一特点在以后修拉的点画法绘画中得到了回应，而且今日报纸“传真照片”的点网结构也继承了这一特点。达盖尔[2]发明银版照相法以后不到一年，萨缪尔·莫尔斯[3]就已经在纽约市给他的妻子和女儿照相了。供眼睛看的点状构图 (即照片) 和供耳朵听的点状声象 (即电报) 在同一幢摩天大楼里相会。 259

一种进一步的杂交发生在塔尔博特发明的快速照相法中，他认为这种照相术是暗室的延伸，或暗室中的影像。意大利人把16世纪的暗室成像小盒子叫作“小暗室”。正当实现用活字印刷来

1 威廉·亨利·福克斯·塔尔博特 (William Henry Fox Talbot, 1800—1877)，英国发明家，快速照相术的先驱。

2 路易·雅克·芒代·达盖尔 (Louis Jacques Mande Daguerre, 1787—1851)，法国风景画家，1839年发明银版照相法。

3 萨缪尔·莫尔斯 (Samuel Morse, 1791—1872)，美国画家、发明家，莫尔斯电码发明人。

生产机印文字的时候，出现了观看暗室墙上活动影像的业余消遣。出太阳的时候，如果在暗室墙上戳一小孔，对面的墙上就会出现室外的影像。这一新发现使画家们激动不已，因为它强化了透视法和第三维度的错觉，而这种错觉又是与印刷词语密切相关
260 的。不过在16世纪时，首先观看暗室活动影像的人们所看见的影像却是上下颠倒的。因此就采用了镜头，以便把倒立的影像颠倒过来。我们平常的视象也是上下颠倒的。从身体功能上说，我们学会了把颠倒的视象颠倒过来，其办法是把视网膜上的印象转换成触觉和动觉。显然，上下方位正确的形象并非我们直接看到的视象，而是我们感觉到的形象。

"正常的"方位正确的视象，是一种感官向另一种感官转换的结果。对于研究媒介的学者来说，这是一种有益的暗示：任何语言或文化都可能在我们身上诱发扭曲和转换的活动。对爱斯基摩人来说，白人伸着脖子看他们贴在雪屋墙上的杂志画的样子，是再滑稽不过的。因为他们不必再需要看上下位置正确的图画，正如儿童在学会把字母**写成一行**之前不用看上下位置正确的图画一样。西方人发现土著民族要通过学习才会看画，正如我们要通过学习才会读字母一样。究竟为什么西方人会对此感到不安，这个问题值得考虑。由于我们的技术，我们的感官生活产生了极大的偏好，受到了极大的扭曲。这一点似乎是我们在日常生活中宁可漠视的事实。土著民族不借助透视原理感知景物，感觉不到第三维度的存在，这一证据似乎威胁着西方人的自我表象和结构。许多人参观了俄亥俄州立大学的阿米斯知觉实验室以后，常常感受到一种威胁。实验室的设施揭示出我们自己创造的各种错觉，而这些错觉又以我们认为"正常的"视觉形式出现。

在人类历史中的大部分时间里，我们以潜意识的方式接受了这样的偏向和倾斜，这一点是显而易见的。我们不再满足于使自己的经验停留在这种阈下的状态，许多人已经开始对无意识的东西变得非常敏感：究竟为什么会出现这种新的现象，这个问题很值得研究。现在人们很关注收拾屋子，这一自觉的过程受到摄影 261
术很大的推动。

塔尔博特喜爱瑞士的风景，于是便开始思考暗室的原理。他写道："在思考这个问题的过程中，我突然计上心来……倘若能让这些天然形象经久不褪地留下印记，固定在纸上，那该有多迷人啊！"在文艺复兴时期，印刷机也激起了类似的愿望，给日常的情感和经验赋予一种长期保存的形式。

塔尔博特设计的照相术是用化学品从负片中印出正片，以生成一种一模一样的可复制的形象，于是，妨碍古希腊植物学家并挫败了其后继者的路障终于被清除了。追根穷源，大多数门类的科学，在此之前都缺少充分传输信息功能的非言语手段。今天，就连亚原子物理学离开了照片也不能揭示亚原子世界。

1958年6月15日《纽约时报》星期日版刊载了这样一篇报道：

新技术"看见"微细胞

伦敦仪表设计师称

微电泳法能发现百万兆分之一克的微细胞

英国一种新型显微技术，能分析重量为百万兆分之一克的标本。该技术被命名为"微电泳法"，是伦敦生化分析学家兼仪表设计师特纳 (Bernard M. Turner) 提出的。它可以用于大脑、神经研究和细胞复制研究，包括癌变组织的研究。据信它亦有助于分析空气的尘埃污染。

它的实际工作原理是这样的：在电流的吸引和拒斥作用下，标本中的不同成分分别聚合在一定的区域，通常在这些区域里是看不见微细胞的。

262 然而，说“摄影机不会撒谎”，反而只能突出以它的名义所进行的许多欺诈。事实上，以照片为先导的电影世界已经成为错觉和虚幻的同义语，电影使世界成为乔伊斯所谓的“通宵达旦的新闻片”，它以“拷贝盘”上的世界来取代社会现实。乔伊斯对照片影响感官、语言和思维过程的认识，超过了任何人，他给摄影术这种“自动化文字”所做的评价是，“使语源虚无化”。在他看来，照片至少是词语的对手，甚至还可能是取代词语的篡位者，无论书面词语还是口头词语都受到照片的威胁。但是，如果说**语源**指的是我们用词语把握住的生命体的核心和实质的话，那么乔伊斯说的很可能是：照片由“无”创生而来，甚至还将造化转换到底片上。如果说照片确有可怕的虚无色彩，如果说影子的确可以取代实体，那么我们并不会因为认识到这些东西而丝毫受损。照相技术是人体的延伸，如果我们断定它有害，我们可以像收回任何其他技术一样将其收回，不再让它流通。然而，要截除人体的这类**延伸**所需要的知识和技能，与截除人的肢体所需的知识和技能一样，是相当多的。

如果说拼音字母表这一技术手段**切断**了口语和伴生的语音及体态的关系，那么照片及其在电影中的演化，又使体态**恢复**到人记录经验的技术中。迅速抓拍到的人体姿态，吸引人空前地注意身体姿态和心理姿态。照片的时代成了身体姿势、模拟表演和舞蹈的时代，任何其他时代在这个方面都不能与之匹敌。弗洛伊德和荣格的观察，以阐释个体姿态和集体姿态对梦境和日常行为的影响为基础。他们研究的身体和心理**完形**或"呆照"(still 263
shots)，得力于照片所揭示的姿态世界。照片对研究个人姿态和集体姿态都有助益。相反，书面的和印刷的语言却偏向于揭示私下的和个体的姿态。故此，传统的修辞格是个人说话时个体对听众的心理姿态。反之，神话和荣格式的原型是集体的心理姿态。书面形态的东西不能对付集体的心理姿态，正如它不能摆布模拟表演和人体姿态一样。此外，照片在揭示和抓取姿态和结构上具有多种多样的功能，无论用到哪里它都具有这样的功能。这样的例子不胜枚举。分析鸟类飞翔就是一例。照片揭开了鸟类飞行的秘密，人因此才能飞上蓝天；照片抓住了鸟类飞行的动作，说明飞行建立在羽翼**固定不动**的基础上。羽翼的扇动起推进的作用，而不是飞行本身。

照片引起的伟大革命发生在传统的艺术领域。照片已经充分表现了的世界，画家再也不能去描绘了。于是，他回头用表现主义和抽象派艺术去揭示创造力的内心活动。同样，小说家再也不能为读者描写物体和事象，因为读者通过照片、出版物、电影和电台知道正在发生的事情。所以，诗人和小说家转向内在的心理姿态。正是凭借内在心理姿态，我们才获得了洞察力，才能构建我们自己的形象和世界。故此，艺术从外在的匹配转向内在的构拟。艺术家不再表现一个和客观世界匹配的世界，而是转向表现创造性过程，以便于公众参与。现在，艺术家提供给我们的是介

入创造过程的手段。电力时代开发的每一样新技术，都吸引并要求很高程度的生产者的价值取向。因此，加工和包装商品的消费
264 时代，并不是当前的电力时代，而是走在它前面的机械时代。然而，机械时代必然要与电力时代相交叠，比如在这类例子中它们的交叉就显而易见：内燃机要电火花引爆以推动汽缸；电报是一种电力形式，当它与印刷术和转轮印刷机交叉时，就产生了现代的报纸；照片并不是机器，而是一种化学和光学反应过程，可是一旦照片与机械杂交，它就生成了电影。然而，这些杂交形态的技术具有一种杂种的活力和暴力，这种东西仿佛有自偿作用 (self-liquidating) 。广播电视是纯电力形式，它们排除了机械的原理，它们与媒介使用者有一种全新的关系。这种关系就是高度的参与和介入。无论是好是坏，这种关系是过去的任何机械装置从未引起过的。

就理想而言，教育是防御媒介“辐射尘” (fall-out) 的民防系统。然而迄今为止，西方人尚无迎接新兴媒介挑战的教育或教育设施。偏重视觉文化的人面对电影或照片时麻木迟钝又态度暧昧。而且，由于他们用一种防卫性的傲慢态度和恩赐态度去对待“通俗文化”和“大众娱乐”，反而使自己的无能更为严重。16世纪时，经院哲学家之所以未能对付印刷书籍的挑战，正是由于他们抱着这种斗牛犬的“愚勇”精神去对待新的媒介。靠已有的知识和常规的智慧得到的利益，总是被新媒介超越和吞没。然而，对这一过程的研究，无论是为了裹足不前还是为了变革，几乎还没有开头。认为自我利益赋予人更敏锐的目光去识别和控制变迁过程，这一观念是毫无根据的，汽车工业就是一个例证。汽车业界是一个过时的世界，它注定要受到很快的侵蚀，正如1915年

的马车制造业受到侵蚀一样。但以通用汽车公司为例，它知道甚至怀疑过电影形象对汽车使用者有何影响吗？同样，杂志业受到 265
电视形象的瓦解，而且电视对广告形象的影响也瓦解着杂志业。新型广告形象的意义，尚未被竞争中看来会输的人所把握。上述各种企事业界，除了自身那一点“文化”之外，都缺乏其他任何媒界的“文化”。因此，由于媒介的新型杂交和交错而产生的使人惊诧的结果，使上述各行业的人措手不及。

对研究媒介结构的人而言，当今世界整个马赛克的每一局部，都富有栩栩如生、意义隽永的生活情趣。早在1953年3月15日那期的《时尚》杂志中，就宣告了一种新型的杂交结构，它是由照片与航空旅行这两种形态杂交生成的：

> 本期是《时尚》杂志推出的首期国际时装专号，它标志着一个新的起点。过去我们不可能出这样的专号。时装不久前才收到它的国际化证书。我们能集中在一个专号中报道收藏五个国家的时装文化，这还是第一次。

此类广告词的长处，犹如媒介分析家实验室里高品位的矿藏，只有在视觉语言和一般造型艺术中训练有素的人，才能认识到它的长处。广告词的作者必须要像脱衣舞艺术家那样能够与受众神交神往。事实上，这也是通俗小说家和通俗歌曲音乐家的才能。由此可见，凡是广受欢迎的作者和演艺人，都体现并揭示了一套当前流行的态度，这些态度可以用分析家的言辞来表述。“你明白我的意思吗，老兄？”然而，如果只从字面或编辑的角度来考虑《时尚》广告词的话，这些话的意思就没有被把握住。同理，图片广告里的文字也不能仅从字面去考虑，而是要被当作模拟日常的心理病理的角度去考虑。在照片的时代，语言带有图画或图像的特性，它的“意思”很少属于语义的世界，全然不属于字母的圈子。

266 如果翻开一本1938年的《生活》杂志，那时看上去正常的东西现在明显给人一种悠远的感觉，这种感觉胜过对真正的古旧文物的感觉。儿童给昨天的帽子和套鞋贴上“古时候”的标签。时装世界里视觉姿态的急剧季节性变化，儿童能非常敏感地与其合拍。不过，这里的基本经验，是大多数人对昨天报纸的那种感觉，过期的报纸不合潮流，最为明显。爵士音乐家对自己录制的爵士乐不满意，可能会厌恶地说：“像昨天的报纸一样陈旧乏味。”

也许，要把握照片在创造一个加速度的、转瞬即逝的世界中的意义，上述做法是最简捷的办法。因为我们与“今天的报纸”或口头演唱的爵士乐的关系，和人们感觉的与时装的关系是相同的。时装并不是获取信息或知察事物的手段，而是一种追时髦赶潮流的方式。不过，这样说的目的，只不过是要引人注意照片的消极面。从积极的一面说，加快时间序列的结果是消除时间差别，正如电报消除空间的距离一样。照片当然既消除时间的差别又消除空间的距离。它消除了我们的民族疆界和文化障壁，使我们卷入**人类大家庭**，无论具体的政治观点是什么。任何肤色的一群人的照片都是人的照片，而不是“有色人”的照片。从政治上说，这就是照片的逻辑。然而，照片的逻辑一不是口语的逻辑，二不是句法的逻辑。这一情况使书面文化完全不能对付照片。而且，照片这一媒介使人的感性知觉所发生的彻底转换中，还涉及自我意识的发展。自我意识的发展改变了人的面部表情和面部化妆，其速度之快，与它改变人的身体姿态的速度一样是立竿见影的——无论是公开场合中的体姿还是私下的体姿都受到改变。信手翻翻十五年前的杂志，任意看看十五年前的电影，这样的事实真是俯拾即是。因此，这一说法并不过头：如果说我们的外表体姿受照片的影响，那么我们的内心姿态和自我对话也受照片的影响。尤为重要的是，荣格和弗洛伊德的时代是照片的时代，是 267
自我苛求态度的时代。

上述内心生活的宏大梳理过程，受新型图像完形文化的推动。在我们重新布置自己的住宅、庭园和城市的努力中，显而易见有与之平行发展的东西。一看见本地贫民窟的照片就使人觉得不能容忍。仅仅是照片与现实相匹配这一点，就足以给变化提供新的动力，正如它给人的旅行提供新的动力一样。

布尔斯廷在《形象：美国梦怎么了？》一书中，用**文字**导游的办法让人去巡视图片旅游的世界。只需要从文字的视角去看看新型的旅游业就可以发现，他的这种文字导游是毫无意义的。读过介绍欧洲的书后，人们怀着闲情逸致期待欧洲之行。对他们而言，"乘世界上最快的船，您只需吃十五顿美味佳肴就可到达欧洲"这样一则广告，是既粗鄙又使人大倒胃口的。航空旅游的广告更俗不可耐："纽约吃的饭，巴黎去消化。"而且，照片把旅行的目的搞颠倒了，过去旅行的目的是接触新奇而陌生的山川和风情。笛卡儿在17世纪初说过，旅行几乎像是与外国人会话，这一观点在他那个时代之前全然不为人知。对那些珍视这种奇妙旅行经验的人来说，今天有必要借助艺术和考古的历程回到若干世纪之前。布尔斯廷似乎感到不快，因为许多美国人旅游过许多地方，可他们受旅游影响而发生的变化竟如此之小。他觉得整个的旅游经验已经变得“索然无味、预先排定、预先定死”了，可是他并不热心去弄清楚，为何照片会给我们带来这样的变化。不过，过去的聪明人也是这样的，他们悲叹书籍代替了探询、会话和思索，可是他们从来不愿意费心去思考机印书籍的性质。从古至
268 今，读书人都趋于被动，因为这是读书的最好办法。今天，旅行者变得很被动。有了旅行支票、护照和牙刷，你就春风得意，快活似神仙了。柏油路、铁路和轮船使旅行失去了旅行的滋味。人们稀里糊涂地忽发奇想而外出，闹闹嚷嚷拥向外国旅游，因为出国旅游之方便，与上影院、翻杂志并没有多大差别。旅行社的公式“今天旅游，以后付款”不妨读作“今天动身，以后到达”。因为我们可以争辩说，这样的人从未真正脱离过他们因循守旧的无知觉路子，也从未到过任何新的地方。他们可以参加旅行社代办的上海、波恩或威尼斯的一揽子旅游，可是他们根本就无须打开那一袋详尽的导游资料看。1961年，环球航空公司开始在横越大西洋的飞行中提供新电影。结果你在飞往荷兰的途中，尽可以访问葡萄牙、加利福尼亚或任何其他地方。于是，世界本身变成了一种博物馆，其中的陈列品你已经在另一种媒介中接触过了。众所周知，连博物馆馆长都喜欢用彩照而不是实物陈列在展柜里。同样，到了比萨斜塔或亚利桑那州大峡谷的旅游者，现在只需将他的反应与他早已熟悉的东西比照核对一下就行。其实，他自己拍的照片与过去看过的照片是一样的。

一揽子旅游和照片一样，使你很容易到世界各地旅游，从而使旅游的意义大大失色和贬值，但如果因此而悲叹，你就失去了多半的乐趣。那就是用书面文化那种切割分析的**僵硬**观点来做价值判断。上述的立场还认为，文字描绘的山水胜过电影旅游

片。对于未经训练的知觉而言，完全看书，完全看电影，和完全的旅行一样，作为经验来说，都是平庸陈腐、缺乏营养的。难以到手的东西不能授予人充分的感知，虽然它可能给一件东西罩上一圈假性价值 (pseudo-values) 的光辉，比如给一颗宝石、影星或老夫子抹上一个光圈，这就带来了一个“假性事件” (pseudoevent) 中真实的核心问题，“假性事件”是人们普遍给新媒介贴上的标签， 269
因为它们能使旧模式加速，并赋予我们的生活以新的模式。上述潜隐的力量，我们在**古老**的媒介包括语言里，也是可以感觉到的。这个问题需要我们仔细思索。一切媒介的存在都给我们的生活赋予人为的知觉和任意的价值。

一切意义都随着媒介的加速运动而发生变化，因为一切个人和政治的相互依存模式都随着信息的加速运动而发生变化。有人痛感加速发展使他们熟悉的世界贫瘠不堪，因为加速发展改变了人际交往的形式。他们喜欢本世纪电力革命之前进入社会结构的那些“假性事件”，这种狭隘的偏好一点也不新鲜，一点也不奇怪。凡是习惯了昔日媒介的人——无论他们习惯的是什么媒介，都会把新型的媒介纳入“假性”媒介的范畴，研究媒介的学者很快就对此见惯不惊、料想得到了。这似乎是一种正常的，甚至使人感到亲切的特征，因为在变迁和革新的过程中，它能保证最大限度的社会连续性和持久性。然而，即使把世间的一切保守力量加在一起，也不能对新型电力媒介在生态学上的所向披靡的力量构成一种象征性的抗拒。在车水马龙的公路上，正在倒车的车辆，就它与顺向流动的交通而言，似乎在加速行驶。这似乎是文化保守分子所处的带讽刺性的地位，潮流集中指向一个方向时，他的抵抗反而能保证更快的变迁。控制变革不仅使人与变革同步前进，而且使人走在变革的前面。预见力赋予人转移和控制力量的能力。因此，我们可能觉得自己像是棒球场上的观众，由于球迷渴望一睹大明星的风采而你推我挤，我们被推离了座位。我们刚看到一件事，它就被另一件事淹没掉了，正如我们西方人的生活对土著文化而言是一长串**生活准备过程** (preparations for living) 一样。然而，识字者喜欢的姿态一向是“惊诧地看”或“骄傲地指
270 出”，与此同时，他们又小心谨慎地忽视眼前发生的事情。

照片影响了我们生活中的一个广阔的领域，这就是包装和陈列的世界，以及各色各样商店的陈设安排。报纸可以在一版之内给各种产品做广告，于是，集各种商品于一个屋顶之下的大型综合商场随之而起。今天，这种大型综合商场由于非集中化过程而分解成为集市区的许多小商店，其原因部分归之于汽车，部分归之于电视。不过，照片在邮购商品目录中施加着一定的集中化压力。话又说回来，邮购商行原本就不仅感受到铁路和邮局的集中化力量的影响，而且同时又感受到电报的非集中化的影响。西尔斯邮购商店兴起的直接原因，是铁路站长对电报的使用。这个邮购公司的员工发现，商品在铁路岔道滞留会造成浪费，有了快速的电报以后，货物就可以改线和集中，就可以杜绝浪费了。

复杂的媒介网络在运动世界里很引人注目，相比而言，照片在商品世界里引人注目的程度就稍逊一筹。举例来说，新闻摄影机促成了橄榄球规则的重大变化。1905年，滨州队和斯沃斯摩尔队比赛时球员受伤的一帧新闻照片，引起了西奥多 · 罗斯福总统的注意。他看到斯沃斯摩尔队队员鲍勃 · 麦克斯韦[1]头破血流的

1 鲍勃 · 麦克斯韦 (Bob Maxwell，1883—1922)，美国橄榄球运动员。

照片，感到怒不可遏，立即发出最后通牒：如果再继续进行粗鲁的比赛，他将发布行政命令取消这一运动。通牒的效果与霍华德·拉塞尔[1]从克里米亚战场用电报发出的令人伤心的报道所产生的效果是完全一样的，战地记者的报道塑造了南丁格尔的形象和角色。

新闻图片对富人生活的宣传所产生的效果也同样重大。"摆阔气消费"(conspicuous consumption) 这一词语的流行，与其说归功于凡勃伦[2]的首先使用，不如说归因于新闻摄影师的图片。他们开始进入富豪的游乐场去猎取图片。富人在俱乐部里骑在马 271
上要酒吧送饮料的照片，很快引起公众的厌恶，这就迫使美国的富人战战兢兢地隐入中等消费的水平之中，他们从此不敢越过这一雷池。照片使人外出游玩时的奢华浪费无密可保，因为它们能揭露露骨炫耀权势的勾当，这无疑使炫耀权势者自我拆台。另一方面，照片发展到电影阶段后，又造成了一个影星贵族阶层。他们在银幕上下的表演，塑造了一个摆阔气消费的虚幻世界，而富人是绝对不敢铺张到这一步的。电影给世间的一切"灰姑娘"们提供了一揽子富豪消费的美景，它借此表现了照片的魔力。

《谷登堡星汉》(*The Gutenberg Galaxy*) 为研究活字印刷问世以后迅速兴起的新型视觉价值，提供了必需的背景材料。"有地方容纳一切东西，一切东西能各就各位"(a place for everything and everything in its place)，这不光是排字工排列铅字型号的特征，而

---

1 威廉·霍华德·拉塞尔 (William Howard Russell, 1821—1907)，《泰晤士报》记者，受命报道土耳其、英国、法国对俄国的克里米亚战争，成为当时最著名的战地记者。

2 索尔斯坦·邦德·凡勃伦 (Thorstein Bunde Veblen, 1857—1929)，美国经济学家和社会学家，制度学派创始人，论述了商品供给和创造利润之间的根本矛盾，著有《有闲阶级论》、《企业论》等。

且是16世纪以后人类知识和行为组织的特征。甚至连情感和情绪等内心生活，也根据不同的图景来构造、排列和分析，正如克里斯托弗·赫西[1]在迷人的《美景如画》(*The Picturesque*)一书中所阐释的那样。书中分析的心理生活，多半比塔尔博特1839年发明摄影术时的生活早一百多年。照相术表现自然景物的力量远远超越了颜料和语言描绘自然景物的力量，因此它产生了一种逆反的效果。由于它赋予物体自我成像和"不用句法表述"的手段，所以它也推动了心理世界的描绘。不用句法或不用言语的表述，实际上就是借助姿势、模拟表演和完形的表述。这一新的维度为诗人对人的考察敞开了大门，波德莱尔和兰波这样的诗人表现的正是心灵的图景。诗人和画家涉足这个心灵图景世界的时间，远远走在弗洛伊德和荣格用照相机和笔记本来捕捉心理状态的前
272 头。也许，最轰动一时的人物要算克洛德·贝尔纳[2]。正当上述诗人在描绘感知生活和情感生活的时候，他以其宏著《实验医学研究导论》(*Introduction to the Study of Experimental Medicine*)将科学引入对人体内部世界的描绘。

有一个重要的现象值得注意：图像化的这个终极阶段是一种模式的逆转。波德莱尔和贝尔纳观察到的身心世界根本就不是照片的世界，而是一套非视觉关系，就像物理学家借助新兴数学和统计学所发现的关系。还可以说，照片把超乎视觉的细菌世界引进人的注意范围。这一点使巴斯德被怒不可遏的同事逐出医学界。正如萨缪尔·莫尔斯无意之间投身于非视觉的电报世界

---

1 克里斯托弗·赫西(Christopher Hussey，1899—1970)，英国设计师，著有《欧洲古典园林建筑艺术与装饰》、《美景如画》等。

2 克洛德·贝尔纳(Claude Bernard，1813—1878)，法国生理学家，着重研究人的神经系统和消化系统，著有《实验医学研究导论》。

一样，照片的确超越了图像的范畴，因为它攫住了身心两方面的内在姿态，生成了内分泌学和心理病理学的崭新世界。

由此可见，如果把握不住照片与其他新旧媒介的关系，要弄懂照片这一媒介是完全不可能的。因为媒介作为我们身体和神经系统的延伸，构成了一个生物化学性的、相互作用的世界；因为新的延伸在不断发生，这个世界必然要永不停息地谋求新的平衡。在美国，人们能容忍自己在镜子或照片中的形象，可是他们听见自己录下的声音却感到很不自在。照片世界和视觉世界是
使人感到安稳的麻醉区域。 273

二十一　报纸：靠透露消息的政治

274 本章一开篇就明确界定常与新闻报道联系在一起的一个术语："人情味"。麦克卢汉说："这个专门术语的意思是：多种版面或多种信息条目以马赛克的形式排列在同一张纸上产生的效果。"至于报纸的服务功能，麦克卢汉将其界定为矛盾：因为报纸这一"个体性技术被用于塑造和揭示集体的态度"。正如在其他地方一样，麦克卢汉探讨任何媒介时，总是将其与人类最早的技术即语言联系起来，强调语言由此而经历的转换："艾迪生[1]和斯梯尔[2]使文章风格和印刷媒介协调一致，使印刷词离开口语的语调变化，甚至是离开手写本文字的语气变化。"艾迪生和斯梯尔之前一百年，托马斯·纳什[3]在剑桥大学毕业以后，先到国外云游，然后才去伦敦，"靠一支笔勉强度日"（《剑桥传记词典》）。一般人对纳什的看法将他与报人放在一起。麦克卢汉关注他以后，情况为之一变。麦克卢汉在剑桥大学的博士论文全方位地研究纳

1 约瑟夫·艾迪生（Joseph Addison，1672—1719），英国散文家、剧作家、诗人，散文奠基人之一，与理查德·斯梯尔创办期刊《闲话者》、《旁观者》，著有悲剧《卡托》、诗歌《战役》等。

2 理查德·斯梯尔（Richard Steele，1672—1729），英国散文家、剧作家、评论家，与约瑟夫·艾迪生共同创办《闲话者》、《旁观者》，著有喜剧《葬礼》、《自觉的情人》等。

3 托马斯·纳什（Thomas Nashe，1567—1601），英国讽刺作家、剧作家、小说家，麦克卢汉的博士论文以他为研究对象。

什的成就。麦克卢汉媒介研究的萌芽在其博士论文中清晰可见。在本章里，读者将会见到《理解媒介》唯一一次提到纳什。

——编者小引

美联社发的一篇新闻稿（1963年2月25日）题为： 275

总统成功　报纸受责怪

克罗克称肯尼迪玩弄新闻的手段

大胆、讥诮、巧妙

有人援引阿瑟·克罗克[1]的话说："主要的责任落在印刷品和电子程序上。"这句话似乎是"历史应受责难"的翻版。不过，正是电力传输的信息立竿见影的效果，才使人在发送和经营新闻中有必要故意提出一个富有艺术性的目标。在外交事务中，电讯传输之迅捷促使人们在决策做出之前就将其公布，以便确定这些决策做出以后究竟会出现哪些不同的反应。这样的决策程序在瞬息万里的电速条件下完全是必然的，因为电速使全社会都卷入了决策过程。这样的程序使老报人感到震惊，因为它废弃了任何确定的观点。随着信息运动速度的增加，政治变化的趋向是逐渐偏离民选代表的政治，走向全民立即卷入中央决策行为的政治。相反，较慢的信息速度使选民代表政治成为强制性的决策。和选民代表政治相联系的，是代表公众利益的各

1　阿瑟·克罗克（Arthur Krock，1886—1974），美国记者，曾获普利策奖。

种阶层的观点，这些观点提出来供其余的社会成员加工和考虑，是意料中的事情。电速引入这样的代表机构之中以后，这个快要过时的机构只有靠欺骗和权宜之计才能运转。这些欺骗和权宜之计，使观察家觉得是对既定机构原有目标和宗旨的无耻背叛。

报界的广泛主题，只有靠与该媒介的形态模式直接接触才能
276 处理好。因此有必要立即指出，“人情味”这个专门术语的意思是：多种版面或多种信息条目以马赛克的形式排列在同一张纸上产生的效果。书籍是一种个人的自白形式，它给人以“观点”。报纸是一种群体的自白形式，它提供群体参与的机会。报纸可以给事件抹上一层偏见的色彩，因为它既可以借用事件也可以完全不借用事件。然而，正是由于将许多新闻和事件并列于报端使公众每天耳濡目染，才使报纸具有令人感兴趣的多重性的广阔范围。

书的形式不是一种公众马赛克形态或团体形象，而是一种个人的呼声。电视对报纸出人意料的影响之一，是使《时代》(*Time*)周刊和《新闻周刊》(*Newsweek*)受欢迎的程度大大增加。这两种杂志并未在发行工作中做任何新的努力，可是自电视问世以来它们的发行量却增加了一倍多，连这两家杂志的人都完全不能解释个中原因。这些杂志的马赛克形态非常显著，它们不像老式的画报给世界提供窗口，而是表现运转中的社会的总体形象。观赏画报者处于被动的地位，但是新闻杂志的读者却深深介入其间去完成总体形象的意义。所以，看电视时介入马赛克形象的习惯，大大加强了上述新闻杂志的吸引力；与此同时，老式画报的吸引力却被削弱了。

书籍和报纸都具有自白的特性，它们的形态本身就产生了**内**

幕秘闻的效果，无论其内容为何物。书籍披露作者心灵历险中的秘闻；同理，报纸的版面披露社会运转和交往中的秘闻。因此，报纸揭露阴暗面时似乎最能发挥其职能。真正有影响的新闻是报忧的新闻，即**关于**某某人的坏消息或**对于**某某人的坏消息。1962年，明尼阿波利斯市好几个月没有报纸，市警察局局长说："当然， 277
我也想看新闻，不过拿我个人的工作来说，我希望报纸再也不会卷土重来。没有报纸散布犯罪的思想，现在的犯罪比过去少了。"

早在电报加快新闻速度之前，19世纪的报纸已朝着马赛克形态走了很长一段路，蒸汽轮转印刷机在电能开发出来之前好几十年就已经投入使用了。然而，直到1890年研制出行型活字排版机以前，手工排字一直比任何机械排字手段都更令人满意，有了行型活字排版机以后，报业能够更加充分地适应用电报搜集新闻和轮转印刷机印报的形式。手工排字速度缓慢这个长期未能解决的问题，由于行型活字排版机问世而得到了解决；可是解决这个难题的并不是长期从事这一研究工作的人，这一点具有典型的意义和深长的意味。詹姆斯·克莱芬（James Clephane）研制出行型活字排版机之前，人们已经白花了巨资去研究排字机。克莱芬在寻求迅速写出和复制速记符号时，找到了一个将打字机和排字机结合起来的办法。虽然排字与打字的性质截然不同，解决排字问题的却是打字机。今天，出版书籍报纸都仰赖打字机了。

搜集信息和信息出版的加速，自然产生了为读者安排材料的新形态。早在1830年，法国诗人拉马丁[1]就说过："书到手的时间太晚。"这句话使人注意到，书和报是完全不同的两种形态。一

1 阿方斯·拉马丁（Alphonse de Lamartine，1800—1869），法国消极浪漫主义诗人、政治活动家，著有《沉思集》、《吉伦特派的历史》等。

旦排字和搜集新闻减速，报纸就会发生变化——不仅是报纸版面的变化，而且是撰稿人文风的变化。最早的文风变化发生在18世纪初，艾迪生和斯梯尔在合办《闲话者》(*Tatler*) 和《旁观者》(*Spectator*) 时发现了一种新的散文手法，以适应印刷词语的形态。这是一种语气平和的手法，通篇文章都保持一种调子和态度
278 对读者说话。通过这一发现，艾迪生和斯梯尔使文章风格和印刷媒介协调一致，使印刷词离开口语的语调变化，甚至是离开手写本文字的语气变化。我们一定要明白这种使语言和印刷媒介和谐一致的手法。电报回过头来使语言和印刷词语相脱离。它开始用难以捉摸的长短电码声来传输信息，电码的声音信息即是所谓新闻标题的风格、新闻体风格、电报体风格，这些现象仍然使文人学者感到沮丧，因为电报在模仿印刷术的一致性时，用的是倨傲、单一的调子。新闻标题风格产生了诸如此类的效果：

乒坛宿将今日聚会
巴贝渴望开怀畅饮

这一则新闻说的是萨尔·马格利 (Sal Maglie)，昔日布鲁克林道奇队的弧圈球名手，将出席球员俱乐部宴会并应邀发表讲话。文人学者钦佩彼得罗·阿雷蒂诺[1]、拉伯雷和纳什音韵铿锵、刚劲犀利的文章。这三位作家从事散文写作时，印刷品的压力还不足以将语言的姿态转换为统一的线性结构。我和一位经济学家交谈，问他是否想过，读报是一种有报酬的雇佣劳动。果然我

1 彼得罗·阿雷蒂诺 (Pietro Aretino, 1492—1556)，意大利诗人、散文家和剧作家，擅长写讽刺作品。

没有估计错，他对此大惑不解。然而，凡是将广告和其他节目糅合在一起的媒介，的确是一种“有偿学习”(paid learning)。在未来的年月里，当孩子们上学成了有偿学习时，教育家们将明白，耸人听闻的报纸是有偿学习的先驱。早些时候，人们之所以难以认识这一事实，有一个原因：信息的加工和运动尚未成为机械和工业时代的主要产业。然而，在电力世界里它很容易成为占主导的产业和创造财富的手段。在机械时代行将结束之际，人们仍然幻想，报纸、电台，甚至电视都不过是“硬件”制造者和使用者花钱购买的信息形态，所谓“硬件”指的是汽车、肥皂和汽油之类的东西。自动化控制局面以后，情况就明朗化了：**信息**是关键的商品， 279
而实物产品只不过是信息运动的偶然形态。信息成为电力时代基本的经济商品，信息时代的早期阶段被广告和娱乐方式遮掩得若明若暗、模糊不清，广告和娱乐方式使人看错了路子。广告客户付钱在报刊上买版面，在电台和电视上买时间。换言之，他用钱买到了一部分读者、听众和收视者，仿佛是用钱租用我们的住宅去举行公开集会一样明明白白。如果他们知道如何直接付款购买读者、听众和收视者的时间和注意力的话，他们是乐意照办的。迄今为止构想出来的唯一办法是上演免费的节目。美国的电影院还没有形成中断放映时间插入广告的习惯，这只是因为电影本身是消费品广告的最佳形式。

有人痛惜报纸的轻薄，痛惜它那种群体曝光和公众净化的自然形态。他们忽视了报纸的性质，强求报纸具有书籍的特性，要它像在欧洲一样倾向于书籍。书籍在西欧到来的时间大大走在报纸的前面，但是俄国和中欧出版发行书报的工作几乎是同步进行的，其结果是，他们从未将这两种形态厘清，他们的新闻业散发着文人秀才的个人主见。相反，英美的新闻业一直趋于利用报纸的马赛克形态，去表现平凡生活中不连续的多样性和非协调性。知识界希望用报纸的马赛克形态在单一视角层次上去表现固定的观点——说明他们根本没有看清报纸的形态。这好比是公众突然提出如下的要求：所有的百货商店统统都只设一个柜台。

分类广告栏（和股票行情）是报纸的根基。如果我们能找到
280 很容易获取这类形形色色的日常信息的另一种源泉，报纸就只有关门大吉了。电台和电视能分别处理体育、新闻、漫画和图片。社论是报纸唯一具有书本性质的特征。多年以来，它一直被人忽视，除非它是用新闻或付费广告的形式出现。

如果说我们的报纸大抵是免费的娱乐业，其经费是由想买读者的广告客户支付的话，那么总体上看，俄国的报纸就是促进工业生产的基本形态。如果说我们用新闻包括政治的和个人的新闻作为娱乐去吸引广告读者，那么俄国人就将其用作推动生产的手段，他们的政治新闻那种咄咄逼人的认真味和姿态，和美国广告客户的语气不相上下。一种很晚才开始办报的文化（报纸姗姗迟到的原因和工业化延误的原因相同），一种把报纸当作书籍形态来接受并且把工业当作集体政治行动来看待的文化，都不大可能到新闻中去寻求娱乐。即使在美国，文化人在理解广告世界的图像变体方面也没有多大的技巧。广告受到忽视和惋惜，可是它们难以得到认真的研究，难以得到人们的喜爱。

凡是认为报纸在美国和俄国、法国和中国都具有相同功能的人，实在没有摸到这一媒介的特性。由此就可以认为，这种媒介盲仅仅是西方人的特点吗？就可以认为，俄国人一定知道媒介的

偏向并正确解读媒介的功能吗？由此就可以认为，人们模模糊糊地假设，世界各国元首知道报纸在不同的文化中具有完全不同的影响吗？诸如此类的设想是没有根据的。对报纸的阈下或潜在作用这一特性没有觉察，这一现象在政治学家和政客中都相当普遍。比如，在偏重口头文化的俄国，《真理报》(*Pravda*) 和《消息报》(*Ivestia*) 处理国内新闻，而重大国际题材却通过莫斯科国际广播电台传播到西方。在偏重视觉的美国，电台和电视却处理国内新闻，而国际时事的正式处理又通过《时代》周刊和《纽约时 281
报》来进行。作为一种外事服务设施，美国之音的率直绝不能和英国广播公司和莫斯科国际广播电台的老练相比，不过它在言语内容上的不足，由于它播放的美国爵士乐的娱乐价值而得到了补偿。上述着重点的不同所隐含的意义，对于理解偏重口头的文化——就它与偏重视觉的文化相对而言——自然会产生什么观点和决定，是至为重要的。

我有一位朋友试图在中学讲媒介的形态，他遇到的反应是异口同声的。学生任何时候都不愿意接受这样的说法：报纸或任何其他公共传媒能用于卑鄙的目的。他们觉得，卑鄙的目的类似于污染空气和水源，而他们受雇于这些媒介的亲友是不可能堕落到这个地步的。之所以对媒介的性质失察，那是因为他们注意了媒介的内容而忽略了媒介的形式。谈论媒介是一片荒漠的牛顿·米诺斯 (Newton Minows) (他曾任联邦通讯委员会主任) 是难以计数的，这些人对任何媒介的形式都一窍不通。他们幻想，更为认真的调子和更为严肃的主题，自然会拔高书籍、报纸、电影和电视的水平。他们的错误到了滑稽可笑的程度。只要用自己的理论尝试去分析英文传媒里一段五十来个词的文章，他们就可以知道自己错到了什么程度。如果不用俗语里的套话，米诺斯先生该怎么办呢？广告客户又能做什么呢？假定我们想说几句话，以提高日常会话的水平，可是却用一套冷静和严肃的情绪，结果会怎么样呢？能用这个办法找到改进媒介的途径吗？倘若所有人说英语都像是说中国官话那个水平，都像一个模子里铸出来的那样优雅庄重、咬文嚼字，英语及其使用者就能找到更好的服务
282 形式吗？我想到阿蒂默斯·沃德[1]所言："莎士比亚写了出色的剧本，可是如果让他当纽约一家日报驻华盛顿的记者，他就不可能成功。他缺乏大胆的奇思幻想。"

倚重书本的人有一种错觉：如果没有广告和广告客户的压力，报纸会办得更好。读者调查揭示的情况使办报人大吃一惊，原来读者浏览报纸时对广告和新闻材料一样满意。在第二次世界大战期间，美军慰问协会把美国主要杂志的特刊送给部队，杂志里的广告是特意删掉的。而士兵们却坚决要求恢复这些广告。这个要求是自然而然的。广告在任何杂志中都是最好的部分。制作广告所投入的心血和构思、智慧和技艺，超过在报纸和杂志任何专栏文章里的投入。广告也是**新闻**。广告的"错误"在于，它们总是报告**好**消息。为了使效果保持平衡并兜售好消息，就需要许多坏消息。而且，报纸是热媒介。为了确保报纸的热度和读者的参与，它必须登载坏消息。如上所述，**真正**有价值的新闻是**报忧**的消息 (Real news is bad news)，自印刷术以来的任何报纸足以为证。作为**新闻**，水灾、火灾和其他公共灾害的新闻价值超过任何个人的恐怖或罪恶。相比而言，广告必须要高声嚷嚷，宣

---

1 阿蒂默斯·沃德 (Artemus Ward, 1834—1867)，原名Browne Charles Farrar，美国幽默作家，英年早逝，有讲演、书信和小品文存世。

示它给人愉快的信息，以抗衡恶事传千里的渗透力。

评报人和参议院都注意到，自从参议院开始对不合口味的公民窥视以来，它已经担任了一种越过众议院的角色。事实上，总统和政府在舆论方面最不利的处境是，它总是尽力成为美好消息和高尚指令的源泉。相反，参议员和众议员却享有揭发阴暗面的自由，这正是使报界保持活力必不可少的东西。

从表面上看，上述观点有玩世不恭的味道。有人设想，媒介 283
的内容是政策和个人嗜好问题。对他们而言，一切团体的媒介——不仅电台和报纸，而且连平常的通俗言语都是人类表情和经验的堕落形式。在他们看来，上面所谈的观点尤其带有玩世不恭的味道。在此我必须重申，报纸自问世之日起，始终不趋向于书本的形式，而趋向于马赛克形式或参与的形式。由于印刷速度和新闻搜集速度的加快，这一马赛克形式已经成为人际组合关系中主导的一面。因为马赛克形式不意味着抱超然的"观点"，而意味着参与到过程中去。故此，报纸与民主过程是不可分离的：从文字或书本的观点看问题，报纸完全可以用来消费。

在这个问题上，偏重书籍的人又误解了报纸的集体马赛克形态，他们抱怨报纸无休止地报道社会的阴暗面。就其形式本身而言，书籍和报纸都用于揭示内幕；无论是蒙田把自己细腻的幽思奉献给静居独处的个人读者，还是赫斯特和惠特曼让他们粗俗的语言响彻世界的屋脊，他们都是在吐露内幕真情；书籍和报纸以准确一致的可重复性对公众讲话，并且带有很高的强度：正是由于这个印刷形态的特征，才使书籍和报纸都具有公众忏悔室的特征。

所有读者打开报纸首先要看的条目，都是他们已经知道的东西。如果我们目击了某个事件，无论是球赛的输赢、股市的暴跌或暴风雪的袭击，我们打开报纸就转向它对这一事件的报道，首先想看的就是这一新闻。为什么？这个答案是理解媒介的关键所在。为什么儿童喜欢喋喋不休地述说他一天的事情，哪怕他笨嘴拙舌、说不清楚？为什么我们喜欢读表现我们熟悉的场景和人物的小说，喜欢看这样的电影？因为对理性的人来说，在新的物质形态中看见或认出自己的经验，是一种无需代价的生活雅兴。
284 经验转换为新的媒介，确实赐予我们愉快地重温过去知觉的机会。报纸再现我们使用自己五官的激情。通过使用五官，我们把外部世界转化为自身的肌体。这种转换所唤起的激动之情能够解释，为什么人们十分自然地希望时时刻刻都使用自己的感官。我们随时随地都在使用感官和机能的延伸，并将其称为媒介，正如我们任何时候都在使用自己的眼睛和耳朵一样，而且我们使用媒介的动机和使用感官的动机是相同的。相反，倚重书本的人却认为，无休止地使用媒介是堕落的表现；对生活在书籍世界里的人而言，媒介是陌生的。

迄今为止，我们探讨了报纸作为书籍马赛克形态的后继媒介的特性。马赛克是团体或集体形象的形态，它要求受众做深度参与。这种参与是公共的而不是隐私的，是包容性的而不是排他性的。如果超乎报纸如今的形式去看，即使随意选取几个视点，报纸形式的其他特征也就很容易把握了。比如从历史上看，曾经有一段时间，报纸等待新闻上门。美国的第一张报纸是本杰明·哈里斯 (Benjamin Harris) 1690 年 9 月 25 日在波士顿发行的。它宣告“每月提供一次 (如果事情充分，也可以略为经常一些) ”。这句话清楚地说明上述观点：消息处在报纸之外，是超乎报纸的信息。在当时最初级的知觉条件之下，报纸的主要功能是纠正谣传和口头报道中的错误，正如字典可以用来"纠正"词语的拼写和意义一样。其实没有字典的恩惠，词语早就存在了。但没过多长时间，报界就开始感到，新闻不仅需要报道，它还需要去搜集。事实上还需要人去制作。于是，**进入**报纸的信息是新闻，未进入报纸的则不是新闻。"他成了新闻人物"(He made the news) 这句话有一种莫名其妙的歧义，因为上报纸既可以是新闻，也可以是制作新闻。由此可见，"制作新闻"和"成功"一样，都暗中包含着无数的行动和虚构。不过，报纸正是日常的行动、虚构或捏造，由来 285
自社会的一切信息构成。借助马赛克手段，报纸成为公共的形象或公共的剖面图。

布尔斯廷这样的传统评论家抱怨，现代捉刀人的写作、电传和无线电通信产生了一种不实在的"假性事件"的天地。这实际等于是宣告，他从未检查过电力时代之前任何一种媒介的性质。因为假性和虚构性自古以来便渗入了媒介之中，而不是只渗入了晚近兴起的媒介之中。

大企业和大公司认识到，他们运作的形象是一种虚拟的图像，仿佛是仔细刻在公众感觉系统上的文身。很久以前，报纸已将社区塑造成一系列行动组合而成的形象——靠报头日期合为一体的形象。除了报上的语言，报头日期就是报纸社会形象的唯一组织原理。如果去掉报头的日期，前一天报纸的外观就和第二天报纸的外观一样。不过，如果不注意报头日期，将一周前的旧报纸当作今天的去读，就会有不舒服的感觉。一旦报界认识到，新闻报道不是事件和报道的重复，而是事件发生的直接原因，许多事情就会接着发生。此后，广告和推销才冲破限制，打进了报纸的头版。它们在马戏团创始人巴纳姆[1]的襄助下才成为轰动的新闻。今天的报人对报纸的态度，好比是口技演员对受他操纵的木偶的态度。他可以随心所欲地让报纸说出他想说的话。他审视报纸的目光好比是画家审视调色板和颜料管的目光。从无穷无尽的可资利用的事件中，可以得到无穷无尽的经过处理的马赛克效果。任何个体客户都可以被植入报纸去表现——在广阔的范围内，以不同的模式和调门，被纳入公共事务、人情味和深度新闻之中。

报纸是一种马赛克式的、参与性的组织，是自己动手的一种世界。如果仔细留意这一事实，我们就明白，为何它对民主政治
286 是必不可少的。道格拉斯·凯特[2]在其有关报纸的著作《政府的第四部》(*The Fourth Branch of Government*) 中，始终被以下事实所困扰而未能做出回答：在政府各部门极端分化的情况下，报纸使它们彼此联系起来并使之与全国人民息息相关。他着重指出了这个看似矛盾的现象：报纸旨在宣传净化，然而在电子世界天衣无缝的事件网络中，许多事情又必须秘而不宣。由于有控制的披露新闻那种富有魔力的灵活性，绝密的东西转换成了公众的参与和责任。

正是这种日常的巧妙适应性，使西方人开始顺应完全互相依赖的电力世界。这种适应性的转换过程，在报纸身上最为明晰可见。报纸本身就表现出一种矛盾：个体性技术被用于塑造和揭示集体的态度。

---

1 P. T. 巴纳姆 (P. T. Barnum, 1810—1891)，美国著名巡回演出团老板和马戏团老板，著有《世界上的骗子》、《奋斗与胜利》、《巴纳姆自己的故事》等。

2 道格拉斯·凯特 (Douglass Cater, 1923—1995)，美国教育家、政治学者，多次担任总统助手，著有《政府的第四部》、《华盛顿的权力》、《商业社会中的伦理道德》等。

现在可以来看看，报纸是如何受晚近开发的媒介如电话、广播和电视的影响而发生变化的。我们已经看到，电报在塑造现代报纸的马赛克形象中发挥了很大的作用，因为它具有大量非连续和非连接的特征。正是公共生活的群体形象，而不是什么社论的观点或倾向，才构成了这一媒介的参与性。对超然、重隐私文化里的书籍取向的人而言，下述事实是报纸的丑行：它厚颜无耻地深深介入人们的兴趣和情感之中。由于电报在表现新闻中消除了时间和空间的距离，它使书籍形态的隐私暗淡无光，同时它又提高了报纸新型的公开性形象。

到莫斯科采访的报人受到的第一种折磨，就是没有电话号码簿。接下来更可怕的发现，是政府部门都没有电话交换机。你得记住号码，否则就别打电话。媒介学者在查阅了卷帙浩繁的文献后才找到以上两种事实，他为此而感到高兴。因为它们像泛光灯 287
一样照亮了报纸世界广袤的模糊不清的地区，显示从另一种文化的角度看来，电话扮演的是什么角色。美国报人在很大程度上靠电话搜集新闻和加工素材，因为口头交谈迅捷而直接。我们的通俗小报在性质上很接近传播小道消息的渠道。相比较而言，俄国和欧洲的报人更富有文人味。这种情况似乎自相矛盾：在偏重书面文化的美国，报纸具有强烈的口头性质；而在偏重口头文化的俄国和欧洲，报纸又具有强烈的书面性质和功能。

英国人很讨厌电话，所以他们用许多信函，不打电话。俄国人把电话作为地位的象征，正像非洲部落酋长把闹钟带在身上当作衣饰一样。俄国人觉得，报纸形象的马赛克形态，是部落团结和部落参与的一种直接的形态。报纸的一些特点与书面文化的严格个性标准是最不协调的，我们发现，共产党接受的恰恰是这些特点。列宁说:“报纸不仅是集体宣传家,而且是集体鼓动家,也是集体组织家。”斯大林把报纸称为“我们党最有力的武器”。赫鲁晓夫把它说成是“我们主要的思想武器”。他们很注意报纸马赛克的集体形态,因为它具有将自己的预设强加于人的魔力;他们不太注意书面词语表达个人观点的功能。在偏重口头文化的俄国,政府权力的分化是闻所未闻的。我们的报纸使分化的政府部门整合一体的功能,对俄国人来说也是闻所未闻的。俄国铁板一块的性质为报纸的马赛克准备了截然不同的用途。俄国现在需要报纸(正如我们过去需要书一样)去转换一种部落的、口头文化的社会,使之在一定程度上成为视觉的、同一的、能承受市场体制的文化。

288 埃及需要报纸去实现民族主义,这种视觉型的统一使人跳出地方和部落格局的窠臼。似乎自相矛盾的是,在埃及使古老部落恢复青春活力的过程中,电台站在最前列。骆驼背上的半导体收音机给贝都因人前所未有的力量和活力。所以用“民族主义”去描写阿拉伯人借助广播所感受到的狂热的口头激情,就是将这一情况掩盖起来使自己视而不见,阿拉伯世界的团结只能靠报纸去实现。文艺复兴之前,西方亦不知民族主义为何物;文艺复兴时期,谷登堡使人们**看见**母语以统一的衣装印在书中。这种整齐划一的视象统一对民族主义是非常必要的,电台对这种视象统一不发挥任何作用。为了把人们收听的广播限制到国家电台节目的范围之内,有些阿拉伯政府制定了禁用耳机的法律,实际上就是在听众中强制推行一种部落式的集体主义。电台复活了部落敏感性,复活了血亲网络那种排他性的参与活动。相反,报纸造成的却是一种视象的、介入不太深的统一。这种统一有利于包容许多部落，有利于个人观点的多样化。

如果说电报缩短了句子，那么电台就缩短了新闻的篇幅，电视就给新闻工作注入了拷问的语气。事实上，报纸不光是社区每时每刻的远距离照相的马赛克样式，而且报纸的技术也是该社区一切技术的马赛克样式。就连在选择有新价值的信息时，报纸也偏爱那些在电影、广播、电视和戏剧中已经有一点声名狼藉的人。凭借这一事实，我们可以检验报纸媒介的性质，据此看来，只在报纸上露面的人，仅仅算得上普通的公民。

墙纸制造商近来开始生产外观像法国报纸的墙纸。爱斯基摩人把旧杂志纸片贴在天花板上防漏水。不过，即使掉在厨房地上的一张旧报纸，也会显示出报纸在手边时曾经被人忽视的一些
新闻。然而，无论是在公开传递中为个人享用而读报，还是在个 289
人读报中去介入公共的事务，报纸的马赛克样式都可以产生一种群体知觉和参与的、复杂的、分为许多层次的功能。这是书籍从未行使过的功能。

报纸的版式即它的结构特征，自然被波德莱尔以后的诗人接受下来，用以唤起一种无所不包的知觉。今天普通报纸的版面并不以先锋派的方式表现为象征主义和超现实主义，但是报纸曾经较早地给艺术和诗歌的象征主义和超现实主义以启示，任何人读福楼拜和兰波的作品都可以发现这种影响。如果当作报纸形态去看，乔伊斯的小说《尤利西斯》和艾略特《四重奏》(*Four Quartets*)之前的任何诗歌都更容易赏析。然而，书籍文化的连续性非常严格，以致它对媒介之间的危险关系竟不屑一顾：对于书页与行型活字印刷机另一边的电子玩意勾搭的丑事，书籍文化尤其是不屑一顾的。

鉴于报纸对宣传手段的净化作用那种执着的关注，大概可以问，它是否必然与书籍这一媒介发生冲突。报纸作为一种集体和公共的形象，自然就采取了对抗一切个人操纵的立场。任何小人物一旦有所动作，做出一点有名气的样子，他就立即成为新闻人物。任何个人为了私利而摆布公众时，或许也会感到宣传的净化力量。因此，隐身衣自然而然地披在报主身上，或披在为了商业目的而大肆利用报纸的客户身上。难道这一点不足以说明，文人学士为何执意认为报业大王是腐败堕落的吗？读书的人和写书的人所持的单纯个人的和分割的观点，自然有理由要与报纸强大
290 的、团体的力量唱对台戏。作为形态，作为媒介，书籍和报纸在各种媒介中似乎是最不可调和的。媒介的主人总是刻意提供公众想要的东西，因为他们明白自己的力量是存在于**媒介**本身，而不
291 是存在于**讯息**或节目之中。

二十二　汽车：机器新娘

麦克卢汉为下一章“广告”找到了一个令人满意的双关语：“使消费者神魂颠倒”。在本章里，他又将他第一部研究广告的专著《机器新娘》的书名移植过来，用以研究美国人与汽车的“恋情”。在上一章的末尾他提及，在印刷术主导的文化里，“书页与行型活字印刷机另一边的电子玩意勾搭的丑事”。这一章里他清楚地证明，印刷文化被动地接受了与装配线式的机器新娘的“恋情”。如果说“谷登堡使人们看见母语以统一的衣装印在书中”，通用汽车公司就使人拥有一位新娘，却看不见她是自己的技术延伸。享受“免下车”服务的那喀索斯。 292

——编者小引

这一篇报道抓住了汽车与社会交往关系里的许多意义： 293

太棒了。我驾着白色的大陆牌汽车，身穿一件真丝、绣花、雪白的牛仔衬衣，一条华达呢裤子。身边坐着我皮毛乌黑发亮的丹麦种大狗，是欧洲进口的，取名冯·库鲁普。真是快活赛神仙！

说美国人是四个轮子的动物也许不错，指出美国年轻人把领取汽车驾照的年纪看得比获得选举权的年纪更重要，似乎也恰如其分。而且，汽车成了美国人的衣服，如果没有汽车，他们在城市大院里就觉得不安稳、不完全，就觉得好像赤身裸体没穿衣服一样。这也是事实。有些观察家强调指出，作为地位的象征，住宅近来取代了汽车。如果这话不错，从宽敞的车道向郊区修饰整齐的屋顶的转移，可能意味着美国人的生活重心确实发生了变化。汽车变为城里真正的“居民”，结果就造成人性标准的损失，包括人享受的权力和空间距离两方面的损失；对于这个变化和损失的程度，人们的忧虑日益加重。城市规划者正在千方百计从庞大的运输公司手里赎回我们的城市，供行人享用。

林恩·怀特在《中世纪技术与社会变革》中述及马镫和重甲武士的情况。重甲骑士耗资巨大，但他对突袭作战又必不可少，所以合作耕耘的封建制应运而生，以便支付骑士的装备。文艺复兴时期的火药和大炮结束了骑士的军事作用，并且把城市还给了步行的市民。

如果说以汽车代步的人在技术上和经济上都胜过骑士，那可能是因为技术的电力变革即将使驾车人放弃汽车，并且使我们回
294 到安步当车的价值尺度上去。“去上班”也许是一个暂时使用的语汇，正像“去购物”不会再被长期使用一样。食品商店已经预见到用双向电视或电视电话购物的可能性。威廉·弗里曼(William M. Freeman) 为《纽约时报》(1963年10月15日，星期二) 撰文说：完全可以肯定，“今天的送货车推销方式将发生一个

决定性转变……购物的主妇可以收看各种商店的电视节目，而她的信用卡则由电视自动予以确认。各种商店将以丰富而真实的色彩供顾客收看。距离将不成其为问题，因为到本世纪末，顾客可以通过电视与商店直接联系，无论他离商店有多少英里的距离”。

诸如此类的预言的错误在于，它们都假定有一个稳定的事实框架。这里所指的事实框架是住宅和商店，而这个框架正是首先要消失的东西。顾客和店主变化之中的关系，与工作本身变化之中的格局相比，在自动化时代里已经是小巫见大巫。事实上，上下班的模式几乎肯定会丧失它们目前的特性。就这个意义而言，汽车作为交通工具肯定会重蹈覆辙，像马一样被淘汰。马丧失了它在运输业里的角色，可是它在娱乐业里又卷土重来，担任了重要的角色。汽车也在娱乐业发挥了重大的作用。汽车的未来不会属于运输的领域。倘若1910年初生的汽车工业已经认识到，开会探讨马的未来已恰到时候，那场讨论一定会围绕挖掘马的新型职能和新型训练，以拓宽马的用途。那场讨论一定会完全忽视运输、住宅和城市布局中的崭新革命。当时，我们的经济正在转向制造和维修汽车，转向把大量闲暇时间用于庞大的公路系统，这两个转向在那场讨论中是连想都不会想到的。换言之，与新技术同步变化的是结构框架本身，而不仅仅限于框架的景象。我们不 295
应该只想到用电视购物，而应该意识到，电视内部通讯网意味着购物本身的结束，意味着我们目前认识的这种工作形式的结束。同样的谬误纠缠着我们对电视和教育的看法。我们把电视当作一种偶然的辅助手段，可是事实上它已改变了儿童的学习过程，这一学习过程与家庭和学校都毫无关系。

20世纪30年代，数以亿计的连环漫画书以洪水泛滥般的血腥味淹没儿童时，似乎没有人注意这一事实：从感情色彩上来说，我们街上数百万计的汽车的暴力，比任何见诸印刷的东西都更加歇斯底里。世间的犀牛、河马和大象加在一起，并集中于一个城市，也不可能造成汽车内燃机每日每时给人的经验所构成的那种威胁和强烈的爆炸性。人们真应当内化——与之共存——这一切的力量和爆炸性暴力吗？真应这样做，而不必将其加工并导向某种幻想的形态以求补偿和平衡吗？

在20世纪20年代的默片时代，许多镜头都涉及汽车和警察。因为那时的电影被视为一种视觉幻想，所以警察成为假想的游戏中基本规则的主要提示者，正是由于警察担任着这一角色，所以他老是挨打受责。那时的汽车在我们的眼里，像是在工具间里匆匆忙忙拼凑出的精巧玩意儿。它们与马车的联系强烈而明显。接着出现了低压车胎、庞大的驾驶室和突出的挡泥板。有人认为，美国人和汽车初恋的羞涩期过去以后，大车体的小轿车成为中年发福的象征。维也纳的分析家把汽车看作性对象的说法竟然传播开了。显然这种分析有点滑稽，可是他们的分析至少引人注意到一个事实：正如蜜蜂在植物界所起的作用一样，人在技术天地里自始至终也起着性器官的作用。汽车作为性对象的作用，和轮子或铁锤的作用一样大，既不会超过它们，也不
296 会亚于它们。研究动机的学者完全没有抓住这一事实：美国人的空间形态观念，自电台问世以来已经大变，自电视问世以来已经剧变。试图把这一变化当作中年人追求空气精灵洛丽塔(Lolita) 那样去加以把握，这种做法虽然没有害处，可是它容易把人引入歧途。

当然，近年来执行过一些大力度的计划给汽车消肿。可是如果有人问，“汽车的寿命还长吗”，或者问“汽车会永远保留下来吗”，人们立刻就会产生迷惑和怀疑。回答当然应是一个“不”字。在电力时代，轮子正在成为过时的东西。在汽车工业的心脏地带，有的人知道汽车正在走向死亡，正如女打字员进入企业时就注定了痰盂的末日一样。可是人们做了哪些安排，使汽车工业逐渐离开舞台的中心位置呢？轮子走向过时本身并不意味着它已消亡。这仅仅意味着，和书法或印刷术一样，轮子正在文化中退居辅助的角色。

19世纪中叶取得了蒸汽机汽车在宽敞公路上通行无阻的成就，不过地方路政当局所收的通行税太高，因而阻碍了蒸汽机汽车在公路上的发展。1887年，充气轮胎首次在法国被装在蒸汽引擎汽车上。1889年，美国的斯坦利牌蒸汽引擎车兴盛起来。1896年，福特造出了他的第一辆汽车。1903年，福特汽车公司成立。电火花点火成功使内燃机替代了蒸汽机。电力这种“生物”形态与机械形态杂交所产生的威力，是空前绝后的。

电视给美国的汽车工业以沉重打击。汽车和装配线是谷登堡技术的终极表现形式。换言之，它们是相同的、可重复的过程用于工作和生活各方面的最高表现形式。电视带来的是一种疑问，是对于同一性和标准化的一切机械设想的疑问，是对一切消 297
费价值观念的疑问。电视还使人产生了对深度研究和分析的执着追求，动机研究旨在使广告和本我挂钩，所以它立刻被狂热的行政圈子所接受。行政官员们对美国人新式兴趣爱好的感觉，如电视袭来时阿尔·卡普对他的连环漫画所拥有的五千万读者的感觉一样。情况已经有所变化。美国再也不是从前的美国了。

电视问世之前的四十年里，汽车在抹平空间距离和社会差距中一直发挥着重要作用。说美国人的汽车是地位的象征，始终忽略了一个基本的事实：正是由于汽车的**力量**才抹平一切社会差距，只有无车代步的行人才是二等公民。许多人已经评说过，使美国南方的白人和黑人结合起来并使其差距拉平的东西，正是私人的汽车和卡车，而不是道德观点的什么表现。汽车有一个简单而醒目的事实：它把驾车人变成超人。汽车在社会交际中是一种热性的、爆炸性的媒介。由于电视给美国公众的嗜好降温，由于它造成了对独特的、无所不包的空间的需求——欧洲生产的汽车在电视上露面后，迅速产生这样的电视效应，所以说电视实际上把美国的汽车骑士拉下了马。欧洲的小型汽车再一次把美国人还原为接近步行者那样的地位。有些美国人竟然能在人行道上开欧洲生产的小汽车。

汽车仅仅凭借马力来拉平社会差距。汽车逐次造就的公路和游乐场所，不仅在全国各地几乎一模一样，而且给每个人提供的机会都是均等的。自电视问世以来，自然常常会发生对交通工具和度假场所众口一词的抱怨。正如约翰·济慈在《傲慢无礼的马车》(*The Insolent Chariots*) 里对马车和马车工业所做的抨击一样，凡是一辆马车能去之处，所有其他马车都可以去；凡是马车所到之处，马车版的文明必然要接踵而至。这样的抱怨是偏重电视的情感。它不光是对抗汽车、对抗标准化的情感，而且是对
298 抗谷登堡印刷术和对抗美国文化的情感。当然，我知道济慈没有这样的意思，因为他从未思考过媒介的问题，也从未思考过谷登堡技术如何造就了亨利·福特、装配线和标准化文化之类的问题。他只知道，谴责同一性、标准化和热性传播方式是深得人心

的。同理，万斯·帕卡德[1]可以用其《隐蔽的劝说者》（*The Hidden Persuaders*）乘机露一手。与《疯狂》连环漫画杂志一样，他对老式的推销员和热媒介喝倒彩。电视问世之前，这类姿态是毫无意义的，它不会使人受益。然而，现在来嘲笑机械的和单纯标准化的东西就使人得利了。因此，济慈可以对不分阶级的美国社会的至上荣光提出质疑。他可以说："如果你看过美国的一块地方，你就已经看完了整个美国。"他还可以说，汽车给美国人提供的机会不是让他去旅行和历险，而是"使他越来越与众相同"。自电视兴起以后，用鄙夷不屑的态度去看待日臻同一化的、重复生产的工业产品，成为很受欢迎的态度。亨利·詹姆斯[2]这样的饱学之士，对1890年还在使用便壶的王朝，就可能抱着同样的鄙视态度。诚然，自动化即将用装配线的速度和低廉的价格生产特制品和定做品，自动化可以使定做的汽车和外衣所引起的忙乱，远远少于过去生产任何标准化产品所引起的忙乱。然而，独特的产品不能在我们的市场或销售体制中流通。结果，我们的市场机制正在进入一个大变革的时期，正如我们在其他一切领域里正在进入一个革命时期一样。

欧洲人第二次世界大战以前到美国访问时常常说："你们这里搞的是共产主义！"他们的意思是，我们不仅**占有**标准化的产品，而且**人人**都占有标准化产品。我们的百万富翁不仅吃爆玉米花和小红肠，而且他们确实认为自己是中产阶级。他们不如此还能干什

1　万斯·帕卡德（Vance Packard, 1914—1996），美国记者、社会批评家，著有《隐蔽的劝说者》、《追逐地位的人》、《制造浪费的人》、《攀登金字塔的人》等。

2　亨利·詹姆斯（Henry James, 1843—1916），美国作家、评论家，晚年入英国籍，作品涉及美国文化与欧洲文化的对立，是从心理学角度反映现实主义小说的先锋，著有《一位妇女的画像》、《鸽翼》、《波士顿人》、《金碗》、《小说的艺术》等。

么呢？除非他们具有艺术家的创新想象力，去将自己的生活装点
299 得与众不同，否则一位百万富翁不是“中产阶级”，又能是什么呢？欧洲人把环境和商品的同一性与共产主义等同起来，这有何奇怪呢？劳埃德·沃纳[1]及其同事在研究美国城市时，居然用收入来议论美国的阶级体系，这样做合适吗？最高的收入也不能把北美人从他的“中产阶级”生活中解放出来。最低的收入也可以给予每一个人相同的中产阶级生活方式中可以想象的一个部分。换言之，我们确实使自己的学校、工厂、城市和娱乐全都达到了很高程度的同质化。究其原因，这是因为我们重书面文化，我们确实接受了同一性和同质性的逻辑，这是谷登堡技术的固有逻辑。这一逻辑直到不久之前才被欧洲接受下来，可是它突然在美国受到怀疑，因为电视马赛克的触觉型网状结构开始渗入了美国人的感官系统。当一位通俗作家很有把握地谴责汽车，说汽车旅行使驾车人“越来越与众相同时”，美国生活的组织结构就受到怀疑了。

就在几年前，通用汽车公司宣称，它推出的凯迪拉克梦幻型“El Dorado Brougham”具有抗下沉控制系统，配有承力支架，车身呈无柱流线形，减震器呈飞弹形海鸥翼，排气口露在车身之外。此外它还具有其他许多借自非汽车世界的奇异特征。看见这个型号的汽车，我们禁不住要联想到夏威夷的冲浪运动员、状如十六英寸贝壳的飞翔的海鸥、蓬巴杜夫人的闺房。《疯狂》连环漫画能赛过它们吗？在电视时代，发端于维也纳树林中的任何一个传说都可以用来作为《疯狂》杂志理想的漫画题材，这些传说是

1 劳埃德·沃纳（Lloyd Warner，1898—1970），美国人类学家、芝加哥学派代表人物，以研究现代生活与美国社会制度著称，代表作有《现代社区的社会生活》、《现代社区的地位体系》、《美国族群的社会体制》、《现代工厂的社会制度》等。

在那里研究动机的学者幻想出来的。实际上，这样的漫画一直存在。不过在电视出现之前，读者没有养成欣赏它的习惯罢了。

如果误认为汽车是地位的象征，原因仅仅是它被人叫作汽车，那就误解了机械时代这个最新产品的全部意义。机械时代的形式正在让位于电力技术。汽车是一件无与伦比的、同一的、标准化的机械装置，它与谷登堡技术和文字种类相同，它们合在一起造成了世界上第一个无阶级社会。汽车把坐骑、盔甲和骄横一 300
揽子赋予民主骑士，将骑士改变为面目全非的制导错误的导弹。事实上，美国的汽车并没有把美国社会向下拉平，而是将其往上拉平，朝着贵族的思想往上拉。能源的巨额增长和销售，一直是把文化水平和许多其他形式的机械化水准拉平的力量。甘愿把汽车作为地位象征来接受，将比较膨胀的地位象征限制在高级行政官员的圈子里，这并不是汽车和机械时代的标志，而是电力时代的标志。电的力量正在结束同一性和标准化的机械时代，重新创造地位和角色的规范。

汽车兴起的时候，它施加了典型的机械压力，这是职能的爆炸和分离的压力。在20世纪20年代，它使家庭生活破裂，或者说似乎破裂。它使工作和住所分离，前所未有地分离。它使每一座城市爆裂而成十来个郊区，接着它又使许多城市生活形态延展到公路两侧，直到畅通无阻的公路似乎成为没间隔的城市。它造成了城市的“沥青丛林”，致使四万平方英里绿色的、使人愉快的土地被水泥覆盖了。随着航空旅行的到来，小汽车和卡车又协同努力使铁路遭到破坏。今天，小孩子恳求大人带他们去坐火车玩，仿佛火车就像公共马车或单马雪橇一样已经过时：“要不它们就看不见了，爸。”

汽车使乡村消亡，代之而起的是一种新的风景。在这种风景里，汽车成为一种参加越野跑的赛马。同时，汽车毁灭了闲适环境的城市，过去人们可以在这种安闲的环境里生儿育女。现在的街道，甚至连人行道都呈现出一种非常紧张的场景，致使孩子们不能在轻松的嬉戏中成长。城里挤满了流动的陌生人，所以连隔壁邻居都互不相识。这就是汽车的历史，它跑不了多久了。自电视问世以来，爱好和宽容的潮流已经转向，结果使热性的汽车媒介日益为人所厌倦。请看人行横道上的稀奇事，小孩子现在有权
301 阻挡运水泥的汽车。上述变化还使许多人觉得大城市无法忍受。仅在十年前，人们还不会有这样的感觉，正如他们当时不可能喜欢《疯狂》连环漫画一样。

汽车媒介转换居住格局的持久力，在以下格局中充分表现了出来：新式的都市厨房接过了老式农家厨房的性质，那时的厨房具有中心的、多功能的社交性，是进入农家住宅的主要渠道，而且是社交活动中心。新型的郊区住宅再次使厨房成为活动中心，厨房的理想位置在上下汽车方便的地方。汽车已经成为城里人和城郊人的甲壳，保护性和攻击性的甲壳。即使在廉价的大众牌汽车问世之前，许多普通人已经注意到，汽车的样子酷似背壳闪光的甲虫。在偏重触觉的无装具潜水的时代里，这层坚硬发亮的甲壳是汽车身上的最大污点。大型商业中心的兴起，是为了适应有车一族的需要。它们是一些奇怪的孤岛，使无车代步的行人产生没有朋友、被人肢解的感觉。汽车使行人感到烦恼。

一言以蔽之，汽车完全改变了一切空间，包括使人结合和分离的空间。在未来的十多年里，它还要继续这样做，十多年过后，
302 接替汽车的电子玩意将会涌现出来。

二十三　广告：使消费者神魂颠倒

在麦克卢汉研究广告的三篇著作里，这一章是核心的一篇。这 304
一“三件套”始于《机器新娘》，止于《文化是我们的产业》(*Culture Is Our Business*)。本章所论媒介的互动，思想丰富，指出广告刻意利用媒介的互动以加强影响的力量；又用大量的例子证明，由于新媒介固有的力量，媒介互动不可避免，难以控制。麦克卢汉说：“在搜集和加工可兹利用的社会数据方面，任何社会学家群体都难以企及广告业巨头的水平。”如果说这句话似乎表达了他对广告巨头的钦佩，看看他在其他地方的论述也很重要。他提到“对无意识的利用”、“麦迪逊大街研究心理的蛙人”以及“编程式和谐”的不祥前景。麦克卢汉将自己以媒介为中心的社会学路径用于分析具体问题，指出：“重新部落化的纳粹党人容易觉得，自己比美国消费者高出一头。”本章最重要的课题是理解媒介，使之发挥作者在导语里所述的“有序的服务功能”。在这个课题上，他邀请读者以广告制作里的游戏精神去对待广告。他写道：“一旦被置入新环境，任何广告都是滑稽可笑的。”今天，读者更应该以这样的态度去面对广告。

——编者小引

305 广告受到持续不断的压力，它要尽量按照受众的动机和欲望来塑造自己的形象。受众参与程度增加时，产品本身的重要性随之降低。一个极端的例子是关于女胸衣的系列广告词："您感到亲切的并不是胸衣。"广告词必须把受众的经验纳入其中。商品和公众的回应结合，形成一个独特的复合型模式。广告艺术令人惊叹地完成了早期人类学的定义：人类学是"研究男人拥抱女人的科学"(the science of man embracing woman)。广告术中稳定的趋势，是把产品作为广阔的社会宗旨和社会过程的一部分来表现。由于广告费用充裕，广告艺术家往往把广告开发为一种图像(icon)。图像不是专门的割裂成分或侧面，而是一种统一而浓缩的形象。广告把广阔的经验领域聚焦到一个很小的区域。广告的变化趋向是脱离产品中的消费者形象，走向开发过程中的生产者形象。生产过程的企业形象把消费者纳入了生产者的角色之中。

广告图像化的有力发展趋势，大大削弱了杂志业尤其是画报业的地位。杂志中的特写文章一向借助图片来表现主题和新闻。这些特写文章推出一些图片，介绍一些片断的观点。与这些文章比肩而立的是新型的巨幅图像广告(iconic ads)，它们将产销双方和买卖双方的浓缩形象融合成一个整体的形象。新型广告使特稿看起来苍白、虚弱和贫血。特稿属于老式的图片世界，即电视马赛克图像出现之前的世界。

自电视问世以来，我们的经验具有强烈的马赛克似的和图像似的冲击力。《时代》周刊、《新闻周刊》之类的杂志，在电视时代反而走红。这一表面上矛盾的现象，可以用我们经受的这种冲击力来解释。这些杂志表现新闻的方式是浓缩的马赛克形态，这与

广告世界的形态的确有相似之处。马赛克形态的新闻既不是叙 306
事体，也不是表现观点的论说体；既不做阐释，也不做评论。这种新闻是社区活动过程中一种深刻的整体形象，它吸引人最大限度地去参与社会交往过程。

广告似乎按一条很高深的原理发挥作用：一个小球、一种模式，经过反复的鼓噪以后，均可以逐渐确立自己的形象。广告把借助鼓噪确立自身形象的原理推向极端，使之提升到有说服力的高度。广告的作用与洗脑程序完全一致。洗脑这种猛攻无意识的深刻原理，大概就是广告能起作用的原因。

许多人对当代的广告业表示不安。直截了当地说，广告业是将自动化原理拓展到社会各侧面的一种粗鲁尝试。从理想的效果来看，广告的目标是实现人的一切冲动、愿望和努力的程序化的和谐。借助手工艺的方法，它大踏步地迈向集体意识这个终极电子化目标。一切生产和消费与一切欲望和努力都被纳入一种预先建立的和谐状态以后，广告业就会因为它自身的成功而被清算。

自电视来临以后，广告商在利用人的无意识中遇到了暗礁。电视给人的经验偏重对无意识的更深刻的了解，在这方面，电视的作用大大超过了报纸、杂志、电影或广播的硬性推销。受众感知经验的宽容性已经变化，广告商吸引人的方法也发生了变化。在电视新式的冷性世界里，硬性推销、唇干舌燥的推销员那种老式的热性世界，具有20世纪20年代歌曲和服装那种老古董的迷人色彩。莫特·萨尔[1]和谢利·伯曼[2]嘲笑广告世界时，仅仅是在

1 莫特·萨尔 (Mort Sahl, 1927—　), 美国喜剧演员。
2 谢利·伯曼 (Shelley Berman, 1925—2017), 美国喜剧演员。

追随一种潮流，而不是在开创一种戏弄广告世界的潮流。他们发现，只需滔滔不绝地重复一则广告或一条新闻，就可以使受众如痴如狂。许多年前，威尔·罗杰斯[1]就发现，任何报纸拿到舞台上
307 去念都会令人捧腹。今天的广告也是如此，一旦被置入新环境，任何广告都是滑稽可笑的。这就是说，受到有意识的注意时，任何广告都很滑稽。广告不是供人们有意识消费的。它们是作为无意识的药丸设计的，目的是造成催眠术的魔力，尤其给社会学家催眠。这就是广告潜移默化功能的一个侧面。这种庞大的教育事业就是所谓广告业。它每年消耗120亿美元，大致和美国每年的教育经费相等。任何一则昂贵的广告都代表着许多人的辛劳、关注、测试、才智、艺术修养和技能。报纸杂志的任何一则引人注目的广告里注入的思想和心血，都大大超过了特稿和社论中投入的思想和心血。任何耗资巨大的广告，都精心构筑在已经验证的公众的陈规定见或"成套"的既定态度之上，正如摩天大厦是建立在基岩之上一样。因为在为任何已经站稳脚跟的商品制作广告的时候，都需要技艺高明和感知敏锐的人才队伍的通力合作，所以，任何受欢迎的广告都是公众经验生动有力的戏剧化表现，这一点是显而易见的。在搜集和加工可兹利用的社会数据方面，任何社会学家群体都难以企及广告业巨头的水平。广告队伍在研究和测试公众的反映上，每年有数以十亿计的经费，他们的产品积累了有关整个社区共同经验和情感的大量资料。一旦偏离了上述共同经验的中心，广告就会惨败，因为它们将失去对我们情感的控制。

---

1 威尔·罗杰斯 (Will Rogers，1879—1935)，美国喜剧演员、社会时事评论家，擅长在演出时穿插幽默独白，针砭时弊，甚受欢迎。

诚然，广告以稀奇古怪的方式利用社区里最基本的、经过测试的经验。如果有意识地去细看，它们就不是协调一致的，正如用"金丝银线"的旋律作为脱衣舞的伴舞乐一样，是不调和的。然而，广告是由麦迪逊大街研究心理的蛙人精心设计的，目的在于对人的心理进行半自觉的曝光。广告的存在本身，既证明了疲惫的大都市处于梦游状态，又促成了这一梦游症的发生。

第二次世界大战以后，一位有广告意识的驻意大利的美国军 308
官迷惑不解地说，意大利人可以告诉你意大利内阁成员的名字，可是意大利名人喜爱的商品他们却说不出来。他进一步指出，意大利城市的墙上贴满了政治口号，而不是商业广告。他预言，意大利人要开始操心玉米片和香烟的互相竞争，而不是为名人的能力而瞎操心，才能实现国内的繁荣和安宁，否则实现这一目标的机会是微乎其微的。事实上他甚至说，民主自由在很大程度是对政治的忽视，是对这样一些威胁的忧虑：鳞状头皮、腿部多毛、肠胃疲软、乳房松垂、牙齿脱落、体重过高和精力疲惫。

这位军官也许是对的。任何社区想要推动商品交换和服务业，使商业和服务业最大限度地发展，都不得不使社会生活同质化。同质化的决策很容易发生在书面文化高度发达的英语世界的人口中。但是，偏重口头文化的民族很难在上述同质化的计划上取得一致意见，因为他们很容易把电台传输的信息转换成部落政治，而不是转换成推动高级轿车生产的新式手段。重新部落化的纳粹党人容易觉得自己比美国消费者高出一头，这也是一个原因。部落人在文化人的心态中很容易找到缺口。另一方面，偏书面文化的社会有一个独特的错觉：它们的知觉程度很高，个性特征高度发展。数百年来印刷技术以其线性同一性和切割片断的重复性模式所施加的条件作用，到了电力时代以后一直受到艺术界的批评。线性生产过程已经被推出了产业界，不仅被排除在管理和生产之外，而且被排除在娱乐之外。电视图像的新式马赛克形态取代了谷登堡技术的结构假设。书评家在论及威廉·巴勒
309 斯[1]的《赤裸的午餐》(*Naked Lunch*)时指出，小说中使用马赛克的术语和手法是很突出的。电视的形象使标准化商标和消费品的世界呈现出全然可笑的形象。其所以可笑，从根本上说，那是因为电视形象迫使观众非常积极地参与其间，使观众对消费时代之前的生活方式和岁月产生了怀旧情绪。刘易斯·芒福德赞美中世纪城镇形态是一种有黏合力的形态，它与我们的时代和需求相关，这个意见受到人们的重视。

到19世纪末，由于发明了照相凸版术，广告业才进入高速发展的时期。于是，广告和图片可以互相转换，而且其转换性一直维持下来。更为重要的是，图片使报纸和杂志的发行量大增，报刊发行量大增反过来又提高了广告的质量，使它更加有利可图。今天，任何报刊，无论是日报还是期刊，如果没有图片而想吸引几千以上的读者，那是难以想象的。因为图片广告和图片新闻，都可以提供大量的瞬间传递的信息和一望而知其容貌的人像。我们的文化要跟上时代的步伐，就需要这一类条件。我们给年轻人提供的图像世界的训练要和印刷世界的训练相媲美，这一点难道不是自然而然、非常必要的吗？实际上，他们需要更多绘图方面的训练，因为在广告中分配和安排演员的艺术既复杂，又容易出错。

1 威廉·巴勒斯(William Burroughs, 1914—1997)，美国实验小说家，"垮掉的一代"代表人物，避世吸毒，著有《贩毒者》、《赤裸的午餐》、《软机器》、《爆炸的票》、《新星快车》等。《赤裸的午餐》描写了吸毒后的狂欢幻境。

有些作者认为，图像革命使我们的文化从个体理想转向整体形象。实际上这是说，照片和电视诱使我们脱离**文字的**和个人的“观点”，使我们进入群体图像的、无所不包的世界。这的确是广告所起的作用。它表现的既不是个人的观点，也不是一种风光(vista)，而是给人提供一种生活方式：要么就是人人都予以接受，要么就是谁也不接受。它展现这一生活方式的手法，是与题无关的琐细东西。比如说吧，一则豪华的汽车广告，在住宅后门的华美地毯上放一个响盒玩具，以其为特写，同时配以文字，说该车消除令人讨厌的嘎吱嘎吱的噪声，就像在地毯上消除玩具的噪声一 310
样轻而易举。这样的广告其实与嘎吱作响的噪声不应有什么关系。广告只不过是一种意义双关的噱头，目的是分散吹毛求疵的感官的注意力；与此同时，汽车的形象已经在进入催眠状态的观众身上施加了影响。那些一辈子把精力花在抗议“虚假而骗人的广告”上的人，实在是广告客户的天赐恩主，正如绝对禁酒者是酿酒人的天赐恩主，道德审查人是书籍和电影的天赐恩主一样。抗议者是最好的喝彩人和最大的加速器。自从电视来临以后，广告文字的伴生作用和潜在作用，正如诗的“意义”对诗的关系，歌词对歌曲的关系一样。高度偏重文字的人不能对付图像的非言语艺术，所以他们上蹿下跳所做的非难不得要领、徒劳无益，反而给广告赋予新的力量和权威。广告无意识的深度信息，从未受到偏重文字者的反对，因为他们没有能力去注意或探讨排列和意义的非言语形式。他们没有与图像争辩的艺术细胞。在早期的电视节目中试播隐蔽的广告时，文人学士极度惊恐，直至电视节目中放弃了这样隐蔽的广告。印刷术施加的影响主要是阈下的影响，图片的影响也是这样。这是一个秘密，偏重书籍的社区是无法揭破这一秘密的。

电影来临以后，美国生活的整个格局被搬上了银幕，成为一则连续不断的广告。任何一名男女演员吃穿用的任何东西实际上都成了广告，人们未曾梦想到的广告。美国的卫生间、厨房和汽车，如同其他一切美国的东西一样，被当作《天方夜谭》(*Arabian Nights*) 来处理，结果使一切报刊上的广告都必须像电影里的场景。现在的广告仍然是这样。不过在电视问世以后，广告的焦点不得不模糊一些罢了。

收音机出现以后，广告公然转向歌唱式的符咒术。噪音和恶心作为使人难以忘怀的手法，被普遍采用。广告和形象的制作成为经济之中实实在在充满活力和持续增长的要素，一直如此。电
311 影和电台是热媒介，它们的到来使每个人憋足了一股劲，给我们带来了怒吼的20世纪20年代，结果是给商品促销提供了广阔的平台和使命，使之成为一种生活方式。这种生活导致剧本《推销员之死》(*The Death of a Salesman*) 的问世和电视的来临。这两件事的巧合并非偶然。电视推广了"深度体验"和"自己动手干"的生活模式，这就粉碎了个人主义的、硬性推销员的形象和温顺的消费者的形象，正如电视使影星清晰的形象变得模糊一样。这并不是说，在电视到来的前夕，阿瑟·米勒在给美国人解释即将到来的电视，虽然他可以恰如其分地将剧本《推销员之死》取名为"公关员之诞生"。看过哈罗德·劳埃德[1]作品荟萃的《喜剧大观》(*World of Comedy*) 的人都记得，当他发现自己忘掉了20世纪20年代的许多情况时，不禁大吃一惊。同时，观众又惊奇地发现，

1 哈罗德·劳埃德 (Harold Lloyd，1893—1971)，美国喜剧电影明星。

许多东西证明，那个年代实在是幼稚单纯的年代。那个妖妇美男和粗野求爱的年代，和我们现在的世界相比，不过是吵闹嬉戏的童子年代而已。在我们这个时代，儿童为了乐得一笑已经在看《疯狂》连环漫画了。20世纪20年代是天真烂漫膨胀和急剧发展的年代，是分离、戏弄和分裂的年代。今天有了电视以后，我们正在经历与之相反的整合和相互联系的过程，这一过程没有丝毫的天真无邪味。推销员对他的推销（包括游说和商品）魅力的单纯信念，现在已经让位于公司姿态、生产过程和组织过程的复杂聚合了。

广告被证明是一种具有自偿作用的社区娱乐形式，紧随维多利亚女王时代的工作信条以后到来，所以给人以即将到达完美安息地的希望。到了那个境界，就可以"舒舒服服地熨衣服而不会怨恨你的丈夫"了。可是现在，它们正在抛弃个体形态的消费品，转而支持无所不包、永无止境的生产过程。这就是任何一家大公司的形象。美国集装箱公司不用纸袋纸杯做广告特写，而是以集 312
装箱的**功能**为特写，用完美的艺术手段来表现。总有一天，历史学家和考古学家将会发现，我们这个时代的广告是日常生活最丰富、最忠实的反映。它们反映生活的一切活动领域，涵盖面之广超过了过去的一切时代。在反映生活方面，埃及的象形文字远远地落在后边。有了电视以后，精明的广告客户可以得心应手地使用双关语做广告，一句话，他们像潜水员那样一头扎进电视里去了，因为电视观众也是这样的潜游者。他们扎进水中去潜泳，不再喜欢洒在结实、光滑肌肤上的阳光，虽然他们不得不继续忍受喇叭使人痛苦的噪声。 313

二十四　游戏：人的延伸

314　本章与麦克卢汉媒介研究的框架整合体，在这个方面不逊于其余各章。各色各样的游戏是麦克卢汉磨房的谷物，他着重指出，“我们在此考察的，是游戏在社会中被用作传播媒介的总体情况”。与其他媒介一样，游戏的作用是人类经验的翻译器或转化器。他发现，前人对游戏的分析有不足之处：“任何游戏的形式都极端重要。而博弈论，和信息论一样，却忽视了游戏的形式和信息运动的形式。”

——编者小引

315　在不同的文化里，饮酒和赌博的含义迥然不同。在我们具有强烈个人主义和切割色彩的西方世界中，“痛饮”是一种社会纽带和参与节日活动的手段。与此相对，在结合紧密的部落社会中，“痛饮”对一切社会格局都具有破坏性，它甚至是神奇体验的一种手段。

另一方面，赌博在部落社会里是一种受欢迎的手段，用来表现创业者的拼搏精神和首创精神。一旦搬进个体本位主义的社会中，赌博和赛马似乎会对整个社会秩序构成威胁。赌博将个人首创精神推向嘲弄个体本位社会结构的程度。部落的美德成了资本主义的丑行。

1918和1919年从欧洲西线泥泞和血腥的战场回国的士兵们，遇到了禁酒令[1]。这一法令表现了如下的社会认识和政治认识：战争使我们亲如兄弟和部落化，于是酒精构成了对个体本位社会的威胁。如果我们再准备使赌博合法化，我们就会像英国人一样，向世界宣告个体本位社会的结束，并将踏上重返部落生活方式的旅程。

我们认为幽默是心智健全的标志，这一点有充分的理由：在欢乐嬉戏中我们又恢复了整体人的天性，而在工作和专业生活中，我们却只能用上整体人的一小部分天性。在《我在朝鲜的俘虏生活》(*Captive in Korea*) 中，菲利普·迪恩 (Philip Deane) 述及他们在接连不断的洗脑活动中所做的游戏，他说得非常中肯：

> 接着有一段时间，我只好停止看那些书，停止练习
> 俄语。因为由于学习俄语，那种荒唐和经常听见的断言
> 竟开始留下了印记，开始找到了共鸣。我觉得自己的思
> 想过程搅成了一团乱麻，我们的批判力逐渐迟钝起
> 来……突然之间，他们却犯了一个错误，他们让我们看 316
> 史蒂文森[2]英文版的《金银岛》(*Treasure Island*) ……我
> 又可以在读马克思的书时老老实实地问自己而不必感

1 禁酒令 (Volstead Prohibition Act)，1919年美国国会通过的联邦禁酒令，议案由议员安德鲁·沃尔特斯德提出，该法令于1930年解除。

2 罗伯特·路易斯·史蒂文森 (Robert Louis Stevenson, 1850—1894)，英国作家，代表作有《金银岛》、《化身博士》、《诱拐》等。

到害怕了。史蒂文森使我们感到轻松愉快，于是我们就开始学跳舞。

游戏是大众艺术，是集体和社会对任何一种文化的主要趋势和运转机制做出的反应。和制度一样，游戏是社会人和政体的延伸，正如技术是动物有机体的延伸一样。游戏和技术都是反刺激的媒介，或者是适应专门化行为压力的方式：任何社会群体中都必然出现专门化的行为。游戏是对日常压力的大众反应的延伸，因而成为忠实反映文化的模式。它们把全民的行为和反应熔于一炉，使之成为一个动态的形象。

1962年12月13日，路透社从东京发出的一则电讯说道：

生意就是战场

日本企业家圈子中最近的热潮，是研究古典军事战略和策略，以将其用于企业的运筹之中……据报道，日本一家最大的广告公司甚至规定，它的所有雇员都必须研读这些经典兵书。

历时千百年、团结紧密的部落组织，在电力时代的贸易和商务中使日本人处于非常有利的地位。几十年前，他们经历的书面文化和工业切割，足以释放出他们个人主义的能量。电力装置现在所要求的密切协同和部落忠诚，再次使日本人和他们古老的传统形成一种积极的关系。可是我们的部落生活方式离我们已经遥不可及，因而它对社会不可能有任何助益。无文字的社会在痛苦的摸索中开始学习读书写字，开始以三维空间的视觉方式组织自己的生活。和他们一样，我们在痛苦中开始摸索重新部落化的过程。

几年前，寻找失踪的迈克尔·洛克菲勒（Michael Rockefeller） 317
的工作，使新几内亚一个部落的生活进入《生活》杂志并占据显要的位置。编者在解说这个部落的战争游戏时写道：

> 威利吉曼—瓦拉鲁阿人的世仇是威塔亚人。威塔亚人在语言、服饰和风俗上和他们一模一样……每隔一两个星期，他们就与宿敌在一个惯用的战场上安排一次形式化的战斗。与"文明"国家灾难性的冲突相比，这些打闹似乎是一种危险的户外运动，而不是名副其实的战争。每一场战斗都只进行一天，总是在夜幕降临前收兵回营（因为晚上闹鬼、有危险），或者一遇天下雨就偃旗息鼓（谁也不想把头发和装饰品弄湿）。勇士们有百发百中的本事，因为他们自幼年时起就开始学打仗的游戏。但是，他们在避让袭来的武器时同样是行家里手，因此他们很难得会伤到一点皮毛。
>
> 这场原始战争真正致命的部分，并不是上述形式化的战斗，而是偷袭或伏击。在偷袭和伏击中，不仅男子，而且连妇女和儿童都遭到毫不留情地屠杀……
>
> 这场流血冲突无休止地进行下去，找不到进行战争的任何常规的理由，没有领土的得失，没有商品或俘虏的劫掠……他们之所以打仗，是因为他们热心打仗、喜欢打仗，因为对他们而言，打仗是完全的人的一种重要功能，因为他们觉得必须靠打仗来安慰战死同伴的鬼魂。

简言之，这个部落在上述战争游戏中发觉了一种宇宙模式，他们可以通过战争游戏的仪式来参与宇宙间那种致命的舞蹈。

游戏是我们心灵生活的戏剧性模式，给各种紧张情绪提供发泄的机会。它们是集体的通俗艺术形式，具有严格的程式。古代社会和无文字社会自然把游戏看作活生生的宇宙戏剧模式
318 (dramatic models of the universe) 或外界宇宙的戏剧性模式。希腊的奥林匹克运动会就是直接扮演这种竞赛的游戏，或者说直接扮演太阳神争斗的游戏。竞技者绕圆形跑道奔跑时，头上扎着黄带，模仿太阳神驾车一日一周所经过的圆形黄道带。由于游戏和娱乐是宇宙性争斗的戏剧演出形式，观众的角色显然是带有宗教色彩的。参与这些仪式使宇宙保持在正确的轨道上，同时又给部落提供一种推进力。部落或城市是这种宇宙的模糊的摹本，游戏、舞蹈和图像同样是宇宙的摹本。艺术如何成为神奇游戏和仪式的文明替代品，正是非部落化走过的历程，非部落化的过程是与文字同时来临的。和游戏一样，艺术成为身心完全介入的、古老魔力的模拟回声，同时也是超乎这种魔力的一种解脱。由于这些神奇游戏和娱乐的观众日益带着更加浓厚的个人主义色彩，艺术和仪式的角色从宇宙的角色转变到人性的、心理的角色，希腊戏剧就发生了这样的转化。连仪式本身也变得越来越口语化，越来越少带模拟的或舞蹈的色彩。最后，荷马和奥维德的口头叙事诗，成了团体礼拜和群体参与的、富有浪漫色彩的文学替代品。19世纪许多领域里的大量学术工作，一直被用来精细地构拟原始艺术和仪式的原生环境，因为人们觉得这一重建的过程会提供了解原始人心态的一把钥匙。然而，这把钥匙同时又可以在我们的新式电力技术中找到，因为这种技术正在非常迅速而深刻地在我

们自己的身上重新创造出原始部落人的品质和态度。

晚近出现的游戏比如受欢迎的棒球、橄榄球和冰球运动具有
广泛的魅力，它们被视为内在心理生活的外在模式，是可以理解
的。作为模式来说，它们是内在生活的集体戏剧化模式，而不是
个体戏剧化模式。正如我们的口语一样，一切游戏都是人际交往
的媒介，除非成为我们内心生活的延伸，否则它们是既不能生存
也没有意义的。如果我们手握一块网球拍或十三张牌，那就是同 319
意在一个人为构想的环境中成为一个动态机制的一部分。我们
之所以最喜欢那些模拟自己工作和社会生活情景的游戏，难道不
是由于这个原因吗？难道我们喜欢的游戏，不正是给自己提供了
一种超乎社会机器垄断暴政的解脱吗？一句话，亚里士多德的戏
剧思想——既是模拟表演又是持续压力的解脱——不正是完美
地解释了各种游戏、舞蹈和欢乐吗？嬉耍和游戏要受人欢迎，就
必须传达日常生活的回声。另一方面，一个人或一个社会如果没
有游戏，就等于堕入了无意识的、行尸走肉般的昏迷状态。艺术
和游戏使我们与常规惯例中的物质压力拉开距离，使我们去做这
样的观察和拷问。大众艺术形式的游戏给一切人提供了充分参
与社会生活的直接手段，相反，任何单一的角色或工作，都不能给
任何人提供这种直接的手段。因此，所谓“职业”体育运动是自
相矛盾的说法。当通向自由生活的游戏之门导向专门的职业时，
人人都觉得是不适合的。

一个民族的游戏揭示了有关该民族的许多情况。游戏是像迪士尼乐园一般的人为天堂，或者是一种乌托邦似的幻景，我们借助这种幻景去阐释和补足日常生活的意义。我们在游戏中设计出非专门化的手段，去参与当代广阔的戏剧生活。然而，对文

明人而言，参与的观念受到了严格的限制。他体会不到抹去个人知觉界限的深度参与。印度教的“得福”就是这样一种深刻的参与，这是一大群人对肉体存在的一种神奇体验。

游戏是一架机器。只有游戏的人一致同意当一阵傀儡，这架机器才能运转。对个体本位的西方人而言，他为了适应社会而做的“调整”，具有个人投降集体要求的性质。游戏既给我们传授
320 这种调适，又给我们提供一种解脱。竞赛结果的不确定性，为我们在游戏规则和游戏程序中的死板严格性，提供了合理的借口。

社会规则突然变化后，以前被人接受的社会习俗和礼仪，突然带上游戏的僵化轮廓和任意模式。斯蒂芬·波特 (Stephen Potter) 在《游戏规则》(*The Theory and Practice of Gamesmanship*) 里述及英国正在发生的一场社会革命。英国人正在走向社会平等和由此伴生的激烈的个人竞争。一向被人接受的阶级行为的、老式的礼仪，现在开始显得滑稽可笑、不合情理了，就像游戏里的骗人把戏一样。戴尔·卡内基的《卡内基沟通与人际关系》(*How to Win Friends and Influence People*) 首版问世时，以严肃的社会知识小册子的面目出现，但是对世故很深的人而言，它似乎是荒唐可笑的。对那些活动在弗洛伊德氛围中的人来说，被卡内基当作严肃发现的处世之道，似乎已经是天真而刻板的礼仪，因为了解弗洛伊德理论的目的正是研究日常生活中的精神病理现象。现在，弗洛伊德的感知模式已经变成了过时的准则，它给人提供的是宣泄情感的消遣，而不是生活的向导。

一代人的社会习俗往往变成下一代人的“游戏”准则。最后，这种游戏又作为笑话再往下传，成了没有血肉的骷髅，在社会态度剧变的时期尤其如此。人们态度的突然改变是崭新技术引

起的。电视图像无所不包的网状结构，至少在一段时间里意味着棒球的厄运。因为棒球这种运动是每次只做一种动作的运动，球员的位置固定，他们被分派的专一职能是显而易见的。而这种分派专门职能的做法，是属于正在消亡的机械时代的；机械时代的被分割的任务、人员和行业都置于管理组织之中。由于电视形象本身是新型的、团体参与性的、电力时代的生活方式，所以它养成统一知觉和相互社会依存的习惯。这就使我们疏远棒球偏重专门的分工、注重球员的位置的独特风格。文化变迁时，体育运动随之而变。棒球变成了工业社会争分夺秒生活的优雅而抽象的 321
形象，所以过了十年新型的电视时代以后，它就失去了适合新型生活方式的心理相关性和社会相关性。这种球被逐出了社会生活的中心，它已经转向美国生活的边缘了。

相比之下，美式橄榄球不固定阵式，任何球员或全体球员都可以在球赛中转换为任何一种角色。因此，在普遍受欢迎的程度上它正在取代棒球，它非常符合电力时代非集中化的团队游戏的新式行为。不假思索就可能认为，橄榄球紧密的部落团结会使它成为俄国人努力发展的运动。他们对冰球和足球这两种高度个体本位的运动形式的专注，似乎很不适合一个集体主义社会的心理需要。然而，俄国仍然基本上是一个重口头文化的部落世界，它正在经历非部落化的过程，它正在把个人主义作为新奇的东西去发现。因此，对他们而言，足球和冰球具有一种新奇的、给人希望的乌托邦性质；对我们西方人来说，它们并不传达这样的信息。这种性质我们往往称之为“势利眼价值”。反过来，从占有赛马、赛马球用的乘马或十二米长的游艇中，**我们**也可能去追随类似的“价值”。

所以，游戏可以给人多种多样的满足。我们在此考察的，是游戏在社会中被用作传播媒介的总体情况。因此，人们常常以扑克为例，说它表现了竞争性社会里的一切复杂态度和未经说明的价值观念。它要求游戏人精明机敏、咄咄逼人、玩弄花招、不奉承人。据说女士们打不好扑克，因为扑克牌激起她们的好奇心，而好奇心又是打好扑克的致命伤。扑克是高度个人主义的东西，容不得丝毫的温情和体贴，只允许最高数字的最大好处——第一名。从这一视角去看，就容易明白，为何战争被称为帝王的运动。
322 因为王国之于帝王，犹如财产和个人收入之于普通公民。帝王可以用王土来玩扑克，正如帝王的将军可以用军队来玩扑克一样。围绕自己的资源和意图，他们可以进行虚声恫吓，可以欺骗对手。战争够不上是真正的游戏之处，恐怕也是股票市场和生意够不上是真正游戏的原因——它们的规则既不为一切游戏人了解，也不被一切人接受。况且，人们参与战争和生意的程度太深，所以战争和生意不可能成为艺术，正如土著社会里无所谓真正的艺术一样，因为**每一位**土著人都从事制作艺术品的工作。艺术和游戏需要规则、常规和观众，它们必须从总体环境中走出来，成为其典范，以便使总体环境的游戏性质保持不变。因为所谓“游戏”，无论是生活中的游戏还是轮子里的游戏，都包含着**相互作用**的意义。必须要有来有往，或者叫对话，正如两个以上的人之间和群体之间的关系一样。然而，这种性质在任何情景中都可能减少或失去。明星球队常常在没有观众的情况下举行练习赛。这种练习并不是我们所说的运动，因为相互作用的性质以及相互作用的媒介本身，在很大程度上是观众的情感。加拿大冰球运动员莫里斯·理查德 (Maurice Richard) 曾经评说过一些冰球场不佳的音响效果。他觉得冰球从他的球棍上飞出以后像是飘浮在观众的吼声之上。运动作为一种大众艺术形态，并不只是一种自我表现，而且必然是整个文化中的一种相互深刻影响的媒介。

艺术不仅是玩耍，而且是人的知觉延伸，呈现出人为设计和传统的模式。作为大众艺术，运动是对社会典型行为所做的深刻反应。然而另一方面，高级的艺术却不是一种反应，而是对一种复杂的文化状态重新做出的深刻估价。让·热内的剧作《阳台》是对人类疯狂的自毁行为所做的非常合乎逻辑的评价，有人认为它有这样的感染力。热内描述一家被战争和革命的浩劫所包围的妓院，把它作为广阔的人生舞台来表现。我们容易证明，热内的看法是歇斯底里的，橄榄球表现的对生活的批评，可以比他的
批评更严厉。如果把游戏看作复杂社会情景的活生生的样板，游 323
戏就可能缺乏道德上的严肃性，这一点是必须承认的。也许正是这个原因，高度专门化的工业文化就迫切需要游戏，因为对许多头脑而言，游戏是唯一可以理解的艺术形式。在分派任务和切割职能的专门化世界中，真正的相互作用缩减到了零。有些落后社会或部落猝然转换为工业化、专门化、机械化的形态以后，往往难以设计出运动和游戏之类的矫正剂，以便创造出与这一转化相抗衡的力量。这些社会陷入迂腐的泥潭。没有艺术的人，没有游戏这种大众艺术的人，往往像毫无意识的自动机器。

简单说一说英国议院和法国议会中玩弄的游戏，会唤起许多读者的政治经验。英国人有幸在下院议席中引入了两组议员分开就座的模式。相反，法国人让议员面向议长席坐成半圆，借以谋求集中制，结果反而形成了许多小组，使这些小组玩弄许许多多的游戏。通过谋求统一，法国人反而得到混乱的后果。英国人

通过树立多样化，如果说得到什么的话，反而是太多的统一。由于他坐在“己方座位上”去参加游戏，英国议员丧失了诱使自己动脑的刺激：在球没有传到他跟前之前，他就不用去听别人的辩论。正如一位批评家所言，假如议席不是面对面安排的话，英国议员就分不出是和非，也分不出智和愚了，除非他们认真去听**全部辩论**过程。但是，大多数辩论是毫无意义的，所以认真去听全部辩论又是愚蠢的行为。

任何游戏的形式都极端重要。而博弈论，和信息论一样，却忽视了游戏的形式和信息运动的形式。两种理论都处理系统的信息内容，都观察使数据转向的“噪声”和“欺骗”因素。这好比是从内容的视角去鉴赏一幅画、一首乐曲，换言之，这样做肯定使
324 人看不到经验中关键的结构核心。因为使游戏与我们的生活相关的是游戏的**模式**，而不是参加游戏的人，也不是游戏的结果；信息运动亦是如此。在此，所选用的感官造成了模式的千差万别，比如照片和电报。在艺术中，我们的感官在媒介中具体的混合情况，是最为重要的。外在的程序内容是骗人的干扰。要使结构形式冲破有意识注意的障碍，就需要这种骗人的干扰。

正如任何信息媒介一样，任何游戏都是个人或群体的延伸。它对群体或个人的影响，是使群体或个人**尚未**如此延伸的部分实现重构。一件艺术品除开它对观赏者产生的**影响**之外，别无什么存在或功能。与游戏或大众艺术、传播媒介一样，艺术能使人的社群形成新的关系和姿态，它有力量借此将自己的假设强加于人。

和游戏一样，艺术是一种经验转换器。我们曾经在一种情景下感觉到的或看见的东西，突然之间以一种新鲜材料的形式展现在我们眼前。同样，游戏也将熟悉的经验转化成新颖的形式，使

事物黯淡和模糊的一面放出了光辉。电话公司把一些骚扰者的胡扯录下来，这些粗俗的家伙，常常以各种使人厌恶的言辞去淹没毫无防卫的接线生。当这些录音带由总机播放出来时，它们就成了还击粗鲁人的娱乐和游戏，使接线生保持了平衡。

科学界对其无穷无尽的实验里的游戏成分，已经变得非常自觉，否则实验的情景模式就观察不到了。在管理业务的训练中心里，游戏被用作开发新式企业的感知手段，已经有很长一段时间。约翰·肯尼斯·加尔布雷斯认为，企业界现在必须研究艺术，因为问题和情景尚未在社会母体中出现时，艺术就已经建立了问题和情景的模式，借助艺术，感知敏锐的企业家在制订计划时可以 325
获得十来年的提前量。

在电力时代，艺术与企业、校园与社区日益缩小的隔阂，是整个内爆现象的一部分，这种内爆使一切层面的专门家队伍靠得更近了，19世纪的法国小说家福楼拜觉得，如果人们留意他的《情感教育》，普法战争本来是可以避免的。艺术家普遍持有与此类似的感觉。他们知道自己创作的情景模式在广阔的社会范围内尚未成熟。他们在艺术游戏中发现了确确实实正在发生的东西，因此他们看上去是“走在时代的前面”。不搞艺术的人总是透过旧时代的眼镜来看待当前的事情。总参谋部总是做好万无一失的准备去打过去打过的那种战争。

因此，游戏是人为设计和控制的情景，是群体知觉的延伸，它们容许人从惯常的模式中得到休整。就整个社会而言，游戏是一种自言自语的行为。而自言自语又是一种公认的游戏形式，这种形式对自信心的增长是必不可少的。晚近一些时期，英国人和美国人从娱乐和游戏的欢快精神里得到了极大的自信。如果觉得对手缺乏这种精神，他们反而会感到难堪。如果对全然世俗的事情过分死板认真，那就说明人的知觉有缺陷，这种缺陷实在可怜。自基督教诞生之日起，有些地区的人就养成了一种习惯，一种精神上取乐的习惯，用圣徒保罗的话说就叫作“装傻瓜闹着好玩”。保罗还将这种精神自信和基督教娱乐与那个时代的游戏和运动联系起来。与游乐伴生的是对表面情景和真实兴趣之间的巨大差别的知觉。一种相似的感觉在游戏情景的上空徘徊，名副其实地徘徊。因为游戏和任何艺术形式一样，仅仅是另一种较难把握
326 的情景的比较实在的模式，所以娱乐和游戏中总要产生一种使人震颤的神奇和欢快的感觉，这种感觉使非常死板的个人和社会十分可笑。维多利亚女王时代的英国人趋向不苟言笑那一极端的时候，奥斯卡·王尔德、萧伯纳和G. K.切斯特顿作为与之抗衡的力量迅速走进社会。学者们常常指出，在柏拉图看来，献给神灵的戏剧是人类宗教冲动最高尚的成就。

柏格森论述笑的那篇名噪一时的论文提出了如下的思想：机械主义接管生活中的价值观念，是构成荒唐可笑性的关键所在。看见一个人踩着香蕉皮摔倒，等于是看见一个合理的结构系统突然转换为一架旋转的机器。由于工业主义在他那时的社会中造成了一种相似的环境，所以柏格森的思想欣然被人接受。但他似乎没有注意到：他在机械时代里找到了一个机械的比喻，去解释笑声这种很没有机械味的东西，以及温德姆·刘易斯所形容的那种“脑子打喷嚏”的东西。

游戏的精神，几年前在骗人的电视问答竞赛上吃了败仗。首先，高额的奖品似乎是对金钱的嘲弄。货币作为力量和技能的储存器和交换的加速器，对许多人而言，仍然具有诱发极为认真的

痴迷状态的魔力。就某种意义而言，电影也是骗人的把戏。而且，任何戏剧、诗歌或小说都是为了骗人，**以便产生某种效果**。电视问答竞赛也是这样。但是，就电视的效果而言，存在着观众的深刻**参与**。而电影和戏剧所容许的观众参与度，不如电视形象的马赛克网点结构所提供的参与程度高。在电视问答竞赛中，观众的参与程度很高，以致节目编导被指控为骗子。此外，由于广告公司依靠报纸和电台，它们对新型电视媒介的成功也感到愤愤不平，也乐意给对手剜肉放血。当然，这些骗子在高兴之时也没有觉察到电视媒介的性质，他们把电影强烈的写实主义照搬到电视中来，而没有用适合电视的、比较柔和的、虚构的聚焦。查尔斯·范多伦之所以败诉，纯粹是因为他是无辜的局外人[1]。整个案 327
子的调查过程，并未使人对电视媒介的性质或效果获得任何深刻的认识。遗憾的是，它只是给认真的说教者提供了一个得意的时刻。用道德的观点取代对技术问题的理解，可惜这样的事情发生得太频繁了。

游戏是延伸，但不是我们个体的延伸，而是我们社会自我的延伸。游戏是传播媒介。这两点现在应该清楚了。如果我们再问一个问题："游戏是大众传播媒介吗？"回答也只能是："是的。"游戏是人为设计的情景，旨在容许很多人同时参与他们自己团体生活中某种有意义的模式。 328

1 查尔斯·范多伦在国会做证时承认，他在20世纪50年代的电视竞猜游戏中参与作弊。

二十五　电报：社会激素

330　在这一章里，麦克卢汉回顾新媒介的历史进程，勾画新媒介如何相继改变人类第一种技术即语言的历史，而语言是人类用以把握环境的媒介。那些宣告他“反对书籍”的人（见附录“评论界对《理解媒介》的批评”）忽略了本章里的一段话：“由于不分青红皂白地乱用电能，我们身处险境，可能会不慎抹掉我们在电力技术之前的文字技术和机械技术中的全部投入。”本书一以贯之地探讨电力条件下机械过程的转化，将其称为“自动化”(automation)。在这一章里，麦克卢汉用“自动控制”(cybernation)替代“自动化”，同时给它加上一层新的意思：自动控制是“一种思维方式，同时又被说成是一种行为方式”。将近本章结束之际，麦克卢汉提醒读者注意，如果不理解技术的变革、性质和影响，那就会产生严重的后果——我们可能会成为“媒介受害者”。

——编者小引

331　1910年，无线电报导致了霍利·克里平医生的被捕，所以它受到轰动一时的宣传。克里平医生是美国人，在英国行医。他杀害了妻子，把她埋在自家住宅的地窖里，与他的秘书乘蒙特罗斯班船逃离英国。秘书女扮男装，这一对情人乔装为罗宾逊父子结伴旅行。船长乔治·肯德尔怀疑罗宾逊父子有诈，因为他在英文报纸中已经看到克里平案件的情况。

蒙特罗斯班船是少数几艘装备马可尼式无线电报的班船之一。肯德尔船长要船上的发报员保守秘密，给伦敦警察厅拍发了一封电报。警官杜斯乘一班快船，横渡大西洋去追赶蒙特罗斯号。他乔装为领航员，在蒙特罗斯号进港时登上船去逮捕了克里平。克里平被捕以后十八个月，英国议会通过一条法令，强制要求一切客船装备无线电收发报机。

克里平案件说明，信息运动瞬息万里的速度兴起以后，任何组织中最周密的计划都可能遭到不测。组织图表中常见的委派权威随之崩溃，金字塔结构及管理结构随之消融。功能的分离，阶段、空间和任务的分割，是西方世界偏重文字和视觉的社会特征。有了电力技术产生的瞬间有机的相互联系，上述分割就趋于消融瓦解了。

在纽伦堡审判的一次庭审中，曾任德国军备部长的阿尔贝特·施佩尔 (Albert Speer) 就电力媒介对德国生活的影响大倒苦水："电话、电传打字电报机和无线电收发报机使最高层的命令直接传达到最基层，由于命令背后的绝对权威，它们被毫无批判地执 332
行了……"

电力媒介的趋向，是在一切社会制度中造成一种有机的相互依赖性。这就突出说明了德日进[1]的观点：电磁现象的发现应该

1 德日进 (Teilhard de Chardin, 1881—1955)，原名夏尔丹，法国哲学家、神学家、古生物学家、地质学家，在中国生活二十余年，参与"中国猿人"的考古工作，著有《人的现象》、《人的未来》、《神的氛围》、《德日进全集》等。

被看作"令人惊叹的生物学事件"。如果说政治和商业制度借助电子传播呈现出一种生物学特征，那么像汉斯·谢耶这样的生物学家认为生物是一种通信网络也就不足为奇了。谢耶说："荷尔蒙是一种特殊的化学信息物质，由内分泌腺制造并输入血液，以调节和协同相隔较远的器官的功能。"

这就是电力媒介形式的特点，它使单一步骤和专门功能的机械时代走到尽头。它有一种直接的解释：过去的一切技术（除言语之外）实际上都使人的某一部分肢体延伸，而电力媒介却可以说使我们的中枢神经系统（包括大脑）实现了外化。中枢神经系统是不受切割的统一场。正如J. Z. 扬在《科学中的疑问与确信》中所言：

> 也许，大脑功能的很大一部分秘密，是给刺激各接收场的每一部分的效果之间的相互作用提供众多的机会。正是由于提供了这种相互作用的区域或混合的区域，才使我们**作为一个整体**去对世界做出反应。在这一点上，我们大大地胜过大多数动物。

对电力技术的有机性质不了解的情况显然是存在的，我们持续关注世界机械化的危险就是其表现。更确切地说，由于不分青红皂白地乱用电能，我们身处险境，可能会不慎抹掉我们在电力
333 技术之前的文字技术和机械技术中的全部投入。机械装置的实质是人体各部分的分离和延伸，比如手、臂和足分离并延伸为笔、锤和轮子。一件任务的机械化是这样完成的：把一种行动的每一部分切割成一连串同一的、可重复的和灵活的若干部分。与此截

然相反的是自动控制（即自动化）的特点：自动控制被描写为一种思维方式，同时又被说成是一种行为方式。自动控制关注的不是一台一台的机器，而是把生产问题当作一个处理信息的集成系统来看待。

正是由于电力媒介提供了相互作用的区域，我们才被迫作为一个整体去对世界做出反应。然而，尤为重要的是，电力媒介介入的速度造成了个人知觉和公众知觉结成的不可分割的整体。今天，我们生活在信息和传播的时代，因为电力媒介迅速而经常地造成一个相互作用的事件的整体场，所有的人都必须参与其间。现在，公众相互作用的世界具有不可分割、相互影响、无所不包的范围。迄今为止，这种无所不包的范围仅仅是我们个人的神经系统的特征。其原因是：电力媒介具有有机体的性质；由于它作为技术被用于电话、电报、广播和其他的形式，它的有机社会纽带性就得到了证实。电讯传播的同步性——它也是我们的神经系统的特性——使我们每个人都可能受到世上的其他人影响。在很大程度上，我们在电力时代里同时在各地共处这一事实，是一种消极的而不是积极的经验。从积极经验的角度来说，我们更容易在读报看电视时具有与世人共存的知觉。

把握从机械时代向电力时代转化的一个办法，是注意文字式报纸和电报式报纸在版面编排上的区别，比如伦敦的《泰晤士报》（*Times*）和《每日快报》（*Daily Express*）的区别，或《纽约时报》（*The New York Times*）和纽约《每日新闻》（*Daily News*）的区别。 334
前者由表现观点的栏目组成；后者是一种马赛克图像，由报头日期把互不关联的零星材料结为一个整体场。这就是二者的区别。无论它还表现什么其他东西，一种由同时并列的条目组成的马赛克形态不可能表现任何观点。19世纪晚期与绘画联系在一起的印象派艺术找到了极端的形式：修拉的点画法、莫奈和雷诺阿的光折射。修拉的点画法和当前用电报传输图像的技巧接近，和扫描器形成的电视图像或马赛克接近。上述所有技巧都预示着后来的电讯媒介形式，因为和数字计算机使用许多"是""否"的点和线一样，它们也用这些点的接触去拥抱一切存在的轮廓。电能提供了一种手段去同时接触存在的一切方面，比如大脑的各个方面。电能只是偶然表现为视觉形态和听觉形态，它的基本形态是触觉。

由于电力时代在19世纪晚期开始扎根，整个语言艺术世界开始追求诗歌的触觉图像特征和感知的相互影响（即所谓联觉），绘画也是这样。德国雕塑家阿道夫·冯·希尔德布兰德[1]给贝尔纳·贝伦森[2]以灵感，贝伦森有感而发："只有给视网膜上的印象以触觉的价值，画家才能完成其任务。"这样的创作方法意味着给每一种造型艺术赋予一种独特的神经系统。

给人以弥漫印象的电力形式具有深刻的触觉性和有机性，客体因此而被赋予统一的可感受性，古人的洞穴画就是这样的。新型电力时代的画家无意间完成的任务，就是把上述事实提升到有意识水平。从现在起，任何领域的纯粹专门家都注定会思想苍白、空洞无物，都只能重复正在消亡的机械时代业已过时的形式。
335 经过千百年的感知分裂以后，当代的知觉必然是整合的、无所不

1 阿道夫·冯·希尔德布兰德（Adolf von Hildebrand，1847—1921），德国雕塑家，雕塑作品有维特尔斯巴赫喷泉，著有《造型艺术中的形式问题》。

2 贝尔纳·贝伦森（Bernard Berenson，1865—1959），美国艺术史家，尤其擅长中世纪艺术研究，著有《文艺复兴时期的威尼斯画家》、《文艺复兴时期的佛罗伦萨画家》、《文艺复兴时期的意大利画家》等。

包的。德国的包豪斯学院已成为努力探索宽泛的人体知觉的重要中心之一。但是，上述任务也被一大群巨人所接受，他们在音乐、诗歌、建筑和绘画中大批涌现出来。他们使本世纪的艺术胜过旧时代的艺术，这一优势与我们早已承认的现代科学的优势相当。

电报在早期的发展过程中从属于铁路和报纸，铁路和报纸是工业生产和市场机制的直接延伸。事实上，一旦铁路开始横跨美洲大陆，它们就非常紧密地依靠电报来协调运行。结果，火车站站长和报务员的形象非常容易地印入了美国人的脑海中。

1844年，莫尔斯用国会的三万美元拨款，开通了从华盛顿到巴尔的摩的电报线路。私营企业像往常一样，等待着官僚主义澄清这种新型业务的形象和目标。一旦证明为有利可图，私人推动和兴办电报的狂热就给人留下深刻的印象，甚至还引起了一些野蛮的插曲。任何一种新技术包括铁路，都没有像电报那样表现出更快的发展速度。1858年，第一条横跨大西洋的海底电缆铺设成功。到1861年，电报线路已经纵横交错地遍布美国。每一种运输商品或传输信息的新技术，在诞生的过程中都得经过一番激烈的竞争，这一点不足为奇。每一种革新不只是要打乱现存的商业活动，而且具有社会和心理的侵蚀作用。

追踪任何一种新生事物的胚胎发育阶段都能给人以教益，因为在其发展过程中存在着许多误解，无论这一新生事物是印刷术、汽车，还是电视。正是由于开始时人们对其性质不大在意，所以新生的形式给那些目瞪口呆的观者以沉重的打击，这些打击能给人启示。巴尔的摩和华盛顿之间最早的电报线，促进了两个城 336
市国际象棋专家的交流。另有一些电报线被用于抽彩票和一般的游戏，这一情况与早期收音机的发展相同。早期的无线电孤立存在，与任何商业用途都不搭界。事实上，业余爱好者促进无线电的发展过了多年以后，大企业才抓住无线电不放。

几个月前，约翰·克罗斯比 (John Crosby) 从巴黎给《纽约先驱论坛报》(*New York Herald Tribune*) 撰稿，他的文章在一定程度上有力地说明，偏重印刷文化的人对媒介的“内容”有一种执着的追求，这就使他很难注意有关一种新媒介的任何事实：

> 通信卫星，如你所知，是一种在空间旋转的、结构复杂的球体。它传送电视节目、电话信息，除了常识之外什么都传送。当它刚刚被送入太空时，到处都有人吹捧它：各大洲的人民将能共享彼此的精神乐趣，美国人能欣赏到法国性感女演员碧姬·芭铎，欧洲人能参与《本·凯西》[1]令人兴奋的精神激励……这一通信奇迹的根本弱点，和纠缠以前一切通信奇迹的弱点无异，自从人们开始在石块上镌刻象形文字以来，一切通信媒介都有这样的不足之处。为什么这样说呢？通信卫星投入使用的8月份，欧洲的任何地方几乎都没有发生任何重要的事情。可是，一切通讯网都受命就这种神奇仪器发表一点意见，随便说点什么都行。“这是一件新式玩具，所以怎么说也得玩一玩，”此间的人们这样说。哥伦比亚广播公司搜遍欧洲寻找热门新闻，结果找到了一条吃腊肠的比赛。于是这条新闻通过那颗神奇的圆球即时

---

1 《本·凯西》(*Ben Casey*)，美国电视连续剧，1961年至1966年在美国广播公司播映。

> 送回美国，虽说这条新闻靠骑骆驼送回美国也不会失去实质意义。

任何革新都威胁着现存组织的平衡。大工业吸引新的思想
抬头，可新思想一抬头又被人打下去。大公司的思想部门是一种 337
分离危险病毒的实验室。发现一种病毒后，立即就有一群人被指定去消除它的毒害，去寻找免疫治疗措施。因此，任何人向一家大公司提出一个新的思想，而该思想又会引起“生产和销售的巨额增长”时，都会出现滑稽的喜剧。这样的巨量增长对现存的管理是一种灾难。现行的管理人才不得不给新型的管理人才让道。因此，没有一种新思想是从一个大企业内部肇始的，它必定要从外部开始发难，通过一个小型的、与之唱对台戏的组织来发动攻势。同样，人体及其感官在“新发明”中的外化和延伸，迫使整个人体及其感官转入一种新的位置，以维持平衡。任何一种新的媒介都要引起器官和感官产生新的“关闭”，个人的和公共的器官和感官都要“关闭”。视象和声象都采取了新的姿态，其他一切感官也是这样。有了电报以后，整个新闻业的方法包括搜集和表现新闻的方法，都发生了革命性剧变。自然，它对语言、文风和题材的影响都是令人惊叹的。

1844年，人们利用美国的第一条电报线路搞棋赛和打彩票。与此同时，克尔恺郭尔出版了《恐惧的观念》(*The Concept of Dread*)。忧虑的时代从那时业已开始。因为人借助电报开始实现中枢神经系统的外化和延伸；有了卫星传送的广播节目以后，人的中枢神经系统正在接近意识的延伸。把神经置于人体之外，同时又把身体器官置于神经系统或大脑之内，即使不是恐惧的观

念，也会产生令人恐惧的情景。

我们扫视了电报对意识生活造成的主要创伤，指出它引进的"忧虑的时代"和"无孔不入的恐惧"，现在就可以转向一些具体例子，借以说明这种不安和日益紧张的情绪了。每当一种新媒介或人的延伸发生时，它都为自己造就一种神话，常常与一位重要
338 人物相联系的神话：阿雷蒂诺是王公的克星和印刷术的傀儡，拿破仑和工业变革的创伤相联系，卓别林是电影里的公众良心，希特勒是电台的部落图腾，南丁格尔是用电报线路演唱人类苦难的第一位歌手。

弗洛伦丝·南丁格尔家境富有、举止优雅，是工业力量产生的强大的英国新兴阶层中的一员，在年轻时她就看出了人类不幸的信号。起初这些信号是不容易解读的。她的整个生活因此而被搅乱，因为她不能调节生活，使之符合父母、朋友或求婚者心目中的形象。全然由于她的天才，她才能把新近出现的无处不在的焦虑和对生活的恐惧，转换成使人们相互关心的思想，转换成医院改革的思想。她开始思索并实践，从而发现了适合电力时代的新公式：医疗。对身体的照料成为当代安抚神经的镇静剂，在她那个时代，人类破天荒第一次使时代的神经系统延伸到时代之外。

用新式媒介来表述南丁格尔的故事是十分容易的。她奔赴一个遥远的战场，伦敦中心对它的控制正是前电力时代中那种司空见惯的等级模式，细腻分工、职能分派和权力分离。在当时和以后很长时期内，这都是军事组织和工业组织的正常现象，可是它们造成了浪费、低效和蠢笨的体制。这种消耗和低效的情况，首次被人用电报进行了逐日的报道，书面文化和视觉分割的遗产

通过电报线每天都得到恶报：

> 在英国，愤怒的浪潮此起彼伏。1854—1855年那个可怕的冬天，一场愤怒、羞辱和绝望的风暴越刮越猛。历史上第一次，通过阅读威廉·拉塞尔[1]发回的电讯，公众意识到“英国军人打出了军威”，而这些英雄却死于非命。他们夺取了阿尔马的高地，在巴拉克拉瓦与轻装旅一道冲锋陷阵……可这些勇士饿死了，因无人照料而死了。甚至参加轻装旅冲锋的战马都死于饥饿［《孤独 339
> 的十字军》(*Lonely Crusader*)］。

威廉·拉塞尔用电报发给《泰晤士报》的可怜情况，在英军生活中是平平常常的事情。他成了第一位战地记者，因为电报赋予新闻直接而宽泛的“人情味”这样一个维度，“人情味”不能算是“观点”，它只不过是对我们漫不经心、满不在乎的态度的评述而已。然而，经过一百多年的电讯报道以后，竟然没有人看清，“人情味”是直接介入新闻的电子式的或深刻的维度。由于电报问世，兴趣分离和官能分割随之结束。当然，兴趣分离和官能分割的结束同样也离不开它们艰辛而精巧的丰功伟绩。但与电报一道来临的还有狄更斯、南丁格尔和斯托夫人的不可分割的主张和整体的观念。电力媒介使弱者和受苦人发出了强大的呼声，扫荡了官僚主义的专门分工，扫荡了受说明书束缚的、思想职能的描写。简而言之，“人情味”就是参与他人经验的向度，这种直接

---

1 威廉·拉塞尔(William Russell, 1821—1907)，《泰晤士报》记者，人类历史上第一位著名战地记者，在克里米亚战争中崭露头角，接着又报道美国的南北战争、普法战争等。

参与是由于瞬时信息的传递而发生的。当人们必须与全人类享用中枢神经系统共同的延伸时，他们对怜悯和愤怒也同样能做出瞬时反应。在这样的情况下，“摆阔气浪费”和“摆阔气消费”必败无疑，甚至最大胆的富豪也得收敛手脚，沉入适度的生活方式，夹着尾巴为人类服务。

说到这里，有人还可能要问，为何电报会造成“人情味”，为何早些时候诞生的报纸并没有产生这一结果。“报纸”那一章可能有助于这些读者。不过，也许还有一个潜伏的障碍影响着他们的感知。电报形式的瞬间和整体介入性，仍然使一些文人雅士感
340 到厌恶。对他们而言，视象连续性和固定“视点”的习惯，使他们觉得迅速参与瞬时媒介，像参与大众运动一样不合口味、令人不快。这些文人雅士与维多利亚女王时代鞋油厂的童工一样，是媒介的受害者，因为他们无意之间被自己的学问和辛劳肢解了。许多人的感受力无可挽回地受到扭曲，被锁进了僵化的机械印刷品和文字的姿态中。对他们来说，电力时代的图像形态像激素对于肉眼一样，是模糊不清的，甚至是看不见的。艺术家的职责是，使过去的媒介摆脱陈旧的窠臼并获取新的姿态，使人能注意新的媒介。为此目的，艺术家必须永远摆弄并实验用新的手段去安排经验，虽然大多数观众也许偏爱停滞在老式的感知态度之中。以散文为媒介的评论家力所能及的，至多是尽量抓住他能发现的典型的、给人启示的媒介姿态。我们现在来检查一下上述电报媒介的一系列姿态，即这一新媒介与书报之类的旧媒介遭遇时的姿态。

1848年，电报才四岁，但它已经迫使美国几家大报结成一个集团以采集新闻。这一努力成了美联社诞生的基础，它搜集新闻

以后，又反过来向客户出售新闻。从某种意义上说，这种电讯的、瞬间完成报道的形式的真正意义，被印刷品和印刷术的视觉和工业模式的机械表层掩盖住了。这一独特的电力效果，表面上似乎例证了集中化的和压缩性的力量。许多分析家认为，电力革命是人类机械化过程的延续，但仔细审查以后揭示出来的，却是完全不同的特性。比如，地方报纸本来不得不依赖邮政服务和政治控制，其中介就是邮局。可是它们凭借新式的电报服务，很快就逃脱了这种中心—边缘型垄断。英国的短程邮路和集中人口使铁 341
路成为中央集权的有力介质，但即使在这里，伦敦的垄断也很快被电报的发明消融了，于是，电报在英国促进了地方的竞争。电报使边缘地区的地方报纸摆脱了大城市报纸的控制。在电力革命的整个领域，这一非集中化模式以多种伪装的形式出现，刘易斯·内米尔 (Lewis Namier) 爵士认为，电话和飞机是当今世界麻烦的最重大的根源。握有大权的职业外交家已经被总统、首相和国务卿取代，因为他们认为自己可以亲自进行一切重要的谈判。大企业也遇到了这个问题，人们发现在大企业中使用电话时，各部门不能行使它们被委派的权威。与一切电力媒介一样，电话的性质本身要压缩和统一原来被分割的和专门化的东西。只有“知识权威”才能靠电话运转，因为电话的速度造成了一个完全而广阔的关系场。速度对决策的要求是，决策必须是覆盖宽广的，而不是分割性的和不完全的，所以偏重文字的人特别反对电话。不过，我们将会看到，广播和电视也具有同样的力量来建立广阔的秩序。与此截然相对的，是视象和书面结构权威的中心—边缘模式。

许多分析家被电力媒介误导，因为从表面上看它们具有拓展人的空间组织的能力。然而实际上，它们废弃了而不是拓展了空间的一维。借助电力媒介，我们到处恢复了面对面的人际关系，仿佛以最小的村落尺度恢复了这种关系。这是一种深刻的关系，它没有职能的分配和权力的委派。有机的东西到处取代了机械的东西。对
342 话代替了单向的讲授。最显赫的大人物与青年亲切交往。一群牛津大学的本科生听说拉迪亚德·吉卜林[1]写一个字得10先令的稿酬，于是在一次聚会时发电报给他送去10先令。电文是"请送最好的一词"。几分钟后回电到了，这个词是"谢谢"(Thanks)。

电学和历史较长的力学相结合，形成了许多杂交媒介。其中的一些，如唱片和电影，将在本书的其他章节里探讨。今天，机械技术和电力技术的联姻已近尾声，因为电视代替了电影，通信卫星威胁着轮子。一百年前，电报的效果是促使印刷机转得更快，正如用电火花点火促使内燃机在一瞬间就能准确启动一样。然而如果再往前推进一步，电学原理就会处处使视觉分离和功能分析的机械技术消融瓦解。具有准确同步信息的电子音像带，替代了装配线老式的线性序列。

加速发展是任何组织消融和瓦解的公式。因为西方世界的整个机械技术与电力技术是结合起来的，所以西方世界已经向更高的速度推进。我们世界的一切机械侧面，似乎都向着自偿作用摸索前进。美国通过铁路、邮局和报纸的相互影响，在很大程度上已经建立了中央政治控制。1848年，邮政部长在报告中写道，报纸"一贯被认为对公众极为重要，一贯被当作在人民中间传播消息的最佳手段，所以才实行最低的邮费以促进报纸的发行"。电报迅速削弱了这种中央—边缘模式。更为重要的是，通过增加新闻的数

1 拉迪亚德·吉卜林(Rudyard Kipling，1865—1936)，英国小说家、诗人，诺贝尔文学奖得主。

量，电报大大削弱了社论的职能。在塑造公众态度方面，新闻的重要性持续不断地超过社论的观点，虽然这种变化的例子很少像南 343
丁格尔的形象在英国陡长那样引人注目。但是，在这个问题上，再没有什么比电报的力量更被人误解的了。也许电报最具有决定意义的特点正是这一点。书籍和报纸具有一种天然的动力，这就是形成以集中化模式为基础的、全民族统一的观点。因此，凡是有文化的人都渴望用统一的平行模式和同质模式，把最开明的思想推进到"最落后的地区"，灌输到最缺少墨水的脑子里。可是电报却使这一希望破灭，它使报界经历的非集中化如此彻底，以至于全国统一的思想绝对没有可能实现，早在美国内战爆发之前即已如此。也许电报产生的一个更重要的后果是：美国的文学天才被吸引到新闻业里去，而不是被吸引到书籍媒介中去了，爱伦·坡、马克·吐温和海明威等作家都是例子。除了报纸，这些作家再也找不到其他的练笔之处，也找不到宣泄感情的渠道。在欧洲，情况正好相反，许多人口不多的民族代表着一种非连续的马赛克形态，而电报又能使这一形态更加强化。结果，欧洲的电报就加强了书籍的地位，它甚至迫使报纸采用了书籍的特性。

自电报问世以来，天气预报的发展相当快。也许，人们感兴趣的报纸栏目中，天气预报是参与程度最高的栏目。在电报诞生的初期，下雨可能会使电报线路发生故障。这些故障使人注意天气的动态。1833年，加拿大的一则天气预报说："早些时候发现，蒙特利尔刮东风或东北风时，雨就自西向东而来；地表空气对流越强，反向而来的雨就越大。"显然，由于电报提供扫描范围广阔的瞬时信息，它揭示的气象模式的力度，完全超越了前电力时代人们观察的力度。 344

二十六　打字机：进入钢铁奇想的时代

346　本章描绘打字机的发明对诗人创作产生的显而易见的影响，内容丰富。打字机对诗歌的技术支持，宛若五线谱和节线对音乐家的支持；打字机影响妇女，使之以打字谋生；还影响工作场所，为其提供打字员。打字机无法规避媒介的逆转原理。逆转表现在一切媒介中，见诸艾略特和庞德的诗歌，他们的诗歌具有“爵士乐和散拍乐世界里的那种口语化的自由”的特点。打字机带来的变革再次证明，媒介即讯息：“在任何既定的结构中，人员累积的速率与完成的工作没有关系，而是与员工内部的人际交流有关。”

——编者小引

347　1904年，罗伯特·林肯·奥布赖恩（Robert Lincoln O'Brien）为《大西洋月刊》（*Atlantic Monthly*）撰写文章，指出一个丰富的、尚未开拓的社会材料场，比如他说：

> 打字机的发明大大推动了口授的习惯……这不仅意味着更广泛的传播……而且它还显示出口授者的观

点。口授人有一种解释的倾向，仿佛他正在看听话人的面部表情，看他们听懂了多少。在华盛顿国会山的打字间里，经常可以看见议员口授书信时用非常有力的姿势，仿佛他们劝说人的演说术可以传送到打好的信纸上去似的。

1882年的广告常常宣告，打字机可以用于辅助读书、写字、拼写和断句。如今已过去了八十年，打字机却只用于试点班的课堂。普通的教室仍然竭力不让打字机靠近，只把它作为一件既吸引人又分散精力的玩具。但查尔斯·奥尔森[1]这样的诗人却雄辩地宣告，打字机有力量协助诗人去准确表明音节的换气、顿挫和悬念，表明诗人想要并置的词语。他认为，诗人第一次有了类似音乐家使用的五线谱和节线。

奥尔森声称，打字机给诗人的声音赋予自主性和独立性。五十年前的职业妇女声称，打字机也具有同样的自主性和独立性。六十来个美元就可以买到打字机时，英国妇女曾经因为一种职业性的"12英镑的面部表情"而扬名。这种表情与易卜生创造的娜拉·海尔茂 (Nora Helmer) 的维京人似的姿态有一定的联 348
系。娜拉愤然关门，离开禁锢她的玩偶之家，出门去追求天命，去考验自己的灵魂。钢铁奇想的时代开始了。

读者也许记得前面提到的历史事实：19世纪90年代女性打字员的第一次浪潮冲击企业界的办公室时，制造痰盂的厂家看到了末日的迹象。他们的判断果然没错。更为重要的是，衣着

1 查尔斯·奥尔森 (Charles Olson, 1910—1970)，美国前卫诗人、文学理论家，代表作有《马克西穆斯的诗》、《在寒冷的地狱中》、《在灌木丛中》、《距离》等。

时髦、座位整齐的女打字员使制衣业的革命成为可能。她们穿的时装，每一位农家女也想穿，因为打字员是进取精神和技能的大众形象。打字员是造就新潮的人，而且她们也急切地追求新潮。和打字机一样，打字员给企业界注入了一种同一、同质和连续的新维度，这一新维度反过来使机械工业的各个方面都少不了打字机。一艘现代战舰维持正常的运转就需要几十台打字机，一支军队所需要的打字机要超过中型和轻型火炮的数字，甚至在战场上都是如此，这说明打字机现已将笔和剑的功能熔于一炉。

然而，打字机的效果并非全都是这一种。如果说打字机大大推进了印刷文化同质化的专业性和分割性那种广为人知的形态，那么它同时还导致职能的整合，造成了大量的个人独立性。G. K. 切斯特顿怀疑这种独立性是一种幻觉，他说："女人拒绝听人使唤，所以才出去当速记员。"诗人和小说家现在用打字机搞创作。打字机把写作和出版融为一体，造成了对待手写字和印刷字的全新的态度。在打字机上搞创作改变了语言和文学的形式，这一变化在亨利·詹姆斯后期的小说中表现得最为明显。这些书由他口授，由西奥多拉·勃赞基特 (Theodora Bosanquet) 小姐记录，可
349 是勃赞基特小姐不是用速记，而是直接用打字机把口授的作品打出来。她的回忆录《亨利·詹姆斯如何写作》(*Henry James at Work*) 问世以后，本应该有其他的研究接踵而起，对打字机如何改变了英语诗文的面貌，甚至如何改变了作家的思维习惯本身，都应该有进一步的研究。

对亨利·詹姆斯而言，到1907年，用打字机写作已经成为他根深蒂固的习惯。他的新颖文风发展成一种洒脱不羁、引人入胜

的风格。他的秘书谈到，他觉得用口授比用笔写更酣畅，而且更能启发灵感："用嘴说比用笔写似乎能更有效、更加连续不断地牵动我的文思。"他对女秘书如是说。实际上，他非常迷恋打字机的声音，以至于在临终前的卧榻上，还要听听他那台雷明顿打字机的嗒嗒声。

打字稿右侧留的空白不整齐，这在多大程度上促进了自由诗的发展，实在是难以弄清。然而，自由诗恢复了诗歌注重口语色彩和戏剧色彩的品格，而打字机正好助长了这一品格。坐在打字机前的诗人，很像是写爵士乐的音乐家。他创作的经验就像是演奏的经验。在无文字的世界中，这种经验一向是吟游诗人创作的情景。吟游诗人只有吟唱的主题，没有吟唱的文本。坐在打字机前，诗人能自由驾驭印刷机所具有的资源。打字机仿佛是一个招之即来的、对公众讲演的系统：诗人可以呼号、私语、吹口哨，也可以用滑稽而参差的诗行向读者做鬼脸，正如E.E.卡明斯[1]在以下诗歌中所表现的那样：

就在——
春天　世间充满泥土的——
芬芳　那位　小个儿的
乘气球的跛足人
吹响口哨　在远方　倏忽即逝

男童奔跑着来了

1　卡明斯 (E. E. Cummings, 1894—1962)，美国印象派诗人、剧作家、画家。他的诗歌拼写无大小写，诗行无句读，有时竟然把词拆开，即使偶尔用标点也是为了强调语气而收奇效。

玩过了弹子游戏又
350 装扮海盗玩耍这就是
春天
世间到处有水坑真美

那奇怪的
年迈的乘气球人吹着口哨
在远方　又倏忽逝去
还有女童翩翩然奔跑过来
玩过了跳房子和跳绳以后

这就是春天
而
　　那
　　长羊蹄的[1]
　　乘气球老翁　吹着口哨
　　在远方
　　又
　　倏忽消逝

卡明斯在此用打字机给诗歌提供了一种供许多人集体吟诵的乐谱。过去的诗人，由于各种机械的步骤把读者与印刷作品分隔开来，所以他们享受不到打字机提供的那种偏重口语的自由

1 长羊蹄的，希腊神话中自然、森林之神和牧神潘。潘全身长毛，下身为羊腿羊蹄，头上生羊角羊耳，身后长着羊尾。

度。坐在打字机前的诗人可以像尼金斯基[1]似的跳芭蕾舞，或像卓别林似的拖着脚扭摆。因为他自我陶醉，欣赏自己大胆、机械的破格艺术，所以他绝不会停止对自己的表演做出反应。在打字机上创作犹如放风筝。

卡明斯的诗歌以差别很大的重音和速度吟哦讽诵时，必然会再现诗人用打字机创作时的感知过程。杰勒德·曼利·霍普金斯[2]恨不得有打字机帮助他写诗！那些认为诗歌是供人眼睛看和嘴巴默念的人怎么能领略到霍普金斯和卡明斯的韵味呢！一旦大声诵读出来，这类诗歌就十分自然上口。用小写字母拼写人名，四十年前使文化人感到不舒服。他们应当有这样 351
的感觉。

艾略特和庞德用打字机创作，以便使诗歌收到许多至关重要的奇效。对他们而言，打字机也是追求口语色彩和拟声效果的工具，这一工具给予他们爵士乐和散拍乐世界里那种口语化的自由。艾略特最富有口语味和爵士乐味的诗作《力士斯威尼》在首次出版时，就附有一句通俗话："你想从哪儿回家，亲爱的？"

打字机将谷登堡技术引入文化和经济的每一个角落。与此同时，它又产生了上述与谷登堡技术相对的口语效果，这就是一种典型的逆转。如此的形势逆转，发生在一切极端的先进技术之中，比如今天的轮子就发生了逆转。

作为一种加速器，打字机促使写作、说话和出版紧密地联系

---

1 瓦斯拉夫·尼金斯基（Vatslav Nijinsky，1890—1950），俄国著名芭蕾舞蹈家，1909年随俄国芭蕾舞团访问西欧演出，轰动一时。

2 杰勒德·曼利·霍普金斯（Gerard Manley Hopkins，1844—1889），英国诗人，首创跳韵，生前默默无闻，去世后作品由友人整理出版，对20世纪的艾略特等大诗人产生影响，著有《风鹰》、《德意志号的沉没》、《腐肉解饥》、《奔腾的小溪》、《笔记》等。

起来。虽说它仅仅是一种机械形态，可是它在有些方面产生着内爆的作用，而不是起着外爆的作用。

就其发挥的爆炸性而言，打字机确认了活字印刷的现存程序，因而它立即发挥了使拼写和语法规范的作用。谷登堡技术走向“正确”的压力，即走向统一拼写和语法的压力，立刻被人们察觉。打字机引起词典的销量剧增。它们还造成许许多多淤塞过度的档案，这就引起当代档案清理公司的兴起。起初，打字机并不被认为是企业的必备工具。手写书信的亲切味被看得很重，以致打字机被有学问的人排除在商业用途之外。不过他们认为，打字机或许对作家、律师和报务员有用处。甚至报社都有一段时间对这一机器抱着冷漠的态度。

经济中的任何一个门类感受到加速发展时，其余的部分必然
352 要立即群起效仿。过不了多久，再也不会有哪家企业能够对打字机的加速作用无动于衷了。是电话加快了商务活动中采用打字机的过程，这一点仿佛有矛盾但的确是事实。“请送一份备忘录给我”，这句话每天在电话上说的次数要以百万计，它促使打字员的职能大大膨胀。诺思科特·帕金森的定律“加大工作量，以填满人们给它分配的全部时间”，这正是他对电话所提供的荒唐可笑的动力的描述。几乎没花多少时间，电话就使需要用打字机处理的工作发生了巨量的膨胀。仅在一家企业内部的小型电话网络基础上，就可能产生堆积如山的文书档案。正像打字机一样，电话也融合多种机能，比如应召女郎借助电话就可以兼任自己的皮条客和鸨儿。

帕金森发现，任何企业和官僚结构都有其自身独立的运转机制，这一机制与它“所要完成的工作”无关。人员的数量与“工作

的质量毫无关系”。在任何既定的结构中，人员累积的速率与完成的工作没有关系，而是与员工内部的人际交流有关。(换言之，媒介即讯息。) 用数学语言表述，帕金森定律就是：每年办公室人员的递增率在5.17%和6.56%之间，“无论所要完成的工作 (如果有工作的话) 量有何变化”。

“所要完成的工作”，当然指的是把一种物质能源转化成某种新的形式，比如把树木转化成木材或纸张，黏土转化成土砖或泥板，金属转化成金属管。以这种工作关系为例，海军里的舰只在减少，可是它的机关工作人员反而在增加。帕金森仔细掩盖起来使自己和读者难以看清的，只不过是这样的事实：在信息运动的领域，主要的“所要完成的工作”实际上就是信息的运动。在电力时代，全然通过选定的信息而产生的人与人关系，是财富的主要源泉。在此之前的机械时代，工作根本就不是这样的。那时的 353
工作指的是：用装配线切分操作的步骤和分等级委派的权威来加工各种物质材料。电力线路与上述的加工程序相连时，既消除了传动带，又消除了委派的权威。使用电脑的情况尤其如此，此时的工作精力被用于“程序设计”的层面，而且这样的精力是信息和知识的精力。在工作过程中，从决策和“使之发生”的角度来看，电话等诸如此类的信息加速媒介结束了指派权威的分工，转而有利于“知识的权威”。好比有这样一位交响乐作曲家：他不是将手稿送给别人印刷，然后由承印人转交给指挥和乐手，而是直接在一件电子乐器上作曲；由它演奏出的每一个调子和主题，似乎都是在合适的乐器上演奏出来的。这就会立即结束交响乐团中的一切委派权威和专业分工，委派权威和专业分工使交响乐团成为机械和工业时代一个非常自然的模式。打字机对于诗人和小说家来说，很接近未来的电子音乐；就其使诗歌创作和出版中的各种职能压缩或统一来说，打字机和电子音乐是很接近的。

历史学家丹尼尔·布尔斯廷感到震惊的是，在我们的信息时代中，一个人的扬名显声并不是因为他做了什么事情，而仅仅是由于人们知道他有名气。令帕金森教授感到震惊的是，人的工作结构现在似乎与他们所要完成的具体工作无关。作为一位经济学家，他揭示了同样的不一致性和滑稽性，斯蒂芬·波特在《游戏规则》中所揭示的新旧之间的不一致，和帕金森异曲同工。两人都揭示了“在事业上获得成功”(getting ahead in the world) 这句话在传统意义上的空洞滑稽性。诚实的操劳和聪明的手腕，都无助于急着向上爬的行政人员平步青云。道理非常简单。阵地战业已结束，在个人的和团体的战斗行动中都是如此。在事业上，亦如在社会生活中一样，“前进”也许意味着退出游戏。世界犹如
354 一个瞬间即可扬名的共鸣箱，在这样一个世界里，根本不存在什么“前进”的问题。

打字机曾经向西方世界的娜拉·海尔茂们许诺职业妇女成
355 功的希望，但它毕竟是难以捉摸的“南瓜变成的马车”。

二十七　电话：是发声的铜器还是丁零作响的符号？

至此，读者已习惯一个模式：麦克卢汉将多种媒介放在一起研究，并不囿于正在研究的主要课题。在这一章里，一段探讨电影与书籍唱对台戏的文字给人以启示。一种散文风格在以前的章节里已经现身，在这一章里就更加清晰了，那就是麦克卢汉句子里1—2—3—4四要素层层推进的冲击力：“上述中心—边缘结构从里到外的单向运动，之所以发生逆转，是由于电力发挥了作用。显然，这一逆转的原因，和西方伟大的爆炸式发展的原因有相似之处，这种急剧发展首先应归因于拼音文字书写的文化。” 356

——编者小引

1904年，纽约市《晚邮报》(*Evening Post*)的读者被告知：“赝品假货一词的意思是说，该物品没有什么实质，正如和一位假冒的朋友打电话一样没有什么实质。”电话在说唱民间文学中的传说，被杰克·帕尔的回忆录夸张了。他在回忆录里说，他对电话的反感是从丁零作响的电话铃声开始的。他接过一位妇女的电 357

话，这位女士说她非常寂寞，以致每天要洗三次澡，她希望能听到电话铃声。

詹姆斯·乔伊斯在《芬尼根的守灵夜》中，用了一个小标题“电视在兄弟阋墙中扼杀了电话”，由此而提出了一个主题：通过技术延伸的感官之间的战斗，在我们的文化中已经进行了十多年。由于电话问世，出现了耳朵和嗓音的延伸，这种延伸是一种超感官的感知。与电视同时来临的是触觉的延伸，或者说感官相互作用的延伸，感官的相互作用更加直接地涉及整个的感官系统。

儿童和少年了解电话的性质，他们抱着电话线和受话器说话，仿佛是拥抱着自己的宠物。我们所谓的“法国式电话”是送话器和听筒合二为一的工具，这个名字意味深长地说明法国人感官之间的密切联系。讲英语的民族使感官分离的倾向非常顽强。法语之所以叫“爱情的语言”，正是因为它以特别密切的方式把嗓音和耳朵结合起来，电话也是这样把嗓音和耳朵结合起来的。所以，打电话时和对方在电话上亲吻自然而然，可是将对方的视象具体化却并不容易。

在我们观察到的电话所产生的始料未及的结果中，最出人意表的是红灯区的消除和应召女郎的产生。对盲人而言，一切事物均出人意表。电话的形式及性质和一切电力技术的形式及性质一样，在这一令人吃惊的结果中充分地展示出来了。妓女是专干
358 这一营生的，应召女郎却不是。妓院的“家”并不是家庭，可是应召女郎不仅住在家中，而且她也许是一位主妇。电话使一切操作过程非集中化的力量，使阵地战结束的力量，使卖淫地方化的力量，让国内各行各业的人都已经感觉到，不过它尚未为人所理解。

电话在应召女郎的情况下，好比是融合了作文和出版功能的

打字机。应召女郎不需要皮条客和鸨母。她必须是一位伶牙俐齿、言谈变化多样并且具有社会成就的人，因为人们指望她能在平等的基础上与任何同伴打交道。如果说打字机使妇女从家里分裂出来，并使她成为办公室里的专业人员，那么电话就使她回到行政管理的世界中去。妇女回到行政管理世界中去，其功能是用途广泛的和谐剂，是招引幸福的媒介；在不成熟的美国行政部门中，她们成了兼有忏悔和哭泣双重职能的墙壁[1]。

打字机和电话是差别最大的异卵双生子，它们接手了改造美国妇女的任务，用技术去无情而彻底地改变她们。

既然一切媒介都是我们的器官和肢体向公共领域的延伸，所以任何一种媒介在我们身上的作用，都倾向于以一种新关系使其他感官发挥作用。看书的时候，我们给印刷词语提供一条声道。听收音机时，我们给它提供了一种伴生的视象。打电话的时候，我们为什么不能使视象具体化呢？读者也许会立即提出抗议："我打电话时确实能看到对方！"可是，一旦他有机会做有意识的实验，他就会发现，打电话时根本就无法将视象具体化——虽说一切重文字的人都试图这样做，并因而相信自己的成功。然而，这还不是重文字和视觉的西方人觉得电话最伤脑筋的事情。有人在给朋友打电话时，很难做到不动肝火。因为电话要求使用人完全参与其间，它不像手写的或印刷术的纸片。凡是识字者都憎恨要他投入全部注意力的要求，因为他长期习惯于割裂注意力。359
同样，识字的人要费很大的力气才能学会说外语，因为学说外语要求**所有的**官能都同时参与。另一方面，视象化的习惯使西方人

1　哭墙，耶路撒冷城中一座犹太庙的残壁，该庙约于公元前70年被罗马人摧毁，引申为安抚心灵创伤的媒介。

在高深物理学的非视觉世界中束手无策。只有重直觉、听觉和触觉的条顿人和斯拉夫人，才具有不借助视象化就能在非欧几里得数学和量子论中工作的能力。如果我们用电话教数学和物理，甚至连高度偏重文字和抽象的西方人最终也能和欧洲的物理学家一比高低。这一事实并没有引起贝尔电话公司研究部的兴趣，因为和任何其他面向书本的群体一样，他们不注意电话作为**形式**的一面，而是只研究电话服务的内容这一侧面。如前所述，香农[1]和韦弗[2]的信息论[3]假说，与摩根斯顿[4]的博弈论一样，都趋于忽视形式本身的功能。所以，信息论和博弈论都陷入了枯燥乏味的陈词滥调的泥潭。但是，这些形式产生的心理和社会效果已经改变了我们的整个生活面貌。

许多人打电话时感到有一种“比比画画”的冲动。这一事实与电话这种媒介的下述特性有关：它要求我们的感官和官能参与其间。与收音机不同，它不能被用作背景，因为电话提供一种很弱的听觉形象，我们借用全部感官去强化并补足这一形象。当听觉形象的清晰度高时，比如收音机的听觉形象就是这样，我们就
360 将这种听觉化为视象，或借助视觉去补足它。当视觉形象的清晰度或强度高时，我们靠提供声音去补足它。这就是为什么当无声电影加上声道时，引起了深刻的艺术上的混乱。事实上，这种混乱几乎与电影诞生所导致的混乱一样严重，因为电影是书籍的竞

1 克劳德·埃尔伍德·香农 (Claude Elwood Shannon, 1916—2001)，美国应用数学家、美国科学院院士、美国工程院院士，长期供职于贝尔实验室、麻省理工学院，首创信息论 (1948)，提出信息熵的概念，著有《通讯的数学理论》、《理论遗传学的代数学》等。

2 沃伦·韦弗 (Warren Weaver, 1894—1978)，美国科学家，与香农合著《通讯的数学理论》。

3 本书第二十四章提及信息论和博弈论。

4 奥斯卡·摩根斯顿 (Oscar Morganstern, 1902—1977)，美国经济学家，与冯·诺伊曼 (John von Neumann, 1903—1957) 合著《博弈论与经济行为》。

争对手，它提供的记叙性描写和表述，往往比书面词语提供的描写和表述要充分得多。

20世纪20年代，有一首流行歌曲叫作《打电话真寂寞，无精打采真寂寞》。为什么电话会造成一种强烈的寂寞感？为什么我们明知公用电话的响声与己无关时，仍然觉得有什么力量强制我们去接电话？为什么舞台上的电话一响就立刻造成观众的紧张情绪？为什么电影中的电话响了没人接时，我们身上的紧张情绪要小得多？以上所有问题，可以这样简单地回答：电话是一种要求参与的形式，它要求一位同伴，它具有电力两极性的一切强度。它确实不像收音机那样具有背景工具的职能。

电话问世之初，有个小镇里闹了一场地地道道的恶作剧。它使人注意到电话是公众参与的一种形式。住宅后的围栅再也抵挡不住共用电话所要求的那种热烈的参与程度。那场恶作剧采取了这样的形式：开玩笑的人假装是工程部门的人打电话说，要清理电话线。他说："我们建议，您用床单或枕头把电话盖好，以免把屋里搞得满是灰土和油污。"然后，他就一家一家地去走访电话上通知了的朋友，去共享他们准备和期待修理电话的欢乐。他们都期待着电话线炸响时肯定会有的唏嘘和哄笑。这则笑话使我们回想起，就在不久之前，电话还是新发明的玩意，与其说它是用来办正经事的，不如说它是用来娱乐的。

电话的发明是偶发事件，这是19世纪的事情，是人们研究可 361
见言语努力中的偶然事件。梅尔维尔·贝尔（Melville Bell）（亚历山大·格雷厄姆·贝尔[1]的父亲）穷毕生心血设计了一种万国

1　亚历山大·格雷厄姆·贝尔（Alexander Graham Bell，1847—1922），苏格兰裔美国科学家，电话发明人。

适用的字母表。1867年，他以《可见的言语》(*Visible Speech*) 为题发表了这一方案。贝尔父子的目的，是使世间一切语言能以一种简单的视觉形态直接相通；除此之外，他们更关注改善聋子的处境。可见的言语似乎有希望成为立即使聋子从禁锢中解放出来的手段。他们完善为聋子设计的可见言语，这一努力推动他们去研究新式的电力装置。电话因此才被造了出来。与此相似，布拉耶[1]以点代字母的盲文系统，发端于黑暗中解读军事电讯的手段，继后它又被转换为音乐，最后才被转换成为盲人摸读的文字。在莫尔斯电码研制出来用于发报之前很久，字母就已经转换成了用手指摸读的点状代码。注意下述情况至关重要：电力技术从一问世起就以类似的方式汇聚在言语和语言的天地里。我们的中枢神经系统第一次的伟大延伸，即口语词的大众传媒，很快又与中枢神经系统的第二次伟大延伸结合起来，这第二次延伸就是电力技术。

1877年3月15日，纽约的《每日画刊》(*Daily Graphic*) 首页上描绘了这样的主题："令人恐怖的电话——未来的雄辩家"。衣冠不整的催眠师斯文加利[2]在一间演播厅里站在话筒前滔滔不绝地演说。这支话筒，人们在伦敦、旧金山、北美大草原和都柏林都看见了。奇怪的是，那时的报纸把电话看作与之唱对台戏的新闻体系，正如五十年后的电台的确是与报纸唱对台戏的新闻体系一样。然而，电话是要求亲近、使人感到亲切的媒介，它是一切媒介中离新闻体系形式最远的媒介。所以——窃听电话似乎比偷阅

1 路易·布拉耶 (Louis Braille, 1809—1852)，法国教育家，三岁起失明，十五岁时发明了一套布拉耶凸点读写法，即"盲文"，可用于读、写、乐谱和印刷。

2 斯文加利 (Svengali)，法裔英国作家和卡通画家莫里尔 (George Louis du Maurier, 1834—1896) 在小说《崔尔毕》(*Trilby*) 中塑造的催眠师，今喻精神上的控制者。

他人信件更令人憎恨。

“电话”这个词是1840年产生的，那是在发明电话的贝尔出生之前。当时它被用来描绘一种用木棒传递音律的装置。19世 362
纪70年代之前，许多地方的发明家在同时努力实现用电力传输言语。美国专利局在接受贝尔专利权的同一天里收到了伊莱沙·格雷 (Elisha Gray) 的一种电话设计图，但他的申请比贝尔晚了一两个小时，律师们从这一发明巧合中谋取到了巨大的好处。贝尔得到了名声，而他的对手们却变成了注脚。1877年，电话大胆地开始为公众提供服务，与有线电报服务平行发展。不过，与巨大的电报公司比肩而立的新兴的电话集团是微小虚弱的。西部联合电报公司立即行动起来，确保对电话业的控制。

西方人从未对任何发明表示担心，从未觉得它是对自己生活的威胁，这是西方人佯装的态度之一。事实上，从字母表到汽车，西方人一直在一种徐缓的技术爆炸中被持续不断地重新塑造着，这一技术爆炸过程已经延续了两千五百年以上。然而，从电报问世之日起，西方人却开始经历了一种内爆的过程。他们突然以尼采似的漫不经心的态度，开始倒着放映过去两千五百年这部电影。不过，他们仍然喜欢部落生活中的原生成分被极端切割后所产生的结果。正是这种极端的切割，才使他们在技术和文化的一切相互作用中忽视了因果关系。但是大企业的情况却截然不同。在那里，部落人时时刻刻都警觉地注意着任何偶发变化的种子。威廉·怀特[1]可以把《组织人》(*The Organization Man*) 写成一个恐怖故事，其原因就在这里。吃人是错误的。连把人嫁接到大公

1　威廉·怀特 (William Whyte，1917—1999)，美国城市规划师、记者、评论家，代表作有《组织人》、《最后的景观》、《重新发现城市中心》、《都市小空间里的社会生活》等。

司的溃疡里去的做法，对于在偏重书面文化的、视觉的、切割性的自由中成长的任何一个人来说，也是错误的。一位高级行政官员说：“我晚上给他们打电话，那时他们的警惕性比较低。”

20世纪20年代，电话产生了许多幽默的对话，其中一些被灌制成唱片出售。但是，收音机和有声电影对独白却不仁慈，即使这些独白是由大名鼎鼎的W. C. 菲尔茨[1]或威尔・罗杰斯灌制的。
363 上述两种热媒介把较冷的媒介推到一边，而现在电视又在很大规模上将这些较冷的媒介带了回来。夜总会演艺人中的“新种族”，如鲍勃・纽瓦特 (Bob Newhart) 与尼科尔斯和爱莲・梅 (Nichols and May) 夫妻档，具有一种早期电话那种稀奇古怪的味道，可这种味道实在是很受欢迎。我们很感谢电视，由于它要求人高度参与，所以哑剧表演和对话才得以复活。我们的莫特・萨尔、谢利・伯曼和杰克・帕尔们几乎是形式多样的“活报纸”，正如20世纪30年代和40年代演剧队为中国革命群众所提供的节目一样。布莱希特的戏剧具有滑稽漫画和报纸马赛克世界那种参与性质，而电视又使滑稽漫画和报纸马赛克成为可以接受的通俗艺术。

电话的受话器是一种长期努力的派生物，这一努力发端于7世纪，企图借助机械手段来模仿人的生理。因此，电话具有与有机体天然的协调一致性。这很符合电话的性质。根据波士顿外科医生C.J. 布莱克的意见，电话听筒直接模仿人耳软骨和鼓膜的结构。贝尔非常注意伟大的亥姆霍兹[2]的研究工作，亥氏的研究覆

1 菲尔茨 (W. C. Fields，1880—1946)，美国舞台演员和电影滑稽演员，招牌特征是酒糟鼻子。

2 赫尔曼・冯・亥姆霍兹 (Hermann von Helmholtz，1821—1894)，德国科学家，对生理学、光学、电动力学、数学和气象学均有重要贡献，提出著名的能量守恒定律。

盖了许多领域。事实上，正是因为确信亥姆霍兹已经成功地用电报传送了元音，贝尔才受到鼓舞坚持努力。结果表明，正是由于贝尔的德语不够好，才促使他产生这种乐观的印象。实际上，亥姆霍兹并没有用电线实现任何言语传输的效果。贝尔想，如果元音可以传送，为什么不能传送辅音呢？他说："我原来以为，亥姆霍兹已经用电线传送元音了，而我失败的原因仅仅是当时对电学的无知。这是我弥足珍贵的一个错误判断。它给了我信心。假如我那些日子里已经能够看懂德文，也许我永远不会动手去进行那些试验！"

电话最令人惊诧的后果之一，是它在管理和决策中引入了由纵横交错的模式所编织的一张"天衣无缝的网络"。靠电话是不 364
可能行使委派权威的。职能分化、职能描写和委派权力的金字塔结构，在电话绕开等级排列、使人深刻介入的快速进攻面前，是招架不住的。同样，配有无线电话的机动装甲师打乱了军队的传统结构。而且我们还看见，新闻记者如何把印刷的纸片与电话和电报连接起来以后，为分割的政府部门塑造出了一个统一的整体形象。

今天，低级行政人员可以与全国各地的高级行政人员用直呼其名的方式打交道。"你径直打电话好了。任何人靠打电话都可以走进任何经理的办公室。十点钟我走进纽约的办公室时，我向每一位同事打招呼，但是我只叫他们的名字，我不会称呼他们的姓氏。"

电话是时间和空间难以抵抗的入侵者，以致高级行政人员只有在进餐时才能免除电话铃声的侵扰。就其性质而言，电话是一种高度亲近的形式，它无视偏重文字者珍视的一切视觉隐私的要求。一家股票经纪人公司最近取消了它的行政人员的一切私人办公室，要大家全都聚在一间办公室里围绕一张会议桌似的办公桌办公。这家公司觉得，唯有废除私人占据的空间，唯有在滚滚而来的电传和其他电子媒介基础上当机立断所做的决策，才能迅速地得到集体的赞同。进入戒备状态时，连军用飞机的地勤人员也必须任何时候都待在彼此看得见的地方。这还纯粹是一个时间因素。更重要的是需要**角色**的全部卷入，这是与上述瞬时结构连在一起的。加拿大一架喷气战斗机的两位飞行员在匹配时，用尽了婚姻介绍所所需的一切精心选配办法。经过许多次测试和长期的共同生活经验以后，他们才由指挥官宣布正式“**结婚**”，“直到死亡，你们才分手”。这句话没有丝毫不认真的儿戏之意。
365 偏重文字的人面对用电力媒介决策这张天衣无缝的网络的内爆要求时，使他们感到耿耿于怀的，也是上述那种整合成一个角色的要求。西方的自由始终采取爆炸式、分裂性的形式，它推动着个人与国家的分离。上述中心—边缘结构从里到外的单向运动，之所以发生逆转，是由于电力发挥了作用。显然，这一逆转的原因，和西方伟大的爆炸式发展的原因有相似之处，这种急剧发展首先应归因于拼音文字书写的文化。

如果说委派的指挥链权威靠电话行不通，而只能靠书面指示才行得通，那么究竟是什么样的权威在电话里发挥作用呢？答案是简单的，但不容易言传。在电话里说话，唯有知识的权威在起作用。委派的权威是线性的、视觉的、等级性的。知识的权威是非线性的、非视觉的、无所不包的。被指派任务的人如果要行动，他必须随时从指挥链中得到放行的许可。电力媒介的情景荡涤了这样的格局。在无所不包的知识权威里，上述那种“相互制衡”

是格格不入的。因此，要实现对电力媒介绝对权力的束缚，就不能靠分权，而只能靠多中心。在建立克里姆林宫到白宫的直通保密热线时，就出现了这个问题。肯尼迪总统表示更喜欢电传而不是电话。他带着西方人自然的偏好。

在约束向边缘辐射的集中制结构的行动中，分权始终是一种手段。在电力结构中，就地球这个行星的时空范围而言，不存在什么边缘地区。因此，只有在中心之间和平等伙伴之间才能进行对话。指挥链型的金字塔结构从电力技术中得不到任何支持。但是，在取代指派权威的过程中，随着电子媒介的兴起，又趋于出现**角色**这一因素，任何人现在都可以被赋予各种非视觉的特性。
国王和皇帝由法律赋予权力，他们代表着臣民的一切个体自我， 366
以集体自我的身份去行动。迄今为止，西方人仅仅是初步接触到角色的恢复。他们依然把个体维持在分派的**工作** (jobs) 中。在对影星的崇拜中，我们容许自己患梦游症似的暂时抛弃自己的西方传统，给这些没有具体职能的形象赋予一个神秘的角色。这些影星的形象是崇拜他们的许多梦游症患者个体生活的集体化身。

精神病学家记录了一个电话，这是电话使人完全介入的非常突出的例子。据报告，神经质的儿童打电话时会失去一切神经过敏的症状。1949年9月7日的《纽约时报》刊载的一条新闻，给电话使人冷静的参与性质提供了一个非同寻常的例证：

> 1949年9月6日，一位长期精神病患者霍华德·昂鲁 (Howard B. Unruh) 在新泽西州坎姆登城街上，精神病突然发作。他杀死了十三人，然后回到家中。紧急部队携带机关枪、霰弹枪和催泪弹奔赴现场，鸣枪警告。

> 正在这一时刻，《坎姆登信使晚报》的一位编辑查到了翁鲁家的电话号码，于是就给他去了个电话。翁鲁竟停止射击去接电话：
>
> “喂！”
>
> “你是霍华德吗？”
>
> “是的……”
>
> “你为什么杀人？”
>
> “不知道，我现在不能回答这个问题，只有以后给你谈了。我现在正忙着呢。”

阿特·塞登鲍姆 (Art Seidenbaum) 最近在《洛杉矶时报》(*Los Angeles Times*) 的一篇文章《隐私电话号码的辩证法》(“Dialectics of Unlisted Telephone Numbers”) 里说：

> 长期以来，名人一直是深藏不露的。表面上看这一点似乎自相矛盾，他们的名字和形象越是在广阔的屏幕上膨胀，他们就越是费尽心机，确保自己不要谁都能看见，也不要让人查到自己的电话……许多大名鼎鼎的人物绝不会有求必应，不会立刻将电话号码告诉别人。有专人替他们接电话，只有在他们的要求之下，代接电话的人方才把
> 367 已经积累起来的电话记录送给他们……“请别打电话”也许会成为南加利福尼亚名副其实的地区电话号码。

“打电话真寂寞”这句歌词绕了一个圈子。要不了很久，“无
368 精打采真寂寞”的就将是电话自己了。

二十八　唱机：使国民胸腔缩小的玩具

麦克卢汉经常研究电力时代的自动化，本章对这一课题的研究尤其广泛。他强调电影和唱机等机械化技术对人类歌舞最终实现自动化所起的关键作用。他以此破题指出：自动化与机械化平行发展，在工作场所得以完成。接着的论述涵盖装配线、手工的消失、机械化条件下的分割和计算机程序。一般人论述文化时，文化与技术的关系总是脱钩的，但上一章已经将其联系起来考虑。在这里，两者的关系再次受到麦克卢汉的关注："浪漫主义者对真正意义上的野蛮人的了解，和他们对装配线的了解一样，实在是微不足道的。"本章还给意识下了一个定义——当然是适合麦克卢汉媒介研究要求的定义："意识本身是完全不依赖内容的一种涵盖面广泛的过程。" 370

——编者小引

唱机的发端归功于电报和电话。直到磁带录音机使它从机械装饰中解放出来，它才显示出自己电力媒介的基本形态和功能。从根本上说，声音世界是一个瞬息万里联系的统一场，这使 371

它很像电磁波的世界。这一事实使唱机和收音机很早就联系起来了。

人们为何没有准确把握唱机的性质，可以从铜管乐指挥和作曲家约翰·菲利普·苏泽[1]的观察中表现出来。他发表了这样的评论："有了唱机以后，练声就不那么时髦了。它对国民的嗓子会有什么影响呢？难道国民的嗓子不会变弱吗？国民的胸腔又怎么样呢？难道它不会缩小吗？"

正如收音机这种媒介仍然给人提供节目的内容一样，唱机也是一种热媒介。如果没有这种热媒介，作为探戈、切分乐和爵士乐时代的20世纪，就会具有迥然不同的节奏。但是，唱机纠缠在许多误解之中，正如它早期的名称"gramophone"（文字+声音）所包含的误解一样。当时的唱机被认为是听觉文字的一种形式。唱机还有一个包含误解的名字"graphophone"（书写工具+声音）。在这个名字里，唱针被认为承担着笔的角色。把它看成"说话的机器"的观点尤其流行。爱迪生发明唱机时，他的路子曾经受阻，因为他最初把唱机当成"电话的复述器"，即电话资料的仓库。这一仓库使电话能"提供非常珍贵的记录，而不是让电话只作为瞬间完成、稍纵即逝的交流的接收器而已"。爱迪生这段话载于1878年6月号的《北美评论》（*North American Review*），这说
372 明，刚发明的电话已经能够影响人们在其他领域里的思想了。所以，唱机当时被认为是电话交谈内容的有声记录，因而才出现了"phonograph"和"gramophone"这样的名字。

---

1 约翰·菲利普·苏泽（John Philip Sousa, 1854—1932），美国作曲家、军乐指挥家、"进行曲之王"，十六岁起就指挥乐队在剧场和影院中演出，曾任军乐队总指挥，创作大量军乐曲和轻歌剧、歌曲等，对美国铜管乐的发展起了重大的推进作用。

唱机一问世就非常流行，这一现象背后的原因是整个的电力内爆：这一内爆又给音乐、诗歌和舞蹈中的言语节奏赋予新的突出地位和重要意义。不过，老式的留声机纯粹是一台机器，起初它并未使用电动机或电路。但是，由于它给人的嗓音和新兴的切分音律提供了一种机械的延伸，所以它被那个时代的一些主要潮流推入了中枢的地位。一个新的词语、一种言语形式或一种舞蹈的节奏被接受的事实，已经是与唱机有关的实际发展的一种直接证据。举例说吧，自从"这个东西怎么样"这句话问世以后，英语就转入了一种疑问的情态中。除非人际关系中出现了与这一用语相关的某种新式的压力、节奏感或细腻之处，否则什么也不会诱使人们突然再三使用这句话。

爱迪生在摆弄打着莫尔斯电码的点线符号的电报纸带时，注意到一种现象：电报纸带快速传送时，产生了一种类似"听不清楚的说话声"。他突然产生了一个想法：刻有印痕的线带可以用来记录电话。一旦他进入电学领域，他立即认识到，线性结构有局限，专门化不能开花结果。他说："瞧，事情是这样的。我从这里着手实验的意图是，比如说，增加大西洋电缆的速度。可是我沿着线性路子走到半途时，突然碰见了一种现象，它牵着我走到另一个方向，它竟然发展成为留声机。"这是从机械爆炸向电力内爆的戏剧性转折，其典型性独一无二。爱迪生本人的生涯体现了这一变迁，他本人常常被夹在这两种形态的研究方法所引起的混乱之中。

19世纪末，心理学家利普斯[1]用电动听力敏度图发现，一次钟 373

1　特奥多尔·利普斯（Theodor Lipps，1851—1914），德国心理学家，著有《心灵生活的基本事实》、《伦理的基本问题》、《美学》、《居室美学》、《心理学入门》等。

声是包含各种谐音的复合音。爱迪生解决这个问题的路子多少有些与此相似。实践经验告诉他，如果能找到一种使解决办法显豁的手段，一切问题在萌芽时期都包含一切答案。拿他的情况来说，他决心使留声机像电话一样在商业活动中直接派上用场，这就导致他忽视留声机作为娱乐手段的用途。未能预见留声机用作娱乐的手段，实际上就是没有把握住一般意义上的电力革命的意义。在这个时代，我们心甘情愿地把唱机作为玩具和安抚神经的玩意来接受，不过报纸、电台和电视同样获得了娱乐性的一面。与此同时，推向极端的娱乐活动又变成了商业和政治的一种主要形态。由于电力媒介具有整体“场”的性质，它们趋向于消除形式和功能被切割的专业分化，这种专业分化长期被我们当作字母表、印刷术和机械化的遗产来接受。唱机短暂而浓缩的历史，包括了手写、印刷和机械化词语等一切发展阶段。磁带录音机的来临，才在几年前使唱机从暂时卷入机械文化的状况中解放出来。磁带和密纹唱片突然使唱机成为接触世间一切音乐和言语的手段。

转向密纹唱片和磁带录音这种革命之前，我们应该指出，早期的机械录音和放音与无声电影有一个很大的共同因素。早期留声机放出的声音给人一种轻快而沙哑的感觉，这一点与麦克·森尼特[1]摄制的电影不无相同之处。不过，机械音乐的潜流带有莫名其妙的伤感色彩。查理·卓别林的天才使电影抓住了布
374 鲁斯舞曲伤感的特性，同时他又在布鲁斯舞曲伤感的上面加上一层轻快爵士乐和跳跃的色彩。19世纪后期的诗人、画家和音乐家

1 麦克·森尼特（Mack Sennett，1880—1960），美国电影制片人、导演、演员。

都坚持一种玄妙的伤感风格，这种伤感情绪潜藏在大城市的大工业世界中。皮耶罗[1]的形象在拉弗格[2]诗歌中的地位，和它在毕加索绘画中或萨蒂[3]乐曲中的地位一样，是极为重要的。难道机械的东西最完美的时候不是令人惊叹地接近于有机的东西吗？难道一种伟大的工业文明不能为人人生产丰裕的东西吗？回答肯定是一个“对”字。但是，卓别林和塑造皮耶罗形象的诗人、画家和音乐家将上述逻辑一直推到齐拉诺·德·贝热拉克[4]形象的高度。此公是世间最狂热的恋人，可他从未得到爱情的回报。齐拉诺这个古怪的形象，这位不受人爱且不值得爱的恋人，立即受到留声机的崇拜，进入了唱片灌制的布鲁斯舞曲之中。也许，试图将布鲁斯舞曲的起源追溯到黑人民间音乐会使人误入歧途，但是，英国指挥兼作曲家康斯坦特·兰伯特[5]所持的意见正是如此。他在《啊，音乐！》(*Music Ho!*) 中，叙述了第一次世界大战后爵士乐勃兴之前那个时期里布鲁斯舞曲的发展过程。他的结论是，20年代爵士乐的繁盛，是大众对德彪西[6]和戴流士[7]时期高雅华美的乐曲和精妙的管弦乐所做出的回应。爵士乐似乎是阳春白雪和下里巴人之间的桥梁，正像卓别林的表演是架起了通向绘画艺术的桥

1 皮耶罗 (Pierrot)，古法国哑剧中的白衣丑角。

2 朱尔·拉弗格 (Jules Laforgue，1860—1887)，法国意象派诗人，首创无韵诗。

3 埃里克·萨蒂 (Erik Satie，1866—1925)，法国作曲家，对20世纪音乐尤其法国音乐的发展产生了比较重要的影响。

4 齐拉诺·德·贝热拉克 (Cyrano de Bergerac，1619—1655)，法国讽刺散文家，曾经参加一千多场决斗。

5 康斯坦特·兰伯特 (Leonard Constant Lambert，1905—1951)，英国作曲家、指挥家。

6 德彪西 (Claude Debussy，1862—1918)，法国作曲家、印象派音乐创始人，作品有管弦乐曲《牧神午后前奏曲》、歌剧《佩利亚斯与梅丽桑德》、钢琴曲《意象集》等，并有论文集《克罗士先生》。

7 戴流士 (Frederick Delius，1862—1934)，英国作曲家，印象派代表人物之一，19世纪末振兴英国音乐的杰出人物，主要作品有歌剧《乡村的罗密欧与朱丽叶》、管弦乐曲《布里格集市》、交响乐诗《群山之外》等。

梁一样。文人热切地接受了这些桥梁。乔伊斯把卓别林的气质注入《尤利西斯》的主人公布鲁姆身上，正如艾略特把爵士乐注入他早期诗作的节奏里一样。

卓别林塑造的丑角齐拉诺形象，和拉弗格或萨蒂塑造的皮耶罗形象一样，具有一种深沉的忧郁气质。这种忧郁的气质，难道不是机械技术的胜利和人情味的丧失本身所固有的吗？机械达到的高度还能超过模仿嗓音和舞蹈的“说话的机器”吗？艾略特描写爵士乐时代打字员的名句，难道没有抓住卓别林时代和散拍乐布鲁斯舞曲的整个忧郁的气质吗？

375 窈窕淑女落得犯傻，
室内踱步形只影单，
无意之间抹抹秀发，
接着再放唱片一张。

如果将艾略特的诗歌《普鲁弗洛克》(*Prufrock*) 当作卓别林似的喜剧讽诵，其寓意就迎刃而解了。普鲁弗洛克是完美的皮耶罗，是机械文明的小木偶，它即将一个筋斗翻入电力文明时代。

电影和唱机之类的机械形态，作为歌舞自动化前奏的重要性怎么强调都不过分，正如人的嗓音和姿态的自动化接近完美一样，人的劳动大军也接近自动化了，如今的电力时代里，手工操纵的装备正在消亡，电力自动化正在使劳动力退出工业生产。在电力时代里，人们不像在机械化时代那样使自己变成无意识的自动机——使任务和职能变得支离破碎，而是日益同时介入不同的工作，介入学习和电脑编程。

上述电力时代固有的逻辑，在早期的电报、电话等电信形态中，已经表现得相当明显。这些电信形态促使“会说话的机器”诞生。它们在恢复长期受印刷文字压抑的语音、听觉和模拟世界中做出了很大的贡献，同时它们又激励了“爵士乐时代”的新奇节奏、切分音的各种形式和象征主义的非连续性。这些新奇的形式和相对论、量子物理一样，预示着谷登堡时代的结束。谷登堡技术的特点是平滑、整齐的排版和组织。

“爵士”一词源自法语的“交谈”(jaser)。爵士乐的确是乐手和舞者之间的对话形式。因此，它似乎突然与圆滑的华尔兹舞那种同质的和反复的节奏产生了决裂。在拿破仑和拜伦的时代，华尔兹是一种新的舞蹈形式，它被当作高尚野蛮人卢梭式梦想的粗 376
野现实而受到欢迎。尽管这个思想现在看来很怪诞，然而它确实给正在破晓的电力时代提供了一条非常宝贵的线索。跳华尔兹时舞伴亲切地搂抱着翩翩起舞，老式宫廷舞蹈那种没有人情味的集体舞被抛弃了。华尔兹准确、机械、富有战斗性，其历史已显示出上述特点。若想要华尔兹舞韵味十足，舞蹈人就得穿军装。拜伦勋爵形容滑铁卢大战前夕的华尔兹舞会时写道：“晚上响起了狂欢作乐的喧哗声。”对19世纪和拿破仑时代而言，市民组成的军队似乎是摆脱宫廷等级制度封建框架的一种个性解放。因此我们说，华尔兹与高尚的野蛮消遣联系在一起，可它只不过是从对地位和等级的敬畏中解脱出来的自由。华尔兹舞者人人一样、个个平等，舞者可以任意飘到舞场的任何角落。这就是高尚野蛮人生活的浪漫思想，它对我们来说似乎有点稀奇古怪，不过浪漫主义者对真正意义上的野蛮人的了解，和他们对装配线的了解一样，实在是微不足道的。

在我们这个世纪，爵士乐和散拍乐来临之前，也是有预兆的，这就是土著人扭摆舞的入侵。因此而被激怒的人，倾向于在爵士乐中去寻求机械重复的华尔兹所具有的那种华美，华尔兹过去也曾经被当作纯粹的土著舞。如果说爵士乐被认为是与机械主义决裂并走向非连续性、参与性、自发性和即席性的话，它也可以被认为是向口头诗歌的回归，在吟诵口头诗歌时的表演既是作诗也是作曲。录制的爵士乐像"昨天的报纸一样陈旧乏味"，在爵士乐演奏者中这是不证自明的道理。爵士乐是活生生的，与交谈一样，因此与会话一样，它也依靠一套储备待用的主题。但是，演奏爵士乐的过程是一种作曲的过程。这样的演奏保证了演奏者和
377 舞蹈人的最大参与性。从这个角度来看，爵士乐属于那个马赛克结构的家族，这个家族是随着有线电报、电话的问世而重新露面的，这个道理一望而知。爵士乐与诗歌中的象征主义，与绘画和音乐中许多联盟的形式同属一个家族。

唱机和歌舞的联系之深刻，并不逊于它与电报、电话的联系，随着16世纪机印乐谱的问世，歌词和乐曲逐渐分家。声乐鉴赏力和器乐鉴赏力分离开来，这成为18和19世纪音乐大发展的基础。艺术和科学中与此相同的分割和专门化，使工业和军事的巨大发展成为可能，使报纸和交响乐团这样庞大的合作性事业成为可能。

确实，唱机作为工业的、靠装配线组织和分布的产品，不具有激发爱迪生头脑产生唱机的电力品质。有些预言家曾经预见这样一个伟大的日子：唱机能被用作鉴别诊断疾病的辅助设施，它能鉴别"歇斯底里和抑郁症……百日咳的痉挛性咳嗽和肺病的干咳。它将成为精神病学专家，将能鉴别狂躁型病人的大笑和白痴

的胡言……它将在接待室里完成这一功绩。与此同时，医生只需忙着去诊治他的最后一位病人”。然而，实际上，唱机却停留在记录福格尼斯先生 (Signor Foghornis) 男高音和男低音的演唱这样的水平上。

第一次世界大战前，灌制唱片的设备未敢染指乐队之类的精妙艺术。在此之前很久，一位热心人就指望唱片能与影集相较量，指望它能加快美好日子的到来，指望“子孙后代能在二十分钟内浓缩一生的声象；五分钟幼儿时代的咿呀学语，五分钟少年时代的欢呼雀跃，五分钟成年以后的深情回忆，五分钟临终之时的 378
虚弱遗言”。稍后不久，乔伊斯的成就超过了这位热心人的期待，乔伊斯使《芬尼根的守灵夜》成为一首音响诗，它在一行诗里浓缩了全人类咿呀学语、欢呼雀跃、深刻观察和深沉后悔的整个历程。他不可能在任何其他时代构想这部小说，只能在产生了唱机和收音机的时代里构想这部作品。

最后给唱机这个世界注入充足电荷的是收音机。1924年，收音机在音质上已经胜过唱机，很快它就开始压倒了唱机和唱片业。最后，收音机通过延伸大众的情趣，使之向古典音乐发展，由此而使唱片业恢复了元气。

唱机与歌舞真正的决裂，是第二次世界大战以后能用上录音机时才发生的。这意味着刻纹灌制唱片技术及由此伴生的表面摩擦噪音的完结。1949年，高保真度唱机时代来临，唱片业又一次得到拯救。高保真唱机追求“逼真的音响”，这一探索很快与电视的形象融合起来，成为恢复触觉经验的努力中的一部分力量。因为乐器“就在室内，就在你的身边”演奏的感觉，使人在器乐中将听得见和摸得着的东西结合起来的努力前进了一步，这种结合在很大程度上是雕塑似的经验。置身乐师之中的经验，是从触觉和动觉中去感受他们接触和摆弄乐器的经验，而不仅仅是感受共鸣音的经验。由此可见，可以说高保真的音响绝不是追求与其他感觉分离的、抽象的音响效果。有了高保真的效果，唱机就可以迎接电视的触觉挑战了。

立体声又进了一步，它是一种“环绕”或“包围”人的声响。过去的声响只从一个点发出，这与视觉文化固定视点的偏好是一致的。音响往高保真度的转换对音乐而言，犹如立体主义之于绘画、象征主义之于文学。换言之，这种转换意味着接受一种经验
379 中的多种侧面和多种层次。再用另一种方式说，立体声是有深度的音响，正如电视是有深度的视象一样。

也许这种说法并不非常矛盾：当一种媒介变成深刻体验中的手段时，原有那些“古典”和“流行”、“阳春白雪”和“下里巴人”的分类范畴再也行不通。在电视上看一台为先天性心脏病患儿做的手术的经验，是塞不进上述任何一种范畴的。密纹唱片、高保真音响和立体声来临以后，深入参与音乐体验的态度也应运而生。人人都抛弃了不敢品尝精英文化的约束，态度严肃的人也抛弃了对通俗音乐和文化的厌恶。任何深入参与进去的东西，都取得了和最重要的问题一样的重要性。因为“深入”意味着“相互联系”，而不是“相互分离”。深入意味着洞察力而不是观点，而洞察力又是一种正在展开的精神介入，它使事情的内容退居十分次要的地位。意识本身是完全不依赖内容的一种涵盖面广泛的过程。意识本身并不要求以意识到任何具体的东西为前提。

就爵士乐而言，密纹唱片带来了许多变化，比如对“真正美妙的投入”的崇拜就是一种变化，因为唱片的单面放送时间大大增

加以后，爵士乐队可以真正实现各种乐器之间长时间的“闲聊”(casual chat)。20世纪20年代储存的乐曲又复活了，而且由于有了这一新的手段，昔日的乐曲还被赋予了新的深度和复杂程度。不过，录音机和密纹唱片的结合才使古典音乐的宝藏发生了革命。正如磁带意味着重新学习口语而不是书面语一样，录音机引进了许多世纪和许多国家的整个音乐文化。过去，人们的选择范围狭窄，仅限于一些时期和作曲家；现在，录音机与密纹唱片的结合，给我们提供了完美的音乐范围，这就使16世纪的音乐和19世纪的音乐一样可以为人享受，使中国民歌和匈牙利民歌一样容易欣赏了。

有关唱机的技术事件可以简述如下：

电报将文字转换成声音，这一事实与电话和唱机的起源直接 380
相关。由于电报问世，剩下的围墙唯有口语的围墙，而口语的围墙又很容易被唱机、电影和传真照片越过。文字的电化形式跨入非视觉的、听觉的空间，这一跨越与接踵而至的电话、电台和电视跨进上述空间一样，几乎是同样巨大的跃进。

电话：没有围墙的言语。

唱机：没有围墙的音乐厅。

电光：没有围墙的空间。

电影、电台和电视：没有围墙的教室。

采集食物的人以采集信息者的面貌重新出现，这两种面貌并不和谐。在这一角色中，电子人的游徙性并不亚于他旧石器时代
的祖先。 381

二十九　电影：拷贝盘上的世界

382　麦克卢汉在这里论述的“关闭”(亦见书末“关键词”)所指的是感知**输入**的关闭。然而，在其他地方，他所谓关闭常常与媒介诱发的梦游症和那喀索斯的昏迷联系在一起，关闭指的是某一生理感知**本身**。按照他在这里的解释，结构具有雕塑的性质，手稿文化具有口语的性质。电影却不能简约为单一的媒介，电影“最圆满地实现了印刷术那种分割方法的巨大潜力”。

——编者小引

383　起初，英国的电影院原名“生活镜”(bioscope)，因为它显示生物形态运动的真实情况(bios在希腊语里的意思是生活方式)。我们借电影把真实的世界卷在拷贝盘上，以便使世界像会飞的魔毯似的重放出来。电影是老式的机械技术和新兴的电力世界最令人叹为观止的结合，“轮子”那一章曾说到初期的电影所具有的象征意义。拍摄马蹄腾空的镜头就具有象征意义，因为用一组照相机来研究动物的运动，就是用特殊的方式把机械的东西和有机的东西融合起来。奇妙的是，中世纪的人关于生物体变化的观念就是一种静态取代另一种静态，这种环环相替的静态就组成序列。中世纪人想象，花朵的生命像是由状态和真髓组成的影片。电影使中世纪人所持的变化观念成为完完全全的现实，这种现实的形态是一种娱乐性的幻觉。心理学家对电影的发明做出了很大的贡献，正如他们对电话的研发起了很大的作用一样。在电影胶片上，机械的东西看上去是有机的东西，花朵的生长和马的奔跑一样能轻而易举地表现出来。

如果说电影以波动起伏的形态世界把机械的和有机的东西融为一体的话，它还与印刷技术联系在一起。可以说，读者看书时是在用一种投射的方式使文字形象化，他必须追踪印刷物中黑白序列的"静物照"，边看边给自己提供一条"声道"。他竭力追随作家的思想轮廓，以变换的速度和理解中的幻觉去加以把握。印刷文字和电影之间的联系，就其使读者或观众产生幻觉的力量而言，是怎么说也不过分的。塞万提斯用《堂吉诃德》(*Don Quixote*) 的全部篇幅来表现印刷文字及其力量，他创造出的天地，正是詹姆斯·乔伊斯在《芬尼根的守灵夜》中所指的 384
"ABCED思维"。所谓"ABCED思维"可以解读为"用ab说的"或"用ab发送的"，也就是受字母表控制的思维。

作家和制片人的职责，就是将读者或观众从他自己的世界迁移到另一个世界——印刷和胶片造成的世界中去。这一迁移极为明显，极为圆满，所以身历其境的人下意识地、毫无批判知觉地接受了这种迁移。在塞万提斯生活的世界中，印刷品犹如今天西方的电影一样是新式的媒介。对他而言，有一点似乎显而易见：印刷品和现在的银幕形象一样，篡夺了真实世界的地位，在印刷品魔力的迷惑之下，读者或观众变成了梦幻人——勒内·克莱尔[1] 1926年评述电影时如是说。

> 作为一种非言语的经验形式，电影像照相术一样，是一种没有句法的表述形式。然而事实上，像印刷品和照片一样，电影也以观赏者高水平的文化程度为前提，并且使无文字的人感到迷惑不解。摄影机镜头追踪景物或抛开景物的运动，被我们当作文字一样接受下来，可是对非洲的电影观众而言，这样的镜头运动是不能接受的。如果有人从银幕上消失了，非洲人总想知道他出了什么事。然而，偏重文字的观众习惯于追随一行接一行的印刷形象，绝不会怀疑线性排列的逻辑，他们会毫无异议地接受电影的序列结构。

勒内·克莱尔指出，即使舞台上只有两三位人物，剧作家都得一刻不停地给他们动力，或不停地阐释他们出场的原因。但是，电影观众和书籍读者一样，把纯粹的序列当作自然的东西接受下来。摄影机对准什么，观众就接受什么。我们被电影送进了另一个世界。正如勒内·克莱尔所指出的，银幕的大门通向美轮美奂和青春美梦的闺房，世间最可爱的血肉之躯和它相比似乎也是碧玉有瑕。叶芝把电影视为柏拉图似的理想世界，因为放映机“给一系列鬼怪般的东西抹上一层泡沫”。这是幽灵一样纠缠着
385 堂吉诃德的世界，他在刚刚问世的骑士小说里找到了这个美好的世界。

由此可见，拷贝盘上的世界和印刷文字里的个人梦幻关系密切，这一关系对西方人接受电影形态来说是必不可少的。电影业自身也把自己的一切成就归源于小说，这一点不无道理。电影的

---

1 勒内·克莱尔 (Rene Clair, 1898—1981)，法国影星、影评家、导演、作曲家、批评家，蜚声国际，作品有《巴黎屋檐下》、《自由属于我们》、《无人生还》、《沉默是金》等。

拷贝形态和剧本形态，都完完全全和书籍文化纠缠在一起。只需用片刻工夫想象一部以报纸形式为基础的电影，就可以看出电影与书籍的关系是多么密切。从理论上说，没有理由不该用摄影机来拍摄以报头日期轮廓出现的若干组复杂的项目和事件，就像它们在报纸版面上展示的形态一样。实际上，诗歌比散文更趋于表现这种轮廓或汇集。象征派诗歌与报纸版面的马赛克形态有许多共同之处，然而，很少有人能与统一和连续的空间保持足够的距离，以理解象征派诗歌。相反，由于土著人极少与拼音文字和线性印刷接触，所以他们要经过学习才能"看懂"照片或电影，正如我们要通过学习才能认识英语字母一样。事实上，伦敦大学非洲学院的约翰·威尔逊 (John Wilson) 曾用电影教非洲人学字母。可是经过若干年的努力以后他才发现，把字母作为手段去教他们看电影，反而要容易些。因为即使他们学会了"看"电影以后，他们还是不能接受我们的时间观念和空间"幻觉"。非洲人在看卓别林的《流浪汉》(*The Tramp*) 时断定，欧洲人是可以起死回生的巫术师。他们看见其中一人头上挨了沉重的一击而安然无恙。当镜头移动时，他们以为树木在动，房子在变大变小，因为他们不能做出读书识字者那样的设想：空间是连续的、统一的。没有文字的民族简直弄不懂透视为何物，亦不懂光线强弱所造成的距离远近效果，而我们却设想，它们是人与生俱来的装备。偏重文字的人认为因果关系是序列关系，仿佛是一物靠另一物的力 386
量推着前进。没有文字的民族对这种"有效的"因果关系极少发生兴趣，但是他们迷恋产生神奇效果的隐蔽形式。无文字的文化和非视觉型的文化对事物感兴趣的原因是内在的原因，而不是外在的原因。偏重文字的西方认为，世界上的其他人陷入了天网恢恢的迷信罗网之中，其原因就在这里。

与偏重口头文化的俄国人一样，非洲人不接受视象和声象的结合。有声电影是俄国制片业的末日，因为和任何落后文化或口头文化一样，俄国人有一种无法抗拒的参与需求，而视象加上声象以后就挫败了这种需求。普多夫金[1]和爱森斯坦都指责有声电影，可是他们同时又认为，如果以象征和对位的手法而不是以写实的手法来运用声象，给视象造成的损害就会减轻。非洲人看电影时一定得有群体参与、吟唱和呼喊，他们这一需求遭到彻底的挫折。我们自己的有声片进一步完善了它纯粹作为消费商品的视觉包装，因为我们过去的默片要由我们自动提供声道，用“关闭”或补充感知的办法去提供声道。可是当有声片已经为我们填满了声象以后，在构成形象过程中的参与程度就大大减少了。

再者，人们已经发现，无文字的民族不像西方人那样知道如何在银幕前几英尺之远的地方固定视点，也不能在离照片一定距离的地方固定观赏的视点。结果他们的目光越过了照片或银幕，如果能够把手越过照片和银幕的话，他们何尝不会一试。正是把眼睛当作手使用的习惯，使欧洲人在美国妇女的心目中很富有“性感”。只有书面文化和观念形态极端发达的社会才学会了固定视点，正如我们在看印刷书页时一定得固定视点一样。对固定目光的人而言，透视的效果随之产生。土著艺术中有非常精妙的细腻之处和联觉，可是它没有透视的技法。过去有一种观点，认
387 为人人都以透视的目光去看物体，只不过文艺复兴时期的画家学

1 弗谢沃洛德·伊拉里奥诺维奇·普多夫金（Vsevolod Illarionovich Pudovkin，1893—1953），苏联最伟大的电影导演和理论家之一，善于用视觉形象表现人物内心世界，强调心理状态，对希区柯克有很大影响。主要作品有《母亲》、《圣彼得堡的末日》。

会了如何用绘画去表现罢了。这一观点是错误的。我们的第一代电视人正在迅速失去作为一种感知方式的透视习惯。随着这一变化的发生，产生了一种对词语的兴趣：不是把词语当作视觉上统一和连续的东西，而是把词语当作独特的深层世界来处理。因此，人们才狂热地追求双关语和文字游戏，甚至在严肃的广告中都是如此。

用其他媒介比如用印刷书页的字眼来表述说，电影有力量储存和传递大量的信息。它瞬息之间表现的由许多形体组成的风景，需要几页散文才能描绘出来。再过一瞬间，它又可以重现这一幅美景，甚至反复重现这一美景。相反，作家却没有办法用囫囵一团或完形整体的形式，将大量的细节奉献给读者。正如照片促使画家向抽象艺术和雕刻艺术的方向靠拢一样，电影使作家坚定地在语言简练和深刻象征方面下功夫。在这两个方面，电影也不能与作家匹敌。

电影镜头里资料容量的另一个方面，在《亨利五世》(*Henry V*)和《理查三世》(*Richard III*)之类的历史影片中充分表现出来。这些影片在置景和服装方面进行了大量的研究，任何六岁小儿都可以像成人一样轻轻松松地欣赏这些东西。艾略特曾报道过他的剧作《教堂里的谋杀》(*Murder in the Cathedral*)改编成电影的情况：不仅需要那个历史时期的服装，而且由于摄影机镜头非常精密和霸道，所以这些服装必须用12世纪那样的针法来缝制。好莱坞虽然被包围在幻觉之中，可它也必须设置许多和历史场景一样逼真的、学问上考究的场景。舞台和电视可以用非常粗糙的近似物来对付过去，因为它们提供的低清晰度的形象可以逃避仔细的审视。

然而，最初给格里菲斯[1]等电影先驱以灵感的，正是狄更斯之类的作家所运用的详细的写实主义手法。格里菲斯拍摄外景时，总是带着狄更斯的一部小说。写实主义的小说与报纸在18世纪
388 同时问世。报纸这种形式是报道社会剖面和人情味的一种媒介。写实主义小说是预示电影形式的完美中介。甚至诗人也接受了上述全景式的风格，把表现人情味的画面和特写当作变异的风格。格雷[2]的《墓园哀歌》(*Elegy Written in a Country Churchyard*)、彭斯[3]的《雇农的星期六夜晚》(*The Cotter's Saturday Night*)、华兹华斯的《迈克尔》(*Michael*) 和拜伦的《恰尔德·哈罗德游记》(*Childe Harold's Pilgrimage*) 都像是当代某种纪录片的分镜头脚本。

"水壶开始……"狄更斯的《蟋蟀和壁炉》(*The Cricket on the Hearth*) 是这样起笔的。如果说现代小说发端于尼古拉·果戈理的《外套》(*The Overcoat*) 的话，爱森斯坦说，现代电影就是从狄更斯的那只水壶中蒸腾而出的。显然，美国人乃至英国人对电影的态度，都缺乏感官和媒介之间无拘无束的相互作用，而这种相互作用对爱森斯坦或勒内·克莱尔是十分自然的。尤其对俄国人而言，从结构的角度即以雕塑家的目光去处理任何情景，是很容易的。对爱森斯坦而言，电影的主导事实在于它是一种"并置的行为"(act of juxtaposition)。但是对于受印刷术的条件作用影响极深的文化而言，上述并列必须是性质和品格同一和连续的并

1 大卫·格里菲斯 (David W. Griffith, 1875—1948)，美国电影创始人之一，代表作有《一个国家的诞生》、《党同伐异》、《巴比伦的陷落》等。

2 托马斯·格雷 (Thomas Gray, 1716—1771)，英国古典主义诗人，代表作为《墓园哀歌》。

3 彭斯 (Robert Burns, 1759—1796)，苏格兰诗人，代表作有《我的爱人像朵红红的玫瑰》、《苏格兰人》、《自由树》等。

列。从茶壶的独特空间到小猫或靴子的独特空间，决不允许发生跳跃。如果这样几件东西出现，就必须用某种连续的叙事手法把它们的关系抹平，亦即用某种同一的图像空间把它们“包容”进去。萨尔瓦多·达利表现狂热的绘画，只需让一只五屉柜或一台大钢琴待在自己的空间中作为前景，以撒哈拉大沙漠或阿尔卑斯山作为背景。仅仅将物体从同一和连续的印刷文字空间中解放出来，就得到了现代艺术和现代诗歌。可以用这种解放所引起的怒吼来计量印刷文字的心理压力。对大多数人而言，他们的自我形象似乎是由印刷文字的条件作用形成的。所以，电力时代回归无所不包的经验时，就对他们的自我观念构成了威胁。这些人是割裂的人，在他们看来，专门化的劳动分工使闲暇或失业中生活的保障成了噩梦。电力的共时性结束了专门的学习与活动，它要 389
求深刻的相互关系，甚至是人格的相互关系。

卓别林的电影有助于说明这个问题。他的《摩登时代》(*Modern Times*) 被认为是对现代工作割裂性的讽刺，卓别林以小丑的形象，用杂技淋漓尽致地模拟人的笨拙无能，因为任何一种专门化的任务都排除了我们大多数的官能。这个小丑的形象用完全人或整体人的精神去对付走钢丝似的或特殊的工作，这就提醒我们注意自己所处的被割裂的状态。这正是笨拙无能的公式。在街上、社交场合、装配线上，影片中那位工人都用一把假想的扳手持续不断、不能自主地去拧螺丝。但是，卓别林这部电影和其他片子的模拟表演，正是机器人和机械玩偶的模拟行为，它们深沉的悲哀就是太酷似人生的情况。卓别林在他的一切作品中采用了一种齐拉诺木偶似的芭蕾舞蹈。为了抓住这种木偶似的悲哀，卓别林 (他挚爱芭蕾，是俄国芭蕾舞家巴甫洛娃的朋友) 从一开始就采用了古典芭蕾的步态。因此他的丑角形象周围罩着一层《玫瑰精》(*Spectre de la Rose*) 的光辉。在英国的音乐厅，他的第一个训练场里，他以天才的灵气学习，塑造了查尔斯 · 蒲特尔先生 (Mr. Charles Pooter) 等形象，这是一个令人难忘的小人物。卓别林坚持用古典芭蕾舞步，给上述假绅士形象罩上一层美妙的浪漫色彩。新式的电影形态能完美地用来表现这种复合的形象，因为电影本身是一种闪烁跳动的、机械的芭蕾舞形态，它产生了一种全然浪漫幻觉的梦境。不过，它不仅是呆照似的、木偶似的舞蹈，因为它靠幻觉可以接近甚至超越真实的生活。卓别林至少在默片中从来没有受诱惑而抛弃齐拉诺式的木偶角色，其道理就
390 在这里。在这个老一套的角色中，卓别林发现了电影幻觉的精髓，而且用轻松自如的大师艺术去操纵电影的精髓，使之成为解读机械文明气质的钥匙。机械化的世界总是处在“准备生存”的过程之中；为此目的，它总是集中了技能、方法和智谋的最可怕的虚华。

电影把上述机制推向机械世界的极端，甚至超越了这一极限，使之进入梦幻的写实主义，这是能用金钱买到的梦境。这一极端丰富和强大的感染力与电影形态极为相宜，任何东西都无法与电影匹敌。这是木偶的财产梦，绝不可能是真实的财产梦。这就是解读《了不起的盖茨比》的钥匙，女主人公黛西在察看盖茨比昂贵的衬衣时再也扛不住盖茨比的勾引，这就是小说揭示的真情。黛西和盖茨比生活在一个虚饰的世界中，这个世界受到权力的腐蚀；与此同时，它的梦幻又具有天真无邪的田园诗色彩。

电影不仅是机械主义的最高表现，而且它提供的是魔力四溢的消费品即梦幻，乍一看这似乎是矛盾的。电影给穷人提供了财

富和权力的角色，这超乎穷人的梦想。电影在这方面成为最好的媒介，这绝不是偶然的。我们在“照片”那一章业已指出，新闻图片在阻止富豪铺张浪费、讲究排场方面，起到尤为重要的作用。照片从富豪手里接过了排场，电影又慷慨地把排场的生活施舍给了穷人：

> 啊，我福星高照、时来运转，
> 我将享尽荣华富贵、富贵荣华，
> 我的甜蜜美梦，探囊可取。

好莱坞大亨们以下述假设作为行事的准则并没有错：电影给美国移民一种立即完成自我实现的手段。然而，虽说根据“绝对理想的美好”标准而言，这是可悲的策略，可是它完全适合电影这种形式。这一策略意味着，在20世纪20年代，美国电影像罐头一样出口到世界各地。全世界都争先恐后地排队来购买这种罐装 391
的美梦。电影不仅是第一个伟大的消费时代的伴生物，而且是一种刺激性的广告，也就是一种重要的刺激性的商品。再用媒介研究的话来说，显而易见，电影能利用的可提取信息的力量是无与伦比的。录音带和录像带作为信息库的力量终于超过了电影。可是迄今为止，电影仍然是一种主要的信息源头，仍然在这方面与书本进行着较量，它竭力继承和超越书籍的技术。目前，电影仿佛仍处在手抄本的阶段。不久，在电视的压力下，它将进入便携便读的印刷文本的阶段。要不了多久，人人都会有一台小型、廉价的8毫米电影机，就像在电视屏幕上看电视一样看电影。这类发展是我们目前技术内爆的一部分。目前放映机和银幕分离的形式，是过去爆炸和功能分离的机械世界的残迹。由于电力内爆的到来，机械世界正在走向消亡。

重印刷文化的人之所以很容易爱上电影，正是因为电影和书本一样，提供了一个虚幻和梦境的内在世界。看电影的人和看书的人一样坐在那里沉入心理孤独的状态中。看手稿本的读者可不是这样的，看电视的观众也不是这样的。在旅馆房间里独自一人看电视是不大愉快的，在家里独自一人看电视也不是滋味。电视的马赛克图像需要社会补足和社会对话。手稿本在付印之前也是如此，因为手抄文化和口头文化一样需要对话和论辩，古代和中世纪世界的整个文化已经说明了这个道理。电视的主要压力之一是促进“教学机器”的发展。事实上，这些机器是向对话靠拢的、经过改写的书籍。它们是实实在在的家庭教师，它们的命名却不大恰当：“无线电”用来指收音机，“不用马拉的车子”用来称汽车。这一现象只不过是一列长单子中的又一项目而已。这个单子说明，每种新发明都要经过一个初级阶段。此间，新的
392 效果要靠老的办法来确保，又要靠某种新的特征来放大或修正。

实际上，电影不是歌曲或文字那样的单一媒介，而是一种集体的艺术，不同的人分管色彩、灯光、声响、演技和对白。报纸、广播、电视和滑稽表演，都是在集体行动中依赖整个班子和等级技术系统的艺术形式。电影出现之前，此类团体艺术行为最显著的例子，在工业化世界里很早就出现了，它表现在19世纪新兴的大型交响乐团中。有一点看上去似有矛盾：随着工业日益深入专业化、分割化的进程，它反而在供销两方面需要更多的群体协同。交响乐团成为应运而生的协同力量的一种主要表现形式，虽然就乐团中的乐手而言，这样的协同已不复存在，在交响乐和工业中

都是如此。

杂志编辑最近把电影脚本技法引进“思想性文章”(idea articles)的构想之中，于是思想性文章就取代了刊物中短篇小说的地位。在这个意义上，电影是书籍的竞争对手。(反过来，电视又因其马赛克力量而成为杂志的对手。)以电视镜头序列或图像化情景推出的思想——几乎以教学机器方式推出的思想，实际上把短篇小说逐出了杂志的领域。

好莱坞与电视争斗的方式，主要是通过依附电视业展开的。电影业的大多数厂家现在都在搞电视节目，但是近来它们试用了一种新的策略，即摄制耗资巨大的影片。事实上，染印法彩色是电影所能达到的最接近电视形象的效果。染印法降低了照相式强度，在一定程度上产生了观众参与的视觉条件。倘若好莱坞理解了《玛蒂》[1]成功的原因，电视恐怕已经给我们带来电影业的革命了。《玛蒂》是一部电视剧，它以低清晰度即低强度的视觉写实手法搬上了荧屏，表现的不是一个功成名就的故事，没有明星参加演出，因为低强度的电视形象与高强度明星形象是格格不入 393
的。《玛蒂》这部电视剧，实际上像是一部早期的无声电影或老式的俄国影片，它给电影业提供了迎接电视挑战所需的一切线索。

这种随意、冷静的写实手法使英国电影的地位上升。《山顶小屋》[2]以新颖而冷静的写实主义为特征。它非但不表现一个发迹的故事，而且宣告《灰姑娘》那种包装故事的消亡，正像玛丽莲·梦露之死宣告明星制的衰亡一样。《山顶小屋》表明：猴子爬得越

1 《玛蒂》(*Marty*)，美国电视剧，以朴实无华的手法描写了普通市民的生活、爱情和婚姻，充满了人情味和幽默感，有新写实主义的特色，1955年被好莱坞改编成电影，1956年获奥斯卡最佳影片。

2 《山顶小屋》(*Room at the Top*)，又译《金屋泪》，英国电影。

高，屁股就暴露得越多。其寓意是，发迹不仅是邪恶的，而且是苦难的公式。像电影这样的热媒介要接受电视的冷信息，是非常困难的。然而，彼得·塞勒斯[1]主演的电影《杰克，我感觉不错》(*I'm All Right, Jack*)、《唯有两个人能玩》(*Only Two Can Play*)，与低清晰度的电视形象所产生的新特性完美地吻合协调了。小说《洛丽塔》(*Lolita*) 改编成电影的得失难以说清，也包含这样的意思。作为一部小说，它受到欢迎，这就宣告表现浪漫故事的反英雄手法开始了。电影业早已辟出了一条表现浪漫故事的坦途，以适应成功故事的走红。《洛丽塔》宣告，这条坦途毕竟只不过是一条牛蹄踏出的小道；说到成功，无能之辈是与之无缘的。

在古代和中世纪，最受欢迎的是王子破落的故事。很热的印刷媒介问世以后，人们的偏好变为升级的故事节奏和突然发迹、平步青云的故事。借助细腻和等量分割的新型排字法来处理问题，似乎任何成就都可以实现。正是用这种方法，才最终研制成了电影。作为一种形式，电影最圆满地实现了印刷术那种分割方法的巨大潜力。然而，电力内爆现在已经使借分割求膨胀的整个过程颠倒过来了。电力技术使马赛克世界卷土重来，这是一个内
394 爆、平衡和静态的世界。在我们这个电力时代，拼命爬到峰巅的个人那种单向膨胀，看起来像一个生命被践踏、和谐被破坏、令人毛骨悚然的形象。这就是电视马赛克形象传达给人的下意识的信息，因为电视马赛克具有同步冲动的整体场。电影的条带和序列不得不在占上风的电视力量面前低头认输。我们的年轻一代，在垮掉派拒绝接受消费礼俗和个人成功的故事中，深受电视信息

1 彼得·塞勒斯 (Peter Sellers，1925—1981)，英国著名电影喜剧演员。

的影响。

既然把握一种形式的核心的最佳途径是研究它在某种陌生环境中的效果，那么现在让我们看看1956年苏加诺总统对一大群好莱坞行政人员说了些什么。他说，他把他们当作政治上的激进派和革命者，他们大大加快了东方的变迁。东方人在好莱坞电影里看到的，是一个一切**普通人**都有汽车、电炉和冰箱的世界。所以东方人现在把自己当成是被剥夺了普通人与生俱来的权利的老百姓。

这是把电影媒介当作硕大无朋的商业广告的另一种途径。在美国，电影这个重要的侧面全然是人们意识不到的。我们根本就不把电影当成是暴力和革命的刺激，而是将其当作抚慰和补偿，或者是白日梦中未雨绸缪的一种形式。但是，东方人是对的，我们却错了。事实上，电影是工业巨人的一只强大的肢体。这位巨人正在受到电视形象的肢解，它反映美国生活核心正在发生的一场更伟大的革命。东方人感受到我们电影业中的政治诱惑力和工业挑战是自然而然的。电影与字母表和印刷文字一样，是一种富有攻击性的、威力至上的形式，它由于爆炸而侵入其他文化之中。它的爆炸力在默片中比在有声片中要大得多，因为有声片的电磁波声道已经预示着机械爆炸将被电力内爆所取代。默片
在跨越语言障碍中能立即被其他民族接受，而有声片却不是这 395
样。广播与电影合作给我们提供了有声片，使我们在经过爆炸和膨胀的机械时代以后，进一步踏上了内爆和重新整合的逆转过程。这种内爆即收缩的极端形式，就是宇航员的形象，他被紧锁在一块弹丸大小的密封空间中。他非但没有拓宽我们的世界，反而宣布我们的世界缩小到了一个村落的规模。火箭和太空舱正

在结束轮子和机器的法则，正如无线电报、电话、电台和电视结束了轮子和机器的法则一样。

我们现在可以再来考察一个例子，看看电影最无争议余地的影响是什么。在现代文学中，大概再没有任何手法比意识流手法即内心独白更著名的手法了。无论在普鲁斯特、乔伊斯还是艾略特的作品中，这一形式都容许读者与最广泛多样的人物实现非同凡响的认同。意识流的手法实际上是将电影的技术迁移到印刷书页上的手法。深究起来，电影技术其实发端于印刷，因为正如我们所见，活字印刷的谷登堡技术对任何工业或电影流程都完全是必不可少的。如果说微积分**试图**靠细微的分割来对付运动和变化，那么电影就把运动和变化凝固在一连串的呆照中，**成功地**表现了运动和变化。在印刷术企图表现运转中的全部思想时，也采用了类似的手法。不过，电影和意识流一样，似乎都给人提供了一种深切渴望的解脱，使人从日益增加的标准化和一致性的机械世界中解放出来。没有人因为卓别林芭蕾舞步态的单调或同一而觉得受到压抑，也没有人因为他的文学“孪生兄弟”里奥波尔德·布鲁姆[1]那单调、同一的沉思录而感受到压抑。

1911年，亨利·柏格森在《创造进化论》中把思维过程与电
396 影形式联系起来，因而引起了轰动。在以工厂、电影和报纸为代表的机械化的极端，借助意识流或内心电影 (interior film)，人似乎进入了一个自发、梦幻和个人独特经验的世界，从而得到了解脱。也许，狄更斯在《匹克威克外传》(*Pickwick Papers*) 中塑造金格尔先生时已经开始用这种手法了。毫无疑问，他在《大卫·科波

1 里奥波尔德·布鲁姆 (Leopold Bloom)，乔伊斯小说《尤利西斯》中的犹太裔爱尔兰主角。

菲尔》(*David Copperfield*) 中发现了一种伟大的技法，因为世界第一次通过一位成长中儿童的照相机似的眼睛逼真地展现出来了。也许这里正是意识流兴起的源头，后来它才被普鲁斯特、乔伊斯和艾略特采用。它说明，由于媒介形式的生命杂交和相互作用，人的经验能得到出人意料的充实。

从世界各国进口的电影，尤其从美国进口的电影，在泰国非常受欢迎，这归功于泰国人绕开语言障碍的一种圆熟的技巧。在曼谷放进口电影时，他们不配字幕，而是用所谓“亚当夏娃现场配音解说”的办法。配音的形式为：由观众看不见的男女演员用喇叭念对白。快速同步和持久耐力的配音，使这些演员的薪酬超过泰国薪酬最高的电影明星。

每个人都曾经抱有这样的愿望：看电影时拥有他个人的声道系统，以便于做出恰当的评论。在泰国大明星空洞的配音对白中，人人都可以大量插入自己的解读。 397

三十　广播电台：部落鼓

398　麦克卢汉说，纳粹德国的广播“造成让人深度卷入的经验”。表面上看，这与他冷热媒介的定义有矛盾（第二章）。但他接着强调的是，广播在不同的文化里产生不同的效果。广播属于热媒介还是冷媒介，完全取决于一个条件：在广播引入的文化里，人们的文化素养高还是低。他把书面文化描绘为印刷技术，指出：“在英语世界形态一致、连续不断的环境中，学习读书写字仅仅是书面文化一个次要的方面。”他把年轻人的态度归因于媒介的影响：“如此之多自己动手的要求，或者说如此之多行为的补足和感知的‘关闭’，在青少年中养成了一种独处孤立的倾向，这就使他们冷漠超脱、不易接近。”他重温语言作为首要技术的地位，进一步论述技术的效应与紧张和震撼引起的麻木两者并行的现象，这个有趣的现象大概可以解释第一次世界大战刚结束时作家们引爆的语言危机。

——编者小引

399　英国和美国注射了对抗广播影响的“预防针”，其形式是长期接触书面文化和工业主义。书面文化和工业主义这两种形式，涉及高强度的视觉经验组织。泥土味更重、视觉经验强度较低的欧洲文化，却没有抗拒广播影响的免疫力。广播的部落魔力对它们的影响依然存在，古老的血亲网络配上法西斯的音调以后又开始回响起来。偏重书面文化的人不能把握媒介的这种语言和信息，这一点被社会学家保罗·拉扎斯菲尔德[1]无意之间传达出来了。他在研讨电台时说道：

> 最后一组效果可以叫作电台的垄断效应。这种垄断效应引起了公众的最大关注，因为它们在极权主义国家至为重要。假如一个政府垄断广播，那么靠单纯的重复并排斥相互冲突的意见，它就可以决定民众的意见。我们不知道这种垄断效应是如何起作用的，但是注意这个特点有重大意义。关于广播的这种效应，不应该去进行任何推论。人们常常忘记，希特勒实现对民众的控制依靠的并不是电台；情况几乎恰恰相反，因为在他发迹掌权时，电台已经被他的敌人控制了。电台垄断效应的社会意义，大概比一般的设想要小一些。

拉扎斯菲尔德教授不能察觉电台的性质和效应，这并不是他个人的缺陷，而是人们普遍的无能。

1936年3月14日，希特勒在慕尼黑发表的广播演说中说："我

1 保罗·拉扎斯菲尔德 (Paul Lazarsfeld, 1901—1976)，奥地利裔美国社会学家、哥伦比亚大学社会学派代表人物、美国传播学经验（行政）学派始祖之一，研究范围涉及大众传播、选举与选民心理、市场研究、民意测验、失业、教育心理、数理社会学等领域，讲究社会统计程序和操作过程，强调定量测量和定性的评价，著有《社会科学中的数学思维》、《人民的选择》、《定性分析》、《应用社会学导论》等。

以梦游者的自信走自己的路。”和他一样，他的受害者和批评者也是梦游者。他们踏着广播这种部落鼓的节拍如痴如狂地手舞足400 蹈，这种部落鼓使他们的中枢神经系统延伸，造成了人人深度介入的局面。在一次听众调查中有人说：“我听收音机时直接生活在收音机中。我听收音机比看书更容易进入忘我的境界。”收音机使人深刻介入的力量，表现在以下情况中：儿童做家庭作业时听收音机，许多人在拥挤的场合听收音机，以便给自己提供一块小天地。德国戏剧家布莱希特写了一首小诗：

小匣子，我抱着你逃难，
就是不想，让你的真空管砸烂。
逃上轮船，逃上火车，
也要能听见，敌人的叫喊。
床头上，刺痛我心的是
敌人的叫喊。
临睡前，一醒来，都听到
敌人的胜利，令人忧伤的事。
小匣子，你答应，
千万别，突然不声不响。

电视对广播的影响之一，是使它从娱乐媒介转变为一种中枢信息系统。新闻公报、时间信号、交通数据尤其天气预报，现在都有助于增加广播使人联系的固有力量。天气是使所有人都同样卷入的媒介。它是电台的首要节目，它像喷泉一样把听觉空间或生存空间淋在我们身上。

参议员麦卡锡[1]转用电视媒介后没能维持多久，这一结果绝非偶然。不久，新闻界就大呼，“他不再具有新闻价值”。麦卡锡本人和新闻界都不知道这究竟是怎么回事。其实电视是一种冷媒介，它拒斥热辣的人物、热辣的问题，排斥热性的报纸媒介传播的人物。弗雷德·艾伦[2]是受电视伤害的牺牲品。玛丽莲·梦露也是这样的牺牲品吗？如果电视在希特勒统治时期已经大规模普及，他一定会很快销声匿迹。倘若电视在希特勒之前问世，希特勒这样的人物根本就不可能产生了。赫鲁晓夫在美国电视上露面时，他比尼克松更受人欢迎，作为一位更有趣和更讨人喜欢的、老伙计似的人物而受到欢迎。他的形象被电视弄成一种滑稽 401
漫画的形象。然而，广播却是一种热媒介，所以它一本正经地对待漫画的形象。如果是在电台上讲话，赫鲁晓夫先生就会是另一种形象的人物了。

在肯尼迪对尼克松的辩论中[3]，用收音机听辩论的人得到一边倒的印象：尼克松占上风。可是，尼克松给冷性的电视媒介提供的却是鲜明的、高清晰度的形象和行动，于是冷性的电视媒介就将他鲜明的形象转换成“冒牌”(phony) 的印象。我想，“冒牌”货的响声不对劲，是**回味**起来不对劲的东西。罗斯福总统的“炉边谈话”[4]如果是在电视上发表的，很可能不会取得这么好的效

---

1 约瑟夫·雷蒙德·麦卡锡 (Joseph Raymond McCarthy, 1908—1957)，美国极右政治家，曾任参议院非美活动委员会主席，煽动反共十字军运动，指控数百位国务院官员，其名字成了迫害狂、政治投机和公开诽谤的代名词。1954年被解除参议院调查委员会主席职务，从此销声匿迹。

2 弗雷德·艾伦 (Fred Allen, 1894—1956)，第二次世界大战前后英国广播公司著名滑稽演员。

3 肯尼迪对尼克松的辩论，指1960年9月底和10月间的总统竞选辩论，在电视上进行。尼克松1952年曾非常成功地利用广播媒介发表谈话，可是1960年的电视辩论却使他遭到惨败。可见广播和电视这两种媒介的影响迥然不同。

4 罗斯福总统的“炉边谈话”(fireside chats)，罗斯福20世纪30年代推行“新政”期间对美国人民发表的一系列广播讲话。

果。至少，他知道如何用热性的广播媒介去完成他炉边谈话中低清晰度的工作。然而，他必须首先给报纸媒介加温，使报纸不适合他的需要，才能创造适合广播讲话的气氛。他学会了如何利用报纸使之与广播密切相关。相反，电视可能会使他的谈话内容和所论问题成为迥然不同的政治、社会要素的混合物。他大概会乐意解决电视引起的问题，因为他具有对付新鲜而朦胧的关系所需要的那种喜爱游戏的态度。

收音机直接地、面对面地影响着多数人，给人提供一种作者或讲演者与听众不凭借言语而交流的世界。这就是收音机直接的一面，是一种个人的体验。收音机的阈下深处饱含着部落号角和悠远鼓声那种响亮的回声。它是广播这种媒介的性质本身的特征，广播有力量将心灵和社会变成合二为一的共鸣箱。这一维度没有受到剧作家的注意，只有很少的人例外。奥森·威尔斯[1]名噪一时的火星人入侵地球的广播剧，就是广播听觉形象无所不包、无所不涉性质的一个简明例证。希特勒把奥森·威尔斯播讲的火星人入侵变成了**实实在在**的东西。

402 希特勒之所以能出现在政治舞台上，这和他利用广播对公众发表谈话有直接的关系。这并不是说，电台在播放他的讲话时，把他的思想非常有效地传达给了德国人民。他的思想是无关紧要的。电台给人提供了第一次大规模的电子内爆的经验，这就使重文字的西方文明的整个方向和意义逆转过来。对部落民族而言，对那些整个社会存在都是家庭生活的延伸的人们来说，听广

---

1 奥森·威尔斯（Orson Welles，1915—1985），美国演员、导演、制片人，他自导自演的《公民凯恩》为世界著名电影，其他作品有《伟大的安巴逊》、《上海小姐》、《奥瑟罗》、《罪恶的接触》和《审判》等，1938年因在电台上广播H. G.威尔斯的《世界大战》（*The War of the Worlds*）引起轰动，名噪一时。

播仍然是一种充满激情的经历。高度偏重书面文化的社会，由于长期将家庭生活从属于公务和政治，已经在避免革命的情况下吸收并淡化了广播的内爆作用。对于那些只有短时期的或肤浅的书面文化经验的社会来说，情况却不是这样。对它们而言，广播这一媒介完全是爆炸性的。

为了弄懂上述的影响，有必要将书面文化看成是印刷技术，印刷技术不仅使生产和市场机制的整个过程理性化，而且被用于法学、教育和市镇规划。印刷技术衍生出来的连续律、同一律和可重复律，在英美两国已经长期渗入公众生活的一切侧面。在这些地区，儿童在车上和街上学习识字，看着每一辆汽车、每一种玩具、每一件衣服学识字。在英语世界形态一致、连续不断的环境中，学习读书写字仅仅是书面文化一个次要的方面。对那些正在努力启动通向工作和空间的视觉组织的标准化的地区而言，是否重视书面文化是一块试金石。借助书面文化完成内在生活的心理转化，使之走向分割的视觉倾向——只有这样才能够实现经济"起飞"。经济起飞才能保证扩大生产的持续运动，才能保证商品交换和服务业不断加速发展。

1914年前夕，德国人受"被包围"的威胁所困扰。他们的邻国全都建成了发达的铁路系统，这就有利于人力资源的战争动员。包围是一种高度的视觉形象，它对这个新近实现工业化的民族具有极大的新奇性。到了20世纪30年代，相比而言，使德国人又感到受困扰的是生存空间观念。这不是一种视觉上的关切，根 403
本不是的。这是一种幽闭恐惧症，它是由电台的内爆作用和空间压缩引起的。德国在第一次世界大战中战败，德国人从执着的视觉追求中猛然被推向沉思默想，他们思索自己悠远的过去。部落的历史从来都是德国心灵中实实在在的东西。德国和中欧国家能轻易地获得非常丰富的听觉和触觉形态的非视觉资源。这一点使他们能在丰富的音乐、舞蹈和雕塑天地中做出贡献。尤为重要的是，部落形态使他们很容易接近亚原子物理学这种新式的非视觉世界。在这个世界中，长期偏重书面文化、长期实现了工业化的社会肯定是处于不利地位的。非视觉世界蕴涵着丰富的前文字时代的生命力，它仍然感受到广播的强烈影响。广播的信息是猛烈、统一的内爆和回响，对非洲、印度、中国甚至俄国而言，广播是一种深刻而古老的力量，是联结最悠远的岁月和早已忘却的经验的纽带。

简言之，传统是把全部历史当作**现在**的感受。这种感受的觉醒，是广播冲击的自然结果，也是电子信息的自然而然的结果。但是，对于强烈偏重书面文化的人来说，广播酿成一种深刻的、莫名其妙的负疚感，这种负疚感有时以一种同路人的态度表现出来。一种新近形成的人际关系，养成了焦虑和不安全感，使人觉得事情难以预料。书面文化培植了极端的个体本位主义。广播又正好与之截然相反，它复兴的是深刻的部落关系、血亲网络的古老经验，所以偏重书面文化的西方世界就不得不尽力寻求一种调和折中办法，这种折中表现为较大程度的集体责任。追求这一目标的心血来潮，和过去追求个人分离和不负责任那种压力一样，是潜意识的、模糊朦胧的，因此，谁也不满意自己在这种追求中所达到的任何位置。到16世纪时，谷登堡技术已经
404 产生了一种新式的、视觉的、民族的实体，这种实体逐渐编织到工业生产和工业膨胀的网络中。电报和广播淡化了民族主义，可是它们又挑动了最生气勃勃的部落鬼魂，这真是不折不扣的

眼睛和耳朵的交会，外向爆炸和内向爆炸的交会。换言之，就像乔伊斯在《芬尼根的守灵夜》中所言，“在这一点上，打开耳朵的欧洲人与印度人相会了”。欧洲人耳朵的开启结束了开放的社会，把部落人那种印度式的社会带给了伦敦西区[1]的妇女。乔伊斯表现这些问题的形式不是神秘的，而是戏剧性的、模拟性的。读者只需信手撷取任何一条类似的语句，反复模拟推敲，就可明白个中韵味，这个过程既不费很长时间也不会使人乏味。如果用艺术家戏耍玩味的态度去体会，准能享受到“芬尼根守灵夜的许多乐趣”。

收音机具有一层看不见的外壳，这一点和其他任何媒介相同。它以人与人直接打交道的私密、亲切的形式出现在我们面前。然而它其实是一种具有魔力的、能扣动早已忘却的琴弦的、潜意识的共鸣箱，这才是更紧要的事实。人的一切技术延伸必然是麻木的、阈下的，否则我们就无法承受这种延伸给我们施加的压力。广播是中枢神经系统的延伸，只有言语能力能与之匹敌，在这一点上它超过了电话和电报。它与我们中枢神经系统的原始延伸和谐合拍，与我们树栖祖先的大众媒介即口语和谐合拍。这一点难道不值得我们深思吗？人类这两种最亲密而有力的技术的杂交，不可能不给人的经验带来一些非常新奇的形态。这两种媒介杂交的效果在希特勒这位梦游者的身上也得到了应验。但是，非部落化和偏重书面文化的西方能够想象，它已经获得免疫力去对抗永远迷恋收音机的部落魔力了吗？20世纪50年代的美国青年已经开始表现出许多部落式的烙印。青春期焦躁不安 405

1 伦敦西区，意指文化发达、经济繁荣的地区。

的青少年，和青春期能泰然处之的青少年相对，现在可以归入那种受书面文化影响的现象。青春躁动不安的现象仅仅是英美这些地区所固有的现象。在这些地区里，甚至连食品都被赋予了很抽象的视觉价值。这难道不耐人寻味吗？欧洲过去不存在青春期的躁动不安，它只有过青少年应有监护人陪伴这种现象。现在，收音机给青少年以静居独处的机会，同时它又提供了共同市场天地里的部落纽带，提供了歌唱和共鸣天地中的部落纽带。和中性的眼睛相比，耳朵是非常敏感的。耳朵没有宽容性，它是封闭的、排他性的；眼睛却是开放的、中性的、富有联想的。书面文化普及以后，视觉性的谷登堡文化出现两三百年以后，宽容的思想才进入欧洲。到1930年时，德国还没有出现这种视觉价值饱和的现象。直到现在，俄国仍然离这种卷入视觉秩序和价值的情况相去甚远。

如果坐在黑暗的屋子里谈话，话语就突然获得新的意义和异常的质感。话语的质感甚至比建筑物的质感还丰富。勒柯布西耶说得好，它们的质感在晚上最鲜明。被印刷书页剥夺了的伴随说话的体态，在晚间谈话和广播中都恢复过来。如果只提供演戏的**声音**，我们就不得不填补**全部**的感知，而不仅仅是表演的视象。如此之多自己动手的要求，或者说如此之多行为的补足和感知的"关闭"，在青少年中养成了一种独处孤立的倾向，这就使他们冷漠超脱、不易接近。广播赋予他们神奇的声音屏障，给他们做家庭作业时提供了隐私的小天地，使他们免受父母的使唤。

电台给报纸、广告、戏剧和诗歌带来巨大变化，广播给恶作剧的笑话大师提供了新的用武之地，如哥伦比亚广播公司的莫顿·唐尼(Morton Downey)。一位体育节目主持人刚开始读他的十五分钟新闻稿，突然荧幕上出现了唐尼先生，他竟然动手脱鞋脱袜。接着他又脱掉了外衣、长裤和衬衣。与此同时，主持人却继续拼命播送他的新闻。这证明话筒具有咄咄逼人的力量，能 406
使人战胜羞怯和自卫的冲动，并使人忠诚于它。

广播产生了广播节目主持人，并且使滑稽故事作家升格为一种重要的国民角色。自广播问世以来，插科打诨取代了玩笑，其原因并不在滑稽故事作家，而是因为广播是一种快捷的热媒介。这种热媒介还占据了记者一部分故事的版面。

纽约一家电台的节目主持人吉恩·谢泼德 (Jean Shepherd) 认为，广播是他每夜创作一种新奇小说的新媒介。话筒就是他写小说的纸和笔。他的听众及其对世间日常事件的了解，就给他提供了人物、场景和情绪。正如蒙田首先用纸片记录自己对新兴的印刷书籍世界的反应一样，谢泼德首先把电台当作散文和小说来使用，将它用来记录我们对一个崭新世界的共同知觉。在这个世界里，人们普遍参与人类的一切事件，包括个体的和集体的事件。

对研究媒介的学者而言，解释人们对上述急变力量的社会影响何以抱冷漠的态度，是有困难的。拼音字母表和印刷词语使封闭的部落世界爆裂而为开放的社会，这种社会是功能切割、知识专门化、行为专门化的社会。字母表和印刷文字作为神妙转换器的功能，尚未有人研究过。瞬息万里传播信息的电力正好与之相反，它使社会爆炸逆转而为内爆，私人企业逆转而为组织人，膨胀的帝国逆转而为共同的市场；可是电力受到的承认与书面词语所受到的承认一样，实在少得可怜。广播使人类非部落化的力量——它几乎在转瞬之间使个人主义逆转而为集体主义、法西斯主义的力量，并未引起人们的注意。这种不知不觉的状态很不寻常，确实需要对其做出解释。媒介的转换容易解释，然而人们为什么普遍忽视这种转换的现象，却很难说得清楚。不用说，普遍忽视技术的心理作用的现象，正好表明媒介固有的使意识麻木的
407 功能，比如在过分紧张而发生休克的条件下产生的麻木状态。

技术在任何社会里都诱发偏见和盲目。作为偏见和盲目的指针，广播的历史给人以启发。英国人还在使用“无线电”这个词来指称收音机，这一事实表明人们对待新媒介的消极态度，那种把汽车叫作“不用马拉的车子”的消极态度。初期的广播被当作电报的一种形式，它甚至被当作与电话无关的东西。1916年，大卫·萨诺夫给他的雇主，美国马可尼公司的总裁一份备忘录，主张开发一种家用的音乐匣子，而老板却置之不理。那一年里，爱尔兰的复活节反叛爆发，电台实现了第一次**广播**。在此之前，无线电已经被作为船对地的“电报”使用。爱尔兰反叛分子使用一只船上的无线电时，不是发出一条接一条的电文，而是进行内容弥散的广播，希望让轮船接收到广播，并把叛乱分子的要求传递给美国的新闻界。结果证明果然有效。甚至无线电广播存在多年以后，人们依然对它没有什么兴趣。无线电广播和收发报的业余爱好者经过反复请愿，好不容易才获准建立了一些电台。报界不仅不愿接受广播，而且对其横加指责。于是，英国人组建的英国广播公司就被报纸和广告公司捆紧了手脚。这是一目了然的对抗，可迄今尚未有人公开研究过这一对抗。报纸对广播电视的限制性压力，至今依然是英国和加拿大一个棘手的问题。但是，对媒介性质的误解使限制媒介的政策白费力气，这是有典型意义的。限制政策始终是徒劳无益的，政府对报纸和电影的审查制度尤其声名狼藉。虽然媒介本身即是**讯息**，可是控制的政策却

超越了节目安排的范围。限制常常是针对"内容"的，而内容却是另一种媒介。报纸的内容是文字表述，正如书籍的内容是言语，电影的内容是小说一样。可见电台的影响与其节目安排毫不相关。对于从未研究过媒介的人而言，这一事实全然是难以理解 408
的，正如文字的力量对土著人是难以理解的一样。土著人会问："你们为什么要写字？难道你们记不住吗？"

所以，想使媒介普遍为人接受的商业公司，必然千篇一律地满足于追求"娱乐性"，以此作为一种中性的策略。再也找不出比这种策略更像是鸵鸟政策的了，因为这一策略能保证任何媒介的最大渗透力。偏重书面文化的社区总是主张以表现争辩和观点的方式来使用报纸、广播和电影。结果不仅会削弱报纸、广播和电影的功能，而且还会减弱书本的功能。商业娱乐的策略自然会保证任何媒介的最大传播速度，保证任何媒介对心理生活和社会生活的最大影响力。因此，它就变成了一种滑稽的、自偿的策略，它被人用来信守万古不变的东西，而不是被用于变革。将来，唯一有效的对媒介的控制，必须采取定量配给的"恒温"形式。正如我们现今竭力控制放射性尘埃回降一样，总有一天我们准得竭力控制媒介的尘埃回降。我们的教育现在只给一种媒介提供了一点点防止尘埃回降的设施，这种媒介就是印刷媒介。我们的教育机构建立在印刷媒介的基础上，所以它尚未承诺肩负任何其他的责任。

广播使信息传播加快，信息加速同时又加快了其他的媒介。它确实把世界缩小为小小的村落，造成了"村民"难以填平的闲话、传言和人身攻击的欲壑。虽然它使世界缩小为一个村落，可是它并不具备使村民同质化的效能。恰恰相反，虽然印度的电台

是至高无上的传播形式，但印度的官方语言却不下十种，官方的
409 广播网络也不止十个。电台作为复活的古风和古老的记忆所具有的效力，并不局限于希特勒统治下的德国。自电台问世以后，爱尔兰、苏格兰和威尔士经历了古老语言的复活。以色列人给我们提供了语言复活的一个更极端的例子。他们现在所操的语言在书本上曾经消亡过数百年时间[1]。电台不仅是唤醒古老的记忆、力量和仇恨的媒介，而且是一种非部落化的、多元化的力量。其实，这是一切电力和电力媒介的功能。

组织上的集中制建立在连续的、视觉的线性结构基础上，这种结构是从使用拼音文字的文化衍生出来的。因此，电力媒介最初遵循着文字结构的既定模式。电台从这些网络压力中解放出来，靠的是电视。于是，电视接着背上了集中制的包袱，电视要从这一包袱中解脱出来，大概可以靠通信卫星。由于接过了从我们集中化的工业组织衍生而来的中央网络包袱，所以电台能放手去发展多样化。它可以自由地着手形成地区和地方的服务网点，这种多样化的形式，即使在初期业余爱好者摆弄收音机的时候也不曾有过。自电视出现以后，电台转变为一日之内不同时间的、各种人的需求服务；与此同步发展的是各式各样的收音机，卧室、卫生间、厨房、汽车里的收音机相继问世，现在又出现了袖珍收音机。对从事潜水活动的人也提供了各种不同的广播节目。广播曾经采取一种集体收听的形式，它曾经使教堂空无一人。可是电视面世以后，它已经逆转而具有隐私的和个人的用途。青少年退出看电视的集体，转向了个人的收音机。

1 今天，以色列人操希伯来语，使“死亡数百年”的希伯来语成为国语。又，犹太教经典《圣经·旧约》也是用希伯来语写成的。

广播与多样化的社会群体密切相关这种天然的倾向，最明显地表现在对电台音乐节目主持人的崇拜中，表现在电台对电话的使用中，这种使用电话的形式是一种被美化的电话干线窃听。柏拉图具有政治结构的老派部落思想，他主张城市的适当规模应当以能够听见一个人演说的人数为指针。印刷的书籍，更不用说广 410
播，使柏拉图的小社区政治设想不再适用。然而，由于广播容易和小型社区发生非集中化的、亲密的关系，所以它很容易在世界范围内贯彻实行柏拉图的政治梦想。

广播和唱片的结合，成为电台的常用节目，由此产生一种非常特殊的格局。这种格局的力量大大优胜于广播与电报和报纸结合的格局，后一种结合产生出新闻和天气预报。奇妙的是，天气预报的吸引力远远超过新闻，在电台上和电视上都是如此。这难道不是因为，“天气预报”现在完全是电子形式的信息，而新闻依然维持许多印刷词语的格局吗？也许，使英国广播公司和哥伦比亚广播公司在广播和电视节目中如此笨拙、如此被捆住手脚的原因，正是他们自己对印刷物和书籍的偏好吧？相比而言，商业的紧迫性而不是艺术上的见地，培植了美国相应的运转机制中那种狂热的活力。 411

三十一　电视：羞怯的巨人

412 麦克卢汉可曾想到，本章的副标题"羞怯的巨人"四十年后是否还恰当？这个问题饶有趣味。本章的趣事引人入胜，有关高清电视的论述很超前，计有：警语（"媒介即讯息或基本的效应源泉"）、界定（"谋求房间、事物和客体的一物多用，一句话，就是谋求图像型的感知"；**深度结构**里的所谓**深度**与**分割**是对立的）和解说（"马赛克能被看见，正如舞蹈是看得见的一样。但马赛克不具有视觉的结构，也不是视力的延伸。马赛克并不是同一的、连续的，也不是重复性的"），诸如此类的论述精彩纷呈、价值连城。他透露自己在媒介研究中为何悬置价值评判（"因为媒介的效果是不能分离开来的"），为何持乐观主义态度（"独特性和多样性……在电力环境中能前所未有地培植起来"）。他继续玩弄自己那招牌式的现象并置（电视、包豪斯和蒙台梭利[1]），继续推行他那压缩式的媒介历史（"这种电视马赛克形象早已隐蔽在与电报同时成长的通俗报纸中"）。本章的"多伦多市的几种媒介

1 马里亚·蒙台梭利（Maria Montessori, 1870—1952），意大利医生、教育家，创办"儿童之家"，提出蒙台梭利教育法，强调儿童潜能的自由发展，著有《蒙台梭利教育法》、《启发人的潜力》等。

同步进行的一组测试”指的是赖尔森（Ryersen）媒介实验，该实验的报告见本书附录。附录还提到政治学家和经济学家哈罗德·伊尼斯，但伊尼斯在本章里尚在等待登场：“政治学家对任何地区和时代的媒介效果始终没有丝毫的察觉……”本章回荡着麦克卢汉在剑桥大学接受的感知训练的传统（“每个人经验过的东西都大大超过他理解的东西。然而，影响行为的是经验，而不是理解，在媒介与技术这类集体事务上尤其如此。在这里，个人对这类问题给予他的影响，几乎必然是习而不察的”）。麦克卢汉拓展并转换这一感知训练的传统，使之成为他终身研究计划和著述的标记。说到《理解媒介》时，他对这一传统做了这样的概括：“本书的主题是：即使对一种媒介的独特力量有最清楚的了解，你也无法阻挡正常的感知‘关闭’；感官使我们顺应自己接受的经验模式。”

——编者小引

也许，电视形象最广为人知、最令人感伤的效果，是低年级小 413
学生的读书姿势。电视来临以后，无论视力如何，儿童的眼睛离印刷书页的距离平均都是6.5英寸。电视形象发出感知全部介入的指令，儿童把这一指令迁移到书页之上。他们用完美无缺的心理模拟技能去执行电视形象的指令。他们读书时仔细阅览，仔细探索，速度放得很慢，而且使感官深深介入其间。这种方法是他们在看连环漫画这种冷性的图解技法中养成的习惯。电视使这一过程走得更远。突然之间，儿童被迁移到热性的印刷媒介之中，而印刷媒介的特征却是同一的模式和快速的线性运动。但他们试图以深度卷入的方式去读印刷的书籍，这就不得要领了。他们把全部感官都带入阅读，而印刷的书籍却拒不接受这些感官。印刷物要求的是分离出来的、被剥离得赤裸裸的视觉官能，而不是统一的整个感官系统。

如果让看电视的儿童戴上麦克沃斯头镜，就可以显示儿童的眼睛所追随的不是动作，而是反应。他们的眼睛难得离开演员的面部，甚至在打斗场面中都是这样。该头镜投射出的场面，和眼睛的运动是同步进行的。上述异常的行为是又一个指针，说明电视媒介具有清晰度很低的、使人深度介入的特性。

1963年3月8日，杰克·帕尔在主持电视节目时刨根问底采访尼克松，这使尼克松的形象焕然一新，表现出与电视很相宜的形象。原来尼克松先生既会弹钢琴，也能够作曲。帕尔用适合电视的准确无误的策略，把尼克松先生会弹钢琴的那一面挖掘出来了，节目的效果很好。我们看见的不是手腕圆滑、善于辞令、操律师业的尼克松，而是一位顽强发挥创造力的、相当谦虚的钢琴演奏家。倘若尼克松再来几手这样很合时宜的策略，他与肯尼迪竞选总统的结果可能就截然不同了。电视这一媒介拒斥形象鲜明
414 的人物，它有利于表现过程而不是产品。

电视适合过程，而不适合包装整洁的产品，这可以解释许多人将其用于政治问题时感到沮丧的经验。伊迪丝·埃弗龙(Edith Efron)在1963年5月18日至24日的《电视周报》(*TV Guide*)中，给电视扣上"羞怯的巨人"的帽子，因为它不适合棘手的问题和清晰度高的、有争议的主题："虽然免除了官方的检查制度，可是一种自我钳制的沉默，使电视网的纪实片对许多当今的重大问题几乎一言不发。"有人觉得，作为一种冷媒介，电视给政体注入了

一种僵硬的机制。观众参与电视媒介异常之高的程度，正好能解释它不能对付棘手问题的性质。霍华德·史密斯(Howard K. Smith)评述说："如果你深深卷入的争议发生在一万四千英里之外的国家，电视网会感到喜悦。他们不喜欢国内发生的真正的争辩、真正的异议。"对习惯热性报纸媒介的人而言，由于报纸关注的是**观点**的冲突，而不是**深刻**介入一种情景，上述的电视行为是无法解释的。

有一条直接涉及电视的、热门的新闻标题是这样的："事情终于发生——英语电影用英语字幕来解释方言。"它指的是英国喜剧片《麻雀不会歌唱》(*Sparrows Don't Sing*)。每个看电影的人得到一本印好的约克郡方言、伦敦方言和其他俚语的词汇集，以便看懂字幕的意思。对字幕的注释说明了电视的深刻影响，正如粗犷的女性时装能说明电视的影响一样。在英国，电视来临以后最非同寻常的发展动态之一是地区方言的复兴。一种土腔或喉音就相当于一种时兴的女式马靴。这类土话在书面文化的影响下持续不断地被侵蚀，可它们突然在英国一些地区冒了出来，过去在这些地区却只能听到标准的英语。这一变化是我们时代最意味深长的文化现象之一。即使在牛津和剑桥的教室里，也可以 415
听见方言了。上述两校的本科生不再追求达到言语的同一。电视来临以后，方言被认为能提供深刻的社会纽带。这种社会纽带靠不自然的"规范英语"是无法建立的，"规范英语"是一百年前才开始出现的。

有一篇评论歌手佩里·科莫(Perry Como)的文章，称他是"高压场里的低压王"(low-pressure king of a high-pressure realm)。任何电视演员的成功，都取决于他的表演所具有的轻松自如的风格，菲德尔·卡斯特罗 (Fidel Castro) 大概就是一个恰当的例子。根据塔德·肖尔茨 (Tad Szulc) 在《古巴电视的独角戏》(“Cuban Television's One-man Show”) 一文中的评说，“他用仿佛是即兴表演的那种‘从容前进’(as-I-go-along) 的风格开展政治活动，治理他的国家——就靠在电视上做到这一点”。话又说回来，塔德·肖尔茨受幻觉的影响。这一幻觉认为电视是热媒介，所以他说：在刚果，“电视本来可以协助卢蒙巴煽动民众更大的动乱和流血”。可是肖尔茨先生全错了。电台才是煽起狂热的媒介，它一向被作为主要的手段给部落的血液加热，在非洲、印度和中国皆是如此。相反，电视正在给古巴降温，正如它在给非洲降温一样。古巴人在电视上得到的经验，是直接从事政治决策。卡斯特罗把自己打扮成一位导师；正如肖尔茨所说，他“设法使政治指引、教育和宣传非常巧妙地糅合起来，常常使人难以分清二者开始和结束的边界”。与此完全相同的糅合在欧美被用于娱乐之中。站在美国之外去看，任何一部美国电影都像是一种精致的政治宣传。可以接受的娱乐性不得不奉承和利用美国的文化设想和政治设想。这些未经点破的预设同时又使人对电视这类新媒介的最一目了然的事实熟视无睹。

416 几年前，在多伦多市的几种媒介同步进行的一组测试里，电视翻了一个奇怪的跟头。四组任意组合的大学生，同时接受有关几种前文字语言的相同的信息。一组用收音机听，一组在电视上看，一组以讲座的形式听讲，一组靠书面阅读。除了阅读组之外，对其余各组而言，信息都是由同一人以不加润饰的语流传输的，既无讨论，又无问题，亦不使用黑板。每组接触语言材料的时间均为半个小时。接着要每组做同样的试卷。令实验人十分惊诧的是，通过电视和广播渠道接收信息的学生，比通过听讲和阅读接收信息的学生考得好，而且电视组学生的得分远远高出广播组。因为没有用任何手段特别强调任何一种媒介，所以又在另一些随机组中重复了同样的实验。第二次实验时，他们放手让每一种媒介去大显神通。在电视和广播组中，语言素材借助许多声响和视象特征来加以戏剧性的表现。讲课人则充分利用板书和课堂讨论。印刷形式则用富于想象力的图解法和版式来突出讲稿中的每一个要点。每一种媒介都被强化到很高的程度来重复这一富有新意的表演。结果，电视和广播再次显示了远胜讲解和印刷的效果。然而，出乎实验者意料的是，这一次实验时，广播组的得分高于电视组，这样的结果耐人寻味。过了很久以后，其显而易见的原因才被揭示出来。原因是这样的：电视是一种冷性的、观众参与的媒介。当它被表演和刺激加热以后，它的表现功能相对减弱，因为观众参与的机会随之减少。广播是热媒介。当它被赋予额外的强度时，它的表现功能更为出色。广播吸引收听者的参与程度，不如电视机要求收视者的参与度。广播可以被用作背景声，也可以被用作噪声大小的控制器。头脑机灵的青少年就是这样把它用作手段，来享受静居独处的。电视却不能被当作背景伴声来使用，它一定要使你介入。你只好与之合拍(with it)。自电视出现以来，这个短语被广泛接受下来，用以表达赶时髦的意思。

电视来临以后，许多东西都行不通了。不仅电影，而且全国性杂志都遭到这一媒介的沉重打击，甚至连环漫画的发行量也锐减下来。电视来到之前，人们非常关注的是孩子为何不会读书。电视出现以后，儿童已经习得了一整套崭新的感知。他们和以前 417

的孩子截然不同。奥托·普雷明格[1]，这位《命案剖析》(*Anatomy of a Murder*) 等轰动片的导演，给电影制片和欣赏的巨大转折确定了一个明确的日期。他认定这个日期就是普遍开始制作电视节目的第一年。他写道："1951年，经制片法审查未通过时，我开始为争取《蓝月亮》(*The Moon Is Blue*) 在影院上映而斗争。这是一场小打小斗，我赢了这场官司。"(1963年10月19日《多伦多每日星报》)

他接着说："《蓝月亮》中受到反对的只有'处女'一个词，这一事实本身在今天是可笑的，几乎是令人难以置信的。"他认为，美国电影现已走向成熟，这归功于电视的影响。冷性的电视媒介促成了艺术和娱乐里的深度结构，同时又造成了受众的深度卷入。因为自谷登堡时代起，我们的全部技术和娱乐一向不是冷的，而是热的；不是深刻的，而是切割肢解的；不是面向生产者的，而是面向消费者的。因此，在既成关系的领域里，模式和结构未受电视深刻搅扰的领域很难找到了。实际上，从家庭和教会到学校和市场等领域，都受到了电视的深刻影响。

电视形象，而不是由电视节目所引起的心理和社会纷扰，每天都受到报界的评论。饰演佩里·梅森[2]的雷蒙德·伯尔 (Raymond Burr) 对全美城市法官协会演说时，提请与会者注意："如果外行人不理解你、接受你，你们运用的法律和你们断案的法
418 庭就无法继续存在。"伯尔先生在演说中略而未谈的是，他领衔主

---

1 奥托·路德维希·普雷明格 (Otto Ludwig Preminger, 1906—1986)，奥地利裔美国电影导演和制片人，20世纪40年代开始成名，执导有争议的题材，主要作品有《金臂人》、《蓝月亮》、《命案剖析》、《出埃及记》、《人性的因素》、《圣女贞德》等。

2 佩里·梅森 (Perry Mason)，美国作家加德纳 (Erle Stanley Gardner, 1889—1970) 1933年起写的系列小说中的律师兼侦探，梅森常在法庭上出奇制胜。根据小说改编的电视连续剧曾在世界各地上映。

演的佩里·梅森电视节目，是强烈参与性的电视经验的典型，这种电视经验改变了我们与法律和法庭的关系。

电视形象的样式，与电影或照片毫无共同之处，唯有一点相同：它也提供一种非言语的完形 (gestalt) 或姿态。就电视而言，收视者成了屏幕。他受到光脉冲的轰击，乔伊斯称之为“轻装旅的冲锋”，这种冲锋使收视人的“灵魂表层饱含着潜意识的知觉”。电视的形象提供的素材通常是不多的，它不是一种**呆照**。在任何意义上说，它都不是照片，而是扫描器不停地勾勒出来的轮廓。由此而生的造型曲线靠**透射的** (through) 光线，而不是靠**照射的** (on) 光线。如此形成的图像有雕塑和图像的品质，不具有图画的性质。电视图像每秒轰击收视者的光点约有三百万之多。从这么多光点中，他只能在每一刹那间接收几十个光点，他只能靠这少数的光点去构成一个图像。

电影图像每秒钟提供的光点比电视的光点多出数百万，看电影的人不用急剧缩减光点的数目也可以构成印象。相反，他趋向于一揽子接受其完整的形象。与此相对，电视马赛克图像的收视者，由于对图像的技术控制，下意识地将电视光点的轮廓重新构拟，以便在修拉点画法模式或鲁奥[1]野兽派模式的基础上形成一种抽象的艺术品。倘若有人问，如果技术将电视图像提升到电影的数据水平，以上的一切是否会变化，回答只能是一个反问：“我们能靠增加透视、光线和色度来改变漫画吗？”其答案是一个“能”字，不过漫画就不再是漫画了。“改进过的”电视也不会再是

1 乔治·亨利·鲁奥 (Georges Henri Rouault, 1871—1958)，法国画家、雕刻家，以表现主义手法将粗黑线条作为轮廓，使用活泼生动的色彩和简化的形式，风格比较接近表现主义，作品有《镜前裸妇》、《敲鼓丑角》、《老国王》等。

电视了。**如今的**电视图像是明暗点镶嵌的马赛克网络，电影镜头绝不是这样，即使电影图像的质量很差也不是这样的。

正如在其他马赛克里一样，第三维度在电视里格格不入，但是它可以附加在电视之上。电视里的第三维幻觉在一定程度上
419 由摄影棚里的道具来提供，但是电视图像本身是一个平坦的二维马赛克图像。三维幻觉大多是看电影和照片所遗留下来的习惯。因为电视摄像机不像电影摄影机那样有一种嵌入的视角。伊斯特曼·柯达公司现已推出一种可与电视摄像机媲美的二维照相机，然而，由于偏重书面文化的人有固定视点和三维视象的习惯，所以他们难以理解二维视象的性质。倘若不存在这样的困难，他们欣赏抽象派艺术就不会有困难，通用汽车公司的汽车就不会设计得一团糟，画刊也不会面临如何处理特写文章和广告关系的困境。电视图像每时每刻都要求我们用不由自主的感知参与去“关闭”电视马赛克网络中的空间，这样的参与是深刻的动觉参与和触觉参与，因为触觉是各种感官的相互作用，而不是孤立的肌肤和物体的接触。

为了对比电视图像和电影镜头，许多导演把电视图像称为“低清晰度”，意思是说它提供的细部很少、信息度很低，很像漫画。一个电视特写所提供的信息，只相当于电影一个长焦距镜头所提供的信息的一小部分。由于缺乏对电视图像这个重要侧面的了解，批评电视节目“内容”的人关于“电视中的暴力”的言论，实在是一番废话。吹毛求疵的发言人是典型的面向书本的“半文盲”。他们没有报纸、广播或电影的语法能力，他们对一切非书本媒介都投以鄙夷不屑的一瞥。有关任何心理方面的最简单的问题，哪怕是关于书本媒介的问题，都会使他们惊慌失措。

媒介映射出的一种孤立态度，被他们误认为是道德上的警钟。可是，一旦这些吹毛求疵的检查员意识到，在所有情况下“媒介即讯息”或基本的效应源泉时，他们又要回过头来压制媒介本身，而不再追求“内容”上的控制。他们当前的假设是，内容或节目编排 420 是影响人们观点和行为的因素。这样的假设是从书本媒介衍生出来的，书本媒介的特点是形式和内容明显的分裂。

电视在20世纪50年代的美国，和广播在20世纪30年代的欧洲一样，成为一种革命性的媒介，这难道不奇怪吗？广播这种媒介在20年代和30年代复活了欧洲精神里的部落网络和血亲网络，可它在英美未能产生这样的影响。在英美两国，部落纽带受书面文化及其工业延伸的腐蚀已经走得很远，广播已不可能引起任何显著的部落式反应。然而，电视的十年历史甚至使美国欧洲化了。美国人对空间关系和人际关系的情感业已改变，这就是证明。美国人对舞蹈、造型艺术和建筑艺术产生了新的感受力，对小汽车、平装书、雕塑式发型和镶边时装的效果产生了新的要求——对烹饪和饮酒的复杂效果的新的关注就更不用说了。尽管如此，说电视将会使英美重新部落化，也会引起误解。广播的作用对回响的言语和记忆的世界产生的影响是歇斯底里的。不过，电视确实使英美两国容易受广播的影响；电视出现以前，这两个国家对广播的影响有很高的免疫力。无论是福是祸、是凶是吉，电视图像对上述强烈偏重书面文化的民族的感官生活，已经施加了统一而整合的影响力，若干世纪以来这些民族缺少的正是这种力量。研究这些媒介时不匆忙对其进行价值判断，是明智之举，因为它们的效果是不能分离开来的。

联觉，即统一的感知和想象丰富的生活，对西方的诗人、画家和一般的艺术家而言，似乎是长期以来无法企及的梦想。他们以伤感和沮丧的心情，看待18世纪及后来的西方文人那种割裂肢解和想象贫瘠的生活。这就是布莱克、佩特[1]、叶芝、劳伦斯和许多
421 其他大文豪给我们传达的信息。他们没有准备靠广播和电视的审美功能在日常生活中去实现自己的梦想。但是，我们的中枢神经系统的大规模延伸，使西方人每日包裹在通感联觉之中。自感官严格分离和专门化发展以来的若干世纪中所形成的西方生活方式，由于它把视觉放在感官等级系统的顶端，所以它无法抵挡广播电视的冲击波，这种冲击波不断冲刷着抽象思维的个体本位者庞大的视觉结构。有人出于政治动机给电力技术的反个人主义机制火上浇油，这些人是微不足道的潜意识的自动化力量，他们仿效的仍然是占上风的电力技术的压力模式。一百年前，他们会以同样的梦游症，事与愿违地走向相反的方向。早在广播和希特勒出现的一百多年前，德国浪漫诗人和哲学家已经在异口同声地高唱部落歌谣，希冀回归到朦胧的无意识状态了。可是后来的广播和希特勒才使这样的回归不可避免，他们希望回到无文字的生活，可是他们对文明的视觉生活如何取代部落听觉魔力生活，却没有丝毫哪怕是模糊的认识。我们该如何看待这些人呢？

此刻，美国人发现，自己对潜水和小汽车的封闭空间具有新的激情，这归因于电视形象经久不息的触觉刺激。该形象还激起了许多英国人的部落排外性的种族情感。尽管高度偏重书面文化的西方人一直将种族的整合理想化，然而正是其书面文化使真正的种族一致性不可能实现。偏重书面文化的人自然梦想用视

1 沃尔特·佩特（Walter Pater, 1839—1894），英国散文家、小说家、批评家，主张“为艺术而艺术”，代表作为《文艺复兴史研究》。

觉的办法来解决人的差异问题。19世纪末，这种梦想建议男女穿相似的衣服、受相似的教育。性别整合计划的失败，给20世纪的文学和心理分析的许多主题提供了素材。种族整合以视觉同一性为基础，它是“文字人”(literate man) 的文化策略的延伸。对 422
“文字人”来说，凡是差异都需要根除，无论性别差异和种族差异、空间差异和时间差异都需要根除。“电子人”(electronic man) 日益深入地卷入人的实际境遇中，所以他不能接受“文字人”的文化策略。现在的黑人肯定会像妇女早些时候那样，拒绝接受视象化的同一计划，其理由与上述原因相同。妇女们觉得，那样的计划剥夺了她们独特的作用，把她们变成“男性世界”里被切割肢解的公民。用同一性和社会同质性来解决这些问题的整个路子，是机械和工业技术所施加的最后一种压力。不用进行道德说教也可以断言，由于电力世界使所有人日益紧密地相互联系起来，所以它终归要拒绝这样的机械解决办法。提供独特性和多样性比强加大众教育的同一模式更为困难，然而，这种独特性和多样性在电力环境中能前所未有地培植起来。

目前看来，世界上一切前文字的民族，都已经开始感受到爆炸性和攻击性的能量，这些能量是新式的书面文化和机械化技术释放出来的。这些爆炸来临的时刻，正是新的电力技术结合起来使我们在全球范围内共享它们的时刻。

电视的效果，作为我们中枢神经系统最新近、最壮观的电力延伸而言，由于种种原因是难以把握的。既然它影响我们的整个生活，包括个人、社会和政治的生活，所以企图用“系统的”或视觉的方式来表现这样的影响，完全是不切合实际的。相反，把电视作为几乎随意搜集到的素材的一种复杂的完形来表现，就比较切实可行了。

电视图像是低强度、低清晰度的图像，因此它与电影不同，它不提供物象的详细信息。此一差别与古代的手稿和印刷词语之
423 间的差别有类似之处。印刷物提供强度和同一的精度，而在此之前的手稿却具有烦冗的特征，印刷术产生了人们对准确计量和可重复性的爱好，我们现在把这种爱好与科学和数学联系在一起。

电视制片人指出，电视演员的吐词绝不能带有戏院里必需的那种字正腔圆的特征。电视演员的声音和表演都不用过大的力度。而且，由于电视具有使收视者参与完成或“关闭”电视图像的特点，所以电视演员的表演真正是亲切之至。它要求演员的表演达到很大程度的自发随意性；电视表演对电影艺术是不适用的，它在舞台艺术中失去了艺术的价值。因为观众参与电视演员内心生活的程度与他们参与电影明星的外在生活一样，是非常充分的。从技术上说，电视是趋向于特写镜头的媒介。特写镜头在电影里用来取得使人震撼的效果，可是它用到电视上却成了家常便饭。一张电视屏幕那样大的照片可以非常详尽地表现十多张面孔的细部，可是十多张面孔出现在电视屏幕上就只能是模糊不清的一团了。

电视图像与演员关系的特征，引起了一些人们熟悉的反应，比如每周在电视中看见的人物，我们在实际生活中却认不出来。像一位幼儿园小朋友那样机敏的人，我们之中是不多见的，这位幼儿园小朋友问加里·穆尔（Garry Moore）：“你是怎样从电视中走出来的？”电视新闻节目主持人和电视演员一样，常常报告他们被人打量时，人们觉得他们面熟。在一次访问记中，有人问乔安妮·伍德沃德（Joanne Woodward），当电影明星和电视演员的

差别是什么。她的回答如下："我过去演电影时听人说：'瞧，琼·伍德沃德。'现在人们说：'瞧，这个人我觉得面熟。'"

好莱坞一家饭店位于许多影视演员居住的地区，它的老板报告说，旅游者的忠诚已经转向电视明星。而且，多半的电视明星是男子，即所谓"冷性的角色"，而大多数电影明星却是女性，因 424
为她们可以被当作"热性的"角色来推出。自电视诞生以来，男女电影明星随着整个影星制度一道，已趋于萎缩到比较普通的地位。电影是热性的、高清晰度的媒介。也许，那位饭店老板最有趣的话是：旅游者想看的，是影视节目中的人物佩里·梅森和怀亚特·厄普[1]。他们想看的，并不是饰演这两个人物的演员雷蒙德·伯尔和休·奥布赖恩 (Hugh O'Brian)。过去的电影迷旅游者想看的，是他们崇拜的影星的**实际**生活，而不是想看这些影星所饰演的角色。迷恋冷性电视媒介的人想看的，是他们喜爱的明星所担任的**角色**，而电影迷想看的，却是**真实的人**。

对印刷书籍的态度也发生了类似的逆转。在手稿或缮写文化里，几乎不存在对作者的兴趣。今天的连环漫画，与印刷术之前的木刻和手稿的表现形式相接近。沃尔特·凯利 (Walt Kelly) 创作的"波哥"(Pogo) 鼹鼠确实酷似哥特体的印刷品。然而，尽管公众对这些连环漫画的形式有强烈的兴趣，可是他们对这些漫画家私生活的好奇心，与其对流行歌曲作家私生活的好奇心一样，实在是微乎其微。在印刷文化里，作家的私生活却成了读者极度关心的问题。印刷术是一种热媒介，它总是把作家投射到公众身上，正如电影曾经使作家投射到公众身上一样。手稿是一种

---

1 怀亚特·厄普 (Wyatt Earp)，美国西部片人物，生活在美国西部开发时代，在各矿担任警长，以狠斗著名。

冷媒介，它并不使作家突出，而是使读者介入。电视也是这样的冷媒介。收视者介入并参与其间。在这个方面，电视明星的**角色**似乎比他的私生活更富有魅力。因此，与精神病学家一样，媒介专家从情况提供人的身上所搜集的资料，比情况提供人自己感知到的情况多得多。每个人经验过的东西都大大超过他理解的东西。然而，影响行为的是经验，而不是理解，在媒介与技术这类集体事务上尤其如此。在这里，个人对这类问题给予他的影响，几乎必然是习而不察的。

电视这样的冷媒介，竟然会比电影之类的热媒介的压缩度和浓缩度高出这么多，有人也许觉得这看上去有点矛盾。但是，众所周知，半分钟的电视相当于三分钟的戏剧或歌舞剧。与印刷品
425 对比而言，手稿也是这样的。"冷性"的手稿趋向于表述的紧缩形式，趋向于格言和比喻的表述形式。"热性"的印刷媒介拓展了表现方式，使之走向形式上的删繁就简，走向内容上的"详加说明"。印刷媒介使紧缩的手抄缮写本加快速度并发生爆炸，变成较为简化的碎片。

一种冷媒介，无论是口语、手稿或电视，留待受众或使用者完成的东西远远超过热媒介留待人去做的东西。媒介的清晰度高，参与程度就低。媒介的强度低，参与程度就高。恋人窃窃私语也许就是这个道理吧。

因为电视的低清晰度确保了观众的高度介入，所以最成功的电视节目，是那些在情景中留有余地，让观众去补充完成的节目。因此，如果用电视教诗歌，老师就可以集中讲授实际**作诗**的过程，即与那首诗相关的实际创作过程。书籍的形式完全不适合这种类型的介入式讲授。电视图像中自己动手的、深刻介入过程的突

出特征，延伸到电视演员的表演艺术中。在拍电视的条件下，他必须机警地借助细腻的姿势和体态，来改善和修饰每一句话和言语的响亮度，以维持他与收视者的密切关系，这种亲密的关系在广阔的电影屏幕和戏剧舞台上是不可能存在的。

据说一位尼日利亚人看过一部西部电视剧以后，得意扬扬地说："我过去不知道你们西方人这样不珍惜人命。"抵消这句话影响的是我们的孩子在看西部电视片中的行为。如果给孩子戴上实验用的头式照相机，以追踪他们看电视时眼睛的运动，就可以发现他们的目光始终集中在演员的面部。甚至在打斗场面中，他们的目光都盯在演员的面部**反应**上，而不是集中在火山爆发式的打斗**动作**上。在偏重面部表情的时候，枪炮、刀剑、拳头全都没放 426
在眼里。电视与其说是一种动作的媒介，不如说是一种动作反应的媒介。

电视媒介热望表现过程和复杂反应的主题，这使纪实性的电影惹人注意。电影能够漂亮地对付过程，但是电影观众更喜欢当消极的动作消费者，而不喜欢当动作反应的参与者。西部电影片，和纪录电影片一样，过去一向是地位低下的形式。与电视结合以后，西部片获得了崭新的重要地位，因为西部片的主题永远是"让我们建设一座城镇"。收视者参与塑造和加工的过程，靠少得可怜的、不给人多少希望的东西来建立一个社区。而且，电视图像自然而然爱上了西部生活中的马鞍、衣饰和皮革，以及用劣质火柴木建造的酒吧和饭店的休息间，爱上了这些东西多样而粗糙的质地。相反，电影摄影机很善于表现夜总会华丽的铬黄色的世界和都市的豪华地区。再者，20年代和30年代电影偏爱的镜头，与50年代和60年代电视偏爱的镜头所形成的鲜明对比，传播到了所有的居民之中。经过十年以后，美国人在服饰、食品、住宅、娱乐和汽车中的新品位，体现了电视图像培植的相互联系形式和自己动手介入的新模式。

海华丝[1]、伊丽莎白·泰勒和玛丽莲·梦露这样的大明星，在电视时代遇到了麻烦，这一点绝非偶然。她们陷入的时代，是对电视之前的消费时代的一切“热媒介”的价值抱怀疑态度的时代。电视图像对名气价值的挑战，和它对消费品价值的挑战一样，是毫不留情的。玛丽莲·梦露说：“名气之于我只不过是短暂而不完美的幸福。名气确实不像每日的膳食。使你满足的并不是名气……我觉得，你一出名后，每一点不足之处都被夸大了。电影业对明星的行为，应该像母亲对待孩子那样：她的孩子从家里跑出来，差点让汽车给撞倒，可是，这位母亲不但不紧紧地把孩子搂在怀里，反而体罚她的孩子。”

427 电影界现在受到电视不断地轰击，它恼羞成怒、不知所措、见人就打。伟大的电影玩偶梦露嫁给了棒球先生和百老汇先生[2]，她的话肯定是不祥之兆。把金钱和成功的绝对价值观念作为谋求幸福和福利的手段——如果美国许多富有和成功的人公开对此表示怀疑的话，他们再也找不出比梦露更令人心碎的先例了。整整五十年间，好莱坞给这位“堕落女人”(the fallen woman) 开辟了一条爬到顶峰并打入每个人心坎的路径；可是猛然之间，这位爱神却发出了令人毛骨悚然的惨叫，她尖叫说，吃人是错误的，她抨击好莱坞的整个生活方式。这正是聚集在城市郊区的“垮掉的

1 丽塔·海华丝 (Rita Hayworth, 1918—1987)，好莱坞影星，代表作有《南美大草原的月光下》、《天使之翼》、《碧血黄沙》、《黄金梦》、《桃花宫》、《封面女郎》、《荡妇吉尔达》等。

2 棒球、百老汇和好莱坞，寓意指美国的文化生活。棒球是美国的“国球”，百老汇是美国娱乐业的中枢，好莱坞是电影梦工厂，它们的联姻有负面的价值导向。

一代”的情绪。他们拒绝分割性的、专门化的消费性生活，凡是能使人介入、要求人承担责任的东西他们都欢迎。最近，使青年妇女从专门化的职业转向早婚的情绪，也就是同样的情绪。她们从职业转向了角色。

上述深度参与的新兴偏好，促使年轻人强烈追求丰富多样的礼拜仪式的宗教经验，广播电视时代的礼拜复兴，其影响所及，甚至进入最保守简朴的新教宗派之中。吟唱圣诗、做弥撒时穿礼服的仪式在世界各地蜂拥而起。这种普天之下的宗教运动与电力技术是同步发生的。

正如电视马赛克网络在艺术中不扶植透视法一样，它也不扶植生活中的线性结构。电视出现以后，装配线就在工业中消失了。电视一降临，装配线就退出了工业生产。员工+政策的管理结构已经消融。经纪人的路线、党派路线一去不复返，招待会上排队的拘谨现象一去不复返，女士长袜背面那条长线也一去不复返了。

电视来临以后，政治活动中以街区为单位预测选票的方式随之结束，因为这是一种专门化和分割化的形式，而专门化和分割化在电视产生以后再也行不通了。我们看见的不再是选举人的街区，而是选举中的整体图像，是覆盖宽泛的形象。我们看见的不是政治观点或政治讲坛，而是整个的政治姿态。我们看重的不是产品，而是生产的过程。在新鲜和快速发展的时期，事物的轮廓变得模糊不清。我们在电视形象中看见的，是模糊的轮廓占据 428
上风。模糊轮廓本身构成对增长的最大刺激，它也是对新型的感知“闭合”和补足的最大刺激。对长期与鲜明的视觉价值相联系的消费文化来说，模糊轮廓的刺激尤其如此，因为鲜明的视觉价值早已和其他感官相分离。娱乐业和商业失去了对消费包装的忠诚，由此而引起美国生活的变化是如此之大，以至于每一种企业——从麦迪逊大街的广告业到通用汽车公司、好莱坞和通用食品公司——都受到了彻底的震撼，并因而不得不谋求新的行动策略。电力内爆即收缩，对人际关系和国际关系所产生的影响，正是电视形象正在对自我传播或内心感知所造成的影响。

给画家和雕塑家解释这种感知革命不会有什么困难，因为自塞尚作画抛弃透视幻觉而偏好结构以来，艺术家所谋求的变化正是电视在令人难以置信的规模上实现了的变化。电视是设计和生活中的包豪斯视觉研究计划，亦可以被认为是蒙台梭利的教育方略，是两者在整体上的技术延伸和商业赞助。借助电视媒介，重塑西方人的艺术方略所具有的勃勃生机，已经变成了美国生活中的庸俗追求和挥霍浪费。

电视形象使美国人倾向于欧洲人感知模式和感受力模式的程度，怎么估计也是不过分的。现在，美国欧洲化的狂热程度和欧洲正在美国化的狂热程度不相上下。第二次世界大战期间，欧洲开发了它的大规模消费的初级阶段所需要的许多工业技术。相反，使美国完成上述消费“起飞”阶段的，却是第一次世界大战。一个分裂的欧洲那种民族主义多样性的化解，需要的是电子**内爆**；电子内爆给欧洲带来的变化，是早些时候工业**爆炸**在美国实现的变化。工业爆炸通常伴随着书面文化和工业的分割性膨
429 胀，它在使欧洲统一上的影响微不足道，因为欧洲有许多不同的语言和文化。拿破仑的推进利用了新型书面文化和初期工业主义的联合力量。然而，拿破仑可以利用的另一套同质化材料，甚至比今天俄国人掌握的还少。到1800年，书面文化发展过程的同

质化力量，在美国比在欧洲任何地区都已经走得更远。建国伊始，美国就爱上了印刷技术，将其用于教育、工业和政治生活中。它得到的报偿是空前众多的标准化的工人和消费者，从来就没有任何文化拥有这样巨大的人力资源。我们的文化史家忽视了印刷术的同质化力量，忽视了同质化的人口那势不可当的实力，这不是他们的光荣。政治学家对任何地区和时代的媒介效果始终没有丝毫的察觉，原因很简单，除了媒介的"内容"外，过去谁也不愿意研究媒介的形式本身对个人和社会的影响。

通过实现社会组织的机械同质化和书面文化的同质化，美国早已完成了它的共同市场。在电力时代时空压缩和相互联系的推动之下，欧洲正在享受一定程度的团结。究竟需要借助书面文化实现多大程度的同质化，才能在后机械时代、自动化时代产生一个有效的生产者兼消费者的群体，这个问题尚无人问津。因为谁也没有充分认识到，书面文化在塑造工业经济中是基本的、典范的角色。在任何时候、任何地方，读书识字对养成同一的习惯都是必不可少的。最为重要的是，读书识字对价值体系和市场的正常运转也是必不可少的。这一因素一向受到忽视，正如电视现在受到忽视的情况一样。因为电视培植的许多偏好，与同一性和可重复性是格格不入的。电视"驱使美国人从他们传说故事的历史出发，去追求客观事物中形形色色、稀奇古怪的东西"。现在，许多美国人为了尝尝一种酒或一种食品，往往会不遗余力、不惜 430
血本。同一的和可重复的东西，现在必须让位于独一无二、偏离常规的东西，这一事实正在日益严重地使我们整个标准化的经济绝望和困惑。

电视马赛克形象的力量把单纯的美国人变成老成世故的人，

而不论电视的“内容”如何。如果直截了当地去观察，这个问题并无神秘之处，这种电视马赛克形象早已隐蔽在与电报同时成长的通俗报纸中。电报用于商务在美国发端于1844年，在英国肇始就更早。电力原理及其意味，在雪莱的诗中很受重视。艺术创作的经验方法，通常提前一代人甚至更早就预示这类事情的科技发展。电报马赛克形态在**新闻工作**中的表现意味着什么，已经为爱伦·坡提前洞悉。他借用这一点确立了两种令人惊诧的、新奇的创新手法，即象征主义诗歌和探案小说。这两种形式都要求读者自己动手参与。爱伦·坡提供一个不完全的意象和过程，借以使读者介入创造过程之中，这种使读者参与创作过程的方式，受到了波德莱尔、瓦莱里、艾略特和其他许多作家的钦佩和追随。爱伦·坡立即抓住了电力媒介的动力，转化为公众对创作过程的参与。尽管如此，直到今天，当同质化的消费者被要求参与抽象诗歌、绘画或任何结构的创造和完成时，他们必然会抱怨。但就在当时，爱伦·坡已经知道，深刻参与必然在电报马赛克出现以后接踵而至。更加习惯线性思维、更富于文字头脑的知识精英“实在看不见这一点”，今天他们仍然看不见这一点。他们宁可不参与这种创造过程。他们习惯业已完成的一揽子东西，在散文、诗
431 歌和造型艺术中都是如此。这些人在全国各地的教室里，不得不面对这样的学生：由于电视形象的影响，这些学生已经适应象征结构和神秘结构的触觉的、非图像的形态。

1962年8月10日的《生活》杂志发了一篇特写，文章说“多半13岁以下的儿童长得太快、成熟得太早”。该文没有注意，在部落文化和无文字的社会中，类似的发育速度和早熟，是自古以来的正常现象。英美两国鼓励延长青春期的社会制度，所借助的

方式是否定性行为那种触觉参与的交流。他们这样做，并不是要有意识地借用什么策略，只不过是普遍接受了这样的后果：把印刷词语和视觉价值放在最重要的位置，并且将其作为组织个人和社会生活的手段。强调印刷词语和视觉价值的重要性导致了工业生产和政治同一的胜利，这些胜利是它们本身充分的证明。

可重复性，或者说自身生活能经受视觉检查的能力，成为美国生活的主导。没有一个欧洲国家曾赋予印刷品如此优先的地位。以视觉而言，欧洲在美国人眼里始终是低劣的。相反，美国妇女在视觉外观上的形象在任何文化中都无与伦比。在欧洲人心目中，她们仿佛始终是抽象的、机械的玩偶。可是，触摸感在欧洲人的生活中是至高无上的价值标准。因此，欧洲大陆上就没有躁动的青春期，有的只是从童年向成年行为方式的飞跃。此一飞跃现在成了美国的情况，电视出现以后就是如此，这种避免青春躁动期的情况将会继续下去。漫漫无尽的思索、遥遥无期的目标那种内省的生活——只有在乘坐漫长的西伯利亚火车时才过的那种生活，与电视的马赛克形态是不能共存的，因此电视形象要求人立即深入其间，不容许有任何拖延。电视形象的指令数量众多，但始终如一；纵然只一笔带过这些指令，也必然要描绘过去十年中的革命。

平装书这种“冷性”版本书时兴的现象，可以位居电视指令影响的榜首，因为电视使书籍文化转化的功能，就体现在这一点上。欧洲人从一开始就出版平装书。从汽车问世的初期开始，他 432
们就偏爱小汽车封闭的空间。书籍、汽车或住宅的“封闭空间”的图像价值，对他们始终没有吸引力。20世纪20年代、30年代和40年代，美国也试行过平装书，尤其是阳春白雪形态的平装书。

然而，直到1953年，它才突然被人接受了。没有一位出版商知道个中原因。不仅仅因为平装书是一种手感的包装而不是视觉的包装，而且它还可以同样迅速地用来表现浅薄或深奥的问题。自电视诞生以来，美国人已经对深刻的文化失去了心理上的抑制和天真。读平装书的人发现，只需放慢速度，他也能欣赏亚里士多德和孔夫子。原来奔马般地在同一性的印刷物中一目十行的那种读书习惯，突然让位于追求甚解的读书方法。当然，力求甚解的读书方法并不是适合印刷词语的固有方法。深入探究词汇和语言，是口头文化和手稿文化的一般特征，而不是印刷文化的特性。欧洲人向来认为，英美人的文化缺乏深度。自广播到来以后，尤其是自电视出现以来，英美两国的文学批评家已经在深度和精度上超过了任何欧洲人。“垮掉的一代”追求禅宗，只不过是把电视马赛克的指令带进词语和知觉的世界中去执行。平装书本身成了一个硕大而深刻的世界，它表现了美国人感知生活的变化。对美国人而言，语词的深刻经验，和物理学中的深刻经验一样，完全成了可以接受的东西，甚至成了主动追求的东西。

究竟从何处着手去检查自电视出现以来美国人态度的转变，这是一件非常任意的事情。在棒球地位一落千丈的巨大变化中，可以看出这一点。布鲁克林的道奇棒球队迁至洛杉矶，这件事本身就是一个预兆。棒球向西部转移，意在遭到电视打击以后维持一定的观众。棒球的特点是，每次只做一件事。它是一种线性的、膨胀性的运动；和高尔夫球一样，它非常适合个人主义和内向
433 型社会的观点。时机和等待是它的实质，全场人都悬着心追随一位球员的表演。相比而言，橄榄球、篮球和冰球是许多事件同步发生的运动，全体球员都同时投入球赛之中。电视来临以后，棒

球之类的个人表演与团队动作分离的现象，不再能为人接受了。人们对棒球的兴趣衰落下来，棒球明星和电影明星都发现，盛名之下还有一些使人扫兴的侧面。棒球和电影一样，始终是一种热媒介，它以表现个人鉴赏力和第一流的表演者为特征。真正的棒球迷，是储存着大量统计信息的人，是知道许多场球赛中的击球手和投球手的爆炸性新闻的人。一种球类运动能给人独特的心理满足，再也没有比棒球更能说明这一点的了。棒球适应人口规模、股票债券、生产销售不断激增的工业城市。棒球属于热性报纸和电影媒介刚开始袭来的那个时代。它将永远是那个时代的象征：这是一个崇拜红得发紫的女影星、爵士乐明星的时代，是崇拜俊男美女的时代，是荡妇、淘金者和暴发户的时代。简言之，棒球是一种热媒介。它在新式的电视气候中降了温，正如在上一个十年中，大多数热情的政治家和热烈的问题都冷却下来了一样。

目前，再也没有比小汽车更冷的媒介，也没有比它更热的问题了。它像是一个线路不好的低音喇叭，置入了一条高保真度的线路，一旦播音，其底部就剧烈震颤。小车身的欧洲汽车，和欧洲的平装书一样，也可以说和欧洲的妇女一样，并不注重外观。以视觉形象而言，所有的欧洲汽车都实在难看。显然，厂家从来没有考虑过汽车是供人观赏的。但汽车的确是人用来打扮人的东西，就像裤子和套头毛衣是用来打扮的一样。它们的空间是潜水人、滑水人和小帆船驾驶员追求的那种空间。从直接的触觉感知来说，这种新式的空间与落地窗时尚所迎合的空间是相似的。从 434
“风景”本身来说，落地窗根本就没有意义。但如果从假装落地窗是“金鱼眼”，能发现户外风景里新的一维来说，落地窗确实有它的意义。人们拼命把内墙的表面和质地搞粗糙，使内壁宛若房子的外墙，这样的努力也有其意义。与此完全相同的冲动把室内空间和家具送进院子，使人能把室外当作室内来体验。看电视的人任何时候扮演的都是这样的角色。他潜在水下。他不断受到原子的轰击，在模糊形象和神秘轮廓里连续不断的奇遇中，原子束把外在的东西当作内在的东西来揭示。

然而，美国的汽车却是根据印刷术和电影的**视象**要求创造的。美国的汽车是一种封闭的空间，而不是一种触觉的空间。正如“印刷品”那一章所述，所谓封闭的空间是一切空间品质已被转换为视觉品质的空间。所以，正如法国人几十年前所言，坐美国汽车时，“你不是在公路上行驶，你是封闭在汽车的空间中”。相比而言，欧洲的汽车意在拖着你在路上跑，而且让你的屁股感到颠簸。人们发现，法国女影星碧姬·芭铎喜欢光着脚开车，以尽情感觉汽车的震动，新闻界对此做了大量报道。甚至连英国汽车，由于其外观较为逊色，也要为这样的广告而感到理亏：“时速达五十英里时，你只能听到钟表的嘀嗒声。”对电视出现以后的一代人而言，该广告确实不高明，因为他们必须要**赶上**潮流，必须要**懂得**一切，以便能得到一切。收视者贪婪地追求丰富的触觉效果，他们反穿滑雪板也不至于出人意料。就这一代人而言，汽车方向盘缺乏必需的摩擦力。

衣服在电视时代的头十年中重演了汽车的历史。这场革命以追求时髦的少女为先导，她们掀翻了视觉效果的全套重负，去追求一套触摸性极高的东西。这一极端的追求使她们的面部表
435 情非常单调、极为冷漠。电视冷性的一面，表现在少年中流行的冷漠面孔中。在热媒介的时代，即在广播和电影的时代、古老的书籍时代，青春期曾经是面部表情明朗、热切和富于表现力的年

龄段。20世纪40年代的政治家或高级行政官员，谁也不敢冒险显露出电视时代儿童那种冷漠的、雕塑似的表情。电视时代流行的舞蹈与此相匹配，一直到扭摆舞都是如此。该舞蹈纯粹是一种没有生气的对话，其姿态和面部动作能说明舞蹈者介入的深度，可是它“没有说出任何内容”。

在过去十年里，服饰及其款式很富有触摸性和雕塑性。它们表现出异常夸张的电视马赛克新品质。作为神经系统延伸的电视所表现的这种毛茸茸的模式，刺激了服饰、发型、步态和姿势中相关的意象，使之具有洪水般滚滚而来的力量。

这一切合在一起，构成了紧缩性的内爆。换言之，就是向非专门化的服饰和空间的回归，是谋求房间、事物和客体的一物多用，一句话，就是谋求图像型的感知。在音乐、诗歌和绘画中，所谓触觉性内爆，就是使艺术作品贴近闲聊性质的那种主张。所以说，阿诺德·勋伯格、伊戈尔·斯特拉文斯基、卡尔·奥尔夫[1]和巴托克·贝拉根本不是追求高深莫测效果的音乐家，他们似乎使音乐非常接近于平常的谈话。正是这种会话式的节奏，一度使他们的作品给人以没有优美旋律的印象。但是，凡是听过中世纪音乐家佩罗坦[2]和纪尧姆·迪费[3]作品的人都可以发现，他们的作品与斯特拉文斯基和巴托克·贝拉的作品非常接近。文艺复兴时期的急剧爆炸，使乐器从歌唱和言辞中分离出来，赋予乐器以专门化的功能。在我们的电子内爆时代，这一爆炸过程正在以逆向

1 卡尔·奥尔夫 (Carl Orff, 1895—1982)，德国作曲家、音乐教育家，作品有《世俗之歌》、《月亮》、《聪明的女人》等。

2 佩罗坦 (Pérotin, 约1160—1240)，又名佩罗蒂努斯·马格努斯 (Perotinus Magnus)，法国作曲家、巴黎圣母院乐派领袖、13世纪教会复调音乐代表人物。

3 纪尧姆·迪费 (Guillaume Dufay, 约1400—1474)，佛兰德斯作曲家，擅长对位法作曲。

的方式重放。

电视形象的触觉性质最生动的例证之一，发生在医疗经验之中。用闭路电视教手术时，学生从一开始就报告说，感到有一种
436 莫名其妙的效果——仿佛他们不是在看手术，而是自己在主刀做手术。因此，电视形象在培养感知经验各方面深度介入的热情时，产生了对人体健康福利的执着追求。表现医生和病室的电视节目突然冒出来与西部片竞争是理所当然的。汤姆·杜利[1]及其对落后社会的史诗般的医疗服务是电视第一个十年自然而然的派生物。

我们已经用分散在不同领域里的许多例子，反复考察了电视形象的潜意识力量，现在出现的问题似乎是："对于电视之类的新媒介的潜意识运转机制，究竟有一些什么**免疫机制**呢？"人们一向认为，硬汉般的愚鲁，辅以坚决的非难，就足以防御任何新鲜经验的侵袭。本书的主题是：即使对一种媒介的独特力量有最清楚的了解，你也无法阻挡正常的感知"关闭"；感官使我们顺应自己接受的经验模式。思想的极端纯洁，绝不能抗御细菌的侵袭；虽然巴斯德揭示了细菌肉眼看不见的运转机制，但他因为这些卑微的论断而被同行逐出了医学界。由此可见，为了对抗电视，人们必须获取与之相关的媒介比如印刷品来作为"解毒剂"。

有一个特别棘手的领域提出了这样一个问题："电视对我们的政治生活究竟产生了什么影响？"在此，至少可以看出，批判意识和警惕的伟大传统证明，我们对使用权力的卑鄙行为设置了种种防范措施。

---

1 汤姆·杜利（Tom Dooley，1927—1961），美国医生，毕生从事慈善事业，在穷乡僻壤送医送药。

打开白修德[1]所著《总统的诞生：1960年》(*The Making of the President*: 1960)，翻到“电视辩论”那一节，研究电视的学者就会感到大失所望。作者提供了统计数字，说明美国家庭的电视机台 437
数和每天的收视时间，可是，关于电视形象的性质，或电视对竞选人和收视者究竟有什么影响，作者却没有提供任何线索。白修德考虑到辩论的“内容”和辩论人的行为举止，可是他从来没有想过，为何对于尼克松这样高清晰度的形象来说，电视必然是一场灾难；而对于肯尼迪这样的模糊不清的形象来说，电视必然是天赐之物。

在这几场电视辩论接近尾声的时候，伦敦《观察家》(*Observer*)杂志的菲利普·迪恩给《多伦多环球邮报》(*Toronto Globe and Mail*) 撰文，阐述我关于电视将对那场总统选举产生影响的思想，文章题为《警长与律师》(“The Sheriff and the Lawyer”)，时间是1960年10月5日。电视的影响是：它将证明完全对肯尼迪有利，肯尼迪将在竞选中获胜；如果不用电视，尼克松就会获胜。迪恩在文章临近结尾时写道：

> 目前，新闻界趋于说，尼克松先生在上两场辩论中占了上风，在第一场辩论中表现不佳。麦克卢汉教授则认为，尼克松先生听上去把话说得越来越明白。他不顾身为副总统的观点和原则的价值，始终以过分华丽的辞藻去捍卫这些观点和原则，这种做法不适合电视媒介。肯尼迪先生相当鲜明的应答是一个错误。不过他仍然

1 白修德 (Theodore White，1915—1986)，原名西奥多·怀特，美国记者、普利策奖得主，抗战期间访问延安，采访中共领袖，并与人合著《中国的惊雷》，还著有四卷本的《总统的诞生》。

> 表现出接近电视英雄的形象，用麦克卢汉教授的话说，这有点像羞怯的年轻警长的形象。另一方面，尼克松先生黑色的眼睛趋向于凝视，加上他较为精明圆滑的闪烁其词，这使他像是一位铁路部门的律师——一位签署了不利于小城市居民租契的律师。
>
> 事实上，在电视辩论中反击，并发表与民主党对手相同的政见时，尼克松先生也许正在使肯尼迪的形象及其谋求的变革变得模糊不清。他这样做反而给自己的对手帮了忙。
>
> 于是，肯尼迪先生没有被说明白的问题捆住手脚。从视觉上看，他的清晰度较低，看上去比较漫不经心。
> 438 肯尼迪似乎不像尼克松先生那样急于毛遂自荐。迄今为止，麦克卢汉教授认为，肯尼迪先生略为领先，同时他又不低估尼克松先生对美国庞大的保守势力所具有的令人生畏的魅力。

与解释相反的人物形象相比而言，还有一种办法解释易于被接受的电视人物形象。这就是说，凡是明白显示自己在生活中的角色和地位的**外貌**，都不适合电视媒介。只要看上去同时像教师、医生、企业家或十来种其他职业的人，都是适合电视媒介的人。当电视推出的人**看上去**可以明确划归哪一种确定的职业时——尼克松先生就是这样的，电视观众就没有任何东西需要填补了。观众对这样的电视形象感到不舒服，他就会不安地说："这家伙总有点不对劲吧。"面对超凡出众的女子，观众也有同样的感觉；对于主持人推出的强烈"高清晰度"的形象和信息，他也感到不自在。自电视来临以后，广告业成为滑稽效果的一个重要来源，这一点绝非偶然。赫鲁晓夫先生的形象是一个非常充实而完整的形象，这种形象在电视上看起来像漫画。在传真照片和电视屏幕上，赫鲁晓夫先生像一位快活的滑稽演员，他的存在使人完全解除了武装。同理，适合电影角色的公式，正是使人失去在电视中受欢迎度的公式。因为热性的电影媒介所需要的人，肯定是看上去属于某一类型的人。冷性的电视媒介却不能容忍典型的形象，因为它使收视者失望，使之不能“关闭”或补足电视上的形象。肯尼迪总统不像是富人或政治家。他既像是食品商，又像是教授或足球教练。他的粗毛呢西装讨人喜欢，这又使他的容貌和轮廓模糊不清。他遣词用语不大推敲，且不轻易发表谈话，所以不致损害他的模糊形象。他从豪华的住宅走向圆木棚，从富有的地位走向白宫，在电视逆转和倒立的模式中，他表现出以上各种不同的形象。

在任何受欢迎的电视人物身上，都可以找到同样的成分。埃 439
德·沙利文[1]一开始就得到“伟大的冷面人”的美名，他具有在电视上受敬重所必需的粗犷气质和石雕般的品质。杰克·帕尔与之截然相反，他的形象既不粗糙模糊，也不像雕塑似的光洁。然而，从另一个方面来说，他在电视上的存在又是完全可以接受的，因为他言辞敏捷、沉着冷静、挥洒自如。杰克·帕尔主持的电视节目揭示了电视的固有特性，它需要自然流畅的闲聊和对话。他发现了如何将电视马赛克延伸为整个节目形态的诀窍，仿佛像魔

---

1 埃德·沙利文（Ed Sullivan, 1901—1974），美国哥伦比亚广播公司电视节目主持人，主持娱乐类喜剧《埃德·沙利文秀》，二十三年（1948—1971）经久不衰，成为美国历史上播出最久的综艺节目。

术师一样信手拈来，想变出什么人就变出什么人似的。然而事实上，他非常明白如何根据其他媒介去创造一种马赛克形态，如何根据新闻和政治、书籍、百老汇和一般的艺术等媒介去创造一种马赛克形态，直到他成为新闻马赛克本身的一位可怕对手。正如《阿莫斯和安迪》[1]这个广播剧在广播时代里使星期天晚上去教堂礼拜的人数下降一样，杰克·帕尔主持的晚间电视节目确实使光顾夜总会的人数减少了。

电视教育节目情况如何？三岁小儿与父亲和祖父坐在一起看总统的记者招待会，这种现象说明电视承担了严肃的教育角色。如果要问，电视与学习过程有何关系，回答必然是这样的：由于电视形象着重参与、对话和深度，它给美国带来了强化教育节目的需求。是否终有一天电视会进入每一间教室，这倒是一个小问题，因为革命已经在家庭里发生了。电视改变了我们的感知生活和脑力活动过程。它已经造成了欣赏一切深度经验的口味，这对语言教学的影响，和它对汽车型号的影响一样重大。电视出现以后，谁也不满足于只具有法语或英文诗歌的书面知识了。人们异口同声地呐喊："我们**说**法语吧。""让我们**听见**诗人的声音。"奇怪的是，与追求深刻的需求同时产生的，是对应急计划的需求。更深入地进一步钻研一切知识，已经成为电视问世以来正常而普
440 遍的要求。也许，我们已经对电视形象的性质进行了充分的论述，这足以说明为何会产生上述的要求。既然电视形象已经渗入我们生活的一切领域，它又怎么可能再深入一步呢？单纯将它搬进教室，不可能延伸它的影响。诚然，电视在教室里的角色，迫使

1 《阿莫斯和安迪》(*Amos and Andy*)，20世纪20—50年代美国的广播剧和情景剧，由两位白人演员戈斯登 (Freeman F. Gosden) 和科雷尔 (Charles J. Correll) 扮演黑人。

人重新安排课程，并以不同的方式去讲授课程。可是，单纯将当前的课堂搬上电视屏幕，就像是将电影搬上电视一样，其结果将是一种四不像的杂交。正确的探讨途径应该是问："哪些东西是教室不能为，而电视却能有所为的呢？比如，在教法语或物理时，电视能发挥哪些教室所不能发挥的作用呢？"回答是这样的："电视能显示过程的相互作用，能显示各种形式发展过程的相互影响，任何其他媒介都无法办到这一点。"

事情的另一方面与这一事实相关：在靠视觉组织的教育界和社会中，电视时代的儿童是正当权利被剥夺的儿童。威廉·戈尔丁[1]在《蝇王》(*Lord of the Flies*)中所举的例子，能间接说明这一使人惊诧的逆转。一方面，小绵羊似的儿童被告知，家庭教师看不见他们时，他们就会野性沸腾，横扫童车和护栏。这样的比方真讨人喜欢。另一方面，戈尔丁先生那田园诗似的教寓，就电视时代儿童的心理变化上来说确实有深长的意味，这个问题对任何未来的文化战略或政治战略来说都极为重要，所以它需要用醒目的标题和简要的总结表现如下：

为什么电视时代的儿童不能向前看？

借助电视图像对深刻体验的投入，只能用视觉空间和马赛克空间的差异来解释。区别这两种大不相同形态的能力，在我们的西方世界里是非常罕见的。有人已经指出，在瞎子的王国里，独眼龙当不了国王。他将被认为是受幻觉支配的狂人。在高度偏

1　威廉·杰拉尔德·戈尔丁(William Gerald Golding, 1911—1993)，英国小说家、诺贝尔文学奖得主，著有《教堂塔尖》、《蝇王》、《金字塔》等。

重视觉的文化里，传达空间形式的非视觉属性，和向瞎子解释可视性是同样困难的。罗素在《相对论常识》(*The ABC of Relativity*)
441 中开宗明义说明，爱因斯坦的思想并无难懂之处，不过他的思想的确要求我们完全重组自己发挥想象力的生活。借助电视形象产生的，正是我们想象力生活的重组。

一般人不能区分照片形象和电视图像，这种缺陷不仅是今天学习过程中使人残缺的因素，而且是西方文化世代以来在某一方面无所作为的症状。在“文字人”习惯的环境中，视觉作为一条组织原则被延伸到一切角落，所以他有时猜想，原始艺术甚至拜占庭艺术的马赛克世界所表现的东西，仅仅是程度的差异。这种缺陷的原因，是没有将视觉描绘提升到充分的视觉有效性的水平上。再没有比这离真理更远的错误了。事实上，这个错误观念千百年来损害了东西方之间的相互理解。今天，它又损害着有色人和白人社会之间的关系。

大多数技术都产生一种放大效应，该效应在感知的分离中是十分明晰的。广播是声象的延伸，高保真的照相是视象的延伸。而电视首先是触觉的延伸，它涉及所有感官的最大限度的相互作用。但借助拼音文字，西方人完成了无所不包的延伸。事实上，拼音文字只是延伸视觉的技术。与其相比，一切非拼音文字却是艺术形态，它们保留着许多感知和谐的因素。唯有拼音文字，才具有分离和切割感官的力量，才具有蜕尽语意复杂性的力量。电视形象把拼音文字分析切割感知生活的过程颠倒过来了。

视觉偏重连续性、同一性和连贯性，因为它是从书面文化派生出来的。这种视觉偏好是借助切割性重复来实施连续性和线条性的伟大技术手段，视觉偏好是我们面前的拦路虎。在古代世

界中，这一手段表现在砖头上，无论它是用来砌墙还是筑路。重 442
复性和同一性的砖头是筑路砌墙、修城建国需要的材料，是借助拼音字母实现的视觉延伸。**砖墙不是马赛克形态**，马赛克形态也不是视觉结构。马赛克能被**看见**，正如舞蹈是看得见的一样。但马赛克不具有视觉的**结构**，也不是视力的延伸。马赛克并不是同一的、连续的，也不是重复性的，而是非连续的、歪斜的、非线性的，宛若富有触觉感的电视形象。对触觉而言，一切事物都是突然的、出乎意料的、新颖的、稀罕的、奇异的。G. M. 霍普金斯的诗歌《杂色美》(*Pied Beauty*) 是用触觉的调子写就的对话。诗歌是非视觉形态的宣言书。和塞尚、修拉或鲁奥的画作一样，它给我们提供了理解电视不可或缺的途径。现代艺术的非视觉马赛克结构，和现代物理学的非视觉马赛克结构及电子信息的模式一样，所能容忍的超脱疏离是微乎其微的。与之对比，由于书面文化将视觉的力量延伸到时间和空间的同一组织中，包括物理的和社会的组织中，它已经赋予人疏离和超然的力量。

通过拼音文字延伸的视觉，培植了分析的习惯，它只能感知到形态力量中的一个方面。视觉的力量使我们能把事件从时空里分离出来，具象派艺术就是这样做的。从视觉上表现人和物时，要将该人和物的一种状态、一个时刻、一个方面分离出来，从众多为人感知到的状态、时刻和侧面中分离出来。与之相比，图像艺术 (iconographic art) 像我们用手一样地用眼，以求创造一种由许多时刻、状态和侧面构成的宽泛形象。因此，图像型艺术并不是视觉具象 (visual presentation)，也不是单一视点决定的专门化的视觉偏向。触觉形态是突发的，不是专门化的。它是整体的、通感的，涉及一切感官。电视时代的儿童浸透着马赛克电视 443

形象，所以他们接触世界时带着与书面文化抵触的精神。

这就是说，电视形象是触觉的延伸，在这一点上它比画像有过之而无不及。当它接触一种书面文化时，它必然要加强其感知混合体（sense-mix），使切割性和专门化的延伸转化为严丝合缝的经验网络。对于重文字的、专门化的经验来说，这种经验转换当然是一种“灾难”。它使许多为人珍视的态度和过程模糊不清，它使基本教学技巧的效果和课程的相关性黯淡无光。纵然没有其他任何原因，弄懂这些感知的生命力，看清它们如何侵袭我们且如何相互侵袭，也是大有好处的。电视能弥补目光短浅的不足。

有十年电视经验的年轻人，自然吸收了深刻介入的冲动。这种深刻的介入，使日常文化中一切遥远的视象化目标看上去不但不真实，而且不相关，甚至苍白贫血。这种完全介入、无所不包的**此时此刻**的感知，正是电视马赛克形象给年轻人生活带来的变化。年轻人态度上的改变，与电视节目内容编排的任何方式都没有丝毫关系；即使节目完全由最丰富的文化内容组成，他们的态度变化也完全相同。通过自身与马赛克电视形象的联系，年轻人的态度变化总是要发生的。当然，我们的任务不只是弄懂这一变化，而且是要充分利用其教育潜力。电视时代的儿童期待着参与，他们不想将来干专门化的**工作**，他们热望着担任一个**角色**，热望承担深刻的社会责任。这种人情味很浓郁的需求犹如脱缰的野马，它常被人误解，它可能表现为《西区故事》（*West Side Story*）所描绘的那种歪曲了的形式。

电视时代的儿童不能向前看，因为他们想要介入，他们不能接受学习或生活中一种切割性的、纯视象化的目标或命运。

电视的谋杀

杰克·卢比 (Jack Ruby) 刺杀了处于卫士严密保护之下的李·奥斯瓦尔德[1]，因为卫士在电视摄像机的照射下麻痹迟钝了。其实，电视使人着迷和参与的力量，简直不需要这个多余的证据，就可以表明它对人的感知所施加的独特的操作过程。肯尼迪被刺立即使人感到电视使人深度参与的力量，这是问题的一个方面。另一方面，电视造成的麻木可以和悲痛一样深沉。大多数人对这一谋杀所传达的深刻含义感到震惊。更多的人对大众反应的冷静和镇定感到惊奇。上述谋杀案，如果由报纸和电台来传播(在没有电视参与的条件下)，给人提供的经验就会是完全不同的。全国的"盖子"就会被"炸开"，激动不安的情绪就会大大增加，深入参与共同感知的程度就会大大减少。 444

前已阐明，肯尼迪在电视上的形象很出色。像罗斯福学会靠广播取得成就那样，他利用电视媒介卓有成效。通过电视，肯尼迪发现，他能自然而然地使全国关注总统办公室，既作为一种运转过程，又作为一种形象。电视伸向了总统办公室所具有的总体国家属性。以其潜力而言，它可以将总统职位转化为君主的统治。单纯靠选举产生的总统制，难以承受电视形态所要求的深刻信仰和奉献。甚至电视上的教员都被学生赋予了超常而神秘的人格魅力，大大超过了课堂里的那种感觉。在对学生所做的电视教学的许多次调查中，这一令人迷惑不解的事实总是反复不断地出现。收看节目的学生觉得，老师有近乎神圣的一面。这一感觉

1 李·奥斯瓦尔德 (Lee Oswald)，刺杀肯尼迪总统的嫌疑犯，在警察的监管之下和亿万人收看的电视屏幕上被人刺杀，死无对证，肯尼迪谋杀案因此而迷雾重重。

的基础不是概念或思想，它似乎是未经邀请和说明就悄悄潜入的。它既使学生摸不着头脑，又使分析学生反应的调查人感到困
445 惑。无疑，再也没有什么触觉更使我们注意电视的性质了。与其说电视是视觉媒介，毋宁说它是一种触觉—听觉媒介，它使我们的一切感官深刻地相互影响。对于长期习惯印刷媒介和摄影媒介的、纯视觉经验的人而言，使他们摆脱通常被动和超脱态度的，似乎是一种**通感**或者深刻的、触觉的电视经验。

传统的、偏重书面文化的人有一种平庸的、仪式性的说法：电视经验的对象是消极被动的收视者。这一言论离题万里。电视首先是要求创造性参与的一种媒介。监护李·奥斯瓦尔德的卫士们没能保住他的性命，并不是因为他们消极被动。相反，他们一看见电视摄像机就深刻地卷入进去，所以他们失去了承担着纯实际的、专门任务的感觉。

也许，给电视观众留下最强烈印象的是肯尼迪的葬礼。观众感到，电视给葬礼赋予公众参与性，具有强大的感染力。除了体育节目之外，没有任何国家大事有过如此广泛的覆盖面和收视率。它显示了电视使观众参与复杂过程的无与伦比的力量。葬礼作为公众参与的过程，甚至使体育节目的形象也苍白无力，使之缩小到微乎其微的地位。简言之，肯尼迪的葬礼体现了电视使全国人民卷入一种仪式过程中的力量。与之相比，报纸、电影甚至电台，只不过是消费者的包装用品而已。

最为重要的是，肯尼迪被刺的事件给人们提供了一个机会，使人注意“冷性”电视媒介那种看似矛盾的特征。它使我们卷入感人的深情之中，可是它并不会使人兴奋、激动和感奋。也许，这
446 也是一切深刻经验的特征吧。

三十二　武器：图像之战

本章承接上一章的重点，继续强调感知在媒介演化里的重要 448
作用。麦克卢汉指出："透视法偏重线条，把感知导入发明炮火的路径。"他把战争描绘成谋求平衡的一个事例。对试图为武器位列媒介之林寻求一解释的读者，麦克卢汉说，在电力霸权的时代里，一切媒介都可以被视为武器。

——编者小引

1963年6月16日，俄国女子瓦莲京娜·捷列什科娃 (Valentina 449
Tereshkova)，在完全没有驾机飞行经验的条件下，进入了地球卫星轨道。根据报界和其他媒介的反映，这有损男宇航员的形象，尤其是美国男宇航员的形象。俄国人避开了美国宇航员的专门技术知识——所有的美国宇航员都是合格的试飞员。俄国人似乎觉得，宇航和航空没有密切的关系，因此它不需要宇航员取得飞行的"翅膀"。既然我们的文化不允许将一位妇女送入地球轨道，我们唯一巧妙的回敬只能是将一群儿童送入轨道，以此表明宇航毕竟是儿童的游戏。

第一颗卫星“斯普特尼克”，即“小同路人”，是对资本主义世界一种巧妙的嘲弄，它借助的手段是一种新的技术形象或图像。对此奚落的有力回击，可以是将一群孩子送入轨道。显然，第一位女宇航员是作为一位小小的瓦伦丁[1]式的爱献给西方的，或者说是作为让我们心跳的礼物献给西方的——这适合西方人的伤感多情。事实上，图像之战，即侵蚀冤家团体形象的斗争长期存在。墨水和照片正在取代军人和坦克。笔胜于刀、文胜于武，笔杆子的力量越来越大了。

二十五年前法国人所说的“精神战”，现在被称为“冷战”。冷战实际上是信息和形象的电力战。与老式的工业硬件的热战相比而言，“冷战”是更深刻、更使人着魔的较量。

过去的“热”战用武器把敌人一个个打倒。甚至18和19世纪的意识形态战争展开的方式，都是劝说对手逐一接受新的观点。相反，靠摄影、电影和电视作品进行的电力媒介的劝说，却是将所有的人全部浸泡在新式的形象之中。十年之间，麦迪逊大街
450 的广告业充分意识到了上述技术变迁，于是它的广告策略从促销个别产品转向促进集体参与的“团体形象”(corporate image)，现在这一策略又转向了“团体姿态”(corporate posture)。

与信息交换这种新型的冷战相似的，是詹姆斯·赖斯顿的评论，他在发自华盛顿的一篇《纽约时报》专稿中写道：

> 今天的政治已成为国际性政治。英国工党领导在美国开展竞选英国首相的活动。不久，肯尼迪也可能赴

1 瓦伦丁(St. Valentine)，公元3世纪基督教殉道者，为纪念他而产生了情人节(Valentine's Day)。苏联首位女宇航员的名字瓦莲京娜(Valentina)即由此而来。

> 意大利和德国去从事竞选连任总统的活动了。每位政治家在竞选活动中，都在别人的国家里做短暂停留，他们通常停留的国家是我们的美国。
>
> 华盛顿尚未适应这种第三者的角色。它常常忘记，此间说的每一句话都可能被一方或另一方在竞选活动中利用，而且这句话凑巧会成为最后投票结果的决定性因素。

如果说1964年的冷战靠的是信息技术，那是因为古今一切战争在任何文化中都是靠最新的可资利用的技术。约翰·多恩以感激的心情评述了重炮所带来的福音：

> 于是，受惠于理性之光，他们发现了**大炮**。由于有了大炮，战争以迄今为止最快的速度结束了。

对多恩而言，使用火药和加工炮膛的科学知识，看上去像是“理性之光”。可是他未能注意到上述技术中的另一种进展：它加速并扩大了人类残杀的规模。约翰·内夫在《战争与人类进步》中指出了这一点：

> 在17世纪，盔甲作为士兵装备的一部分慢慢被放弃 451
> 以后，这些金属军需品就被用来制造火器和飞行器了。

如果我们转而考察人的技术延伸所引起的心理和社会后果，就容易在交织的事件形成的严丝合缝的网络中，发现技术进展中的另一方面。

早在20世纪20年代，阿马努拉汗[1]似乎已经觉察到这张网。他在发射一颗鱼雷以后说道："我觉得我已经成了半个英国人。"

人类命运无情纠缠的织物给人的上述感觉，被一位学童无意之间言中了。他说：

> "爸，我恨战争。"
> "为什么，儿子？"
> "因为战争产生了历史，我恨历史课。"

过去几百年发展成形的钻枪膛的技术，使蒸汽机的开发成为可能。活塞杆和枪炮的加工，都要遭遇硬金属钻孔的困难。早些时候，透视法偏重线条，把感知导入发明炮火的路径。在枪炮发明之前很久，火药已被用于爆破，用来造炸药。但是，透视法来临以后，火药才被用来推进飞弹的轨道运动。技术和艺术靠事件联系起来的现象，大概可以用来阐释一个长期使人类学家困扰的问题。他们曾经反复试图解释这一事实：一般地说，无文字的民族在使用来复枪时是差劲的射手。其原因是，他们使用弓箭时，潜近猎物比远距离的精确瞄准更为重要，何况弓箭几乎不可能远距离射准猎物。据有些人类学家说，因为不容易瞄准，猎人才模仿猎物，披着兽皮去逼近猎物。同时他们又指出，弓弦不会发出声音，箭未射中时，动物很少被惊跑。

452 如果说箭是手和臂的延伸，来复枪就是眼睛和牙齿的延伸。

1 阿马努拉汗（Amanullah Khan，1892—1960），阿富汗统治者（1919—1929年在位），1919年脱离英国，赢得独立，推进改革。1929年被迫退位。

有文化的美洲殖民者首先坚持使用有来复线的枪膛，坚持改进枪的瞄准器。指出这一点大概是中肯切题的。他们改进老式的滑膛枪，造出了肯塔基产的来复枪。文化水平很高的波士顿人的射击本领超过了英国正规军。枪法好不是土著人或丛林人的天赋，而是有文化的殖民者的能力。把炮火的发明与透视法的兴起联系起来，把它与视觉能力靠读书识字得到的延伸结合起来，我们这个论点大致如此。在海军陆战队中，人们发现教育程度与枪法水平有确定无疑的相关性。我们能轻松自如地在空间里挑选出分离而孤立的一个点，把来复枪作为眼睛的延伸。这样的能力不属于无文字的民族。

如果说枪炮被人使用之前很久，火药已广为人知，天然磁铁的情况也是如此。可是只有等到艺术中的线性透视被发现以后，天然磁铁才被用于线性导航的罗盘。航海家花了很长时间才接受了空间的同一性、连接性和连续性。今天的物理学，正如绘画和雕塑一样，只有放弃空间同一、连续或连接的思想，才能取得进步。可视性已经失去其首要地位。

第二次世界大战中，狙击手被自动武器代替。盲目扫射的自动武器被称为“环形火力”或“隔火墙”。老兵竭力保留用手扣枪机的斯普林菲尔德步枪，因为它能提高射手单发命中的精度和瞄准的精度。用铅弹扫射是一种触觉型的拥抱，我们发现这样的扫射无论昼夜都比较有效，因为扫射是无须瞄准的。在这一技术发展阶段，有文化的人或多或少是站在老兵的立场，去支持斯普林菲尔德步枪，以反对环形火力的自动武器。正是上述这种视觉习惯，阻止和妨碍了重书面文化的人去学好现代物理学。在《哲学对现代物理学的影响》(*The Philosophical Impact of Modern Physics*) 里，

453 米利奇·恰佩克[1]对这一点做了阐释。在中欧古老而偏重口头文化的社会中，人们更善于构想亚原子世界的速度和关系。

面对瞬息万里的信息和全球信息所产生的新的意见和情感结构，我们高度偏重书面文化的社会感到不知所措。这些社会仍然被牢牢地钳制在“观点”中，禁锢在一次只做一件事的习惯中。在信息运动的任何电力结构中，上述习惯均会捆住人的手脚。但如果我们知道这样的习惯如何养成，它们是可以控制的。不过，偏重书面文化的社会常常认为，它自己的人为视觉偏见是自然而然、天生固有的。

即使现在，读写能力依然是工业机械化一切计划的基础和模式。但与此同时，它又把人的头脑和感官紧锁在机械而割裂的母体之中，因为这一母体对维持机械化社会是非常必要的。机械技术向电力技术的过渡之所以给我们大家造成很大的创伤和困难，其原因就在这里。机械技术的力量虽然有限，可是它长期被我们用作武器。电力技术却不能用于攻击，除非我们大家想同归于尽，像灭掉孤灯那样地毁于一旦。同时在这两种技术里生存，是20世纪一出独特的戏剧。

在《教育自动化》(*Education Automation*) 中，巴克敏斯特·富勒提出这样一个观点：武器是人类技术进步的一个源泉，因为武器需要继续不断地改进，而其资财消耗又必须日益减少。“从海船发展到飞机时，每一磅装备和燃料的性能都更加重要了。”

用越来越少的装备获得越来越大的力量，这一趋势正是电力信息时代的特征。富勒估计，在飞机问世以后的第一个五十年

1 米利奇·恰佩克 (Milic Capek, 1909—1997)，捷克裔美国哲学家，主要研究哲学和现代物理的关系。

里，世界各国已经投资2.5万亿美元[1]补贴军用飞机的生产。他接 454
着说明，这笔投资的价值相当于世界黄金储备总量的62倍。他研究上述问题的方式是从技术角度着眼的，而不是从历史学家的角度着眼的。历史学家常常发现，战争不会产生什么新的东西。

"此人将要教会我们如何打败他。"据说，彼得大帝在其军队被瑞典国王查理十二击败以后曾经如是说。今天，落后国家能够学会如何战胜我们。在新兴的电力信息时代，落后国家享有一些胜过高度文字化和工业化国家的独特优势。因为，落后国家有口头宣传和劝说的习惯，它们懂得这种东西；可是，在工业社会中，口头宣传和劝说的习惯早已消失殆尽。俄国人只需要将其东方图像传统和塑造形象的传统略加修改，使之适应新兴的信息时代，就可以在现代信息社会中取得咄咄逼人的效果。麦迪逊大街的广告业吃过不少的苦头以后才学会形象化的思想，这种思想是唯一可供俄国人宣传使用的思想。俄国人的宣传没有表现出想象力和智谋。他们只做了宗教和文化传统教会他们所做的东西，即塑造形象。

从传统的观点来看，城市本身是一种军事武器、集体盾牌或集体装甲，是我们肌肤城堡的延伸。在拥入城市之前，人类经历过采集食物的狩猎阶段；在当今的电力时代里也是这样，人已经从身体上和社会上回归"游猎状态"。不过，现在的采集生活叫作信息采集和资料加工罢了。然而，这种采集生活是全球范围的，它忽视并取代城市的形态，因此城市已经倾向于陈旧萎缩。由于瞬息万里的电力技术，地球再也不可能超过一个小小村落的

1 疑有误，参见第四章结尾处所提供的数字3.5万亿美元。

规模。城市大规模形态的性质，必然要像淡化出的电影镜头一样逐渐消融。文艺复兴时期首次环绕地球的航海，给人一种拥抱和
455 占有地球的感觉。最近宇航员环绕地球的飞行也是一样，它改变了人对地球的感觉，使之缩小到黄昏漫步时弹丸之地的规模。

城市和海船一样，是我们大家肌肤城堡的集体延伸，正如衣服是我们个人肌肤的延伸一样。但是，武器本身是手、指甲和牙齿的延伸，是作为加速物质加工的工具产生的。今天，由于生活在机械技术突然转向电力技术的时代，我们比较容易看清过去一切技术的性质，能与过去的时代拉开一段超脱的距离。既然我们的新兴电力技术并不是肢体的延伸，而是中枢神经系统的延伸，所以我们把一切技术——包括语言——看成是加工经验的手段，看成是储存和加快信息运动的手段。在此情况下，一切技术都可以被视为武器，这一点是说得通的。过去的战争，可以被视为最新的技术的加工过程，这是对难以加工的、耐久的材料的加工，是把工业产品迅速倾销到敌方市场，使之达到社会饱和的状态。事实上，战争可以被视为不均等技术之间取得平衡的过程。这一事实能阐明使汤因比困惑的观察：每发明一种新武器都是一场社会灾难，黩武主义本身是文明断裂的最常见原因。

借助黩武主义，罗马把文明即个体本位主义、书面文化和线性结构扩展到许多口头文化的落后部落中。就在今天，偏重文字和工业的西方存在的事实，似乎已经十分自然地对无文字社会构成了可怕的侵犯，正如原子弹的存在已经对工业化和机械化的社会构成普遍的侵犯一样。

一方面，一件新武器或一种新兴技术对缺少它的一切人都构成威胁。另一方面，人人都掌握了同样的技术辅助手段以后，又

开始出现同质化模式和平均主义模式的竞争狂热。与此狂热抗 456
衡的策略，过去用的是社会阶级和种姓。种姓和阶级是使社会发展迟缓的手段，往往造成部落社会那种停滞状态。今天，我们似乎是在两个时代之间踟躇——它们是非部落化的时代和重新部落化的时代。

> 在计划一件危险的行动和行动开始之间的一段时间里，一个人就好像置身于一场可怕的噩梦之中，经历种种的幻想；他的身心各部分正在彼此磋商；整个的身心像一个小小的国家，面临叛变突发的前夕。
>
> （《尤利乌斯·恺撒》第二幕第一场）

如果说机械技术作为人体的延伸发挥了分割人体和社会的力量，那么这一事实在机械武器中表现得最生动不过了。但电力技术使中枢神经系统延伸以后，就连武器都更加生动地说明了这一事实：人类是一个统一的家庭。作为一种武器，信息无所不包的性质本身每日每时都在提醒我们：政治和历史都必须按照"使五湖四海皆兄弟具体化"的形式来改造。

上述武器的两难处境，对莱斯利·德瓦特[1]好像是一目了然的。他在《基督教与革命》(*Christianity and Revolution*) 中指明，分割性的力量平衡策略已经过时。作为一种政策工具，现代战争意味着"一个社会的存亡是对另一个社会的排斥"。此刻，武器
成了一种自偿性的事实。 457

1　莱斯利·德瓦特 (Leslie Dewart, 1922—2009)，加拿大哲学家，多伦多大学哲学学院与宗教研究中心荣休教授。

三十三　自动化：学会生存

458 自动化被描摹为**电力的逻辑**，该逻辑决定了许多二分术语被废弃的命运，文化与技术这个二分对子也将被废弃。本章重温并整合以前各章的关键论题：光（既是能量又是信息）、电（储存并输送感知和信息）、逆转原理（理解媒介的线索）。一些重要的修饰语继续涌现（**大众媒介**的**规模**不是指传播帝国的规模，而是指大众的参与；**反馈**“意味着要采用一个信息圆环或回路，而过去的机器里只有单向的信息流动或机械的序列”）。麦克卢汉断言：“我们在熟悉中发现了陌生，并因此而受到震撼，这样的震撼对我们理解媒介形式的生命必不可少。”他借此邀请我们享受爱尔兰传说中的农夫生活：在田间小憩午睡，任由野草生长，不知自己身处何方。农夫的困境与幻觉相对。但幻觉使人能辨认似曾相识的感觉，却不给人认知的力量。麦克卢汉敦促我们挑选当下的感觉，而不是昔日的幻觉，因为新的互动使形式的生命不断更新，意义就是网络的形成过程。

——编者小引

459 最近报上有篇文章打出了这样的标题：“便捷坦途现已修通，

小小学校不幸夭亡”。交通一经改善，专用教室和专门课程的出现就成为可能，只有一间万能教室的校舍寿终正寝——在这种一间屋子的学校里，各年级的各门课程都得同时传授。然而，信息加速走向极端以后，教室和课程的专门化现象又一次消失了。由于自动化，随之消失的不仅是职能的分工和复杂的角色；而且，由于电力技术使人在瞬息之间提取信息成为可能，千百年来专注教育学和资料排列的倾向随之结束。自动化是信息。它不仅结束了劳动里的职业分工，而且结束了学习里的专业分化。当然，它并未使学问结束。工作的前途在于如何在自动化时代学会生存。这是电力技术普遍为人熟悉的模式。电力技术结束了陈旧的二分观念，即文化与技术、艺术与商务、工作与闲暇的二分观念。在肢解分割的机械时代，闲暇是不干工作、无所事事。电力时代的情况与此相反。因为在信息时代里我们要同时使用一切官能。所以我们发现：非常强烈地调动官能的时候，正是感到最悠闲的时候，我们的感觉酷似过去一切时代的艺术家的感觉。

用工业时代的话来说，我们可以指出，过去的机械时代和新兴的电力时代的差别，显露在不同种类的储存之中。自电力问世以后，储存的东西与其说是商品，毋宁说是连续不断处于转换过程中的材料，而这些材料相隔在不同的地方。这是因为，电力技术不仅突出了**过程**——无论是制造过程还是学习过程，而且它还使能源从加工地点独立出来。在娱乐媒介里，我们将电力媒介称为“大众媒介”，因为节目的源头和人们体验节目的过程在空间 460
上是彼此独立的，在时间上又是同步的。在产业界，这一基本事实引起了科学革命，即所谓“自动化”或“自动控制”。

在教育中，课程分科的传统划分法，与文艺复兴以后各级学校中的学科分化一样，已经过时了。任何课程一旦深入以后，立即就与别的课程发生关联。三年级或九年级的算术，一旦用数论、符号逻辑和文化史的方式来讲授，就不再是单纯的数学练习。如果我们的课程设置继续沿袭目前肢解分割、互不相关的模式，它们培养出来的公民必然无法理解自己生活其间的自动控制社会。

大多数科学家完全明白，既然我们获得了电的知识，我们再也不能说原子是一块一块的物质。而且，因为我们对“放电”和电能有了更深刻的认识，把电说成是在电线中“流动”着的东西或电池中“包容”的东西的倾向也日益减少了。相反，现在的倾向是像画家谈空间那样议论电。换言之，电能是一种可变的条件，它涉及两件以上物体的独特位置。再没有人趋向于说电能是“包容”在什么东西里的了。画家们早就知道，物体并不是包容在空间里的。相反，物体会产生自己的空间。一百年前，正是数学界对上述观念初露端倪的意识，使牛津大学的数学家刘易斯·卡罗尔构想了《爱丽丝漫游奇境》，该书的时间和空间既不同一，也不连续。至于说到光的速度，那就纯粹是因果关系的速度了。

电子时代一个主要的侧面是，它确立的全球网络颇具中枢神经系统的性质。我们的中枢神经系统不仅是一种电子网络，它还
461 构成了一个统一的经验场。正如生物学家所言，大脑是各种印象和经验相互作用的地方，印象和经验在此相互交换、相互转换，使我们能**作为整体对世界做出反应**。自然，当电力技术开始发挥作用以后，工业和社会中极其繁多、极其广阔的活动迅速地取得了统一的姿态。然而，这一有机统一的相互作用过程——它是电磁现象在种类繁多的专门化的行动领域和器官中激发出来的——

与机械化社会中的组织截然相反。任何过程的机械化都是靠切割实现的，从活字印刷实现文字的机械化开始就是如此，活字印刷被称为“制造品的单体断裂物”(monofracture of manufacture)。

电报和印刷术杂交，产生了现代报纸的新奇形式。电讯报的任何一个版面，都是相互作用中的“人情味”碎片的超现实主义马赛克形态。这就是卓别林艺术和早期无声片的形态。而且，机械化的极端加速和呆照在电影胶片上构成的装配线，在此还导致了奇异的逆转。电影的机械装置，在电光的辅助之下，产生了有机形式和运动的幻觉，就像五百年前一个固定的位置在平面上产生透视的幻觉一样。

电力原理与工业组织的力学线路杂交以后，上述情况的出现不再那么肤浅。自动化中对机械性质的保留程度，相当于在汽车中保留马车的程度。但是，人们议论自动化时还在忧心忡忡，仿佛我们尚未克服马料不足的障碍，仿佛下一次挑选驭马时，自动化的王朝还会被荡平一样。

自动化不是切割并分离操作过程的机械原理的延伸，而是电力技术瞬息万里的性质对机械世界的入侵。献身自动化研究的人坚持认为，自动化是一种思维方式，尽管它同时又是一种做功 462
的方式，其道理就在这里。许多操作过程瞬息之间实现同步化，这就结束了将操作过程排成线性序列的老式机械模式。装配线也重蹈覆辙，和经纪人路线一样消失了。而且，电力技术的加速发展和信息的准确同步即自动化的发展，抹去的不仅是机械分析中线性和序列的方面。

自动化或自动控制处理工业生产流程和市场流通机制过程中一切单位和成分的方式，与电台或电视把受众中的个体结合起来组成一个相互作用的过程是一样的。产业和娱乐中新型的相互关系，是电力技术瞬息万里速度产生的结果。我们的新式电力技术使知识的瞬间加工过程得以延伸。这种借助相互作用对知识在瞬息之间完成加工的机制，早已发生在我们的中枢系统中。正是上述速度造成了"有机统一体"并结束了从谷登堡技术开始的机械时代。自动化产生了真正的"大量生产"——不是指大规模的批量生产，而是说瞬息之间涵盖宽广的生产。这也是"大众媒介"的特性。大众媒介所显示的并不是受众的规模，而是人人同时参与的事实。自动化条件下的商品产业和娱乐业的结构特征有共同之处，二者都接近于瞬息万里的信息条件。自动化不只影响生产，它还影响消费和市场机制的每一个阶段。因为在自动化电路中，消费者又成了生产者，酷似马赛克形态电讯的读者，在读报的过程中，读者自己就在生产新闻，或者说读者自己就是他生产的新闻。

自动化有一个基本成分，就像可触摸的感觉是电视的基本属性一样。这个成分是：在任何自动机里，或者在一组自动机及其功能组合中，动力的生成和传输与使用动力的工作过程，是完全
463 分离的。在一切具有反馈功能的伺服机制中，情况亦是如此。能量的源头和信息转换的流程或知识的运用是相互分离的。上述分离在电报之中一目了然。在电报中，能量和电报的传输渠道与代码的形式毫不相关——无论这一代码是法语还是德语。上述动力和过程的分离，在自动化产业即"自动控制"中也是行得通的。电能可以无差别地迅速完成许多种类的任务。

机械系统从未有过上述的情况。那时的动力和机器所做的功总是直接相连的，无论机械系统是由手与锤、水与轮、马与车组

成的还是由蒸汽与活塞组成的。电力在这个问题上产生了奇异的、酷似光线的弹性。光线照亮一个整体场，可是它并不决定光所发挥的功能是什么。同一种光线可以使许多任务成为可能，正像电力可以完成许多不同的任务一样。光线是一种非专门化的能量或动力，其特性与信息和知识的特性完全相同。电力和自动化的关系也具有完全相同的特性，因为能量和信息一样，都可以用于许多不同的方面。

只有把握这一事实，才能理解电子时代，尤其是自动化时代。现在，能量和动力往往与信息和学习相互融合。市场机制和消费往往与学习、启蒙信息的吸收结合在一起。上述一切都是电力**内爆**作用的一部分；经过千百年的**爆炸**和不断加强的专门化以后，电力内爆正在继之而起。电子时代实在是开启心智的时代。正如光线既是能量又是信息一样，电力自动化将生产、消费和学习整合为一体，使之成为一个密不可分的过程。由于这个原因，教师已经成为美国经济中最大的一群雇员，而且很可能将成为美国经济中**唯**一的一群雇员。

正是上述自动化过程，使劳动力从产业界退出来。自动化使 464
学习本身成为一种主要的生产和消费。可见惊呼失业是愚蠢的。带薪学习正成为一种主导的就业方式，正在成为我们社会新财富的源泉。这是人的新社会**角色**；相反，机械时代老式的“职业”观念，即“工人”的分割任务和专门岗位的陈旧观念，在自动化条件下就丧失意义了。

工程师们常说，随着信息水平的上升，几乎任何材料都可以被改造并用于任何目的。这条原理是理解电力自动化的关键所在。至于说电力，因为用于生产的电能独立于生产操作过程，所以不仅电的速度有利于整体的、有机的相互作用，而且由于电力是十足的信息，所以，实际上它接触的任何领域都给人以启示。凡是接近于整体场瞬间联系的过程，往往都上升到有意识的水平，所以计算机似乎能“思考”问题。显而易见，计算机可以被用来模拟意识过程，正如全球电子网络已经开始模拟我们中枢神经系统的情况一样。然而，即使有意识的计算机，仍将是我们意识的延伸，正如望远镜是眼睛的延伸，口技演员操纵的傀儡是口技演员的延伸一样。

自动化必然以伺服机械和电脑为前提。换言之，作为储存和加快信息流动的电力，必然是自动化的先决条件。这些作为储存器（即记忆器）和加速器的特征，是一切传播媒介的特征。以电力来说，它储存和运输的并不是物质实体，而是感知和信息。至于技术的加速发展，则已经接近于光的速度。而一切非电力媒介却
465 只能略为加速事物的发展。轮子、道路、轮船、飞机甚至火箭，都全然缺乏瞬息万里运动的性质。那么，电力能赋予过去一切人的组织一种崭新的性质，这是否奇怪呢？人的操劳本身现已成为开启心智的工作。正如未堕落的亚当在伊甸园里，被授以冥思默想和给动物命名的任务一样，自动化也担起了给产品命名的任务。现在我们只须给一种流程或产品命名和编辑程序，就可以完成这样的流程或产品。难道这不是颇像阿尔·卡普在漫画中创作的“施姆”吗？你只需眼里看着“施姆”心里想着要吃猪排或鱼子酱，“施姆”就会欣喜若狂地将自己变成你渴望吃到的东西。自动化把我们引入“施姆”的世界。定制的东西取代了批量生产的制品。

让我们像中国人所说的那样“就近观火”，看看我们说的话

有何意思。与自动化相联系的电力变化，与意识形态或社会规划毫无关系。倘若有关系，电力变化就可以被人为地拖延或控制起来。相反，我们的中枢神经系统的技术延伸即电力媒介，早在一百多年前即已面世，只不过它们处于潜意识状态。它们的效果一向是潜意识的，并将继续保持潜意识的状态。在人类文化的一切阶段中，人们从来都不知道发明和技术的心理机制是什么。今天，电传信息瞬息万里的速度，破天荒第一次容许我们看清变迁和发展的模式和轮廓。大千世界展现在我们的眼前，古今如此，犹如一部高速电影中猛长的植物。电的速度等于光速，这有助于我们对因果关系的理解。所以，电力被用于机械化的环境时，人们轻而易举地就发现了因果关系和模式；在机械变革较为缓慢的情况下，这样的关系和模式是全然观察不到的。倘若我们倒着播 466
放文字、印刷术及其对社会经验和社会组织的影响那个漫长的历史过程，就容易看到，这些形式是如何产生高度的社会同一性和同质性的；社会同一性和同质性对机械产业而言，又是不可或缺的。倒着播放时，我们在熟悉中发现了陌生，并因此而受到震撼，这样的震撼对我们理解媒介形式的生命必不可少。机械化靠的是将过程切割成同质的、互不联结的小块。电气化却把这些割裂的小块重新结合起来，因为电力操作速度要求任何一个操作过程的各个阶段处于高度相互依存的状态。上述电力加速运转和相互依存的情况，结束了工业中的装配线生产。

上述有机的、相互联系的需求是由电力的同步速度造成的，它要求我们把产业与产业、国家与国家的关系同样有机地联系起来。这种相互联系首先是在个体的自动化单位里实现的。电的速度要求实现全球经济的有机结构，酷似印刷术和道路所完成的初期机械化使人们接受民族团结一样。让我们不要忘记，民族主义是一项伟大的发明、一场伟大的革命，所以它在文艺复兴时期消除了许多分裂的地区差别和地区忠诚。这场革命的完成，几乎完全靠的是同一性的活字印刷所实现的信息加速。民族主义横贯大多数传统的权力和文化集团，这些集团是在各自的地区慢慢发展起来的。文艺复兴以前，多元民族主义长期使欧洲不能实现经济的统一。共同市场是第二次世界大战后才出现的。战争是加速的社会变革，正如爆炸是加速的反应和物质运动一样。由于电力媒介速度支配着工业生产和社会生活，快速发展意义上的爆炸成为正常的现象。另一方面，老式的“战争”就像是用推土机玩“跳房子”游戏一样，成为不切实际的笨拙之举了。有机的相互依
467 存意味着，有机体的任何一部分瓦解，都可能是有机体整体的致命伤。每一门产业都不得不“重新通盘考虑”(rethink through 这一蹩脚的短语揭示了这一变化过程中的阵痛)，逐项逐点地重新考虑自己的职能，考虑自己在经济中的地位。但是，自动化不仅迫使产业和市镇规划者与社会现实相联系，而且迫使政府和教育界与社会现实相联系。

军界各部门很快与自动化协调起来。军事组织尾大不掉的机械形式一去不复返了。小型专家组替代了昔日公民组成的庞大军队，其速度之快超过了他们改组工业的速度。这些接受过同一化训练的同质化公民，这些经过长期准备并且对机械化社会必不可少的公民，正在成为自动化社会的负担和问题，因为自动化和电气化要求人们在一切领域和一切时候都抱深刻介入的态度。因此，第二次世界大战以后，美国突然出现了拒斥标准化商品、风景、生活和教育的现象。这一转变一般地说是电力技术强加于人

的，尤其是电视形象强加于人的。

人们首先感到和看见，大规模的自动化发生在天然气、煤炭、石油等化学工业和金属矿业之中。电能使这些生产过程的巨大变化成为可能；通过计算机，这些变化开始侵入一切白领工作和管理的领域。结果，许多人业已开始把整个社会作为一架统一的创造财富的机器。这正是股票经纪人一贯所持的平平常常的观点，他们在报纸、电台、电话和电传等电力媒介的参与下操纵股票和信息。然而，独到而抽象地操纵信息以创造财富的手段并不是股票经纪人的专利，它已成为一切工程师和整个传播界共用的手段。由于电力成了增能器和同步器，生产、消费和组织的一切方面对通讯而言，均已成为偶然伴生的现象。通讯作为相互作用的思想本身，是电力媒介固有的属性，它在五花八门的形态中把能 468
量和信息结合起来。

凡是着手考察自动化模式的人都发现，靠自动化使单部机器完美，总是要涉及“反馈”，意味着要采用一个信息圆环或回路，而过去的机器里只有单向的信息流动或机械的序列。反馈意味着线性结构的末日，线性结构是随着拼音字母表和欧几里得空间的连续形式进入西方世界的。机械装置与环境之间的反馈或对话，使单台的机器进一步编织起来，进入整个工厂之中，形成由这样的机器组成的灿烂的群星。接踵而起的是单个的工厂进一步编织起来，形成整个工业的材料基体和文化的服务设施。自然，上述过程的最后一个阶段遇到了整体决策问题，因为把整个工业复合体作为一个有机体来处理的方式影响着就业、安全、教育和政治，它要求事先充分了解即将来临的结构变化。轻率的假设和潜意识的因素，在这样的电子和瞬间信息的组织里没有容身之地。

艺术家一百年前开始从尾到头倒着构想艺术品，即**从结果着手**；同理，今天的工业生产和规划工作也需要倒着构想问题。大体上说，电力加速需要人们对终极结果有完全的了解。但是，尽管机械加速在急剧地改造着个人和社会的生活，然而它们还是可以按序列发生。就绝大多数人而言，过去他们可以靠单一的技能安度一生。电力加速机制出现以后，情况已决然不同。高级行政人员到了中年时需要获取新的基础知识和基本技能，这是电力技术最普通的要求之一，也是最令人苦恼的事实之一。高级行政人员即“大人物”——这是他们业已过时的具有讽刺意味的
469 称呼——现在应归入人类有史以来受压力最大、烦恼最多的人之列。电力技术不仅要求日益深化的知识和日益快速的相互作用，而且有力地促进了生产计划的和谐，就像大型交响乐团必须要很和谐一样。高级行政人员和交响乐作曲家一样，难得有感到心满意足的时候，因为乐团里的乐师在演奏时听不见传到听众耳里的交响乐，他们听见的是一片噪音。

工业中电力加速的后果，一般是养成人们对整体中各部分的相互联系和相互作用的高度敏感，所以工业生产需要日新月异的类型、组织和才能。从机器时代老式的视角来看问题，工厂和生产流程的电力网络似乎既易脆裂又很坚实。事实上，电力网络不是机械的网络。它的确开始生成了人类有机体的敏锐性和柔韧性。不过，它仍然需要动物有机体需要的多种营养和哺育。

由于有机体形式那种瞬息完成、重复出现的相互作用过程，自动化工业又获得了对多种用途的适应力。一台自动生产电灯泡的机器，能代表过去需要几台机器完成的若干流程的组合。只

需一人看管，这台自动机就可以像一棵树那样继续不断地吸收营养并开花结果。与树木不同的是，自动机有一套内在固有的装置。只需略加改变，它就可以生产出一系列范围很广的产品，从无线电真空管和玻璃杯到圣诞树上的彩灯。一座自动化的工厂在投入产出两方面几乎就像是一棵树，可是这棵树是可以按照需要从橡树变成枫树再变成胡桃树的。它是自动化或电力逻辑的一部分。这种逻辑是：专门化不再局限于一种专业。自动化可能以一种独特的方式工作，但是它不会局限于一条路子。正如我们 470
的手和手指头能干许多事一样，自动机也包含一种适应力，这种适应力在前电力的、机械的技术阶段是非常稀罕的。**任何**东西由简到繁变化发展时，其专门化程度都随之减少。与恐龙相比，人的复杂程度高，专门化程度低。过去的机械操作过程向大型化和专业化方向发展，它们靠这样的设计来提高效率。然而，电动和自动的机器却截然相反。一台制造汽车排气管的自动机，约有两三张写字台那样大，而它的电脑控制台却只有讲稿架那么大。这种自动机没有内装的拉丝模、夹具，没有任何的底座，而只有一些通用的钳子、折弯器、进相机之类的东西。在这台自动机上，可以用一般的管子连续生产出八十个不同品种的排气管。其速度之快、操作之简易、成本之低廉，和生产同一型号的八十个排气管竟完全一样。电气自动化的特点，全部表现在回归到通用手工艺那样灵活的方向上了，通用手工艺的灵活性是人手所具有的特征。电脑程序设计现在可以包括无穷无尽的程序变化。自动化的、电脑程序控制的“机器”的电信反馈即对话模式，将自动机与老式的单向运动的机械原理区别开来。

这一台电脑提供的模式，具有一切自动化所共有的特征。从吸入材料到产出成品，其操作程序趋于各自独立而又相互依存地自动完成。操作程序的同步和谐由量具和仪表控制，量具和仪表可以由控制台调控，控制台本身就是电子设备。纳入的材料在形状、大小和化学性质上都相当一致，产出的材料亦是如此。但是，这种条件下的加工过程，容许自动机以最大的生产能力按任何需要的时间进行。自动机与老式的机器截然不同，两者的差异好比是双簧管在乐队中的音调和它连接到电子琴上时演奏的音调的差别。用电子琴演奏时，任何音调的任何强度都可以表现出来，
471 都可以任意延长。与电子琴比较，请注意，老式的交响乐队好比是由各自分离的乐器组成的一台机器，**只不过它产生的效果是有机统一的**。用电子琴演奏时，乐师一开始就从有机统一体出发，这种有机统一是完美同步的直接现实。这就使刻意创造有机统一的企图毫无意义了，电子音乐必须追求其他的目标。

这也是工业自动化的铁的逻辑。过去耗费心血、通力合作用机械手段完成的东西，现今可以轻轻松松地用电子媒介完成了。于是，电力时代就困扰着失业和失去财产的幽灵。财富和工作成为信息因素；经营企业，使之与社会需求和市场挂钩，都需要崭新的结构。电力技术问世以后，支配工业生产的瞬间形成的、新型的相互依赖和相互作用，同时又进入了市场和社会组织。因此，应付奴隶式劳动和机械生产所设计的市场和教育再也不适用了。我们的教育很早就沾染了机械主义的支离破碎性。它现在受到的压力日益增加，它需要深刻性和相互关联性；在电力组织的同步世界中，深刻性和相互关联性是必不可少的。

自动化使文理综合教育成为必需，这一点乍看似矛盾其实不然。伺服机械的电力时代，把人从刚过去的机械时代中那种机械

的、专干一门的奴性中解放出来。机器和汽车解放了马，把它弹射到娱乐业的高度，自动化对人的解放亦是如此。我们猝然得到的解放形成威胁，它要求我们挖掘自己找事做的内在才智，要求我们发挥自己参与社会生活的想象力。这似乎命里注定，它要求人在社会中扮演艺术家的角色。其后果是，多数人意识到自己在 472
很大程度上已经养成了依赖工业时代分解切割和重复程序的习惯。几千年前，游徙不定的采集食物的人，接受了定居的、相当静止不动的工作任务。他开始走专门化的道路。文字和印刷术的发明，是这个专门化过程的两个主要阶段。在分离知识和行动的作用中，文字和印刷术是极为专门化的媒介。不过，有时似乎有这样的趋势："笔胜于剑"。然而，借助电力和自动化，分割过程的技术突然与人际对话融为一体了。人们突然成为游徙不定的知识采集者，这一游徙性前所未有，人的博学多识也亘古未有，从割裂的专门化程序中解放出来的自由亦前所未有。另一方面，人们卷入整个社会过程的深度也是前所未有的，因为电力媒介使我们的中枢神经系统在全球范围内延伸，使我们顷刻之间与人类的一切经验互相关联。我们在股市消息和报纸头版的轰动新闻中，早已习惯了这样的情景。所以如果有人指出，我们可以在电脑上"飞行"尚未造出的飞机，我们就会比较容易把握住这一方面的情况。飞机离开设计台前，就可以给它的规格编制程序，就可以在各种极端的条件下试验其性能。新产品的开发和新组织的试验，也可以用计算机预先设计。借助计算机，我们现在对付复杂的社会需求时，可以像过去修建私宅时那样胸有成竹。工业作为一个整体变成了结算的单位；同样，社会、政治和教育作为整体也成了结算的单位。

快速而准确地储存和传输信息的电力媒介，使规模最大的单位和小单位一样容易驾驭。因此，社会必然要发生的变迁，通过一座工厂或整个产业的自动化，就可以提供模型，因为变迁的原因还是那些电力技术。整体上的相互依存是首要的事实。然而，
473 在电磁现象相互作用的整体场中，设计、重点和目标的选择范围，大大超过了机械化条件下的选择范围。

因为电能不依靠工作场所或操作的类型，所以它在所需完成的工作中造成了非集中化和多样化的格局。这一逻辑在火光和电光的差别中是足够明显的。围着火塘烛光取暖采光的人，在独立的思考或独立的任务中就做得比较差；他们的能力比不上享受电光的人。同样，自动化中潜在的社会和教育格局，是自主经营和艺术独立的格局。恐惧自动化，将其视为使世界千篇一律的威胁，这是把机械标准化和专门化向未来投射的结果。然而，机械的标准化和专门化如今已成为历史。

附录一

理解新媒介研究项目报告书

编者前言

特伦斯·戈登

1958年，克劳德·比斯尔 (Claude Bissel) 出任多伦多大学校 477
长不久就意识到，在校园一隅默默耕耘的一位英语教授正在因自己的媒介研究而赢得盛誉。比斯尔在底特律市的韦恩州立大学讲演完毕回答听众问题时，有人问他是否能归纳麦克卢汉的思想。他当时是如何迎接这一挑战的，因为没有记录而不可考。不过，几年后麦克卢汉本人回答同样的问题时强调说，他既无理论，亦无观点，只有感知和探索。

比斯尔在底特律回答问题时，麦克卢汉正在多伦多准备休学术假。他正在考虑各种研究项目时，好消息来了，他的选择随即确定下来。美国的全美广播电视教育工作者协会 (NAEB) 同意他的媒介研究计划书。一位评审人宣告，麦克卢汉是视野开阔的天才，具有诗人的气质。于是，NAEB69号研究项目随之启动。麦克卢汉将其命名为“大缸69” (Vat 69)，他将尽量捕捉各种思想，把许多理念塞进这口缸子里，希望最终能写成一本书。稍后，《理解媒介》的
编辑们处理麦克卢汉的手稿时，虽然热心，却感到沮丧；他们天真 478
地相信，麦克卢汉和他们一样有意更加有序地修订他论述的课题。

NAEB委托麦克卢汉为中学生编写教材，讲授媒介的性质和效应。它和美国教育署资助这个项目。麦克卢汉有两个研究重

点，一是对教育工作者的访谈，二是在多伦多市的赖尔森技术学院的帮助下设计媒介测试方案（见以下文本）。计划书一获准，他就开始工作，到费城去与哈里·斯科尼亚（Harry, J. Skornia）教授和作家吉尔伯特·塞尔迪斯[1]商谈。斯科尼亚在伊利诺伊大学执教广播电视课程，兼任全美广播电视教育工作者协会会长。

显然，麦克卢汉倾情投入这个研究项目，原计划是在1960年6月学术休假年结束时结项，但到1959年底，他已经提前完成新媒介教学大纲。关于教学目标，他的优先重点是考察媒介的互动、印刷品的性质以及新的电子技术。他指出，提高对媒介形式的认识本身不是目的，目的是提供一种手段，借以预期和控制强大的新媒介环境。这一目标将成为《理解媒介》一书的关键理念。

就像即将成形的《理解媒介》一样，麦克卢汉的样板大纲样本虽然也聚焦具体的媒介，但其瞄准的目标是总览和整合。一位初稿评审人指出，报告书所谓的“媒介”不在一般教师的词汇之内，需要介绍和解释。麦克卢汉认为，童年时代学习的印刷媒介是潜在的障碍，除了音乐之外，印刷媒介可能会妨碍其他课程的学习。针对这一论断，这位评审人告诫项目主持人需谨慎，认为任课教师的反弹几乎是必然
479 的；他敦请主持人在这一点上降低调门。然而，这是麦克卢汉着手研究媒介效应的出发点，他不会在这一洞见上降低调门。

麦克卢汉在1959—1960学术休假年里的通信显示，他满脑子都是这个研究项目产生的理念。许多通信人是他的访谈对象，包括他的老朋友伯纳德·马勒—蒂姆（Bernard Muller-Thym）；

1 吉尔伯特·塞尔迪斯（Gilbert Seldes，1893—1970），美国小说家、剧作家、文化批评家，著有《千百万人的电影》、《公共艺术》、《新大众媒介》、《你的金钱与生活》、《抵制革命》、《这就是美国》等。

马勒—蒂姆总是分享他新的想法。这些新的观点之一是：高清晰度/低清晰度的反差，是媒介的基本界定性特征（见第二章）。麦克卢汉向马勒—蒂姆说明这一理念时所用的例子是：道路从乡间小道演化为城市的伤疤（第十章）。麦克卢汉的逆转原理是媒介运行和结果的特征，是贯穿他一切著作的关键思想之一。在这里，逆转原理第一次和高清晰度/低清晰度的反差联系在一起。与斯科尼亚和马勒—蒂姆一道，麦克卢汉分享和探索他自认为总览媒介时的重要突破。他与诗人和英语教授威尔弗雷德·沃森(Wilfred Watson)通信，强调艺术家对技术的把握（他提到的艺术家有“人名索引”里的波德莱尔、T. S. 艾略特、詹姆斯·乔伊斯、温德姆·刘易斯、保罗·毕加索和乔治·修拉等）。沃森稍后将与他合作写《从陈词到原型》(*From Cliché to Archetype*)。他与沃森还谈及诺思罗普·弗莱[1]的学问，他们在《从陈词到原型》里将评述弗莱论及的问题。

为了安抚急躁的读者，麦克卢汉在报告书的定稿里说，他的全部建议可以归纳为一句话：要细察媒介的形式，以便解释媒介强加的预设和培育的习惯。这样的细察和麦克卢汉从剑桥大学
恩师F.R.利维斯(F. R. Leavis)和I. A.理查兹那里学到的重要的 480
分析技巧相去不远。不过，麦克卢汉只在报告书的“新批评与新媒介”一节里隐约提及他的恩师。

他把美国语言学与自己原创性的媒介探索联系在一起，指出：罗伯特·霍尔(Robert Hall)有关语言经验强加的组织模式与他所见略同，实际上与他“媒介即讯息”里包含的基本思想是一致的。

1 诺思罗普·弗莱(Northrop Frye, 1912—1991)，加拿大文学批评家，研究神话、象征和原型，著有《批评的剖析》、《可怕的对称》、《身份的寓言》等。

这一说法与他起初对“媒介即讯息”的解释已相去甚远。起初为了安抚担忧的广播工作者，他曾经说：他们的广播不会在电视的威胁之下消亡。另一方面，这一新的说法与他后来在20世纪60年代和70年代变化多端的解释也大有区别。这一新的解释与奥格登 (C. K. Ogden) 和理查兹在《意义之意义》(*The Meaning of Meaning*) 第四章“感知符号”里的命题很接近。那个命题表述的观点是：一切感知都需要解释。这与麦克卢汉论感知输入向感知关闭转换的观点关系密切 (见“关键词”和“主题索引”)。

《理解新媒介研究项目报告书》突出电视和他的研究发现，麦克卢汉认为，这是他学术休假年最重要的成果。在媒介的教育价值上，他研究媒介的发现与赖尔森媒介实验的发现密切相关。

麦克卢汉指出，在这一年的研究过程中，他发现，与商业人士交谈比较容易，与教育工作者交谈比较难。他不满足于使人觉得，这句话是突发的奇想。为了使读者感到震撼，他批评教育工作者自我禁锢，躲避在官僚主义结构中，对文化变革视而不见。他是该项目的第一受益者，有一节的标题就是“我的实验收获”(见下文)。显然，麦克卢汉还认为，他有关媒介效应的发现值得
481 进一步研究和论述，他不满足于对付守旧的教育工作者。于是，四年之后，《理解新媒介研究项目报告书》就正式出版，成为《理解媒介》了。

《报告书》的第一部分是“赖尔森媒介实验”报告，实验的课题是教学中媒介效果的比较。第二部分是麦克卢汉设计的“理解新媒介教学大纲”。这里收录的《报告书》省略了进入《理解媒
482 介》一书的若干素材。

赖尔森媒介实验

马歇尔·麦克卢汉

赖尔森 (Ryerson) 媒介实验最大限度地从各个角度进行媒介 483
测试,主要参与人员有:

A. 罗伊·洛 (A. Roy Low),物理系

卡尔·威廉斯 (Carl Williams),心理学系

伊莎贝尔·麦克贝思 (Isabel Macbeth),广播电视学院

詹姆斯·彼得斯 (James Peters),英语系

杰拉尔德·凯恩 (Gerald Kane),无线电系

威廉·索基拉 (William Sokira),无线电系

杰弗里·贾米森 (Geofrey Jamieson),电视系

大众媒介与学习——一场实验

小引

任何文化与传播研究的课题组都有理由经常关心大众媒介。本实验报告是第一年研究成果的小结。这是货真价实的跨学科研究成果,不过,设计、分析和介绍实验成果的责任主要落在参加研讨会的心理学同事身上,因为他们对实验所需的技术细节最熟悉。

大多数的大众媒介研究与两个目的有关:旨在了解受众态度

484 变化的媒介影响研究，旨在了解肥皂等商品推销的消费者研究。媒介对促进或妨碍学习的确有影响，然而这方面的研究工作却寥寥无几。这个问题并非一望而知，因为人们很少将大众媒介当作教育设施。一个缄默的假设是，大众媒介的首要功能是娱乐和宣传，结果，娱乐和宣传就成了大多数研究的重点，自然，偏向教育功能的研究就被排除在外了。

问题

在大多数的研究形式下，研究的问题可以这样来表述：信息来源的渠道会影响学习吗？如果有影响，影响如何，影响有多大？我们通常设想，在锁定注意力方面，电视胜过广播。我们还认为，我们很容易从心理上弥补广播和电视的吸引力差异。每当我们的注意力被唤起时，我们很容易就注意到电台上的广播讲话、新闻和天气预报，并坚信我们能获得需要的一切信息。我们又假设，稍许加大一点注意力，我们就可以做到这一点。相比而言，从电视上获取同样的信息所花的精力要少一些。

带着这些想法，我们对实验做了这样的设计：用相同的文本提供“同样的”信息，四组受试者大致相同，每一组都怀有“同样的”动机，去寻求和记住实验提供的信息。既然提供的信息经过了客观的检查，唯一的系统性差异就是所用的媒介的差异。由于不同的媒介，四组不同受试者的得分会有重大的差异吗？电视和广播显然是大众传播实验的恰当选择。因为这两种媒介与“真实”情景常有反差，我们又加上了一组听“面授”讲课的学生。第四种媒介是纸印的讲稿，因为人们普遍认为，纸媒是高雅文化的
485 基本载体，而且经常认为，新媒介威胁到印刷媒介的生存。

设计

从设计的立场看问题，实验所需全赖一个条件：用四种媒介传输的实际内容没有不必要的失真，传输的方式不能厚此薄彼。所用的方法是授课人常用的方法，不依靠媒介的特殊“支持”。研究的重点是：不同的媒介传输授课人的体态、语调等要素会有所不同。换言之，因为每一种媒介**以自己独到的方式**传输信息，这些差异是否会影响受试者的学习呢？

受试者是多伦多大学文科通识课的本科生，共108人[1]。人类学是他们那一年所学的五门课程之一。授课的题目是“用语言思维”，内容陌生，从学生的观点看既困难又刺激。名单按第一年的成绩从高分到低分排，然后在分层样本的基础上任意分成四组，每一组的高分、中分和低分的人数相等。“高分”是A和B＋，“中分”是B和B－，“低分”是C＋及以下分数。四组人的名单确定以后，主持实验的老师给各组任意指定一种媒介。受试者到达加拿大广播公司的场地以后，主持人宣布分组名单。四组人进入不 486
同的房间，课题组的老师监察实验情况。面授组听讲时，电视组和广播组的实验同时进行。与此同时，阅读组就得到油印的讲稿，阅读组的学生以自己的速度看讲稿，但总的时间和面授组听课的时间相等。实验结束时，每一组立即参加三十分钟的笔试。试卷有二十道选择题（每道题四个选项），另有一篇200—300词的小作文。大多数学生能在限定的时间考完。因此，这种测试应该被认为是“能力”测试，而不是“速度”测试。试卷由课题组的人类学老师评阅，交由心理学老师分析。

1　实际选课的学生不止108人，但为了使四组人数尽量相等，为了按学业成绩的分类清楚，最后把参加者减少到108人。——麦克卢汉以下是讲稿的一部分及相关的问题：

我记得几年前与爱斯基摩人度过了一段时光。在一个严冬的日子里，我坐着狗拉雪橇，寒风直透脊梁，穿透胸膛。我转过头去看着身旁的爱斯基摩人，尽量用地道的爱斯基摩话说："风很冷。"他不禁大笑，问我："**风**怎么会冷？**你**冷，**你**难受。**风**不冷，也不难受。"

看来，这不仅是另一种说话的方式，而且是另一种**看**事物的方式。试想，用爱斯基摩语言的过滤器看问题，人的行为是多么不同啊，因为他们的语言里没有及物动词或行为动词，所以他们感觉人的行为是一种发生的事情，并没有活跃的动作成分。用爱斯基摩
487 语，你不能说"我**杀**他"或"我用箭**射**他"，只能说，"他对我死"(He dies to me)，"箭头离开我飞出去"；同理，"我**听说**"只能是"me-sound-is"。与此相似，我们说"闪电**闪烁**"，仿佛闪电**做**了一个动作，仿佛闪电之外还存在着另外的什么东西；相反，爱斯基摩人仅仅说"闪电"。如果爱斯基摩人有哲学家的话，他们的哲学家可能会说：我们所谓的行为在他们眼里实际上是一连串印象的模式。

我们说"闪电闪烁"时，我们

a. 在这件事中解读到动作

b. 用了一个不及物动词

c. 描绘这件没有动作的事情

d. 以唯一可能的方式描绘这件事

小作文题要求理解全部授课内容，问题是："授课人描绘两种本土的哲学，同时又说爱斯基摩人没有哲学家。你如何用授课内容来解释这两句话？"

控制

众所周知，19世纪的公众谋求的是了解科学的结果，20世纪的公众却更讲究实际，他们对求得结果的方法感兴趣。即使仅仅出于这个原因，本研究所用的控制条件也需要予以介绍，而且构成本报告必不可少的一部分。

“控制”一词本身很有歧义，我们的课题组很快就认识到这一点。“控制”在这里的意义是：为确保四种媒介之外其他一切因素维持不变而采取的措施，凡是被视为有可能使结果有偏颇的因素都必须稳定不变。

这里所谓控制并不意味着，这类实验完全是极权主义的。这并不是说：社会科学家内心是独裁者，科学鄙视理解，只谋求预测和控制；我们的受试者受侮辱、被“摆弄”、未表示同意；我们幻 488
想装上帝，可以操弄他人的生活。也不意味着：从事研究的目的是愚弄、欺负、欺骗、哄骗、诱骗纯真的学生。

就控制而言，讲课人自己控制自己。内容的选择和材料的组织由他自己定。具体的控制是：首先，他讲课的信息在四种传播渠道中都能被受试者理解；其次，他的信息不应该依赖外在的“支撑”；最后，同时也是最困难的控制是，他要熟记讲稿，让阅读组和其他三个组得到的内容是完全相同的。为了尽可能补偿阅读组没有机会听到讲课人的声音、看到讲课人表情的不利条件，油印稿里的一些关键词用了大写，以便让他们读到的重点和其他组听到、看到的重点是一样的。

受试者的选择尽可能同质，就是说，他们同课、同班、同年龄段、用同样的题材。学业能力上的控制是上文描绘的分层抽样法，因为成绩好的学生听讲课的得分高于成绩差的学生，这个设想是有道理的。

动机的控制由任课教师安排：把这次实验的成绩纳入学期总分里计算。为了防止不必要的焦虑，实验得高分的学生的总成绩有加分，一般或稍差的学生不扣分。这些因素确保了参加实验的出勤率，即使不能完全消除也能抵消学生挑选实验媒介的因素。此外，让学生对实验及其目的完全知情，实验后首先听到分析报告的也是学生。

489 至于年龄、性别、社会经济地位以及对电视、广播等媒介的熟悉程度等因素，我们不尝试去控制。由于每一组都是任意指定的，这些因素大体上得到了控制，也就是大体上相等的。

考试的控制靠客观的多种选择题，这使评分容易量化。这部分的得分很简单：ABCD的选择正确就得分；应该指出，既然四个选择中只有一个最佳，衡量正确与否的标准是当即辨认做出的挑选，而不是学生事后回忆进行的挑选。

听面授的学生不允许做笔记，旨在激发类似看电视、听广播的情况。电视组和广播组的"速度"由老师决定，学生受到一定程度的控制。相反，老师不可能在阅读组复制这样的控制速度。在这个意义上，阅读组不像其他三个组那样受控制。

结果

这里的结果限于对多种选择题的分析。统计数字表示分析的变异，"t" 表示测试平均分差异的意义。[1]

1 从统计数字看，如果用两种媒介的平均分来衡量，偏离平均分的学生，在100中超过5人，那么，两种媒介的平均分就被视为有重要含义。因此结果很可能是：我们有95%的把握说，差异是"真实"的，而不是偶然的。有时，我们的测试有99%的正确度。——麦克卢汉差异分析表明,总体上,多种选择题测试的结果是:媒介**的确会**影响学习差异。又表明,正如我们预料的,学习能力也造成学习量的差异。由此断定,四种媒介本身对学习过程有重要意义; 490
由此出发就可以测量受试者的平均差异,以便确定四种媒介影响的排序。分析显示,电视组的平均分超过广播组——1%的信心差异(就是说,这一差异是真实的,正确度是99%)。分析还表明,广播组的平均分高于阅读组和面授组——5%的信心差异(就是说,这一差异是真实的,正确度是95%)。

图一显示受众类别和学业能力的测试结果,分上、中、下三种水平。这种水平差异展示比每一种媒介的平均分差异展示更能说明问题。最清楚的展示来自电视、广播和阅读的比较;可以看出,媒介对三档学业水平的学生都有影响。比如,电视组的低分生和广播组的中分生得分一样高,清楚显示了媒介的影响。又请注意,最大的差异是电视组的高分生和广播组的高分生的差异。显然,电视对优秀生的影响最大!

面授组得到的结果令人困惑。“低分生”和“高分生”的表现也许反映了环境因素,在演播厅测试的环境分散注意力,使人激动。但如果这两个环境因素的确存在,那么,面授组的中分生为何不受影响,其成绩为何与电视组的中分生一样好呢?起初我们以为,演播厅的环境相当于校内课堂的环境。但一望而知,电视演播厅引起了学生的混乱,所以在数据分析之前,我们就确信,无论叫什么名字,这一组都不能叫面授组。我们在研究报告中保留了这一组,但给它取了一个新的名字:“演播厅”测试组。

表一显示参加人数、每组的平均分和测试者信心水平,信心 491
水平可以被认为是不同媒介的重要差异。

表一：测试成绩

媒　介	人　数	平均分	分差意义
电视	27	77.2%	1%—5%的分差不重要
广播	27	69.2%	
阅读	27	65.1%	
演播厅	27	64.9%	

结论与评述

一场实验的结果不能得出普遍适用的结论。不过显而易见的是，至少在本实验的情况下，某些大众媒介尤其电视是非常有效的传播信息的渠道。令人吃惊的结果是，阅读组的表现相对较差。课题组的许多人曾经预料，阅读组的表现会最好！通过检查每个组对同一个问题的答案，结果显示，得分情况有一个特征：在一个地方，讲课人的手势和语调都有加重，于是，在回答针对这段话的那个问题时，电视组大多数学生的回答都准确，广播组一半人的回答准确，阅读组却很少有人答得对。

所以，我们有理由断定，受试者为本科生时，不同的媒介对立即判别的能力的确有所影响。将媒介影响进行排序也是合理的；**在这些条件下**，四种媒介的有效性依次排序为：电视组、广播组、阅读组。对演播厅的面授组，我们没有提出任何结论。

研究到这个阶段，笼统的概括是危险之举。研究并没有证明，电视“优于”广播；也没有证明，广播和电视“胜过”书籍；亦没有证明，演播厅的“面授组”学得少。家庭主妇、工程师参加实验会得到类似的结果吗？如果同样是这一批学生参加实验，只是换了一个完全不同的课题，比如雅典法律里的财产转移，也会得到类似的结果吗？平均智商或低于平均智商的人会做出相同的回应吗？儿童的回应呢？这些问题和大量类似的问题说明，我们的这一探索至少开拓了一个有趣而重要的领域。

图一 492

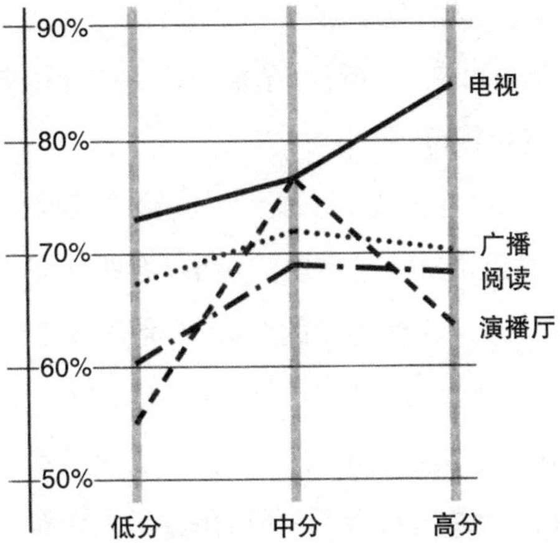

人数=108（每组27人）
每一根横坐标代表9位学生

大众媒介与记忆保持 493

刚才我们描绘了1954年2月多伦多大学传播课题组实验的详细情况，实验的目的是测试用不同媒介进行的学习。这一实验的总结已在若干期刊上披露，遗憾的是，这一兴趣并非总是得到人们的理解。

1954年10月，参加第一次实验的108位学生里的74人又一次参加了同样的实验。事前他们并不知道自己即将再次参加测试。

试卷有二十道选择题，每道题有四个选项。对课题一无所知的人仅靠猜测也能猜对25%，这是可以预料到的。然而，我们的受试者是文科大学生，学过社会科学课程，即使完全没有看过或听过讲稿，他们的成绩也会优于凑巧的猜测。为了检验这一设想，我们使用了一个对照组：15位二年级心理学的优秀生与重考的74人一道参加实验。挑选他们的原因是，虽然与第一批参加实验的人类学学生一样，他们接受过类似的社会科学训练，但他们对测试的人类学内容一无所知，他们也没有接受过老师的人类学训练，只能靠猜测答题。

两次实验间隔了八个月。此间，实验的录像曾在电视上公映，有些学生已经再次听过实验的讲稿，有些甚至还与朋友讨论过。然而我们认为，诸如此类的"强化"是无计划的。为了确定这74位重考的学生是否能代表原来的108位学生，我们对这两批学生的平均分做了比较（图二）。在每一媒介组里，重考的74人的平均分比第一次测试都有所下降，但重考人和新考人的分差都
494 相当一致，差别不大，没有很大的差别。

我们的预判是，重考的平均分比第一次考试的平均分低一些。我们又假设，如果媒介不继续影响几个月后的学习保持，重考生就不会表现出"真正的"差异。如果重考生的得分有明显的差异，这可以归因于不同媒介的不同效应。74位学生两次考试的结果见图二，按照四个媒介组进行统计，第一次考试的四组人的平均分也用来进行比较。

我们考虑的两个问题是：第一场实验里所见的媒介差异在八个月以后的第二场实验里还存在吗？在这八个月的时间里，不同的媒介对遗忘率产生不同的影响吗？

我们对第二场实验各组的平均分差异做了分析，结果显示，对第一个问题（媒介差异）的回答是：肯定有差异。我们发现，各

组的差异同样明显（就是说，或然率是1%）。遗憾的是，对这些结果不可能再进一步分析，因为四个组的受试者失分的情况不均等，所以更细的比较从统计学来看不可靠。然而，第一个问题的答案是清楚的：八个月以后，接触不同媒介的各个组还是显示较大的差异。结果显示，四种媒介效果的排序有一个变化，在演播厅面授的那一组从第四位上升到第二位。在第一场实验中，因为演播厅这一组的结果受到怀疑，所以我们没有做结论。在第二场实验中，对演播厅这一组排序的变化，我们也不进行解释。

为了回答第二个问题（不同媒介的遗忘率），有必要对两次测 495
试里每一组的情况进行比较。对各组遗忘率的差异所进行的分析结果显示：遗忘率不能被认为有重大的差异。其含义是，一段时间以后保持的记忆量与起初的学习量成正比。换句话说，遗忘率并不取决于获取信息的媒介。如图所示，八个月以后，第一次媒介效应的排序维持不变，依然是电视、广播、印刷品。

我们发现，在第二场测试里，每一组的平均分都低于第一场测试，所以我们就提出第三个问题。如果八个月以后，重考生的得分普遍降低了，那么，第二场测试的结果比心理学学生猜测的结果好多少？图二回答了这个问题。对重考学生与控制组学生的比较显示：重考生的分数高于心理学学生任意猜测的分数，却又低于第一场测试四个组的最低分。

在这两场实验里，媒介对学习效果的差别，不仅表现在立即回忆上，而且表现在八个月以后的回忆上。八个月以后，起初的效果排序维持不变，依然是电视、广播、印刷品。实验证明，不同的媒介影响第一次测试的学习量，从而影响了记忆的保持量。

在上一节《大众媒介与学习——一场实验》里，我们已经对第一次测试结果可能的误读做了一些限定性说明，那些说明同样适用于第二次实验的发现。

496 图二

	重试组 第一场%	第二场%		原试组 第一场%	
电视	75.4	61.5	*14*	77.2	*27*
广播	65.5	52.6	*21*	69.2	*27*
演播厅	62.9	56.0	*21*	64.9	*27*
阅读	63.9	47.5	*18*	65.1	*27*
			人数=*74*		人数=*108*

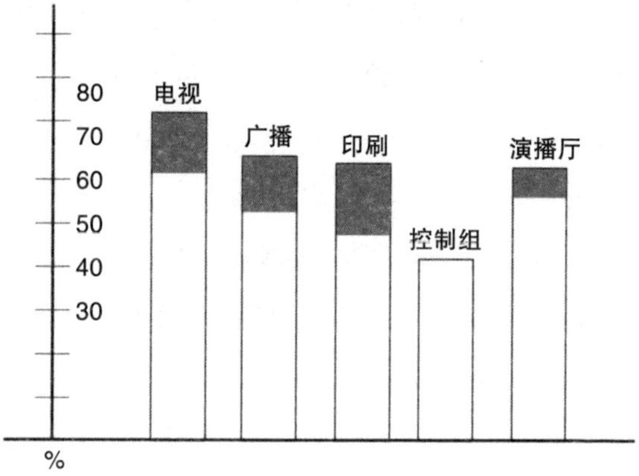

在重复实验时，我们想方设法充分调动每一种媒介的潜在可能性，而第一次测试却是尽量使每一种媒介维持中性。两次测试唯一维持不变的是油印讲稿的内容。即使这样，在第二次实验时，我们还是为阅读组提供了排版想象力丰富的打字稿。而且面
497 授组的老师用板书讲解，且允许学生讨论。广播组和电视组用上了表演、音响和图表。在第二次测试中，广播组轻松夺冠（见图三）。与第一次测试一样，广播组和电视组对面授组和阅读组占有决定性的优势。作为思想和讯息的传输手段，在第二次的实验

中，电视显然因为加用的戏剧性手段而受到削弱，广播却受益于那些铺张的手段。莱曼·布赖森写道："技术是显豁的。"广播和电视比文字或面授都更加显豁吗？如果广播和电视固有更大的显豁性，它们之所以轻松胜过阅读和面授这两种表现形式，是否就可以用其固有的特点来解释呢？

第一次测试结果发布后激起了相当大的兴趣。广告公司散发我们的实验报告，并且说，终于有了科学证据说明电视占优势。这令人遗憾，因为他们忽略了重点，因为我们的结果不说明一种媒介胜过其他媒介。我们的报告只引导大家注意媒介的差异，而且媒介的差异是种类的差异，而不是程度的差异。一些加拿大广播公司的要员之所以气愤，并不是因为电视胜出，而是因为印刷品落败。透过表象看，你就会发现：虽然基督教类型的学者对文学知之甚少，贡献更少，但和出版商一样，他们在书籍文化中有既得的利益。他们内心深处讨厌广播和电视，且只用广播和电视来宣传书籍文化的价值。他们觉得应该献身于**严肃**文化。他们没有信心使用广播和电视，而且害怕将广播和电视用于滑稽的目的，其原因就在这里。所以，他们的言论空洞无物。与16世纪的学者一样，他们认为，书籍革命仅仅是宣传旧思想的手段；他们认识不到，书籍革命是感知、思想和感情变化的丰碑。

官方文化仍然努力强制新"语言"做旧语言的工作。但"不用马拉的车子"并不发挥马的作用，而是摧毁了马的功能，汽车的 498
作用是马车前所未有的。马不错，书也不错。

至今，谁也不了解新技术文化里固有的语言是什么，在如今的新情景里我们还是"聋哑人"。我们最令人难忘的语词和思想使我们露出马脚，我们往往求助于过去存在的语词和思想，而不是目前的情况。

有人把这个问题误认为是民主与大众媒介博弈的问题。但大众媒介正是民主。书籍本身就是第一种机械性的大众媒介。当然，他们的问题实质上是：书籍的知识垄断在新语言的挑战下能苟且偷生吗？答案是：不能。我们应该问的是：印刷媒介在哪方面能够胜过其他媒介，什么值得努力做？

图三

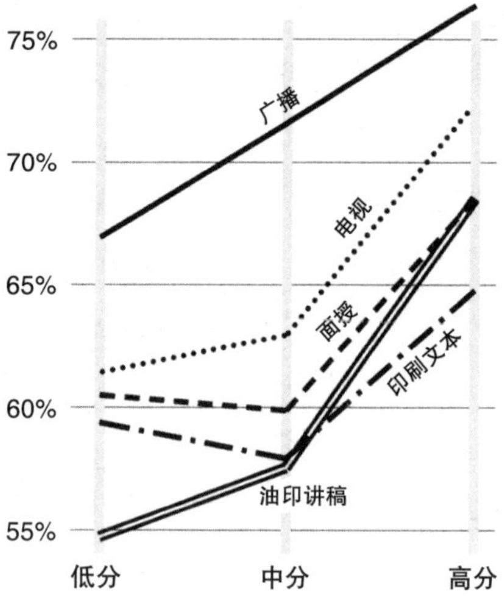

499 语言思维

我记得几年前与爱斯基摩人度过了一段时光。在一个严冬的日子里，我坐着狗拉雪橇，寒风直透脊梁，穿透胸膛。我转过头去看着身旁的爱斯基摩人，尽量用地道的爱斯基摩话说："风很冷。"他不禁大笑，问我："**风**怎么会冷？**你**冷，**你**难受。**风**不冷，也不难受。"

看来，这不仅是另一种说话的方式，而且是另一种**看**事物的方式。试想，用爱斯基摩语言的过滤器看问题，人的行为是多么不同啊，因为他们的语言里没有及物动词或行为动词，所以他们感觉人的行为是一种发生的事情，并没有活跃的动作成分。用爱斯基摩语，你不能说“我**杀**他”或“我用箭**射**他”，只能说，“他对我死”(He dies to me)，“箭头离开我飞出去”；同理，“我**听说**”只能是“me-sound-is”。与此相似，我们说“闪电**闪烁**”，仿佛闪电做了一个动作，仿佛闪电之外还存在着另外的什么东西；相反，爱斯基摩人仅仅说“闪电”。如果爱斯基摩人有哲学家的话，他们的哲学家可能会说：我们所谓的行为在他们眼里实际上是一连串印象的模式。不同语言的差异实在是判若云泥，我这里所指的语言不是印欧语系的语言比如法语和德语，而是美洲土著人的语言。有些语言的动词缺乏时态。当然，我其实不该说“缺乏”，因为缺乏一词暗示不足，事实上这些语言没有不足之处。实际上，其中一些语言能表达英语不能表达的意思。

以比喻为例。用英语表达情感或哲理经验时，我们不得不借用物质实体或真实行为的语词。比如，我可以说：我把握了你论点的线索 (thread)，但如果其水平“over my head”(在我的脑顶之
上)，我的想象力就可能“wander”(游移不定)。我的想象力怎么 500
可能像腿脚那样徘徊呢？相反，大多数土著人的语言区分内心体验和物质世界的体验。

我们来看看特罗布里恩岛民的语言，这个太平洋群岛离新几内亚不远。两位著名的人类学家马林诺夫斯基[1]和多萝西·李[2]研

---

1 布罗尼斯拉夫·马林诺夫斯基 (Bronislaw Malinowski, 1884—1942)，波兰裔英国人类学家，功能派创始人之一，著有《野蛮社会中的犯罪与习俗》、《文化的科学理论》、《西太平洋上的航海者》、《自由与文明》、《特罗布里恩群岛》等。

2 多萝西·李 (Dorothy Lee, 1905—1975)，美国人类学家，著有《自由与文化》、《珍视自我：我们能从其他文化中学到什么？》等。

究了这个民族，所以我们对他们的了解也许超过了对其他任何土著的了解。

特罗布里恩人关心存在，而且只关心存在（性质、实质、存在）。变化和生成的概念对他们是陌生的思想。他们对物体或事件的把握或评价只依据物体或事件本身，与其他事物没有关系。

他们只用一个语词指涉一个物体或一次事件。再去描绘就是多余之举。我们界定物体时所用的语词有：像什么样，不像什么样，有何作用。他们的兴趣仅限于：是什么。对他们而言，对一个物体的把握通常与时间无关。我们摹绘其过去、现在和未来，相反，对他们而言，过去、现在和未来的区分并不存在。表示物体的语词里已经涵盖了物体的一切属性。如果我与一位特罗布里恩人到地里去看刚刚收获的“taytu”（薯蓣），回来以后，我会告诉你：“薯蓣品质好，成熟，但尚未熟透，个大，形状完美，没有病虫斑，没有霉烂点，顶部圆润，没有尖刺，全都是第一茬收成，没有一个是收获后拾回来的。”相反，特罗布里恩人回来只说一个词“taytu”，那足以表达我说的一切，甚至更多。连“有 taytu”也显得冗余、重复，因为表示存在的“有”已经寓于“taytu”这一事物之中。

即使他能在自己的语言里找到描绘“taytu”属性的语词，那
501 也是多余的重复，因为“taytu”的概念里包含了一切。实际上，如果一种属性缺乏，那个物体就不是“taytu”。如果尚未成熟，那叫“bwanaw”。如果烂熟，那就不是“taytu”，而是“yowana”。如果有病虫斑，那叫“nukunokuna”。如果有霉烂，就叫“tabouna”。如果形状不好看，那是“ususu”。如果形状完美但个头小，那又叫“yagogu”。如果是收获后从地里捡回来的，无论其形状如何、是否完好，那都是收获后捡回的“ulumadala”。熟透后在地里生根

的，那也不是发芽的“yowana”，而是“silisata”。如果生根以后长了小的块根，那就不能再叫“silisata”，而是只能叫“gadena”。总之一句话，一件物体就是它那样的物体，它不能变化；一种属性变化，它就不能再维持原来的本体。一旦变化，它就不再是它自己。因为存在等于那个物体，特罗布里恩语就没有英语表示存在的动词“to be”。因为物体不变，这种语言里就没有动词“become”(生成)。对我们而言，生成的过程需要时间，但对他们而言，存在的状况并不涉及时间。

对我们而言，时间极其重要。除非我们知道事情在改善，否则我们就不知道表示赞同还是反对。如果有人告诉我，约翰·史密斯挣4000美元，除非我能与另一个人的薪水比较，我们就不知道如何应答。但如果他告诉我，约翰·史密斯的薪水涨到4000美元，我就可以说“好”；如果我听说，他的薪水降到4000美元，我就会说“遗憾”。简单地说，对约翰·史密斯挣4000美元这一信息，我无从应答。我们的语言里充斥着降级和升级这样的字眼，由此给变化赋予价值。

我们的语言要求，几乎一切观点都用时间的语词来表达。然而，特罗布里恩语没有时态。动词没有时间概念。存在被当作整体去理解，而不是被当作很多属性去理解。这种存在观念对你和我都很困难。我们很难得珍视存在本身，除非我们“情迷而盲目”。你爱上了一位姑娘，尽管她长大脚，有一点唇须，智商只有6，父亲坐牢，但你不在乎，因为你爱她只是为了她。在我们的社会里，连母亲也难得这样钟爱自己的孩子，她们要求孩子品质优秀、成绩好，然后才向孩子施爱。如果我说，大多数母亲爱成功的
孩子超过爱不成功的孩子，这是言过其实吗？有时，不能对存在 502

本身做出回应会造成尴尬的困境。几年前，一位朋友登门拜访，抱着我们几个星期大的小儿子，问我们：“他会说话吗？”我说：“当然不会。”他又问：“他会走吗？”我不禁大笑说：“不会。”你知道，他是哲学家。他站在那里，怀抱的不过是一堆原生质，不知道说什么好。我们一般说，“孩子聪明”、“机灵”。特罗布里恩人一般说“宝贝”，他在此情此景中的情感回应，我们却不会。

在我们的社会里，爱情和友谊的倾向是受特征的吸引，而不是受人的吸引。我们喜欢人并不是喜欢人本身，而是因为他们漂亮、富有或有趣。因此，他们失去美貌、金钱或风趣后，我们就失去了兴趣。然而，对特罗布里恩人而言，事物受珍视仅仅是因为其存在本身，而不需要将其与其他事物比较。在此我们又看到，这样的态度对我们的思想来说很陌生，也许只有在艺术领域是例外；不过，即使在艺术领域里，我们也在进入“绝对观念的黄昏”。如今，只有知道艺术品的价格、画家是谁，我们才知道如何做出回应；我们正在失去根据艺术品本身判断其价值的能力。

一般对我们而言，所谓好就是一事物必须像另一事物一样好，或更好。我们的英语使我们时时、事事、处处进行比较。我们有大量表达比较的语词。特罗布里恩人没有这样的表达手段。我们使用明喻，我们说“我比你年幼”，我们强调自强和竞争——在这些情况下，他们都用暗喻。他们说“年轻我”(young man I)。他们强调现状与合作。我们经常听人说：“我的玩具比约翰尼的玩具大”，“你的裙子比梅布尔的裙子漂亮”。特罗布里恩语里
503 没有这样对应的说法。事物的存在必须是其本真的存在，而不是与其他事物关系的存在。所谓某物好，就是它必须始终如一、保持不变。在特罗布里恩语里，没有事物是某时某地生成的，连

世界本身都不是某时某地生成的。所谓某物好，就是它始终如一，就像现在这个样子。他们的神话里没有无中生有的观念。没有任何至上的存在物是创世者、制造者或化生者。他们不会陷入尴尬的处境，不会想办法解答那个不能回答的问题：“谁创造了创世者？”

特罗布里恩人对时间顺序不感兴趣。比如，他自述身世时完全不管时间顺序，在我们精明的作家刻意的努力之下，他才能够完成这样的顺序。可以说，他以危机开始，来来回回地在时间里穿梭，有许多省略，许多重复，他心里默认，你的脑子在跟随他的脑子穿梭，他不需要做什么解释。

然而对我们而言，时间顺序极其重要，主要是因为，我们感兴趣的与其说是事件本身，不如说是事件在一连串的事件里的位置。对特罗布里恩人来说，诸多事件并不自然构成前因后果的序列，自动形成因果序列是我们的看法。在我们的文化里，我们自然而然就去审视和谋求事物的关系，而不是了解其实质。我们主要用原因和目的来表达关系。我们的儿童疯狂地追问的是“为什么”，因为这是我们大多数人的言行里隐而不显的问题。我们生活的每个方面都教我们去追问“为什么”、“为什么”，去追问原因。当然，特罗布里恩的父母并不是完全幸免于孩子的追问，因为他们的孩子也问“什么”。我不妨补充一句，两岁半以前，我们的孩子也问“什么”，但两岁半以后，他们无意之间开始学习英语语法里那种潜隐的哲理，于是就开始问“为什么”、“为什么”。

然而，特罗布里恩人没有词汇表达“为什么”，也没有词汇表达
“因为”、“以便”、“原因”、“理由”、“结果”、“目的”、“为此目的”、 504
“目的是”。马林诺夫斯基经常提的问题“为什么”使他们困惑，常

引起他们自相矛盾的答复；他们的回答常常是“一直是这样的”。保守的特罗布里恩人说：“我们在这里就是这样做的。”我还可以补充说，爱斯基摩人对这类问题的回答总是：“快乐的人不提问题。”

现在说具体情景中才有价值的观念。举例来说，早期的珍珠贸易商给特罗布里恩人金钱，让他们潜水去采珍珠。但他们予以拒绝，因为金钱对他们没用，他们对外人的小玩意不感兴趣。然而，商人们注意到，特罗布里恩人非常看重一些大型的石刀。起初，商人们漫不经心地模仿他们造石刀，但他们不想让商人模仿。接着，商人们在欧洲做好石刀，跨越半个地球把这些石刀运到特罗布里恩群岛，但土著人不想要这些外来的石刀。最后，商人们在岛上采石，把石头运到巴黎请工匠制作石刀，但这些精致的石刀还是被拒绝了。事实上，特罗布里恩人为什么要接受这些外来的石刀呢？因为只有在他们既定模式的活动中，石刀才有意义。打个比方吧。譬如说，你在多伦多大街上走，瞥见了一扇窗户，看见一位姑娘收到情人节礼物。她很激动，全家人都高兴。她有希望找到心上人！显然对她而言，那礼物是世界上最珍贵的东西。而你却去按门铃，给她提供一份工作。她问到工资时，你说“每星期一件情人节礼物”。当然，那太荒唐，因为情人节礼物的价值在于2月14日，在于她的年轻和恋情。在其他任何环境，脱离了这个情景，情人节礼物都毫无价值。同理，这也是特罗布里恩人石刀的价值所在。

特罗布里恩人并不是看不见因果关系，他们能感觉到线性模式里的事件。但表现出线性的模式会遭人唾弃。比如，约会一个女孩子时自然要送一件礼物。但如果送女孩子礼物的目的是要
505 赢得她的芳心，男孩子就受人鄙视。反过来，如果女孩子视男孩

子为心上人仅仅是为了得到礼物，而不是因为爱他，她就会被认为是冷漠的人。与此相似，在男人们交换项链或臂环的活动中，有人会受到谴责：他们送礼是为了诱使别人回报特别好的礼物。这种人就被贴上卑鄙的标签：以物易物的人。这是因为，送礼不应该促使人回报。收礼人总是要回报的，但这是心照不宣的道理。换句话说，特罗布里恩人能体会到事件的线性顺序，甚至能体会到因果关系；但如果他这么做，价值是不存在的，或者是被摧毁了的。在一定意义上，他们的礼物交换和我们圣诞节的送礼不无相似之处。我记得，圣诞节时，母亲总要在楼上一间屋子里放一些礼物——适合任何年龄、不分男女、包装好、不贴上送某某人的标签的礼物，以防忘记曾送过礼的人。有人送礼上门时，她会说："请稍等，我上楼去取礼物。"她匆匆上楼，贴好送某某人的标签，捧上回礼。这是因为如果我们想，人家忘了我们，或者不准备送我们礼物，只是收到礼物后不得不还礼，那就有点扫兴，圣诞礼和圣诞卡就被糟蹋了。

圣诞礼模式在我们的文化里实在是一种例外：耐人寻味的是，我们的孩子最喜欢圣诞礼，在特罗布里恩人的生活里，送礼却是惯例。他们行为的动机不是靠事件发生的顺序推动的，也不是靠一连串活动导致的后果推动的。相反，他们尽力忽视、否认这样的顺序或线性。

但这样的线性真的存在吗？也许存在，也许不存在。但我们认为它存在时就觉得更高兴。如果是那样，情况就有意义，我们就可以做出回应。如果我告诉你，萨莉嫁给了一位百万富翁，曾经在伍尔沃思百货公司推销"点子"，又曾在《时尚》杂志社工作，上的是名校瓦萨学院 (Vassar College)，如今却贫穷潦倒——

那就是一塌糊涂的一堆乱麻。如果我说，萨莉家境贫寒，在伍尔沃思百货公司当售货员，存钱上了瓦萨学院，在《时尚》杂志社工
506 作，然后嫁给了一位百万富翁——那就井井有条、言之有理了。我们的幸福观与这条心中想到的路子有关系，这一连串的事情指向我们渴望的目标。我们的自由观依靠不干涉的原理，事情的发展就沿着这条线达到渴望的高潮。我们用走向高潮的观点看历史，所以就谋划未来的经验高潮，走向令人满意的或有意义的前途。除了幼儿之外，谁能想象吃饭从草莓酥饼开始，以煮菠菜结尾呢？特罗布里恩人吃饭不吃甜食，没有顺序，没有高潮。特别喜欢的食物和主食同时吃；最爱的食物不在企盼之中，也不会把主食当作没有意义的东西吃完了事。

对我们的文化里的人来讲，价值的理想境界在于变革，在于偏离陈陈相因的模式。我们希望明年比今年更好、更光明，与今年不同。我们希望明年带来变革，我们的广告商利用这一价值观赚大钱。新产品，更光鲜！我们的产业长期以来依靠我们对新模式的热爱：1956年的新款，刚出厂！我们的作家不能剽窃，我们的发明家必须要发明。

刚好相反，特罗布里恩人希望并想要的是，明年和今年一样。新东西不好，旧东西熟悉，受人珍惜。在经验的重复中，他们发现的不是无聊，而是满意和安全。在我们的文化里，人们义无反顾地到未知的海洋里去探索。我们迫不及待地探索新的地方——山巅、海底、难以穿越的森林和荒无人烟的南极和北极。特罗布里恩人驶入已知的海洋，他不探索。他对新土地、新思想、新方式不感兴趣。他出生时，他的文化已经运行很久；他去世后，他的文化还将长存。

试卷设计 507

姓名:

地址:

电话:

圈出最好的答案。

如果可以的话,全部答完,但不要靠猜测。

1. 特罗布里恩群岛在
   a. 太平洋
   b. 加勒比海
   c. 靠近新几内亚
   d. 波利尼西亚
2. 特罗布里恩岛民重视
   a. 创新性
   b. 悠久和传统的东西
   c. 新颖和不同的东西
   d. 有用的东西
3. 我们的社会看重艺术,因为
   a. 艺术在模式性活动中的地位
   b. 艺术本身
   c. 其金钱价值
   d. 艺术的许多属性,但并非全都与艺术相关
4. 我们说"闪电闪烁"时,我们
   a. 在这件事中解读到动作

b. 用了一个不及物动词

c. 描绘这件没有动作的事情

d. 以唯一可能的方式描绘这件事

5. 石刀

a. 被用来诱惑人

b. 相当于金钱

c. 是模式性活动的一部分

d. 是用来换取礼物的礼物

508 6. 英语不

a. 强调因果关系

b. 区分心理体验和外在经验

c. 强调时间

d. 使用多种形容词

7. 所谓线性是

a. 模式性活动

b. 强调存在

c. 通常为一连串的事物的关系

d. 使用手势

8. 我们的语言和文化给经验提供结构,所以语言

a. 引向并应该引向一个渴望的高潮

b. 强调重复性和相同性

c. 可以引起回应

d. 可以独立存在,无须指涉其他经验

9. 在我们的语言里,许多价值被赋予了

a. 时间排序的变化

b. 存在的实质

c. 情感表达的能力

d. 变化和生成

10. 我们强调因果关系和线性结构,因为

a. 我们对关系感兴趣

b. 我们对存在感兴趣

c. 我们的语言文化教导我们重视因果关系和线性结构

d. 这是描绘现实的最精确的方式

11. 爱斯基摩语的特点是

a. 缺乏名词

b. 缺乏时态

c. 缺乏及物动词或行为动词

d. 缺乏区分生物和非生物的范畴

12. 英语仍然在使用

a. 几种时态

b. 空间暗喻

c. 描绘主观、心理体会的语词

d. 区分内心体会和外在经验的范畴

13. 特罗布里恩语强调 509

a. 变化和生成

b. 使用多种形容词

c. 客体的时间属性

d. 存在与生存

14. 特罗布里恩语的名词指的是

a. 很独特的事物

b. 存在的总体

c. 客体发展的某一阶段

d. 有用的东西

15. 土著人语言的不同在于

a. 它们不能表达因果关系

b. 它们演化不完备

c. 它们不表达时间属性

d. 它们含有形而上的系统

16. 在我们的文化里，我们评判事物的根据是

a. 固有价值

b. 品质和属性

c. 美的满足

d. 与其他事物的关系

17. 不顾时间顺序的特征见诸

a. 一切原始语言

b. 英语

c. 幼儿的思维

d. 特罗布里恩语

18. 英语语法隐而不显的哲理使我们

a. 追求实质

b. 拷问“为什么”

c. 看重金钱

d. 看见线性和存在

19. 讲稿里所做的类比是

a. 金钱与情人节礼物

b. 异域小玩意与项链

c. 石刀与情人节礼物

d. 臂环与情人节礼物

20. 特罗布里恩人交换礼物的习俗重要，因为这 510

a. 刺激了以物易物的交易

b. 象征亲情和友情

c. 礼物影响人的行为

d. 与圣诞节送礼类似

讲演者描绘了两种土著人的哲理，同时又说，爱斯基摩人没有哲学家。你如何用讲稿内容来解释这两种言论？写一篇200—300词的小文。可用试卷背面作答。

在下面的十级评价尺度上，选择一级打勾表示你的评价。

−5	−4	−3	−2	−1	0	1	2	3	4	5
很不喜欢					无所谓				很喜欢	

我的实验收获

纠正拉斯韦尔[1]提出的“5W”公式——不是谁 (who) 对谁 (whom) 说，而是什么 (what) 对谁 (whom) 说。他的公式忽略了

1 哈罗德·德怀特·拉斯韦尔 (Harold Dwight Lasswell, 1902—1978)，美国政治学家、传播学家，提出了著名的“5W”传播模式，代表作有《精神病理学与政治学》、《传播的结构与功能》、《政治的语言：语义的定量研究》、《世界历史上的宣传性传播》、《世界大战中的宣传技巧》等。

媒介；显然，你对着有线广播和无线电广播话筒等媒介说话时，“谁”和“什么”都发生了深刻的变化。

大宗产品是媒介，媒介也是大宗产品。铁矿石、石油、木材和鱼成为某些地区居民的资源时，人的组合模式就因此而变化。理查德·道森[1]近日出版的《美国民俗学》(*American Folklore*)提醒读者注意美国棉花生产的功能：棉花产生同质文化，同质文化又产生同质的民俗。同理，加拿大的大宗经济产品比如小
511 麦、木材也对人的制度产生同质化的影响，这一现象使我们注意传播媒介具有的同质化的功能。实际上，媒介本身就是大宗产品，即新的自然资源。媒介是人的感官的延伸。它们扎根于这样那样的感官，同时又改变人的组合模式。媒介这样的大宗产品不会局限在任何地域，而是与人类大家庭共生，无所不在。

作为大宗产品和自然资源的媒介还有一个特点：它们加速人类交流时，社会的信息水平随之上升。由于信息水平的提高，一种商品可取代另一种商品。在信息水平上升的过程中，没有任何大宗产品是必不可少的。总体趋势是信息流动，而不是商品流动。人类研究和注意力重点转移的趋势是从题材走向学习过程。长期趋向于加工厂的大学已经变成学习过程的楷模。我们举例说明这一变化的意义，从最普遍的题材说起，这一题材就是无时不在的战争威胁。

今天，民防工作似乎包含防止媒介的“尘降”。过去，战争的

---

1 理查德·道森(Richard Dorson, 1916—1981)，美国民俗学家，著有《美国民俗学》、《美国民俗学与史学家》、《民俗学与传统历史》、《世界民俗学研究：美国观点》、《美国民俗学手册》、《现代世界的民俗学》等。

一个因素是商品跨越边境的流动。今天，当最大宗的商品是信息本身时，战争不再意味着硬件的流动，而是信息的流动。过去，信息流动是我们边境之内“和平时期”的活动；如今，它成了跨越边境的主要的“冷战”活动。我们不再为我们的公民的特许经营权和美元而展开竞争，而是在努力吸引亚洲和非洲亿万人的注意力，使他们喜欢我们，要他们看我们的明星和顶级表演。我们自己的教育观念和战争观念与三千五百年的书面文化完全捆在一起，电子革命的意义对我们西方人比较模糊，相反，其意义对日本人、中国人或非洲人就清楚得多了。

电子革命的另一个基本特征是：它把数百年的发展和演化压缩到几个星期或几个月内完成。在加速实际变革的过程中，它使人对变革的理解很有可能实现了，正如表现有机过程的电影能在 512
几秒钟内揭示有机体的生长变化一样。这种发展过程的加速使人类社会难以适应。仿佛突然之间，就在你早上看见卧室的地方，竟然长出了一棵九英尺高的红松。

我们的教育、政治和法律体制难以应对这样的遽变。我们的新技术不怜悯文化滞后。人类不可能适应这样的遽变。然而，在这一切情景中，我们面对我们自己和自己感官的延伸，轻松理解这些情景的可能性总是存在的。即使不能与这些新情景共生，我们总可以绕开它们而生存。

新批评与新媒介

新批评尾随新诗歌而起，新诗歌又尾随西方世界的新发展而起。新批评最典型的特征是，解释为什么艺术品没有内容、没有题材。从电报（1830年）开始的新媒介造成了新情景，诗人和画家试图用“预言式”的新艺术形式来解释这样的新情景。期盼遽变的科学家却指手画脚、怨声载道、手足无措，抱怨无法理解现代艺术，这不是很荒唐吗？

在过去的一百年里，艺术家是我们社会政治事务中唯一的领航员。他们创建的模式并非金不换的想当然的梦幻，而是规避灾难的实事求是的紧急指示。通过产业和包装设计部门的
513 工作，艺术家在商业领域阔步前进、地位攀升。在运筹学领域，艺术家享受优渥的待遇，这并不是对他们的报偿，而是他们要承担的责任。

假设学校里的媒介教育仅仅是装饰，对令人生畏、久经考验的教学计划可有可无，那就可能是一场灾难。

从纯粹面对现实的角度看，我觉得，许多专家和既得利益者的合力必然会产生的后果是，我们不能应对电子时代的任何挑战和一切挑战。既然我们的祖祖辈辈都不理解一切媒介，我们为什么要理解新媒介呢？但是现在，我们开天辟地开始理解一切媒介了（见哈罗德·伊尼斯《帝国与传播》），在专家和既得利益者的圈子之外存在着一种可能性：我们不妨决定去考虑媒介，把媒介作为恰当的研究对象和控制对象。

报告书完

1960年6月30日

514 于加拿大多伦多

理解新媒介教学大纲：大纲样本

马歇尔·麦克卢汉

今天的老师面对的环境与他们成长时的环境已截然不同了。 515
新教学方法、新教具等在校内引起的新问题是比较次要的问题。大的变革发生在校外。课堂与社区的新关系、高等教育对生产的新关系（装配线已经过时）、教育与政治和世界责任的新关系，都发生了重大的变化。在多语言环境、多媒介世界里，印刷媒介不再称霸了。

遗憾的是，变化中的环境给师生造成的问题并不因人为的忽视而消失。同样，印刷、电影、电视被忽视的、没有论及的方方面面并不因人为的忽视而停止对我们施加影响。同理，媒介并不因为人为的忽视而停止给我们添麻烦，也不会停止互相惹麻烦。

在我们的社会里，教育已成为人人的责任。地球成了一个学习的社区。甚至在资本运作方面，传播产业也比重工业大许多倍。教和学成了人人的责任，教学一天二十四小时都在全世界进行。如此，老师和学生原有的角色和关系出现了什么样的变化呢？师生都必须更加清楚专业领域的相互关系吗？他们必须要 516
研究媒介对我们感知和判断习惯的作用，以便维持健全的理智和独立性吗？我们能够轻松理解教学任务并获得成功吗？

教学目的

在中学新开媒介教学课，我们可以设计长远的教学目标：

(1) 明确认识我们环境里的主要媒介变化，认识它们与新科学技术的关系。

(2) 熟悉各种常常相互矛盾的媒介属性和效应。

(3) 提高认识，了解语词、概念、数据可能被使用和误用的情况，了解处理媒介事务的方式。

我们要提高媒介事务的觉悟，原因很简单，因为在我们平常的环境里，许多媒介共存，常常相互作用，而我们却将媒介事务视为理所当然。由于几种媒介共存，我们所谓的教育高潮发生了急遽的变化。媒介天天相互作用；在报纸、电话的使用上，在电视屏幕和舞台上，在不借助语言文字的情况下，这些媒介都相互作用，并从而增进我们新的觉悟。媒介的相互作用成了改变社会风气和总体形势的主要因素，我们的教育机构就在这样的情境中运行。

20世纪物理学家提出了一种基本的研究方法，就是用已知结构的原子核轰击未知结构的原子核。实际上，一种媒介闯入另一
517 种媒介时就发生了这样的轰击。类似X光的现象发生，一种传播媒介的骨架和有机结构就照射清楚了。比如，印刷术闯入无文字的地区时，印刷媒介的结构、其预设的总体亚结构、其文化成果的上层结构都充分揭示出来了；同理，受到印刷文化冲击的古老文化或前文字文化的相应结构也揭示出来了。

当然，印刷品与手稿的性质和效应都截然不同。今天，在俄国、中国、印度和非洲的部分地区，许多人正在经历西方五百年前

的变化。与此同时，凭借电子媒介，西方进入了可能会被证明为“后书面文化”的时期。无论如何，印刷媒介不再是我们社会里的首要经验或优先经验，也不像以前那样制约我们的工业生产。彼得·德鲁克[1]在《明天的路标》(*Landmarks of Tomorrow*) 里展示的生产装配线业已过时，正如管理工作中的委派权威已经过时一样。帕金森定律以官僚机构和企业界里的手写文字和打字稿为例，说明书信和备忘录如何膨胀，就像马克斯兄弟用喜剧形式表现的那种超现实的荒唐。

在15世纪的谷登堡时代，活字印刷教导西方人在自己的文化、商务和科学里如何组织工作程序，即一次只做一件事的原理。自此，西方把谷登堡的组织原理延伸到生活和学习的许多方面了。

我们新的电力技术似乎在一切方面都使印刷文化过时。新技术给我们洗脑、涤荡印刷文化的设想和价值时，我们就袖手旁观、超然物外吗？是否有一种有效的办法把书面文化成就的价值转换为电影、广播和电视的新语言呢？通过研究非语言的设想和 518
印刷形式，是否有可能造成印刷文化价值和新媒介形式相互有效渗透的局面呢？这是因为，这些新媒介形式还有一些尚未被人探索、尚不为人所知的功能层次和意义层次，而这些功能和意义在我们的生活和学习情景中才刚刚开始显露出来。古时候，文字重新构建人类组合的新形式花了数百年。英格兰的工业革命和法国大革命以前，印刷术用两三百年的时间才表现出新的力量，才确立了新的秩序。我们的电子技术要花多少时间才能取代建立

1 彼得·德鲁克 (Peter F. Drucker，1909—2005)，美国企业管理顾问、教育家、作家，在管理教育中成就卓著。代表作有《经济人的末日》、《工业人的未来》、《公司的概念》等。

在印刷词基础上的产业、政治和教育形式呢？

我们能摆脱困境、理解问题所在吗？乔治·格布纳 (George Gerbner) 在《社会问题》上撰文《忏悔杂志的社会角色》(“The Social Role of the Confession Magazine”) 论述典型的女主人公说:“人类尊严和怜悯的代价是，叙事者绝望和混乱的抗争基本上不起作用。她难以理解事事碰壁的遭遇，环境不允许她‘率性而为’。”女主人公匆匆逃亡，“沿着阻力最小的路子跑”，却必然走向“罪过”的绝境。实际上，她对自己和她抗争的社会大环境的关系没有自觉的认识，所以她的社会抗争就一事无成，只会给她自己和她所爱的人带来灾难。在似懂非懂的无情打击下，她的苦难是硬挺脊梁抗争所得到的教训。痛苦中收获的不是对环境的洞察，不是超越痛苦的直接原因，而是隐隐约约地瞥见这样的“幸福”：在与无情、严厉和无形的法典达成妥协的情况下，“幸福”还是可能的。她回应隐蔽的权威，而不是在得到允许的情况下去引导自己，于是，她所谓的“解决问题”就成为不假思索的慢慢“适应”。这里，女主人公的困境是过去的教育家造成的，而不是当代
519 教育家造成的，当代人面对的是被误解的技术变革的后果。我们别无选择，必须面对新旧媒介的潜意识影响，以便对今天的新形势做出独立而恰当的回应。

然而，媒介作用于我们的感知和评判模式时，提高了的媒介意识不仅是理解的手段，而且是预测和控制的手段。媒介意识本身在变化，而且是变化的原因。在理解媒介的过程中，有些教师会没有把握，心生疑虑，觉得不安全。他们仿佛觉得，好不容易获得的知识领域正在瓦解，而瓦解的原因正是他们在了解有关知识结构和预设时所获得的洞见。他们觉得向中学生讲媒介有困难。

尽管他们个人对媒介深感兴趣，但学生并没有意识到媒介知识对自己有利。

今天，将生活现实移入新领域和新媒介所需要的精神操练使我们成为心理健康的药学博士。但我们是面对思想不发达地域的药学博士。这是因为，即使仅仅把教英语的一般方法改为用录音磁带的教学法，也会使人进入过去不了解的结构主义语言学世界。

终身囿于课堂和书房的学者型教师突然被解放出来，进入了靠广播电视教学出版和发行的企业和领域。自谷登堡时代起，教和学都建立在印刷品出版的基础上。如今，教育电视在很大规模上使教师和研究者成为出版人。

美国无线电公司 (R. C. A.) 的劳伦斯·伯恩斯 (Laurence
Burns) 宣告，录像带即将进入普通家庭。他认为，教师年薪 520
十七万美元的日子即将到来。今天，有关教育新境界的观点即使不出在教育界，至少在产业界似乎已自然而然。对教师而言，这一观点仅仅表明新模式和新路标的确立，但旧的景观尚未退场。

这样的前景还指明，纯个人的**观点**不再是对应快速变化情景的办法。在加速变革的情况下，唯一有效的策略是威尔斯·福谢 (Wells Foshay) 描绘的"满场子蜂拥而上"。詹姆斯·乔伊斯坦承，他20世纪的小说《芬尼根的守灵夜》是对付上上下下侵扰的策略，无论如何是绕道走的办法。无所不包的"场"替代了专门化的或单一的"观点"路径。在《明天的路标》里，彼得·德鲁克将全局的、非观点的路径称为"有组织的无知" (organized ignorance)。这种新的教学方法使一般的教师能够在普通的班级里做第一手的研究。

第二次世界大战期间，运筹学用的策略是让专家脱离自己的领域。武器问题直接交给生物学家和心理学家，而不是工程师和物理学家。因为运筹学家发现，专家必然将自己掌握的知识指向问题，而非专家对研究的困难一无所知，所以他只会问："为了理解这一情景，我必须了解什么？"一句话，他组织自己的无知，而不是组织自己的知识。结果会实现许多突破，完成许多其他办法不可能得到的解答。回头一看，那些最伟大的发现似乎是一望而知的。难道这不是因为，过去无关紧要的训练造成的云里雾里的设想和无意识偏向荡然无存了吗？

去年6月，在全美武装力量电子传播研究会的年会上，刘易斯·鲍威尔 (Lewis Powell) 说：

> 521 在我的童年时代，人们总是说，第一次世界大战爆发时，我们毫无准备。后来我又听说，第二次世界大战爆发时，我们措手不及。民间有许多这样的说法，事实不是这样！我们从来就没有猝不及防！第一次世界大战爆发时，我们准备好打美西战争。第二次世界大战爆发时，人们又说，我们第一次世界大战的战果可以更加辉煌……我们的倾向是重复上一次打仗的经验，我们被经验捆住手脚！……在我们的时代，事物在爆炸性发展！如果你落后时代二三十个月，你比你二三十岁时的老爹还要落后。
>
> 问题是，你我出生、上学和生活的时代是蜗牛爬行的时代。我们难以意识到，现在的进步是在灵感驱动、目的明确的情况下取得的，而不是靠汗水体力偶然取得的。脑力取代体力成了国家资源。这一事实决定，你需要因材施教。在人类事业的一切领

域,我们都需要更聪明的脑子。

此前不久,鲍威尔先生指出:“我们昔日进步很慢时,努力跟上进步并非聪明之举。”今天,人一生经历的变革前所未有,超过了以前世界历史的总和。教育工作者理解这些变革对学校和社会的意义,就成了绝对的必需。如果靠社会濡染和逐渐适应的老办法去适应这些变革,老师和学生都不会有任何机会。现在,我们不得不理解和控制新技术,因为新技术的力量来得突然,总体冲击力太大,随意的濡染或无意识手段不可能吸收其冲击力。

有史以来第一次,进步成为目的明确、刻意为之的成果。灵 522
感取代了汗水。因此,教育必须要手握重权,承担起预测和掌握全局形势和变革的重任。在这样的情况下,清除一切新旧媒介的阈下知觉层次仅仅是教育战略的第一步。

今天,这个目标不像几年前那样难以实现了,因为这个多媒介世界的内部是“通体透明”、明白易懂的。一种媒介对另一种媒介的X光作用揭示了社会机体的结构和骨架。我们早已知道外在机器的结构,但我们对社会机体的有机结构知之甚少。然而,社会机体自然是人类组合的网络。录音机使我们很容易听到方言土语,揭示了方言土语隐蔽的动态结构。同理可以说,书写、手势、印刷术和摄影术等媒介语言的结构和运行也深藏不露,深埋在社会偶然事件和外显的用途之下,直到现在。

教育电视赋予教学新气象,使教师成为大手笔的出版人。同理,日常的媒介在“娱乐”伪装下运行,使课堂的围墙延伸,将这个地球纳入自己的范围。技术推动信息在全球流动,这种流动成了全世界最大规模的产业。文化成了我们的产业,一口吞下了企业人和教育工作者。

在拉伯雷的想象中，印刷术的形象就像他《巨人传》的主人公“庞大固埃的大嘴中的世界”。现在看来，这一形象的意义容易理解了。与印刷术竞争的嘴巴、新媒介的嘴巴正等着我们。可以说，我们可以在咀嚼我们的巨人中进行挑选。换句话说，我们可以扮演巨人杀手 (Jack the Giant Killer) 的角色，掌握我们创造才能的投射或延伸，有意识地使这些巨人般的延伸为自己的目的
523 服务。如今，我们教育工作者应召将历史的炼金术置于自己的管理之中了。

在今天的企业界，生产和营销成本之外的预算项目就是研究开发。现在的变革接近于爆炸；在此情况下，大企业必须靠预测和研究走在变革的前面。研究的目的是领先变革，以掌握变革。

在预测和控制技术变革中，教育工作者承担着更加重大的责任，因为变革影响学习过程。面对多媒介的编码信息，我们必须了解，在入侵青少年的感知生活、赋予其结构中，哪些媒介拥有天然的优势地位。这是因为，无论首批入侵者是英语、法语、印刷品或图画，它们都留下了感知印记，并影响一切后续的学习。

卡尔·奥尔夫在维也纳创办音乐学校，他不招收已经学会读书写字的儿童。他坚持认为，眼睛接受了有力的训练以后，耳朵和其他感官的音乐训练就绝无可能了。

我们尚需了解，哪些媒介可以在教育里享受优先地位而不至于有风险，而且它们还与我们终生充分调动感官功能的生活一致。这是因为，我们再也不能把教育当作对青少年的培训，因为即使幼儿也常常在报纸、杂志和电视上接触到成人生活的内容。同时，在商务生活和社会生活中，成人必须常常涉足新的学习计

划。三十五岁到四十五岁的成功的企业主管常常被送到大型的管理教育中心去“洗脑”，去接受再教育。

倘若我们的脑子被某些类型的感知训练堵塞，使我们难以完成未来的学习，我们就成了技术变革的牺牲品，就像不能转行演 524
电视的电影演员一样。

哪一种教学媒介对未来的学习阻力最小？这是一个基本的问题。哪一种教学媒介是对幼儿最立竿见影的媒介？这两个问题是截然不同的问题。童年时代学习的印刷媒介对许多功课的学习是重大的障碍，只有音乐例外。

与此相关的另一个问题是，在形塑总体的学习过程时，如果让个人和整个社会同时使用一切媒介，这在多大程度上令人满意呢？这是一个社会问题，非洲、印度和中国都出现了这个问题，是同时接受一切媒介呢，抑或是一次只接受一种媒介呢？这个问题对他们的发展以及人与人的关系都会产生重大的影响。

印刷术拥有使社会非部落化的强大力量，它同时又造就了强烈的个人主义和民族主义。相反，广播在非洲强化的是现有的部落模式。我们之所以认为，非洲广播节目的“内容”是广播引起情感激荡的原因，那是由于我们接受的训练有印刷术的偏向。

于是我们可以说，今天没有任何媒介具有自己孤立的意义。在书写和印刷术垄断教育影响的千百年间，有一个假设的势头是很强劲的：书写和印刷术这两种媒介形式是基本的形式，其他的媒介是没有的。书写和印刷术固有的、非语言表达的模式和力量被人忽略了；直到摄影术、电影、电报等与之竞争的经验编码的媒介诞生，书写和印刷术隐蔽的教育功能才被揭示出来。

这是因为，无论有多少相互竞争的媒介进入今天儿童的平常生活经验，如果你指望古老的印刷语词的威望给儿童留下深刻的印象，那是完全不切实际的幻想。目前，他们接受的训练方法有这样一个基础，那就是印刷品在学校和产业界中传统的、假设的
525 作用。面对传统的训练方法，儿童会立即丧失学习动机。动机的丧失是儿童对全社会思想混乱的自然回应。在俄国，印刷术具有新玩意、新技术的一切诱惑力，它还保留着初期所向披靡的产业组织和社会组织的威力。看来，俄国人还不大明白这个道理；同理，对尾随印刷术而兴起个人创新和民族感情的发展，他们还没有思想准备。

在广播、电视和核物理的时代，印刷术在俄国传播开来。因此，俄国的发展模式不可能与西方的模式相同，因为印刷术在西方并没有遭遇到与其竞争的媒介，当时，没有其他媒介和知识与印刷术并存。

同理，印刷术在中国文化里的发展历程与它在俄国的发展道路也决然不同。这是因为，中国会意文字的力量远远大于印刷术当初在西方遭遇到的对抗的力量。会意文字更接近核物理现象的模式和研究活动，比俄国或西方的任何现象都更接近核物理。中国人最终将在非欧几里得数学和物理学里得心应手，比其他任何人都更加驾轻就熟、游刃有余。

一百多年来，西方的诗人和艺术家迷恋中国书画。诗人和艺术家总是即将来临的媒介技术的先锋。他们的作品率先提供线索，使我们能解读新技术对改变人类生活与学习模式的意义。艺术家作为先行官和模式塑造者的角色是我们理解媒介的重要资源。事实上，其作用指明了学校课程的自然整合手段，无论历史、数学、语言和媒介研究的课程，都可以用这一资源来整合。

在一定程度上，这个教学大纲试图提供全局整合的手段，同时又直接规划媒介教学里的具体问题。

第一讲　文字 526

或许可以考虑，不把这一讲纳入教学大纲，因为里面涉及前文字社会性质的介绍。但从文字开讲的理由是“后书面文化”的性质；从技术的意义上说，“后书面文化”的性质似乎是电子人的特征。这一讲的要点是文字的起源，兹略呈于下。

(1) 文字是定居社会的成就。游牧民族没有发明任何文字。

(2) 雕塑出现在文字之前。

(3) 雕塑是马尔罗[1]所谓的“缄默的声音”，是声音或“声觉空间”可见的模型化。

(4) 文字是由“声觉空间”或语音转换而来的图像空间或视觉空间，是圈定的空间。

(5) 定居的社会实行劳动分工，劳动分工又造成感知生活一定程度的分离。

(6) 非游牧民族习惯专门化的任务，学会了用一种感知去表现另一种感知，学会用多种方式使声音成为可见的形象。

(7) 拼音字母表是技术上跨出的又一步。它使语音和有形字母与“意义”分离。它创建了一种手段，用“平均的语音”来代表许多实际的语音模式。今天，这种情况再次发生：语词本身又迈

1 马尔罗 (Andre Malraux，1901—1976)，20世纪法国小说家、学者、政治家，在考古、艺术、政治活动中均有建树，参加过中国革命、西班牙内战、法国抵抗运动，任内政部长达十年。代表作有《西方的诱惑》、《征服者》、《人类的命运》、《希望》、《沉默的声音》等。

出了一步。我们试图研制翻译“机器”或语言计算机。我们在信息论里学到，语词的多重意义和细腻意义必须要被模式化为“平均”的意义。

527 (8) 拼音字母表以其“平均”的结构赋予西方力量，使之能将任何语言翻译成字母表的符号体系。字母表成了文化与政治用于征服与控制的手段（见伊尼斯《帝国与传播》，1950年）。

(9) 为何其他文字比如汉字不能完成类似的征服呢？因为圣书文字、象形文字和会意文字都不能将复杂的情景分解为分析性的小块和断片。

(10) 拼音字母表不仅以视觉的形态捕捉住语音，而且使人能分析并捕获自己的思想活动，使人把思想记录下来，成为静态的命题和阐述。

在电子时代，我们发现，这种记录和表征思想的形式有深层的焦躁情绪。符号逻辑学家和其他人都深知拼音文字记录思想会失真，都觉得传统的逻辑长处微乎其微。

同样，人类学家谋求充分记述古文化时发现，与电影相比，书面描绘是不充分的；电影能在一个镜头里捕捉到情景的许多方面和多重关系。

(11) 文字使人能一次只考虑一个问题。

(12) 口语人或前文字的人没有一次只考虑一个问题的手段。他们抓住全局，我们在“原始”语言里就发现这样的倾向。

(13) 我们所谓的“神话”就有这种总体把握的特征。在电子时代，我们不仅体认神话、理解神话，而且还创造神话。图像广告就具有大量神话的形式特征，为消费者提供生产知识和消费者满
528 意的、内容丰富的形象，只需一个时刻或一个形象即可创造神话。

(14) 由于一次只做一件事的特性，拼音文字培育了潜意识生活的习惯。换言之，当人注意一次只做一件事时，他耳闻目睹的东西就被塞进注意力水平线以下了。

书面文化人养成了大量的潜意识生活习惯。相反，表面看似乎矛盾的是，原始人的全局意识高得多。电子人发现，他必须要重新开发这样的意识，因为今天信息运动瞬息万里的特性使他必须要理解信息冲击和影响的整体场。实际上可以说，我们的整体场是全世界，地球已经被电子技术压缩成一个小小的村落了。

(15) 同样似非而是的是，前文字人和电子人都面临类似的生活学习情景。

他们的文化方略也会相同吗？

我们也会谋求固化，使家庭成为一切组织的模式吗？

第二讲　手稿文化

第一讲说的是从前文字文化到后书面文化生活的整个周期。这个周期从听觉、口语和部落组织开始，经过非部落化和新社会结构的书面文化阶段，然后到达“后书面文化”阶段即电子时代。

第一讲可以省略，手稿文化这一讲也可以省略。之所以这样
说，那是因为，如果这两讲被视为必需，它们自然就应该大大扩 529
充，而且还要有大量的文选作为补充材料，而不仅仅提供一些参考读物。

手稿文化是手工文化。印刷术是古代手工艺首次名副其实的机械化。手工艺对印刷术的贡献也许大大超过了经院哲学家的贡献。经院哲学家坚持普世性，在一定程度上坚持一切真理和

知识的一致性。因为印刷术给这种普世性赋予物质的表现形态，人们常说，印刷术把科学和民主结合起来。

手稿文化的命运随着书写材料的供应而潮涨潮落。大卫·迪林格[1]的《手工书》(*Hand-Produced Book*) (1953) 是这方面最好的参考书，它介绍了印刷术以前写作和出版的方方面面。切特尔 (H.J. Chaytor) 的《从手稿到印刷》(*From Script to Print*) 是研究手稿如何影响中世纪人作诗习惯的重要著作。摩西·哈达斯 (Moses Hadas) 的《经典导读》(*Ancilla to Classical Reading*) 介绍了古代读者与作者的关系。至于文字的使用和效应、读者的习惯，迄今尚无任何研究成果，一切时代包括现代都缺乏这样的成果。

研究缺乏的原因似乎与印刷术固有的性质有关。因为印刷术不仅 (靠静态的点状模式) 养成一切媒介中性的幻觉，即使这并非令变革理论不可能形成，至少使变革理论难以形成。

(1) 在古代和中世纪，手稿都是要高声朗诵的。印刷术以前，默读几乎被认为是不可能的绝技。朗读对生活、学习、书写和阅读产生了重大的影响。

(2) 手稿的写作慢，朗读也慢。在中世纪，羊皮纸的稀缺比时间的缺乏更严重。任何作品都只有几个抄本。

530 (3) 因为朗读慢，手稿书稀缺，难以查找，所以学生自然倾向于记忆一切读过的东西。

(4) 由于上述原因，作者和抄书人往往压缩和摘抄别人的著作以及自己的著作。手稿文化一方面靠摘抄的形式运行，另一方

1 大卫·迪林格 (David Diringer, 1900—1975)，英国语言学家、古文字学家，著有《字母表》、《字母表的历史》、《印刷术以前的书籍》等。

面又靠口头讲授的方式传承。

(5) 小学教师常常帮助学童动手抄诗歌、语法书、词汇单和地方的民谚民谣。

(6) 手稿环境养成人在文本方面的自我依赖，使人喜欢在交谈中辩论。

(7) 手稿文化的读者不会产生轻松自如地跟随作者思路的幻觉。大多数情况下，古代和中世纪的作者都不会设想他和读者关系密切，因而不会有自我表现和自我袒露的奢望。

(8) 强记摘要的习惯还养成了追求百科知识和全面涉猎的目标。

(9) 有学问的人记住了自己拥有的全部文本和资料以后，用文本轰炸文本去争辩的习惯就自然产生了。强记一停止，口头争辩随即停止。

(10) 文本靠记忆，交流靠口头，既然如此，为什么坚持细节和界定的精确性反而成为自然而然的习惯呢？

为何印刷术使上述一切为之一变？

第三讲　印刷术 531

为什么我认为前两讲完全是初步尝试？原因在于，它们涉及的文化气候与今天学生的经验相去遥远。

既然印刷术并不遥远，我将这一章分成几个小节；按照我目前的设想，这几个小节大致适合在第十一年级讲授印刷媒介。这意味着，我希望听到多方面的实用的批评和建议。

仅仅按时间顺序讲印刷媒介似乎不可取。

第一小节：可重复的讯息

在8世纪左右，中国人就发明了雕版印刷。古人作洞穴画不是为了观赏，而是为了娱神，同理，中国人的雕版印刷是一种视觉上的转经轮，用于祈神，在完全相同的重复仪式中，反复祈求神祇。谷登堡的意图不是这样的。我们可以问，中国人的雕版印刷的魔力在多大程度上嵌入了我们的印刷工艺中，又在多大程度上嵌入了活字印刷的后果中？

(1) 印刷术对教育产生的早期影响有哪些？

印刷术意味着人人都可能拥有同样的文本。这使课堂教学如何有别于手稿的教学？

我们今天回归语言的直接口语教学，这是对印刷术的抛弃吗？

532 与强调印刷文本的教学法相比今天的语言教学法和其他科目的教学法都有变革，促成这些变革的新情况是什么？

(2) 威廉·伊文斯 (William Ivins) 的《印刷品与视觉传播》(*Prints and Visual Communication*) 告诉我们，印刷术之前，科学和数学难以在我们的感知里存在。

(3) 可重复性在多大程度上是印刷品的语言属性或非语言的属性呢？

这一属性与有意识、无意识或潜意识类似吗？

(4) 为什么印制的书籍在印刷术刚兴起时好似一本价格比较便宜、容易获取的手抄书呢？

(5) 相比而言，印刷品读起来比手稿快。此外，印刷品还可以默读、个人独处时阅读。

为什么手稿不容易迅速理解？

个人高速度的默读如何改变研究的方法和前景？

为什么手稿用作参考书的用处不大？

第二小节：印刷术与观点

(1) 私下默读印刷品的读者的个人观点出现的时间，正好与绘画、写作、政治的透视出现的时间巧合。这是自然的、必然的发展趋势吗？

(2) 当今的新媒介比如报纸、摄影术、电影、广播和电视，如何养成生活学习里个人的观点？ 533

(3) 印刷品的读者个人的观点是否与印刷品形式上的同一性和可重复性一致呢？

(4) 个人独处默读连成线条的印刷符号为什么会养成透视的习惯呢？

为什么透视需要单一、固定的位置呢？

透视对眼睛而言是自然的属性吗？

印刷文化之外存在透视吗？

为什么透视法在塞尚以后消失了呢？

(5) 在《神圣与亵渎》(*The Sacred and the Profane*) 里，米尔恰·伊利亚德比较了前文字人与书面文化人的空间观和时间观。

他证明，我们把空间的“同质性和连续性”视为理所当然，相反，前文字人或古人却没有这样的观念。他们觉得，每一个空间都是独特的时空事件，每一段时间也是独特的。这是否意味着，我们在电子时代开始分享洞穴人的观点了呢？

在印刷术出现以来的几百年里，由于印刷品的同一性和可重复性，我们是否已经养成了一种与当前的电力技术不可调和的生活方式呢？

在加速变革的时期，了解技术对我们习惯和观点的影响是否有助于规避困惑和不必要的压力呢？

534 (6) 在活字印刷刚开始广泛使用的几十年里，“另一种革新正在意大利立足”。参见埃里克·巴娄 (Erik Barouw) 的《大众传播》(*Mass Communication*)。

达·芬奇在未刊稿里对暗室里的小孔成像做了这样的描绘：“在阳光明媚的日子里，你坐在黑暗的房间里，如果一边墙上有一小孔，你就会在对面墙上看见外面的形象——一棵树、一个人、一辆路过的马车。”(巴娄，第13页)

波尔塔 (Giovanni Battista della Porta) 在1558年的《自然的魔力》(*Natural Magic*) 里描绘了小孔成像的发现及其用途。

不久，有人在小孔里插入一块透镜，使成像更清晰，但形象是颠倒的。于是，有人把透镜置于一只匣子中，而不是房间的墙壁上；如此，透镜就使颠倒的形象颠倒过来了。这个匣子被当作小房间，并被称为“暗室”，它“可以指向风景、街道或游园会”。人们惊讶地观看匣子里游动的形象 (巴娄，第14页)，颇像今天的人看电视。在透镜成像阶段之前的小孔成像阶段，人们坐在暗室里，那也像看电视。

这里出现的问题是，“暗室”有成像魔力，而源源不断从谷登堡等印刷商的活字印刷中流淌出来的可重复的完全相同的书卷也有魔力，这两种魔力是否有相似性或相关性呢？

(7) 一目十行的文字和迅速放送的呆照形成的电影是否有对

应的成分呢?

白纸黑字的铅印文字是否在脑子里形成了一连串流动的“呆 535
照”呢?

是否可以说,读者阅读印刷品时,他在脑子里和想象中沿着作者的思想活动“旅行”呢?见济慈的十四行诗《初读查普曼翻译的〈荷马史诗〉》:“我在层峦叠嶂的金山里流连忘返。忘情于许多美丽富饶的国土异邦。”

(8) 印刷术的第一个阶段和世界探险的时代吻合,这是偶然现象吗?

中世纪的地图显示,16世纪以前,人们并不认为城市、国家和大洋的空间是由彼此相关的线条连接起来的。沿着一条线往前走的思想,无论地理意义上还是社会思想意义上运动的思想,都是新鲜的、革命性的思想。

(9) 印刷术的第一个阶段也是个人主义和民族主义的第一个阶段。印刷文字的读者容易形成个人的观点、个人创新的习惯以及向自定目标前进的“心灵指引”[戴维·里斯曼[1]《孤独的人群》(*The Lonely Crowd*)]。

但为什么印刷品在中世纪社群里培育了前所未有的新兴而强烈的民族主义呢?是因为自己方言的技术新装使人看到自己社群的新形象吗?

(上述问题似乎是前人没有提过的问题,所以学生可以自由思考和探索)。见卡尔顿·海斯(Carleton Hayes)《近代民族主义

1 戴维·里斯曼(David Riesman, 1909—2002),美国社会学家,著有《孤独的人群》、《人群中的面孔》、《富裕为谁》等。

的历史沿革》(*The Historical Evolution of Modern Nationalism*)。

536 (10) 可以说，印刷文字展现组织的、动员性的力量的形象吗？

(11) 是否可以说，以同一的片断、靠一次只做一件事的方式，活字印刷的装配线表现了军界和产业界组织生活的非语言形象呢？

(12) 英格兰早期工业革命的装配线有赖于阅读印刷书籍的社群吗？

(13) 拿破仑派往欧洲各地的由公民组成的军队有赖于活字印刷的同一性和可重复性吗？

拿破仑的新军在前工业革命的俄国战败了，这是新旧技术和策略冲突的结果吗？

第三小节：印刷术与产业

起初，印刷的书籍被视为价廉的手抄书。印刷商不给机印书编页码，这一不太引人注意的现象就足以说明，人们对印刷书籍的观点有误。因为读手稿的速度很慢，所以手稿没有被视为必须要看的书。相反，印刷书籍是可以读得很快的。快速阅读时，强记不再必需，也不再方便，但参阅书里的某一页某一段倒是需要的。然而，过了一百年，印刷商才开始给机印书提供编页码之类的参考手段。

拉伯雷之类的富有创意的作家掌握印刷术新的艺术特点，并没有花费一百年。阿雷蒂诺很快就发现，印制的小册子可能会是"王公的灾难"。但蒙田和塞万提斯之后，印刷术才成长为一种新兴的艺术形式。印刷术对工商业的影响迅速而广泛。

(1) 在什么意义上，一种可以精确复制的商品比如机印书是 537
商务活动里的新鲜事？

(2) 在今天东方的巴扎集市上，讨价还价的常规是否是由于没有可精确复制的商品呢？

(3) 在不习惯印刷品的社群里，价格的构架要如何设计呢？怎样才能被人接受呢？

(4) 如果在印刷术和阅读被视为理所当然以前，工程人员就把大规模生产引进印度、非洲或俄国，如何才能在市场不存在的情况下推销商品呢？

如果在印刷术、阅读、价格体系和统一的商品市场形成之前就实行机器生产，共产主义是否就是必然的结果呢？

(5) 印刷书籍的读者展现出“消费者”的一面吗？ 538

编者后记：将《报告书》改写为《理解媒介》

特伦斯·戈登

539 麦克卢汉的《谷登堡星汉》(1962) 荣获加拿大总督奖。此时，他正准备搅拌他的研究项目"大缸69"，把《理解新媒介研究项目报告书》改写成一本书，题名用"理解媒介"。他的朋友和同事人类学家泰德·卡彭特[1]不同意这个书名，更喜欢"人的延伸"，这是从爱默生[2]的《著述与岁月》(*Works and Days*) 里撷取的用语。最后麦克卢汉保留了"理解媒介"，意在唱和克伦斯·布鲁克斯和罗伯特·沃伦[3]的《理解诗歌》(*Understanding Poetry*)，把爱默生用语"人的延伸"作为副标题。

哈里·斯科尼亚本来可能成为《理解媒介》的合作者，他读过《理解媒介》的手稿，又读过《谷登堡星汉》的清样，而且还写过书评介绍《谷登堡星汉》。然而，他与麦克卢汉的合作仅停留在意向阶段，并未继续前进。斯科尼亚觉得，麦克卢汉说出了担

---

1 埃德蒙·斯诺·卡彭特 (Edmund Snow Carpenter, 1922—2011)，美国人类学家，麦克卢汉思想圈子的核心成员，传播学媒介环境学派第一代代表人物，20世纪50年代与麦克卢汉共同主持跨学科研究小组，主办《探索》杂志。

2 拉尔夫·华尔多·爱默生 (Ralph Waldo Emerson, 1803—1882)，美国思想家、散文家、哲学家、诗人，超验主义运动主要代表，强调人的价值，提倡个性绝对自由和社会改革，著有《论自然》、《诗集》、《五月节》、《论经验》、《论历史》、《美国学者》、《爱默生讲演录》、《爱默生选集》等。

3 克伦斯·布鲁克斯 (Cleanth Brooks, 1906—1994) 和罗伯特·沃伦 (Robert Penn Warren, 1905—1989)，美国"新批评"派及南方文学代表人物。

心文明灾难的内心恐惧；人要学会明智地使用新媒介，而且要理解媒介，以监控新媒介产生的影响。

麦克卢汉“猛攻”自己的藏书，改写《报告书》，完成了《理解媒介》的初稿。初稿引用了几十位作者，不过，其中一些人在后来 540
编辑的过程中被砍掉了。1961年6月，麦克卢汉将出书建议和手稿寄给纽约的麦格劳—希尔 (McGraw-Hill) 出版社。副主编利奥·威尔逊 (Leo Wilson) 初评以后回信时，麦克卢汉已经寄出了他扩写的第二稿，同时寄出的还有他的第二本书的写作计划，题名为“机器新娘的孩子”，意在研究广告，并更新他的第一部专著《机器新娘》(1951)。

威尔逊发现，麦克卢汉的手稿处处生辉，但其风格却松散；他用常规的编辑标准提出批评：麦克卢汉需要修订，使之容易读懂。1962年10月，他致信麦克卢汉，没有接受麦克卢汉的“讯息”定义，不认为这是媒介对读者的影响——也许他没有理解“讯息”的定义。以他编辑的眼光来看，《理解媒介》的手稿像是在宣传乔伊斯的《芬尼根的守灵夜》。他不太情愿地承认，麦克卢汉的火山爆发式文字令人愉悦，但他决心加以控制，不让这座火山爆发。麦格劳—希尔出版社承诺出这本书，但要麦克卢汉提供一部更流畅的手稿。

他被激怒了。此前，批评《机器新娘》的人发现，他的书有道德批判的观点，这使他感到刺痛。如今他担心，如果威尔逊坚持要他修改，《理解媒介》会遭到同样的批评。无论如何，他已经改了好多次，部分章节还进行了重写。他反复修改是由于害怕刺激读者。除非发现新的峰回路转，改得使自己满意，他就一改再改。他要把书里的沾沾自喜涤荡干净。

1963年，利奥·威尔逊离开麦格劳—希尔出版社，《理解媒介》的书稿移交给戴维·西格尔 (David Sigal) 。浏览了威尔逊与麦克卢汉的通信以后，他对书稿的兴趣被激发起来了。麦克卢汉以为，《理解媒介》计划在1963年发行。西格尔迅速打消了麦克
541 卢汉的估计。和威尔逊一样，他对书稿的状况有一丝绝望。他觉得，把标准的编辑指针强加于麦克卢汉可能会毫无意义；他甚至承认，手稿的文风与题材有一些共生的道理。在这个方面，他似乎觉察到《理解媒介》的宗旨了，但他并不比未来的读者占有更大的优势。而未来的读者要读到第三十一章才能够看到麦克卢汉宣示该书的主题："本书的主题是：即使对一种媒介的独特力量有最清楚的了解，你也无法阻挡正常的感知'关闭'；感官使我们顺应自己接受的经验模式。"

西格尔最后同意放弃他的一切编辑要求，但麦克卢汉却认为，是他本人被迫退却，放弃了马赛克文风的全部冲击力。与此前的《谷登堡星汉》和以后的《从陈词到原型》相比，《理解媒介》的外观倒是常规的书。当被问及他从《谷登堡星汉》到《理解媒介》文风的转变时，他以不合逻辑的方式回答说，麦格劳—希尔出版社有一条"家规"：作者只能引用他们不同意的文献。至于他提议的第二本书《机器新娘的孩子》，显然是在作者与出版商因对立而产生的缄默中被放弃了。

在1963年暮秋《理解媒介》的第三稿即最后一稿中，原来的第二章"媒介即讯息"成为第一章。但第一章的破题句不再是"任何媒介的'内容'总是另一种媒介"，不过，这一思想仍然是第一章的焦点。第二稿里的一个生动的比喻被放弃了：任何媒介都有一件内在的即内容的隐身衣。同时被放弃的还有富有创意的

有关媒介效果的论述：任何媒介的影响首先来自被忽视的媒介本 542
身；媒介的源头被忽视时，其影响更大。

重要的修订是在书稿的第一部。第二部的修订有两章的标题："时钟：美国的口音"改为"时钟：时间的气味"，"信用卡：丁当的符号"改为"货币：穷人的信用卡"（这个丁当的象征挪给了电话那一章的标题）。很长的"广告"那一章起初遵循《机器新娘》的风格用了一些插图，正式出版时的篇幅大幅度削减，没有任何插图（引来一位书评人的抱怨），题名改为"广告：使消费者神魂颠倒"。

麦克卢汉断言：在20世纪，轮子业已过时。他精疲力竭的责任编辑完全坚守自己的立场，决不同意这样的论断；他难以和麦克卢汉一道完成这样的思想"飞跃"，即使有结实的逻辑保险绳系在身上，他也不愿意和作者一道冒险。他以同样气喘吁吁的口气抱怨作者对时钟的论述。在第二稿中，麦克卢汉写道：各种家用器物都是身体压力（使储存、运动和便携功能延伸的压力）的产物……例子有花瓶、罐子和"慢性火柴"（即保存的火种）。储存火种的地方，先是洞穴或地窖，以后才是房屋，因为房子不是封闭的空间，而是身体的延伸。编辑不同意这段话，认为"因为房子不是封闭的空间"令人困惑。麦克卢汉的回应是划掉这句话。在这个漫长的孕育期，《理解媒介》的最后打字稿又做了大量的修订，篇幅也大大增加，但正式出版时又做了删节。然而，增加的两章"杂交能量"和"作为转换器的媒介"还是保留下来了。

1964年春，《理解媒介》正式发行。到1965年1月，麦克卢汉着手写第二版。到盛夏时，他建议麦格劳—希尔出版社出儿童版
《理解媒介》。大概是他想起曾经戏言，他要用C.K.奥格登设计的 543

850词“基本英语”[1]编写《理解媒介》(麦克卢汉的剑桥大学导师理查兹是奥格登“基本英语”的倡导者与合作者)。他的热情来自他的灵感，通过对“媒介即讯息”以及“新技术造就新的人类环境”的认识，他获得了新的洞见。他发展并提炼这些洞见，直至学
544 术生涯的结尾。但儿童版《理解媒介》始终未能问世。

1 基本英语 (Basic English) 是一种人工语言，由英国语言学家和哲学家C. K.奥格登 (Charles Kay Ogden, 1889—1957) 创造。他鼓吹：他设计的“基本英语”只要用七个星期就可以学会，“基本英语”可以用来改写《圣经》，可以用于各种交流。

附录二

评论界对《理解媒介》的批评

对《理解媒介》的评论接踵而至。里克斯 (Christopher Ricks) 545
先生在《新政治家》撰文宣告:“麦克卢汉不仅是一个国家的权贵人物了。”[1]这不是恭维。他含沙射影地说:“麦克卢汉先生紧紧攫住巫师的水晶球。”他又发现,这本书里的电速、媒介即延伸、媒介效应等主题“同居一书,但成效不大”。他感觉到这些主题的重要意义,但指出,“这些主题全然被该书的文风淹没了”。(麦克卢汉的编辑们禁不住要露出一丝苦笑吧。)《理解媒介》的种种探索意在引起读者深思,却阻塞了这位评论家的理解,使他难以看清,麦克卢汉用媒介的语言对内容做了重新的界定。正如十年前误将《机器新娘》汪洋恣肆的风格当作麦克卢汉的道德立场一样,《新政治家》对《理解媒介》开宗明义悬置道德判断的宣示视而不见,里克斯先生认为,麦克卢汉担任着介于福音传教士和艺人之间的角色。[2]

福克斯 (C. J. Fox) 先生在《公益评论》(*Commonweal Review*)
撰文称该书既令人生气,又不乏思想光辉,但语无伦次。他驳斥麦 546
克卢汉“印刷术产生民族主义”的观点,认为其“论证极端不足”。[3]贝茨 (Ronald Bates) 在《塔马拉克文学评论》(*The Tamarack Review*) 撰文称,他在书中探察到“一丝‘知道分子’的自鸣得意”。[4]罗克曼 (Arnold Rockman) 在《多伦多星报》(*Toronto Star*) 宣告,《理解媒介》内容丰富,却摊子太大。他发现作者有夸张的毛病,

1 Christopher Ricks, “Electronic Man,” *New Statesman*, 11 December 1964.——编者

2 同上。“而且,书里还有一个充斥预言、令人陶醉的市场,那些手腕高明的预言,最后一刻用布道偷换的预言,尤其令人陶醉。正如雅克·巴尔赞 (Jacques Barzun) 一样,麦克卢汉先生善于制造悬念,给人半遮半掩、即将撩起面纱的感觉。”——编者

3 C. J. Fox, “Our Mass Communications,” *Commonweal Review*, 16 Ocotober 1964. ——编者

4 Ronald Bates, “The Medium Is the Massage,” *The Tamarack Review* 33 (1964), pp. 79—86. ——编者

与巴斯德、弗洛伊德、达尔文和马克思一样白璧有瑕。[1]然而，评论家们亦隔空交火。哥伦比亚广播公司的李斯特·辛克莱(Lister Sinclair) 气势汹汹地说，《理解媒介》喋喋不休地论及绘画，却没有一幅插图。[2]艾伦·托马斯 (Alan Thomas) 却严厉批驳，说辛克莱“火气太大”，“用前所未有的、最容易的办法去读麦克卢汉的书：凡是不懂却又不能置之不理的东西，就予以抨击……”。[3]托马斯建议用这样的方略去阅读《理解媒介》：“如果你能读诗，那就用读诗的方法。”[4]

《时代》杂志一篇书评认为，《理解媒介》书名所含的主题，在书里却找不到只言片语，一位读者忍不住投书谴责这一书评。[5]更严重的事态尾随而至：一种对麦克卢汉思想流行的误读不久就开始扎根。有一篇题名暧昧的评论叫《颠倒的加拿大人》(“Reverse Canadian”)，加利福尼亚州滨河市的《滨河报》(*Riverside Press-Enterprise*) 给《理解媒介》扣的帽子是：“反对书籍的书”。[6]

547 著名批评家的误解促使他思考并形成一个重要的观点。麦克卢汉说，查尔斯·赖赫 (Charles Reich) 的《美国披上绿装》

1 Arnold Rockman, “A rich, sprawling book,” *Toronto Star*, 13 June 1964. ——编者

2 Lister Sinclair, “Understanding Media had to understand,” *The Globe Magazine*, 11 Jule 1964. ——编者

3 Alan Thomas, “Misunderstanding Media,” *Toronto Telegram*, 22 August 1964. ——编者

4 同上。——编者

5 Joseph B. Ford, “Letters to the Editor,” *Time*, 10 July 1964. ——编者

6 Douglas Parker, “Reverse Canadian,” *Riverside (California) Press-Enterprise*, 24 May 1964. 这顶帽子的由来是《理解媒介》里的一些文字，比如“显然，西方世界的成就证明读写文化极有价值。但也有许多人持反对意见，理由是我们为专门化技术和价值观念付出的代价太高”(第120页)。在公开的讲话和通信中，麦克卢汉对这一主题做了多种形式的加工。比如：“在新的电子时代，我们对印刷文字的偏好使我们无能为力、效率低下，我强烈地倾向于认为，我们应该培养适合我们处境的各种感知能力。”(《麦克卢汉书简》(*Letters of Marshall McLuhan*)，第3页) 批评者常常把他诸如此类的言论解读为“反对书籍”的立场。然而，就在上下文里，麦克卢汉指出：“我不是反对书籍的人，也不是反对线性思维的人。如果说我有什么正常和自然的偏好，那就是读书识字的价值。”(同上) ——编者

(*The Greening of America*) 对“媒介即讯息”有一个“很有价值的误解”。[1]和许多批评者不一样，赖赫说出了他对这句话意思的看法。麦克卢汉感谢他无意之间提供的启示。“他认为我仅仅说，媒介像电光一样没有内容，将来修订时，我要引用他的话，我在为修订做一些准备。”[2]

赖赫使麦克卢汉灵光乍现：“他的话是引起我注意的少数有用的评论之一。它使我明白，电灯光、铁锤、语言、书籍的使用者才是媒介的内容。”[3]麦克卢汉致信赖赫表示感谢，试图使之意识到自己的错误，但赖赫坚持认为，“你信中所言和我在书里表达的观点吻合，就是说，人们‘忽视’媒介，同时他们日常使用的媒介又反过来塑造他们的观点”。[4] 548

在这一点上，麦克卢汉与《多伦多星报》的彼得·纽曼 (Peter Newman) 所见略同。他说：“使用者总是他所用媒介的内容。他逐渐发现媒介的潜能，从而使自己成为媒介的内容。这个道理既适合语言，也适合住宅和汽车。意义是人与媒介的互动。我们逐渐集中精力审视和探索周围的媒介，在这个过程中获得意义。但在生成意义的过程中，我们又给环境带来新的利弊，这些新的环境又成为新的媒介。如果说意义是我们与技术互动的过程，那么互动的投射就产生媒介的效应或讯息。由此可见，说‘媒介即讯息’是把这些阶段糅合起来的结论。”[5]

致信赖赫以后，麦克卢汉偏离一种媒介是另一种媒介**内容**的

1 麦克卢汉致儿子埃里克·麦克卢汉的信，《麦克卢汉书简》，第418页。——编者
2 同上。——编者
3 麦克卢汉致爱德华·霍尔的信，《麦克卢汉书简》，第422页。——编者
4 加拿大国家档案馆，赖赫致麦克卢汉的信，1971年1月22日。——编者
5 加拿大国家档案馆，麦克卢汉致彼得·纽曼的信，1971年2月5日。——编者

思想，转向一种新的想法：媒介即**意义**，因为意义是另一种媒介的内容。换言之，他强调媒介互动的结构动态关系，因为这是一种媒介与另一种媒介的**关系**。在与巴林顿·内维特（Barrington Nevitt）合著的《把握今天》（*Take Today*）里，麦克卢汉赋予这一思想至上的地位，第一页赫然断言："意义之意义是关系。"（"The Meaning of Meaning is relationship."）

这是对奥格登和他的剑桥恩师理查兹合著的《意义之意义》书名的呼应。如果说麦克卢汉在回顾从理查兹学到的思想，他同时又快要形成这样一个思想了：一切技术的结构都具有语言的性质。起初，这个观点受到的启发来自他与人通信时所做的媒介探
549 索[1]，肯定还受到乔纳森·米勒（Jonathan Miller）和翁贝托·艾柯（Umberto Eco）批评的启发。

1965年初，麦克卢汉注意到乔纳森·米勒对他的批评："乔纳森·米勒是医界人士，他对我的著述感兴趣，因为他关心感知的形式。他对感知形式的兴趣直接来自他对神经病学的兴趣。"[2]起初，米勒高度赞赏麦克卢汉，说麦克卢汉"对视觉空间所做的研究相当于弗洛伊德对性的研究，换言之，他的研究揭示，视觉空间在人类事务的结构中是无处不在的"。[3]他致信麦克卢汉，自称麦克卢汉迷，提出一些建议，又接着谈自己对电视媒介的看法："我是你相当狂热的信徒，希望你给自己的行话降降温……另一件使我

---

1 麦克斯·纳尼（Max Nanny）："我发现，如果借用斐迪南·索绪尔的思想，你所谓'媒介即讯息'的洞见遭遇的困难就可以迎刃而解，索绪尔区分'语言'（语言系统）和'言语'。媒介就是他说的'语言'，他所谓的'言语'就是讯息。作为'言语'的媒介以内容为取向，或者正如你所说的，作为'言语'的媒介就是使用者。"加拿大国家档案馆，第32卷，第45号档案。麦克斯·纳尼致麦克卢汉的信，1971年6月3日。——编者

2 加拿大国家档案馆，麦克卢汉致卢·福斯代尔（Lou Forsdale）的信，1965年1月28日。——编者

3 加拿大国家档案馆，麦克卢汉致彼得·德鲁克的信，1965年2月2日。——编者

不安的事情是，你用的‘冷’、‘热’有一点暧昧。”[1]米勒发现，麦克卢汉的著作里，“冷”、“热”二字有四种不同的意义，他不同意这样的多义用法。如果说米勒是信徒的话，他就是信徒里持怀疑态度的托马斯，对麦克卢汉在《理解媒介》里提出的观点表示怀疑。他特别热心地挑战麦克卢汉把电视描绘为冷媒介的观点。

麦克卢汉在书里解释电视的观点似乎给论辩对手提供了容易得分的机会。米勒尤其不同意麦克卢汉关于电视图像性质的观点，指出：“看电视时补足图像……其实就是补足视角，而不是 550
给那些灰色调的斑块赋予空间意义。因此在这个方面，我认为你不能太强调收视者的参与。无疑，这是一个重要的神经心理学问题。”[2]

米勒在这一点上留有余地，心理学家赫伯特·克鲁格曼(Herbert Krugman) 的实验结果支持麦克卢汉的观点。然而，米勒用截然不同的观念坚持自己的主张：“实际上，电视的运行是一格又一格的画面。虽然每一格画面有扫描线引起的灰条，收视者看到的图像是用一格又一格的画面编纂起来的，但构成图像的扫描过程并不会强加在收视者身上。在一定意义上，电影和电视图像都是小点构成的……两者的不同纯粹是量的差别，而不是质的差异。”[3]

米勒最后放弃了反对麦克卢汉的主张。但到了1965年，他还在坚持认为，电视的图像性质纯粹是比方。他把这种图像性归因于“屏幕小，小电视就像摆放在客厅里表示虔诚信仰的物品”。[4]

1 加拿大国家档案馆，乔纳森·米勒致麦克卢汉的信，1965年4月28日。——编者
2 同上。——编者
3 同上。问题是，麦克卢汉从来就没有主张，电视的扫描过程强加在收视者身上。——编者
4 同上。——编者

麦克卢汉不理会这种荒唐的言论，简短回应说："不要让我的术语'弄得晕头转向'。我用语言做探索，而不是进行一揽子的包装。即使我像在做武断的表述，那也是用来探索事物形貌的。"[1]

551 麦克卢汉听说，弗兰克·科莫德（Frank Kermode）委托乔纳森·米勒为他主持的"现代大师"丛书撰写《麦克卢汉》（*McLuhan*），感到十分高兴。[2]他承认自己"感到受宠若惊，乔纳森·米勒不怕麻烦去看我那些东西"。[3]但事态很快证明，遇到麻烦的正是他自己：米勒写的《麦克卢汉》对他发起猛烈抨击。当他意识到这本书吸引了大量的读者时，他才决定看一看。他的第一个回应是致信科莫德："米勒没有沿着我开辟的路子探索和商榷。他认为，我们的感知排序不会受新技术的干扰。这是我们整个学界普遍的设想，人文界和科学界莫不如此。仅仅表示挑战就足以使人恐慌。这是因为，恐慌意味着，我们不仅玷污了社会的物质秩序，而且损害了社会的心理秩序和感知秩序，我们没有拷问我们的方法论。争论是否有量化的证据，就在一定程度上反映了学界的恐慌。谁也不**想要**证据，大多数人无论如何都不想要证据。"[4]

稍后，麦克卢汉致信BBC的马丁·埃斯林（Martin Esslin）："请问，如果我致信《接触》（*Encounter*）杂志回应乔纳森·米勒，你觉得合适吗？他在书中说，我写的东西是一整套谎言，可是他又不具体评论我提出的任何一种感知。你觉得他所谓的'谎言'是什么意思？他是否想象，我有时故意提供虚假的证据呢？无

1 加拿大国家档案馆，麦克卢汉致乔纳森·米勒的信，1965年5月4日。——编者
2 "爱伦·威廉斯告诉我，你听说乔纳森·米勒为我主持的'现代大师'丛书撰写有关你的书时，你的回应是很正面的。"（加拿大国家档案馆，弗兰克·科莫德致麦克卢汉的信，1969年6月25日）——编者
3 《麦克卢汉书简》，第375页。——编者
4 加拿大国家档案馆，麦克卢汉致弗兰克·科莫德的信，1971年3月4日。——编者

疑,米勒是具有六年级小学生那种辩论习惯的小丑。”[1]

这本小书始终受到公众的关注,麦克卢汉不胜其烦,开始称米勒的书是“反对麦克卢汉的十字军”。[2]“至于你为米勒的《麦克卢汉》所写的书评,请记住,米勒博士是跨越了雷池的夜总会歌 552
舞者和滑稽演员。当然,他的书是骗人的把戏。他故意无视我在剑桥对托马斯·纳什和修辞史的研究,无视我对15世纪以来‘三艺’和‘四艺’的研究。我研究象征主义诗歌,塑造大草原少年渴望新鲜文化美餐的怀旧的形象,他对这一切置若罔闻。”[3]

麦克卢汉涉足语言学的主要工作是在他学术生涯的最后十年里。他以兼收并蓄的态度去读语言学,那是在米勒出版《麦克卢汉》的那一年。这本书的最后一章(也是最长的一章)题名“语言、识字与媒介”,用语言学理论批评麦克卢汉,说麦克卢汉的著作缺乏语言学的科学基础。麦克卢汉转向语言学寻求武装,在米勒挑选的决斗场上去较量。这个转向清楚表现在《媒介定律:新科学》(*Laws of Media: The New Science*)的副标题上。这是在刻意呼应弗朗西斯·培根和詹巴蒂斯塔·维科[4]。

---

1 《麦克卢汉书简》,第440页。——编者

2 “乔纳森·米勒在7月15日致《聆听》(*Listener*)的信中继续反对麦克卢汉的十字军征伐。我终于忍不住拜读了他写的《麦克卢汉》,坦率地说,我感到震惊,他居然不厌其烦想要达到如此可怜的目的。他不知道我说的是什么,因为他囿于几百年来实证主义者和量化研究者珍视的视觉空间,从来没有踏足其边界之外。刘易斯·卡罗尔和核物理之后,这种狭隘的视觉空间早就结束了,本世纪的诗歌和艺术更不用说给这种空间画上了句号。米勒对这些事情没有丝毫感觉,只觉得它们是神秘的、非理性的神话,觉得它们很讨厌。他以19世纪理性主义的名义,发动讨伐麦克卢汉的圣战,与贝尔法斯特的佩斯里(Paisley)神父精神契合……他与刘易斯·芒福德同类,根本就不懂我们的意思。”[加拿大国家档案馆,麦克卢汉致戴夫·杜利(Dave Dooley)的信,1971年8月12日]——编者

3 加拿大国家档案馆,第23卷,第79号档案。麦克卢汉致马歇尔·费希威克(Marshall W. Fishwick)的信,1972年11月30日。——编者

4 詹巴蒂斯塔·维科(Giambattista Vico, 1668—1744),意大利哲学家、语言学家、法学家、史学家、美学家,其《新科学》是人类历史上的不朽巨著。

倘若米勒没有加入翁贝托·艾柯批评麦克卢汉的合唱，他可能还不至于使麦克卢汉转向语言学寻求支持。艾柯雄踞语言学的思想巅峰狙击麦克卢汉的思想，这个巅峰就是符号学。不同于
553 语言学的是，符号学不囿于人类语言，还研究任何和一切形式的交流和传播。我们有理由期待，符号学广袤的领域会欢迎麦克卢汉这样的自由驰骋的思想家，然而艾柯却没有这样包容的雅量。如果能理解艾柯和米勒对麦克卢汉的批评，理解他们剑走偏锋的冲击力，那就能获得一把理解麦克卢汉著作的钥匙，就能体会到麦克卢汉传达自己讯息的困难所在——即使思想高雅的读者也难以理解他的思想。

媒介不是讯息。艾柯这一批评的出发点是他在观赏一幅卡通画时进行的思索，画中的食人族首领把闹钟当项链挂在脖子上(比较第199、210、287页)。艾柯反对麦克卢汉的断言：时钟的发明在世界各地都养成了时间分割的观念，像空间一样分成条块。他承认，有些人形成了这种分割的时间观念，却又认为，时钟的讯息对其他人(比如那位食人族首领)有不同的意义。艾柯把这种差异说成是个人做不同解释的自由。如果我们愿意承认这一点，艾柯就接着说："硬说接收者对讯息的形式和内容的使用引起接收者的变化，同样是不真实的。"[1]

艾柯对"媒介即讯息"的批评离题万里，令人吃惊：(1) 对感知层次上没有体会到的技术效应只字不提，只涉及有意识层次上
554 对技术的反思；(2) 把形式和内容并在一起议论，使人觉得，这仿佛是麦克卢汉的感觉，但实际上麦克卢汉总是将两者分开的。

1 《超现实旅行》(*Travels in Hyperreality*)，第138页。——编者

麦克卢汉所用的“媒介”太宽泛。艾柯这一商榷提出了符号学的技巧，指责麦克卢汉不尊重这些技巧所需的区分：“说字母表和街道是‘媒介’，那就是把代码与信道混为一谈了。”[1]这一批评无异于认为，那位食人族首领（带有艾柯赋予他那点残存的自由）对制造时钟的专业标准构成了威胁。让麦克卢汉享受重新界定“媒介”的自由，这不会对符号学家的研究造成任何损害。

然而，艾柯并不就此罢休，他又指出，电光可以是信号、讯息或信道，而麦克卢汉只关心电光的第三种功能，说电光是没有讯息的媒介。艾柯的异见太狭隘，不是广义的界定。他说电光是信号，用的例子是用莫尔斯电码的闪光；人所谓电光是讯息的例子是：情人窗台上表示安全的烛光。但这些例子对社会总体上的规模、速度或组织模式都没有任何影响（这正是麦克卢汉给讯息的定义），因此他并没有击中麦克卢汉的观点。麦克卢汉关注的是电光的效应，无论它是用作信号、讯息（艾柯所谓的讯息）或信道。

麦克卢汉的广义“媒介”没有颠覆符号学，同理，符号学家的区分也不会降低麦克卢汉观点为自己所用的恰当意义。在《超现实旅行》的末尾，艾柯批评麦克卢汉“媒介”的意义说：“赋予电光信号意义的代码是电光的内容。”[2]这句话既不会伤及麦克卢汉在这个问题上的任何论述，也不会因为麦克卢汉的论述而受损。事 555
实上，这句话与麦克卢汉的论述无关。

并非一切媒介都是积极的暗喻。在这里，艾柯的论点还是老一套：麦克卢汉忽视符号学家极端重要的代码观念。他认为，虽然语言是转换经验的形式，因为语言就是代码，但暗喻只不过是

1 《超现实旅行》，第138页。——编者
2 同上，第139页。——编者

代码里的一种替代形式。一方面，艾柯认为，印刷品是媒介的意义应该有别于语言是媒介的意义；这一说法使麦克卢汉媒介即是暗喻的论述无所不包了。另一方面，他又说，如果用媒介即代码的观念取代媒介即暗喻的观念，麦克卢汉的分析就会大大改进；他仿佛认为，天下有一种统一的媒介代码。他承认，“就书面语而言，报纸并不改变经验的代码”。[1]由此可见，代码分析对麦克卢汉没有意义，因为他想研究的正是新媒介带来的变革。

“媒介即讯息”有三重意思。这一说法离艾柯所谓“媒介不是讯息”相隔十万八千里。他关心麦克卢汉“媒介即讯息”具有的潜在意义，但这些意义本身是矛盾的。他所谓的三重意思是：(1) 讯息的形式是讯息的真实内容；(2) 代码即讯息；(3) 信道即讯息。虽然它们仅仅是潜在的意义，艾柯还是把它们当作证明看待：“诚然，正如麦克卢汉所言，研究信息的学者只考虑信息的内容，不考虑信息的形式问题。”[2]艾柯责备麦克卢汉缺乏符号学家的专业观点，米勒责备麦克卢汉不区分语言的认识和语言的使用。

语言不是媒介。这不是艾柯的批评，而是乔纳森·米勒的批评。米勒认为，麦克卢汉“错误地设想，我们可以把语言当作技术
556 媒介”。[3]支撑这一观点的所谓证据是他带领读者进行的长途跋涉；他穿越语言学广袤的领地，到达的终点根本就不是麦克卢汉想过的终点。到达终点后，米勒再也不说麦克卢汉的“错误设想”，而是说“语言被当作媒介而引起的困难”。[4]正如艾柯责备麦克卢汉著作缺乏符号学家的专业观点一样，米勒责备麦克卢汉

1 《超现实旅行》，第233—234页。——编者
2 同上，第235页。——编者
3 《麦克卢汉》，第108页。——编者
4 同上，第111页。——编者

不区分语言的认识和使用。

米勒仿佛在说，区分语言的认识和使用将使麦克卢汉的“媒介即讯息”不攻自破。那是根本不可能的。认识语言和使用语言的理论与实践区分固然是必要的，但这样的区分并不解决语词表达思想的问题。然而，米勒继续从语言学的武库里借用重型的火炮，他的结语是：“如果不考虑自身隐含的差异，任何人类传播理论都没有资格受到认真的对待。”[1]

实际上，麦克卢汉的目的不是提供人类传播理论，而是探索我们与周围世界打交道时所用的任何事物和一切事物的效应，这当然包括语言。语言学的专一焦点不能为这个目的服务，语言学也不可能损害麦克卢汉研究路径的声誉。

麦克卢汉使用暗喻太随意。乔纳森·米勒抄录了《理解媒介》的一段文字：“电视的形象提供的素材通常是不多的，它不是一种**呆照**。在任何意义上说，它都不是照片，而是扫描器不停地勾勒出来的轮廓。由此而生的造型曲线靠**透射的**(through)光
线，而不是靠**照射的**(on)光线。如此形成的图像有雕塑和图像的 557
品质，不具有图画的性质。”(第418页)在这里，他发现了“误用暗喻的生动例子，作者像变魔术一样把比方当作具体的现实”。[2]这一指责是基于误读。麦克卢汉并没有说，电视图像之所以具有触觉的质感，那是一根比方的手指在屏幕上扫描的结果，但他相信，那是由于电视图像需要眼睛的介入，而且介入的程度像触觉一样强烈。麦克卢汉说的是眼睛的介入，他把眼睛的介入比喻为触觉。米勒选取这个涉及触觉的比方，说麦克卢汉的比方有误。

1 《麦克卢汉》，第110页。——编者
2 同上，第121页。——编者

这是他米勒的错误，不是麦克卢汉的错误。麦克卢汉并没有赋予触觉、雕塑和图像具体的意义，其证据在米勒抄录引文的那一章里就可以找到："图像艺术像我们用手一样地用眼，以求创造一种由许多时刻、状态和侧面构成的宽泛形象。"（第442页）

言语是印刷品一样的线性结构。米勒设想用这一宣示来批驳麦克卢汉的感知。麦克卢汉主张的核心是，语音只能一次发出一个。米勒自认为抓住了一个反驳的论点：语音可以记录的磁带上，于是就设问："语音能在多大程度上形成线性结构呢？"[1]这是相当跛脚的思路，无视两种结构的天壤之别。其实，米勒描绘的语音线性仅仅是擦边的线性，印刷品的线性却非常强大，它迫使目光不停地从上到下、从左到右扫描，使人在可见的背景上扫描可见的图文形象。

对艾柯和米勒这些不着边际的批评，麦克卢汉很容易从自己
558 的立场去驳斥。对米勒的驳斥既反映在个人的通信中，也诉诸了报刊。[2]同时，他又深入钻研语言学，如此，他进入了思想求索征途的最后一站，这是一段鲜为人知的旅程。[3]

---

1 《麦克卢汉》，第113页。——编者

2 麦克卢汉对米勒批评的答辩（1971年7月13日）载《聆听》杂志（1971年8月26日），收进了《麦克卢汉书简》（第435，438页）。——编者

3 这方面的介绍参见特伦斯·戈登，《轻松理解麦克卢汉》（*Marshall MaLuhan: Escape into Understanding*, Gingko Press, 2003）。——编者

关键词

字母表 (alphabet)：显示其字母发音的一种拼音文字。试与 559
表音文字 (phonetic) 和非表音文字 (non-phonetic) 比较。拼音字母表与会意文字和象形文字等其他文字的性质和效应都截然不同，对拼音字母表的研究对我们辨认它与其他文字的差异至关重要。

自动截除 (autoamputation)：借自医学对压力的研究，指的是人体为应对不明刺激源而关闭人体受影响区域的反应。这个观念被引申来解释人类技术的发展。

自动化 (automation)：不能按照一连串由机器组成的复杂的工业装配线那种最常用的意义去理解，自动化是通过电子控制将机械工艺转换为自动运行的技术。

中心—边缘动态关系 (center-margin dynamics)：任何系统从中心向边缘单向扩张的动态关系。中心—边缘动态关系与许多
技术延伸和社会结构有关：从拼音字母表、罗马帝国到装配线、个 560
体与国家的分离都有关系。

关闭 (closure)：与20世纪90年代中期该词的时髦含义没有任何关系，而是与**自动截除** (见上) 有关，指的是人体恢复感知输入渠道平衡的机制，每当新媒介打破感知平衡时，人体就会做这样的尝试。

常识 (common sense)：拉丁语词sensus communis的直译，指

的是有意识的经验阐释，靠的是将经验从一种感知向另一种感知和其他一切感知迁移或换位。触觉是“各种感知的汇聚之地”，是常识。

内容 (content)：用作观念材料所传递的多种常用意义时，信息、意义或讯息都使人难以注意传递内容的技术或媒介。任何媒介的威力都胜过它传递的内容。在这个意义上，**媒介即讯息**。

冷媒介 (cool medium)：要求使用者参与的媒介 (亦见 medium)。

反刺激，抗刺激 (counter-irritants)：技术通过加速或超载产生紧张和压力，新技术就随之发展以抗衡紧张和压力。作为原生
561 性刺激，反刺激既可能有益 (如游戏)，也可能有害 (如吸毒)。

非集中化 (decentralization)：用于政治权力、都市结构、工作环境等，非集中化是电能产生的主要效应。

疏离 (detachment)：即不必做出反应的行为能力，与拼音字母表的“分割”性质携手并进，疏离是书面文化的重要效应 (亦见“literacy”)。

去部落化 (detribalization)：即部落结构与模式的崩溃，是读写能力与机械技术被引入社会与文化之中的结果。

环境 (environment)：环境可以理解为总体的情景，所指可以是物质环境、社会语境等，但更经常指的是各种环境里需要检视的特征，即新技术产生的效应。环境 (environment) 即是媒介 (medium) (亦见 medium)。

爆炸 (explosion)：用以描绘机械技术分割和专门化的效应的关键术语。(亦见 fragmentation，比较 implosion。)

场 (field)：表现对象或分析方法的全面或统一的属性。“场”的概念兴起于语言学 (语义场理论) 和物理学 (统一场理论)。

分割 (fragmentation)：机械技术的主要效应，根据可重复性原理运行（见repeatability词条）。分割是古今技术的特征，从拼音字母表和活字印刷直到专门化知识和装配线。 562

地球村 (global village)：用于我们这颗行星的比方，就其运行和社会组织的各方面而言，自电报出现以后，电的效应使地球缩小到了村落的规模。

高清晰度 (high definition)：用以描绘清晰度高的形式和界线分明的形式，比如纸上印刷的字母、固化在胶片上的形象。与"热"、非卷入性同义（比较low definition）。

热媒介 (hot medium)：抑制使用者卷入的媒介（亦见medium）。

杂交 (hybridization)：媒介的复合或互动，被证明尤其能揭示媒介的结构特征和效应。

图像 (icon)：广义地说，图像是任何包罗无遗的形式，由于其包容性，图像与任何功能的性质都有关系。图像属性与嗅觉和触觉有关系，与感官的互动有关系，正如它与电视有关一样。

内爆 (implosion)：电能的主要效应，使最有力的技术延伸即中枢神经系统的延伸成为可能，有效地消除了时空差异；与机械技术相关的媒介效应因内爆效应而逆转（比较explosion）。 563

信息 (information)：偶尔具有**事实**或**数据**的意义，但更常见的意义是：一媒介及其属性处在**形成的过程**中，或一媒介与另一媒介的运行有关系。

线性结构 (lineal structure)：拼音字母表及其技术派生物的重要特征，线性结构使整体分离，将其分割为部分，并且将分割原理和可重复性原理结合；用于科学方法、工业生产或社会组织。

读写能力，文化素养 (literacy)：一般指阅读能力，具体所指是使用拼音字母表的能力（亦见 alphabet）。

低清晰度（low definition）：用以描绘清晰度低的形式，比如语音、电视屏幕上的形象。与“冷”、卷入性同义（比较 high definition）。

媒介（medium）：不局限于与大众传播相关的媒介比如广播，
564 媒介是人体的任何延伸（轮子是腿脚的延伸，电脑是中枢神经系统的延伸），也可能是社会组织和互动的形式（语言、道路、货币）。具体地说，媒介是技术派生效应，一般情况下目力难及；包含使用者和社会采用新技术形式以后所经历的心理调整和社会调整。媒介是新技术发出的“讯息”；所以我们说，“媒介即讯息”。

讯息（message）：偶尔有内容的意义（见 content 词条）；一般意义是：人的行为的尺度、速度或模式的变化，新媒介的互动，因此（就革新而言），我们说“（新）**媒介即讯息**”。

马赛克（mosaic）：整体的形式及整合的过程，与“场”关系密切（见 field）。

神话（myth）：不含有当代惯用的负面内涵（如都市神话），指的是对复杂过程的瞬间辨认或理解（比较 icon，organic，pattern）。

那喀索斯昏迷（narcissus trance）：对希腊神话那喀索斯的解释：不能辨认作为人的延伸的新技术，不能觉察新技术造就的讯息或新环境（亦见 numbing）。

麻木（numbing）：见 narcissus trance。

565 **过时**（obsolcscence）：一种媒介用相同的或类似的功能使旧媒介过时的典型效应。

有机的（organic）：各部分相互联系的整体的属性（亦见 myth，structure）。

参与 (participation)：不是指**思想**或反思性参与，而是指卷入，指的是媒介使用者**感官**卷入的程度。热媒介（见上）的参与度或感官卷入度低；冷媒介（见上）要求的参与度高。

模式 (pattern)：正文将其清楚界定为形式与功能的统一。

可重复性 (repeatability)：无限重复使用一个过程的原理，重复使用机械、线性技术的特化、分割单位的原理。

重新部落化 (retribalization)：古部落结构和模式的恢复，所在的社会以前由机械技术主导，如今由新兴的电力技术主导。

逆转 (reversal)：技术被推向极端的形式并获得相反的特征时产生的典型效应。

角色 (role)：工作场所、教育等领域里社会行为的形式，由电 566
力技术强加于西方社会，与机械技术和书面文化条件下个人的目标形成反差。

感知比率 (sense ratios)：感官与技术平衡的程度，这里所指的技术是延伸感官、主导社会的技术。

同步性 (simultaneity)：电力技术一个主要的派生效应。

专门化 (specialism)：见 fragmentation。

结构 (structure)：整合的，尤其是电力技术强加的那种整体或形貌（亦见 field，mosaic，myth）。

象征主义 (symbolism)：主要指结构知觉的审美表现（比较 field，mosaic，myth，structure）。

通感 (synesthesia)：在艺术中，感知从一种感官向另一种感官的迁移，以及/或感官的整合，服务于审美或教育的宗旨。

触感 (tactility)：不仅用来指触觉，而且用来描绘一种媒介属性，需要一种或多种感官高度卷入的媒介属性。

567 **技术** (technology)：广义地说，技术即媒介 (medium)。

转换 (translation)：知识从一种形式向另一种形式迁移的过程。

部落结构 (tribal structure)：社会成员互相高度介入所特有的社会互动，相反的结构是机械技术条件下书面文化特有的疏离的个人主义和个人身份。

一致性 (uniformity)：机械技术和可重复原理所产生的同质
568 性的一切表现。

参考文献

本文献详尽无遗，搜罗《理解媒介》引述的全部文献，但从本书副标题名副其实的意义上说，这不是媒介分析典型必读书。麦克卢汉率先以本书从事媒介分析，他的参考书多半是研究所需的首要源头。但这些参考书并不局限于他的灵感之源（给予他灵感的有些书，尤其I. A.理查兹和哈罗德·伊尼斯的著作在此缺失），其原因是，他引述的许多文献旨在说明他需要规避的路径和模式。引述文献时，他常常以这样的评论破题："但芒福德没有注意到……""伊利亚德没有意识到……""柏格森似乎没有注意到……"随意浏览本书就可以发现，有些情况下，麦克卢汉理解媒介的方法论所受的启示来自多种多样的学术领域，比如心理学、史学、哲学、经济学；但更多的时候，他的灵感来自剧作家、诗人和小说家的洞见。

文献保留书中所引的原貌，尽量做了必要的修正或补足，包括出版日期。亦有例外，我们略去了莎剧的出版日期，因为对有争议的出版日期稍有不慎就有损于麦克卢汉的短语：媒介即讯息。

Anonymous. *The Book of Kells*. c. 800.

Baudelaire, Charles. *Les Fleurs du mal*, 1857.

Benda, Julien. *The Great Betrayal*. London, 1928. (Translation of *La Trahison des clercs*, 1927)

Bergson, Henri. *Creative Evolution*, 1911.
Bernard, Claude. *An Introduction to the Study of Experimental Medicine*, 1927.
Betjeman, John. "Slick but Not Streamlined. " *Poems and Short Pieces*, 1947.
Blake, William. *Jerusalem: The Emancipation of the Great Albion*, 1804–20.
Boorstin, Daniel J. *The Image, or What Happened to the American Dream*, 1961.
Bosanquet, Theodora. *Henry James at Work*, 1927.
Boulding, Kenneth. *The Image: Knowledge in Life and Society*, 1956.
Burns, Robert. "The Cotter's Saturday Night. " In *Poems Chiefly in the Scottish Dialect*, 1786.
Burroughs, William. *Naked Lunch*, 1959.
Butler, Samuel. *Erewhon*, 1872.
Byron, George Gordon. *Childe Harold's Pilgrimage*, 1812.
Canetti, Elias. *Crowds and Power*, 1962.
Capek, Milic. *The Philosophical Impact of Contemporary Physics*, 1961.
Carnegie, Dale. *How to Win Friends and Influence People*, 1936.
Carothers, J. C. *The African Mind in Health and Disease*, 1953.
Carroll, Lewis. *Alice's Adventures in Wonderland*, 1865.
Cater, Douglass. *The Fourth Branch of Government*, 1959.
Cervantes, Miguel de. *Don Quixote*, 1605.
Cheyney, Peter. *You Can't Keep the Change*, 1940.
Christie, Agatha. *The Labours of Hercules*, 1947.
Dantzig, Tobias. *Number: The Language of Science*, 1930.
Deane, Philip. *I Was a Captive in Korea*, 1953.
De Grazia, Sebastian. *Of Time, Work and Leisure*, 1962.
Dewart, Leslie. *Christianity and Revolution: The Lesson of Cuba*, 1963.
Dickens, Charles. *The Cricket on the Hearth*, 1846.
——. *David Copperfield*, 1849–1850.
——. *Great Expectations*, 1860–1861.
——. *Pickwick Papers*, 1837–1839.
Donne, John. "The Sun Rising. " In *Poems*, 1633.
Doob, Leonard. *Communication in Africa: A Search for Boundaries*, 1961.
Eisenstein, Sergei. *Notes of a Film Director*, 1959.

Eliade, Mircea. *The Sacred and the Profane: The Nature of Religion*, 1959.

Eliot, T. S. *Four Quartets*, 1944.

——. "The Love Song of J. Alfred Prufrock." In *Prufrock and Other Observations*, 1917.

——. *Murder in the Cathedral*, 1935.

——. *Sweeney Agonistes: An Aristophanic Fragment*, 1932.

——. *The Waste Land*, 1922.

Fitzgerald, F. Scott. *The Great Gatsby*, 1925.

Flaubert, Gustave. *Sentimental Education*, 1941.

Forster, E. M. *A Passage to India*, 1924.

Fuller, R. Buckminster. *Education Automation: Freeing the Scholar to Return to his Studies*, 1962.

Genet, Jean. *The Balcony*, 1957.

Gibbon, Edward. *The History of the Decline and Fall of the Roman Empire*, 1776–81.

Gogol, Nikolai. *The Overcoat*, 1842.

Gombrich, E. H. *Art and Illusion: A Study in the Psychology of Pictorial Representation*, 1960.

Gray, Thomas. *Elegy*, 1751.

Hall, Edward T. *The Silent Language*, 1959.

Handlin, Oscar. *Boston's Immigrants 1790–1865: A Study in Acculturation*, 1941.

Heisenberg, Werner. *The Physicist's Conception of Nature*, 1962.

Hussey, Christopher. *The Picturesque*, 1927.

Joyce, James. *Finnegans Wake*, 1939.

——. *Ulysses*, 1922.

Jung, C. J. *Contributions to Analytical Psychology*, 1928.

Keats, John. *The Insolent Chariots*, 1958.

Keynes, J. M. *A Treatise on Money*, 1930.

Kierkegaard, Søren. *The Concept of Dread*, 1944.

Lam, Bernard. *The Art of Speaking*, 1696.

Lederer, William J. *The Ugly American*, 1958.

Lewis, Wyndham. *The Childermass*, 1928.

Liebling, A. J. *The Press*, 1961.

Marvell, Andrew. "To his Coy Mistress. " In *Miscellaneous Poems*, 1681.
McLuhan, Marshall. *The Gutenberg Galaxy*, 1962.
Miller, Arthur. *Death of a Salesman*, 1949.
Milton, John. *Paradise Lost*, 1667.
Meiss, Millard. *Andrea Mantegna as Illuminator*, 1957.
Modupe, Prince. *I Was a Savage*, 1957.
Mumford, Lewis. *The City in History: Its Origins, Its Transformations, Its Prospects*, 1961.
——. *Technics and Civilization*. 1934.
Nef, John U. *War and Human Progress*, 1950.
Packard, Vance. *The Hidden Persuaders*, 1957.
Pope, Alexander. *The Dunciad*, 1726.
Potter, Stephen. *The Theory and Practice of Gamesmanship*, 1947.
Ross, Lillian. *Picture*, 1962.
Rourke, Constance. *American Humor: A Study of the National Character*, 1931.
Rowse, A. L. *Appeasement: A Study in Political Decline 1933–1939*, 1961.
Russell, Bertrand. *The ABC of Relativity*, 1925.
Sachs, Curt. *World History of the Dance*, 1963.
Sansom, G. B. *Japan*, 1931.
Schramm, Wilbur. *Television in the Lives of Our Children*, 1961.
Selye, Hans. *The Stress of Life*, 1956.
Shakespeare, William. *As You Like It*.
——. *Henry V*.
——. *King Lear*.
——. *Macbeth*.
——. *Richard III*.
——. *Romeo and Juliet*.
——. *Troilus and Cressida*.
Spengler, Oswald. *The Decline of the West*, 1932.
Synge, J. M. *Playboy of the Western World*, 1907.
Theobald, Robert. *The Rich and the Poor: A Study of the Economics of Rising Expectations*, 1960.
Toynbee, Arnold. *A Study of History*, 1948.

Volturius. *Art of War*, 1472.

White, Lynn. *Medieval Technology and Social Change*, 1962.

White, Theodore. *The Making of the President: 1960*, 1961.

Whyte, William H. *The Organization Man*, 1956.

Woodham-Smith, Cecil. *Lonely Crusader*, 1951.

Wordsworth, William. "Michael. " In *Lyrical Ballads*, 1801.

Young, John Z. *Doubt and Certainty in Science: A Biologist's Reflections on the Brain*, 1951.

主题索引

(条目后的数字为原书页码,见本书边码)

G

H

I

S

人名索引

(条目后的数字为原书页码，见本书边码)

P

R

麦克卢汉著作一览

专 著

1951

The Mechanical Bride: Folklore of Industrial Man. New York: Vanguard Press, 1951; London: Routledge & Kegan Paul, 1967; Corte Madera, CA: Gingko Press, 2002.

1954

Selected Poetry of Tennyson. Edited by Marshall McLuhan. New York: Rinehart, 1954.

1960

Explorations in Communication: An Anthology. Edited by Edmund Carpenter and Marshall McLuhan. Boston: Beacon Press, 1960.

Report on Project in Understanding New Media. Washington, D.C.: U.S. Office of Education, 1960.

1962

The Gutenberg Galaxy: The Making of Typographic Man. Toronto: University of Toronto Press, 1962. Translated into French by Jean Paré and published as *La Galaxie Gutenberg: la genèse de l'homme typographique.* Montreal: Hurtubise HMH, 1967; Paris: Gallimard, 1977, 2 vols.

1964

Understanding Media: The Extensions of Man. New York: McGraw-Hill, 1964; second edition 1965; MIT Press edition, Cambridge, Mass.: MIT Press, 1994, with an introduction by Lewis Lapham. 1964 edition translated into French by Jean Paré and published as *Pour comprendre les média: les prolongements technologiques de l'homme.* Montreal: Hurtubise HMH, 1968. Reissued in a new-edition (Bibliotheque Québécoise, #36) in 1993. Translations of *Understanding Media* have appeared in more than twenty languages.

Voices of Literature. (2 vols.) Edited by Marshall McLuhan and Richard J. Schoeck. New York: Holt, Rinehart and Winston, 1964, 1965.

1967

McLuhan: Hot & Cool. A Primer for the Understanding of and a Critical Symposium with a Rebuttal by McLuhan. Edited by Gerald Emanuel Stern. New York: Dial Press, 1967. New York: The New American Library, 1969. Thirty-one selections include reprinted essays (in whole or in part) from Howard Luck Gossage, Tom Wolfe, John Culkin, Walter Ong, Dell Hymes, Frank Kermode, George Steiner, Susan Sontag, and five selections from McLuhan's writings. The book concludes with the transcript of a dialogue between the editor and McLuhan, originally published in *Encounter* in June 1967, wherein McLuhan responds to commentaries on his work from some of the other contributors to the volume.

The Medium Is the Massage: An Inventory of Effects. With Quentin Fiore and Jerome Agel. New York: Bantam, 1967. Reprinted, Gingko Press, 2001. Translated into French and published as *Message et massage.* Montreal: Hurtubise HMH, 1968.

Verbi-Voco-Visual Explorations. New York: Something Else Press, 1967. (Reprint of Explorations, no. 8.)

1968

Through the Vanishing Point: Space in Poetry and Painting. With Harley Parker. New York: Harper & Row, 1968.

War and Peace in the Global Village: an inventory of some of the current spastic situations that could be eliminated by more feedforward. With Quentin Fiore and Jerome Agel. New York: Bantam, 1968. Reprinted,

New York: Touchstone Books, 1989; Gingko Press, 2001. Translated into French as *Guerre et paix dans le village plané-taire: un inventaire de quelques situations spasmodiques courantes qui pourraient être supprimées par le feedforward.* Montreal: Hurtubise HMH, 1970; Paris: Laffont, 1970.

1969

Counterblast. With Harley Parker. New York: Harcourt, Brace and World, 1969. Translated into French by Jean Paré. (Montreal: Hurtubise, 1972; Paris: Mame, 1972.)

The Interior Landscape: The Literary Criticism of Marshall McLuhan 1943–1962. Edited by Eugene McNamara. New York: McGraw-Hill, 1969.

Mutations 1990. Translation by François Chesneau of *The Future of Sex* (see Other Works below). Montreal: Hurtubise HMH, 1969.

1970

Culture Is Our Business. New York: McGraw-Hill, 1970.

From Cliché to Archetype. With Wilfred Watson. New York: Viking, 1970. Translated into French by Derrick de Kerckhove and published as *Du cliché à l'archétype: la foire du sens.* Montreal: Hurtubise HMH, 1973; Paris: Mame, 1973. Translated into Italian by Francesca Valente and Carla Pezzini and published as *Dal cliché all'archetipo: l'uomo tecnologico nel villaggio globale.*

1972

Take Today. With Barrington Nevitt. Toronto: Longman, 1972.

1977

Autre homme autre chrétien à l'age électronique. With Pierre Babin. Lyon: Editions du Chalet, 1977.

City as Classroom: Understanding Language and Media. With Eric McLuhan and Kathryn Hutchon. Toronto: Book Society of Canada

Limited, 1977.

D'Oeil à oreille. Translation by Derrick de Kerckhove of articles by and interviews with McLuhan. Montreal: Hurtubise, 1977.

1978

The Possum and the Midwife. [text of McLuhan lecture on Ezra Pound.] Moscow: University of Idaho Press, 1978.

1987

Images from the Film Spiral. Selected by Sorel Etrog with text by Marshall McLuhan. Toronto: Exile Editions, 1987.

Letters of Marshall McLuhan. Selected and edited by Matie Molinaro, Corinne McLuhan, and William Toye. Toronto: Oxford University Press, 1987.

1988

Laws of Media: The New Science. With Eric McLuhan. Toronto: University of Toronto Press, 1988.

1989

The Global Village: transformations in world life and media in the 21st century. With Bruce R. Powers. New York: Oxford University Press, 1989.

1995

Essential McLuhan. Edited by Eric McLuhan and Frank Zingrone. Toronto: Anansi, 1995.

其他作品

1930

Macaulay: What a Man! *The Manitoban* (University of Manitoba student newspaper), 28 October 1930.

1933

Canada and Internationalism. *The Manitoban*, 1 December 1933.

George Meredith. *The Manitoban*, 21 November 1933.

German Character. *The Manitoban*, 7 November 1933.

Germany and Internationalism. *The Manitoban*, 27 October 1933.

Germany's Development. *The Manitoban*, 3 November 1933.

Public School Education. *The Manitoban*, 17 October 1933.

1934

Adult Education. *The Manitoban*, 16 February 1934.

De Valera. *The Manitoban*, 9 January 1934.

George Meredith as a Poet and Dramatic Novelist. M.A. thesis, University of Manitoba, 1934.

The Groupers. *The Manitoban*, 23 January 1934.

Morticians and Cosmeticians. *The Manitoban*, 2 March 1934.

Not Spiritualism but Spiritism. *The Manitoban*, 19 January 1934.

Tomorrow and Tomorrow. *The Manitoban*, 16 May 1934.

1936

G. K. Chesterton: A Practical Mystic. *The Dalhousie Review 15* (1936), 455–464.

1937

The Cambridge English School. *Fleur de Lis* (Saint Louis University student literary magazine), 1937, 21–25.

1938

Peter or Peter Pan. *Fleur de Lis*, May 1938, 7–9.

Review of *The Culture of Cities* by Lewis Mumford. *Fleur de Lis*, December 1938, 38–39.

1940

Apes and Angles. *Fleur de Lis*, December 1940, 7–9.

Review of *Art and Prudence* by Mortimer J. Adler. *Fleur de Lis*, October 1940.

1941

Review of *American Renaissance* by F. O. Matthiessen. *Fleur de Lis*, October 1941.

Review of Poetry and the Modern World by David Daiches. Fleur de Lis, March 1941.

1943

Aesthetic Pattern in Keats' Odes. *University of Toronto Quarterly* 12, 2 (1943), 167–179. Reprinted in Eugene McNamara, ed., *The Literary Criticism of Marshall McLuhan 1943–1962*, 99–113.

Education of Free Men in Democracy: The Liberal Arts. *St. Louis Studies in Honor of St. Thomas Aquinas*, 1943, 47–50.

Herbert's *Virtue. The Explicator* 2, 1 (1943), 4. Reprinted in L. G. Locke, W M.Gibson, and G. Arms, eds., *Readings for Liberal Education* (New York: Rinehart, 1948).

The Place of Thomas Nashe in the Learning of His Time. Ph.D. dissertation, Cambridge University, April 1943.

1944

Dagwood's America. *Columbia*, January 1944, 3, 22.

Edgar Poe's Tradition. *Sewanee Review* 52, 1 (1944), 24–33. Reprinted in Eugene McNamara, ed., *The Literary Criticism of Marshall McLuhan 1943–1962*, 211–221.

Eliot's *The Hippopotamus. The Explicator* 2, 7 (1944), 50.

Henley's *Invictus. The Explicator* 3, 3 (1944), 22.

Kipling and Forster. *Sewanee Review* 52, 3 (1944), 332–343.

Poetic vs. Rhetorical Exegesis. The Case for Leavis against Richards and Empson. *Sewanee Review* 52, 2 (1944), 266–276.

Wyndham Lewis: Lemuel in Lilliput. *Saint Louis Studies in Honor of St. Thomas Aquinas*, 1944, 58–72.

1945

The Analogical Mirrors. In *Gerard Manley Hopkins: The Kenyon Critics Edition*. Norfolk, CT: New Directions Books, 1945, 15–27. Reprinted in Eugene McNamara, ed., *The Literary Criticism of Marshall McLuhan 1943–1962*, 63–73.

Another Aesthetic Peep-how. Review of *The Aesthetic Adventure* by William Gaunt. *Sewanee Review* 53 (1945), 674–677.

The New York Wits. *Kenyon Review* 7 (1945), 12–28.

1946

An Ancient Quarrel in Modern America (Sophists vs. Grammarians). *The Classical Journal*, January 1946, 156–162. Reprinted in Eugene McNamara, ed., *The Literary Criticism of Marshall McLuhan 1943–1962*, 223–234.

Footprints in the Sands of Crime. *Sewanee Review* 54 (1946), 617–634.

Out of the Castle into the Counting-House. *Politics*, September 1946, 277–279.

Review of *William Ernest Henley* by Jerome Hamilton Buckley. *Modern Language Quarterly* 7 (1946), 368–370.

1947

American Advertising. *Horizon* 93, 4 (October 1947), 132–141. Reprinted in Eric McLuhan and Frank Zingrone, eds., *Essential McLuhan* (Toronto: Anansi, 1995), 13–20.

Inside Blake and Hollywood. *Sewanee Review* 55 (1947), 710–715.

Introduction to *Paradox in Chesterton* by Hugh Kenner. New York: Sheed and Ward, 1947.

Mr. Connolly and Mr. Hook. Review of *The Condemned Playground.*

Essays 1927–1944 by Cyril Connolly and *Education for Modern Man* by Sidney Hook. *Sewanee Review* 55 (1947), 167–172.

The Southern Quality. *Sewanee Review* 55 (1947), 357–383. Reprinted in Eugene McNamara, ed., *The Literary Criticism of Marshall McLuhan 1943–1962*, 185–209.

1948

Henry IV, A Mirror for Magistrates. *University of Toronto Quarterly* 17, 2 (1948), 152–160.

1949

The 'Colour-Bar' of BBC English. *Canadian Forum*, April 1949, 9–10.

Mr. Eliot's Historical Decorum. *Renascence* 2, 1 (1949), 9–15. Reprinted in *Renascence* 25, 4 (1972–1973), 183–189.

1950

Pound's Critical Prose. In Peter Russell, ed., *Examination of Ezra Pound: A Collection of Essays* (London: Peter Nevill, 1950), 165–171. Reprinted in Eugene McNamara, ed., *The Literary Criticism of Marshall McLuhan 1943–1962*, 75–81.

T. S. Eliot [Review of eleven books about Eliot] . *Renascence* 3, 1 (1950), 43–48.

1951

John Dos Passos: Technique vs. Sensibility. In Charles Gardiner, ed., *Fifty Years of the American Novel: A Christian Appraisal* (New York: Charles Scribner's Sons, 1951), 151–164. Reprinted in Eugene McNamara, ed., *The Literary Criticism of Marshall McLuhan 1943–1962*, 49–62.

Joyce, Aquinas and the Poetic Process. *Renascence 4*, 1 (1951), 3–11.

Review of three books on Ezra Pound. *Renascence 3*, 2 (1951), 200–202.

A Survey of Joyce Criticism. *Renascence 4*, 1 (1951), 12–18.

Tennyson and Picturesque Poetry. *Essays in Criticism* 1, 3 (1951), 262–282. Reprinted in Eugene McNamara, ed., *The Literary Criticism of Marshall McLuhan 1943–1962*, 135–155.

1952

Advertising as a Magical Institution. *Commerce Journal*, January 1952, 25–29.

The Aesthetic Moment in Landscape Poetry. In Alan Downe, ed., *English Institute Essays* (New York: Columbia University Press, 1952), 168–181. Reprinted in Eugene McNamara, ed., *The Literary Criticism of Marshall McLuhan 1943–1962*, 157–167.

Defrosting Canadian Culture. *American Mercury*, March 1952, 91–97.

Review of *Auden: An Introductory Essay* by Richard Hoggart. *Renascence* 4, 2 (1952), 220–221.

Review of *The Poetry of Ezra Pound* by Hugh Kenner. *Renascence*, 4, 2 (1952), 215–217.

Review of *Word Index to James Joyce's Ulysses* by Miles L. Hanley. *Renascence 4*, 2 (1952), 186–187.

Technology and Political Change. *International Journal* 7, 3 (Summer 1952), 189–195.

1953

The Age of Advertising. *Commonweal*, 11 September 1953, 555–557.

Comics and Culture. *Saturday Night*, February 1953, 1, 19–20.

Culture Without Literacy. *Explorations: Studies in Culture and Communications*, no. 1, December 1953, 117–127. Reprinted in Eric McLuhan and Frank Zingrone, eds., *Essential McLuhan* (Toronto: Anansi, 1995), 302–313.

From Eliot to Seneca. *University of Toronto Quarterly* 22, 2 (1953), 199–202.

James Joyce: Trivial and Quadrivial. *Thought*, Spring 1953, 75–98. Reprinted in Eugene McNamara, ed., *The Literary Criticism of Marshall*

McLuhan 1943–1962, 23–47.

The Later Innis. *Queen's Quarterly* 60, 3 (1953), 385–394.

Maritain on Art. *Renascence 6*, 1 (1953), 40–44.

The Poetry of George Herbert and Symbolist Communication. *Thought*, Autumn 1953.

Review of *Light on a Dark Horse: An Autobiography 1901–1935* by Roy Campbell. *Renascence* 5, 2 (1953), 157–159.

Wyndham Lewis: His Theory of Art and Communication. *Shenandoah*, Autumn 1953, 77–88. Reprinted in Eugene McNamara, ed., *The Literary Criticism of Marshall McLuhan 1943–1962*, 83–94.

1954

Catholic Humanism and Modern Letters. In *Christian Humanism in Letters: The McAuley Lectures, Series* 2, 1954 (West Hartford, CT: St. Joseph College, 1954), 49–67.

Joyce, Mallarmé, and the Press. *Sewanee Review* 62 (1954), 38–55. Reprinted in Eugene McNamara, ed., *The Literary Criticism of Marshall McLuhan 1943–1962*, 5–21. Reprinted in Eric McLuhan and Frank Zingrone, eds., *Essential McLuhan* (Toronto: Anansi, 1995), 60–71.

Media as Art Forms. *Explorations*, no. 2, April 1954, 6–13.

New Media as Political Forms. *Explorations*, no. 3, August 1954, 120–126.

Poetry and Society. Review of *Dream and Responsibility* by Peter Viereck. *Poetry* 84, 2 (May 1954), 93–95.

Through Emerald Eyes. Review of *Three Great Irishmen: Shaw, Yeats, Joyce* by Aarland Ussher. *Renascence* 6, 2 (1954), 157–158.

1955

Five Sovereign Fingers Taxed the Breath. *Explorations*, no. 4, February 1955. Reprinted in *Shenandoah*, Autumn 1955, 50–52.

Nihilism Exposed. Review of *Wyndham Lewis* by Hugh Kenner. *Renascence* 8, 2 (1955), 97–99.

Paganism on Tip-toe. Review of *The Poetry of T. S. Eliot* by D. E. S. Maxwell. *Renascence* 7, 3 (1955), 158.

Radio and Television vs. The ABCED-Minded. *Explorations*, no. 5, June 1955, 12–18.

Space, Time, and Poetry. *Explorations*, no. 4, February 1955, 56–62.

1956

Educational Effects of Mass Media of Communication. *Teachers College Record*, March 1956, 400–403.

The Media Fit the Battle of Jericho. *Explorations*, no. 6 (July 1956), 15–19. Reprinted in Eric McLuhan and Frank Zingrone, eds., *Essential McLuhan* (Toronto: Anansi, 1995), 298–302.

Music and Silence. Review of two books on Joyce. *Renascence* 8, 3 (1956), 152–153.

'Stylistic.' Review of *Mimesis: The Representation of Reality in Western Literature* by Erich Auerbach. *Renascence* 9, 2 (1956), 99–100.

1957

Brain Storming (and other essays). *Explorations*, no. 8, October 1957 (unpaginated).

Characterization in Western Art, 1600–1900. *Explorations*, no. 8, October 1957, unpaginated.

Classical Treatment. Review of *Eliot's Poetry and Plays* by Grover Smith. *Renascence*, 10, 2 (1957), 102–103.

Classrooms Without Walls. *Explorations*, no. 7, March 1957, 22–26.

Coleridge as Artist. In Clarence D. Thorpe, Carlos Baker, and Bennett Weaver, eds., *The Major English Romantic Poets: A Symposium in Reappraisal* (Carbondale: Southern Illinois University Press, 1957), 83–99. Reprinted in Eugene McNamara, ed., *The Literary Criticism of Marshall McLuhan 1943–1962*, 115–133.

Compliment Accepted [Review of six books on James Joyce]. *Renascence* 10, 2 (1957), 106–108.

David Riesman and the Avant-Garde. *Explorations*, no. 7, March 1957, 112–116.

Eternal Ones of the Dream. (with Edmund Carpenter). *Explorations*, no. 7, March 1957, unpaginated.

Jazz and Modern Letters *Explorations*, no. 7, March 1957, 74–76.

Manifestos. *Explorations*, no. 8 (October 1957), unpaginated.

The Organization Man. *Explorations*, no. 8, October 1957, unpaginated.

People of the Word. *Explorations*, no. 8, October 1957, unpaginated.

Sight, Sound, and the Fury. In Bernard Rosenberg and David Manning White, eds., *Mass Culture: The Popular Arts in America* (London: Collier-Macmillan, 1957), 489–495.

Soviet Novels. (with Edmund Carpenter). *Explorations*, no. 7, (March 1957), 123–124.

Third Program in the Human Age. *Explorations*, no. 8, October 1957, 16–18.

1958

One Wheel, All Square [Review of five books on James Joyce] . *Renascence* 10, 4 (1958), 196–200.

Our New Electronic Culture: The Role of Mass Communications in Meeting Today's Problems. *National Association of Educational Broadcasters Journal*, October 1958, 19–20, 24–26.

1959

Joyce or No Joyce. Review of *Joyce among the Jesuits* by Kevin Sullivan. *Renascence* 12, 1 (1959), 53–54.

Myth and Mass Media. *Daedalus*, Spring 1959, 339–348.

Virgil, Yeats, and 13,000 Friends. Review of *On Poetry and Poets* by T. S. Eliot. *Renascence* 11, 2 (1959), 94–95.

Yeats and Zane Grey. Review of *The Letters of William Butler Yeats*, edited by Allan Wade. *Renascence* 11, 3 (1959), 166–168.

1960

Acoustic Space. (with Edmund Carpenter). In Edmund Carpenter and Marshall McLuhan, eds., *Explorations in Communication: An Anthology* (Boston: Beacon Press, 1960), 65–70.

Another Eliot Party. Review of *T.S. Eliot: A Symposium for His Seventieth Birthday*, edited by Neville Braybrooke. *Renascence* 12, 3 (1960), 156–157.

Around the World, Around the Clock. Review of *The Image Industries* by William Lynch. *Renascence* 12, 4 (1960), 204–205.

A Critical Discipline. Review of *Wyndham Lewis: A Portrait of the Artist as the Enemy* by Geoffrey Wagner. *Renascence* 12, 2 (1960), 93–95.

Flirting with Shadows. Review of *The Invisible Poet* by Hugh Kenner. *Renascence* 12, 4 (1960), 212–214.

Joyce as Critic. Review of *The Critical Writings of James Joyce edited* by Ellsworth Mason and Richard Ellmann. *Renascence* 12, 4 (1960), 202–203.

Melodic and Scribal. Review of *Song in the Works of James Joyce* by J. C. Hodgart and Mabel P. Worthington. *Renascence* 13, 1 (1960), 51.

The Personal Approach. Review of *Shakespeare and Company* by Sylvia Beach. *Renascence* 13, 1 (1960), 42–43.

Romanticism Reviewed. Review of *Romantic Image* by Frank Ker-mode. *Renascence* 12, 4 (1960), 207–209.

1961

The Electric Culture. The Books at the Wake. *Renascence* 13,4 (1961), 219–220.

The Humanities in the Electronic Age. *Humanities*, Fall 1961, 3–11.

Inside the Five Sense Sensorium. *Canadian Architect*, June 1961, 49–51.

The New Media and the New Education. *Basilian Teacher*, Decem-ber 1961, 93–100.

Producers and Consumers. Review of *James Joyce* by Richard Ellmann. *Renascence* 13, 4 (1961), 217–219.

1962

The Chaplin Bloom. Review of *James Joyce: The Poetry of Conscience* by Mary Parr. *Renascence* 14, 4 (1962), 216–217.

A Fresh Perspective on Dialogue. *The Superior Student 4*, 7 (1962), 2–6.

Joyce, Aquinas, and the Poetic Process. In Thomas E. Connolly, ed., *Joyce's Portrait: Criticisms and Critiques* (New York: Appleton-Century-Crofts, 1962), 249–256.

Phase Two. Review of *The Art of James Joyce* by A. Walton Litz. *Renascence* 14, 3 (1962), 166–167.

Prospect of America. *University of Toronto Quarterly* 32, 1 (1962), 107–108.

1963

Empson, Milton, and God. Review of *Milton's God* by William Empson. *Renascence* 15, 2 (1963), 112.

Printing and the Mind. *The Times Literary Supplement*, 19 July 1963.

1964

Introduction to *The Bias of Communication* by Harold A. Innis. Reprint edition. Toronto: University of Toronto Press, 1964. Also appears in *Explorations* 25 (June 1969).

Murder by Television. *Canadian Forum*, January 1964, 222–223.

Notes on Burroughs [Review of *Naked Lunch* and *Nova Express* by William Burroughs] . *Nation*, 28 December 1964, 517–519.

1965

Address at Vision 65. *American Scholar* 35 (1965–1966), 196–205. Reprinted in Eric McLuhan and Frank Zingrone, eds., *Essential McLuhan* (Toronto: Anansi, 1995), 219–232.

Art as Anti-Environment. *Art News Annual* 31 (1965).

T S. Eliot. The *Canadian Forum*, February 1965, 243–244.

Wordfowling in Blunderland. *Saturday Night*, August 1965, 23–27.

1966

The All-at-Once World of Marshall McLuhan. *Vogue* 123 (August 1966), 70–73,111.

Cybernation and Culture. In Charles Dechert, ed., *The Social Impact of Cybernetics* (South Bend, IN: University of Notre Dame Press, 1966), 95–108.

Electronics and the Psychic Drop-Out. *This Magazine Is About Schools* 1, 1 (April 1966), 37–42.

The Emperor's Old Clothes. In Gyorgy Kepes, ed., *The Man-Made Object* (New York: G. Braziller, 1966), 90–95.

The Invisible Environment. *Canadian Architect*, May 1966, 71–74.

Questions and Answers with Marshall McLuhan. *Take One*, November/December 1966, 7–10.

Television in a New Light. In Stanley T. Donner, ed., *The Meaning of Commercial Television* (Austin: University of Texas Press, 1966), 87–107.

1967

The Future of Education. (with George B. Leonard). *Look*, 21 February 1967, 23–25.

The Future of Sex. (with George B. Leonard). *Look*, 25 July 1967, 56–63.

Love. *Saturday Night*, February 1967, 25–28.

Marshall McLuhan Massages the Medium. *Nation's Schools*, June 1967, 36–37.

The Relation of Environment to Anti-Environment. In Floyd W. Matson and Ashley Montagu, eds., *The Human Dialogue: Perspectives on Communication* (New York: Free Press, 1967), 39–47.

1968

Adopt a University. *This Magazine Is about Schools* 2, 4 (Autumn

1968), 50–55.

All the Candidates Are Asleep. *Saturday Evening Post*, August 1968, 34–36.

Guaranteed Income in the Electric Age. In Richard Kostelanetz, ed., *Beyond Left and Right: Radical Thought for Our Times* (New York: William Morrow, 1968), 72–83.

The Reversal of the Overheated Image. *Playboy*, December 1968.

Review of *Federalism and the French Canadians* by Pierre Trudeau. *New York Times Book Review*, 17 November 1968.

1969

Playboy Interview: Marshall McLuhan-A Candid Conversation with the High Priest of Popcult and Metaphysician of Media. *Playboy*, March 1969, 53–54, 59–62, 64–66, 68, 70, 72, 74, 158. Reprinted in Eric McLuhan and Frank Zingrone, eds., *Essential McLuhan* (Toronto: Anansi, 1995), 233–269.

Salt and Scandal in the Gospels. (with Joe Keogh). *Explorations* 26 (December 1969), 82–85.

Wyndham Lewis. *Atlantic Monthly*, December 1969, 93–98.

1970

Cicero and the Renaissance Training for Prince and Poet. *Renaissance and Reformation* (Toronto) 6, 3 (1970), 38–42. Reprinted in Eric McLuhan and Frank Zingrone, eds., *Essential McLuhan* (Toronto: Anansi, 1995), 313–318.

The Man Who Came to Listen. (with Barrington Nevitt). In Tony Bonaparte and John Flaherty, eds., *Peter Drucker: Contributions to Business Enterprise* (New York: New York University Press, 1970), 35–55.

1972

Foreword to A. J. Kirshner, *Training That Makes Sense* (San Rafael, CA: Academic Therapy Publications, 1972), 5–7.

The Popular Hero and Anti-Hero. In Ray B. Browne et al., eds., *Heroes of Popular Culture* (Bowling Green, OH: Bowling Green University Popular Press, 1972).

1973

The Argument: Causality in the Electric World. (with Barrington Nevitt). *Technology and Culture* 14, 1 (1973), 1–18.

Do Americans Go to Church to Be Alone? *The Critic*, January/February 1973, 14–23.

The Medium Is the Message. In C. David Mortensen, ed., *Basic Readings in Communication Theory* (New York: Harper and Row, 1973), 139–152.

Mr. Nixon and the Dropout Strategy. *New York Times*, 29 July 1973.

Understanding McLuhan-and Fie on Any Who Don't. *The Globe and Mail*, 10 September 1973.

Watergate as Theatre. *Performing Arts in Canada*, Winter 1973, 14–15.

1974

English Literature as Control Tower in Communication Study. *English Quarterly* (University of Waterloo), Spring 1974, 3–7.

Medium Meaning Message. (with Barrington Nevitt). *Communication* (UK) 1 (1974), 27–33. Reprinted in Barrington Nevitt, *The Communication Ecology: Representation versus Replica* (Toronto: Butterworths, 1982), 140–144.

A Media Approach to Inflation. *New York Times*, 21 September 1974.

Mr. Eliot and the Saint Louis Blues. *The Antigonish Review*, 18 (Summer 1974), 23–27.

There Is Panic in Abortion Thinking: McLuhan. *Toronto Daily Star*, 31 July 1974.

1975

Letter to *The Listener*, 22 October 1975.

McLuhan's Laws of the Media. *Technology and Culture*, January 1975, 74–78.

1976

The Debates. *New York Times*, 23 September 1976.

The Violence of the Media. *Canadian Forum*, September 1976, 9–12.

1977

Alphabet, Mother of Invention. (with R. K. Logan). *Et Cetera: A Review of General Semantics*, December 1977, 373–383.

Canada: The Borderline Case. In David Staines, ed., *The Canadian Imagination: Dimensions of a Literary Culture* (Cambridge, MA: Harvard University Press, 1977), 226–248.

Laws of the Media. *Et Cetera: A Review of General Semantics*, June 1977, 173–178.

The Rise and Fall of Nature. *Journal of Communication* 27, 4 (1977), 80–81.

1978

The Brain and the Media: The "Western" Hemisphere. *Journal of Communication* 28, 4 (1978), 54–60.

Figures and Grounds in Linguistic Criticism. Review of Mario J. Valdes and Owen J. Miller, *Interpretation of Narrative* (Toronto: University of Toronto Press, 1978). *Et Cetera: A Review of General Semantics* 36, 3 (1979), 289–294.

A Last Look at the Tube. *New York*, 3 April 1978, 45.

1979

The Double Bind of Communication and the World Problematique. (with Robert K. Logan). *Human Futures*, Summer 1979, 1–3.

Pound, Eliot, and the Rhetoric of *The Waste Land*. *New Literary History* 10, 3 (1979), 557–580.

1980

Foreword to Karl Appel, *Karl Appel: Works on Paper.* (New York: Abbeville Press, 1980).

1981

Electronic Banking and the Death of Privacy. (with Bruce Powers). *Journal of Communication* 31, 1(1981), 164–169.

译者手记

何道宽

《理解媒介》译作自1992年出版至今，已出四版。经与编辑反复磋商，我们决定：将四个版本的译者序跋合并为“译者手记”，做一些节略，既基本保真，又写出新意。

具体的处理是：

1. 第一版序跋一字不删，以保存近三十年前的学术语境。

2. 紧缩二三版序跋，以求精炼。

3. 四篇译者序各加一个小标题，依次是：震惊世界的媒介理论家；麦克卢汉的丰厚遗产；麦克卢汉研究的三次热潮；《理解媒介》在中国的传播简史。

4. 四篇序跋按时间排序，由近及远。

2018年第四版
译序:《理解媒介》在中国的传播简史

我的麦克卢汉情结

1980年,我作为新时期首批外派的交换学者去美国访问,当时选修了"跨文化传播(交际)"这门课。经由这门课,一个全新的天地打开了,我接触到两位大师:爱德华·霍尔和马歇尔·麦克卢汉,决心把他们的著作引进中国。

爱德华·霍尔是跨文化传播研究第一人,他的许多书都被视为跨文化传播的奠基之作和经典。他的书比较好读,也比较好翻译。20世纪80年代后期,我尝试将《无声的语言》和《超越文化》引进国内,不顺利。所幸,在北京大学出版社的支持下,这两本书于2010年同时出版。

麦克卢汉是20世纪最著名的媒介理论家。20世纪下半叶以来,整个北美乃至全世界都在阅读、议论和研究他的《理解媒介》。

1981年初,我尝试阅读《理解媒介》,不知所云,令人震撼,但越不懂越想读。

1980年代后期,国内学界的超前人物频繁提及这本奇书,但只言片语,不得要领。我心有所动,然学界和出版界条件尚不成熟,译介《理解媒介》难以得到支持。

1986年1月，我参加中国文化书院组织的第三届研究班“文化与科学”，在十余位授课导师中，北京大学的乐黛云教授讲到麦克卢汉的媒介传播史，引起我的共鸣。讲演结束后，我上台与她交谈，表示想要翻译出版麦克卢汉的《理解媒介》，受到了她的鼓励。

同年10月，我参加中国文化书院组织的第四届研究班“文化与未来”，应邀为五位国外学者当现场口译。其中，加拿大未来研究会秘书长、加拿大环球经营管理局主席、中国国务院高技术引进顾问弗兰克·费瑟先生讲解的正是麦克卢汉的媒介理论。最后，这一场口译效果很好，受到很高评价，促使我下决心尽快翻译麦克卢汉的《理解媒介》。

1987年春，在四川人民出版社两位校友（译文室主任和责任编辑）的支持下，我与该社签下合同，翻译震撼世界的《理解媒介》。经过一年的准备，半年的夙兴夜寐，终于在1988年2月完成了这个极其艰难的工程。翻译难在何处呢？首先，书名就难。这本书的英文名为*Understanding Media*，过去中文里哪有什么以“理解”打头的书名啊，谁又听说过“媒介”这样的词汇呀？译稿交出后，我仍然一知半解，出版社的编辑也读不懂。为慎重起见，他们委托四川大学新闻系的老师审读，但审读的人也读不懂。他们很犹豫：如何是好？而且，彼时的学术市场萎缩，学术译著凋零，所以该社不得不将出版时间一拖再拖，一拖就是四年，《理解媒介》的译稿几乎胎死腹中，直到1992年1月才正式出版。况且，这个第一版只印行两千册，影响不大。

麦克卢汉在中国学界的传播与接受

四川人民出版社逆势而上印行的《理解媒介》虽然发行量

小，读者面窄，但总还是引起了学界和业界先知先觉的重视。

2000年，《理解媒介》第二版由商务印书馆印行，多次印刷，发行量大，影响也大。此前，中国学界研究《理解媒介》的著作寥若晨星。论及《理解媒介》倒是不少，仅以传播学“概论”、“导论”、“引论”、“原理”为名的书就有几十种。这些启蒙书几乎都以施拉姆的《传播学概论》(新华出版社，1985年) 为蓝本，也几乎一无例外，它们都论及麦克卢汉及其《理解媒介》，但这些泛论并不是以麦克卢汉研究为基础的，缺乏深度。

1998年，国家正式承认传播学的学科地位，该学科成为新闻传播学一级学科下并列的两个二级学科之一。于是，学术市场呼唤原汁原味的麦克卢汉了。许多学报都跟上，发表了麦克卢汉研究的论文二十来篇。兹引述两段评论，因为它们代表了学界对麦克卢汉热的呼应和期盼。

1999年，中国社科院的徐耀魁撰文指出：“随着时光的流逝和时代的变迁，麦克卢汉关于媒介作用的再认识大多为社会实践所证实，因此我们很有必要对麦克卢汉的学说给予重新的认识和评价。”(《对大众传播的再认识》，《国际新闻界》，1999年第1期)

几乎同时，华中理工大学的屠忠俊也发表了类似的意见：“在人们力求对因特网现象进行深思熟虑的分析的时候，麦克卢汉又从‘无声无息之中’走了出来，重新扩展、启发着人们的思路。”(《网络多媒体传播：媒介进化史上新的里程碑》，《新闻大学》，1999年春季号)

笔者在译介麦克卢汉代表作的同时，发表了四篇评论，以期推动国内学界的深度研究。它们是：《麦克卢汉在中国》(《深圳大学学报》，2000年第6期)，《麦克卢汉的遗产：超越现代思维定式的后现代思维》(《深圳大学学报》,1999年第4期),《媒介革命与学习革命》(《深圳大学学报》,2000年第5期),《媒介即是文化》(《现代传播》,2000年第5期)。

世纪之交,传播学面临大发展的机遇,我可以倾心研究麦克卢汉、大展身手了。先后翻译了:《麦克卢汉精粹》(南京大学出版社,2001年)、《麦克卢汉书简》(中国人民大学出版社,2005年)、《麦克卢汉如是说》(中国人民大学出版社,2006年)。与此同时,研究麦克卢汉的著作也相继问世:《数字麦克卢汉》(社会科学文献出版社,2001年)、《麦克卢汉:媒介及信使》(中国人民大学出版社,2003年)。

麦克卢汉研究的路标

世人的麦克卢汉研究经历了三次飞跃。保罗·莱文森的《数字麦克卢汉》(1999/2001) 完成了第一次飞跃,特伦斯·戈登编辑的《理解媒介》增订评注本 (2003/2011) 完成了第二次飞跃,罗伯特·洛根的《理解新媒介:延伸麦克卢汉》(2000/2012) 完成了第三次飞跃。洛根的《理解新媒介:延伸麦克卢汉》完成于麦克卢汉百年诞辰前夕,旋即由复旦大学出版社推出中译本。2018年,该社又推出洛根的新作《麦克卢汉的误读:如何矫正》。洛根是麦克卢汉思想圈子的核心人物、麦克卢汉的挚友和同事,《误读》是他纪念麦克卢汉百年诞辰前后的研究心得,是麦克卢汉研究第三次飞跃的又一个路标。

迄今为止,中国学界研究麦克卢汉及其学派媒介环境学,成绩斐然。从中国知网检索获悉,这样的博士论文数以十计,优秀硕士论文数以百计。2011年前后,国内学者纪念麦克卢汉百年诞辰，呼应麦克卢汉研究的第二次飞跃和第三次飞跃，发表了大量的成果。

大中华地区的麦克卢汉研究在世界学林享有一席之地，受人尊敬。然而，传播学是舶来品，媒介环境学正式登上中国传播学的殿堂，历史不久。任何东渐的西学都有一个消化吸收发展的过程，传播学的本土化，任重而道远，我们正在向这个崇高的目标迈进。

2018年1月5日

于深圳大学文化产业研究院

深圳大学传媒与文化发展研究中心

2018年第四版
译后记

这篇后记只讲第四版修订的一些努力。

(1) 统一一个表述:“媒介即是讯息”统一为“媒介即讯息”。

(2) 精准一个概念:第七章题名由“创造力的报复”改为“创造力的报应”。

(3) 规范两个人名:翁伯托·埃柯改为翁贝托·艾柯;林·怀特改为林恩·怀特。

(4) 调整人物汉名和音译名的顺序:汉名置前、音译名置后。例子有:Teilhard De Chardin修订为“德日进,夏尔丹”;Theodore White修订为“白修德,西奥多·怀特”。

2018年1月5日

于深圳大学文化产业研究院

深圳大学传媒与文化发展研究中心

2010年第三版
译序：麦克卢汉研究的三次热潮

马歇尔·麦克卢汉的《理解媒介》是传世经典，迄今已出了三个英文版，这三个中文版的翻译都由我完成。第二个译本还入选了2009年揭晓的"改革开放三十年最具影响力的300本书"。在这篇短序里，我将对这三个英文版和中文版做一点简单的梳理。

三个译本折射出麦克卢汉地位的起落

三个译本名字略有不同。第一本名《人的延伸：媒介通论》(四川人民出版社，1992年)，第二本为《理解媒介：论人的延伸》(商务印书馆，2000年)，第三本叫《理解媒介：论人的延伸》(增订评注本)(译林出版社，2011年)。

1. 第一个译本为何难产？

《人的延伸》1987年夏落笔，1988年2月杀青，1992年1月出版，延宕了四年，几乎胎死腹中。我抱怨出版社，也心存感激。为何有如此复杂而矛盾的心情？至少有几个原因。

(1) 20世纪60年代中期，麦克卢汉名震全球，被誉为20世纪"最重要的思想家"，但这位思想超前的"先师"命途多舛，犹如一颗短命的彗星，到他1980年最后一天去世时，他的学术生命似乎已经结束了。我1987年着手翻译这本书时，似乎选择了一个错误的时机，作者及其作品似乎都已经“过气”。

(2) 那时，即使在他的故乡加拿大，他的学术著作也失去了学术市场。

(3) 这位“天人”的“天书”，在国内的传播学尚未站稳脚跟之前，不可能找到知音，连同情者也不多。

(4) 何况，从1988年到1992年甚至再晚一些时候，国内的社会科学译作几乎没有市场。四川人民出版社最终逆市而上，印行我的译作，难能可贵，我至今心存感激。

2. 第二个译本赶上了两班“快车”

《理解媒介：论人的延伸》1999年3月25日杀青，2000年10月印行，相当顺利，享尽了天时地利。

(1) 20世纪90年代后半叶，以互联网为标志的信息革命和数字时代证明：麦克卢汉是先知先觉，他的媒介理论是正确的！麦克卢汉复活了。全球的麦克卢汉热的第二波随之到来。这是我的第二个译本赶上的第一班“快车”。

(2) 1998年，“媒介环境学会”在纽约成立，挑战美国传播学经验学派，成为与经验学派、批判学派三足鼎立的传播学派。麦克卢汉是“媒介环境学派”的宗师之一。他的思想不但复活了，而且被继承发扬了。

(3) 国内学者开始发表介绍麦克卢汉的文章。自2005年起，我集中精力译介这个学派的若干经典和名著，发表了几篇研究麦克卢汉及其学派的文章。中国读者终于可以读到原汁原味的麦克卢汉了。

(4) 长期被人忽视的《人的延伸》引起了商务印书馆的注意，

他们觉得有必要出第二版。

(5) 传播学经过二十年的引进、消化、吸收、徘徊之后，即将大发展，成为新闻传播学下的二级学科，还可能成为显学。这是我的第二个译本赶上的第二班“快车”。

3. 第三个译本纪念麦克卢汉诞辰一百周年

2011年7月21日是麦克卢汉的百年诞辰，欧美几十个地方纷纷举办高端学术论坛予以纪念。我们借第三个译本缅怀这位大师，并推进中国的麦克卢汉研究。

这个本子的英文版叫“critical edition”，2003年由美国的金科出版社推出，编者是特伦斯·戈登。我们在下一节对这个版本和编者予以介绍。

三个原版及其时代背景

1992年第一个译本的原版是1964年麦格劳—希尔出版社的*Understanding Media: The Extensions of Man*。原书无一注释。

2000年第二个译本的原书是1994年麻省理工大学出版社的*Understanding Media*。原书正文不变，但加上了拉潘姆 (Lewis Lapham) 的长序，仍无注释。

2011第三个译本的原书是2003年金科出版社的critical edition，由特伦斯·戈登编辑。众所周知，麦克卢汉的著作从来就不遵守图书的一般规范，没有注释、附录或索引。戈登编辑的新版一一予以纠正，他编制了人名索引、主题索引，加入了一些编者的注释。尤为重要者，他还增补了两个非常重要的“附录”和“关键词”。由此可见，这是一个“扩编本”。

1964年，震撼全球的《理解媒介》问世，但这本书几乎流产

(1961—1964年)。此前,麦克卢汉在北美小有名气,但主要是在文学批评、跨学科研究领域,而不是在传播学领域。

《理解媒介》之前,他已有两部著作问世:《机器新娘》和《谷登堡星汉》。然而,这两部后来被证明为经典的著作并没有立即赢得应有的声誉。《机器新娘》被先锋出版社压了五年(1946—1951年)。《谷登堡星汉》由多伦多大学出版社印行,比较顺利,但其版式、文风却不太被世人理解。

《机器新娘》讲"工业人"和广告,《谷登堡星汉》讲"印刷人",《理解媒介》讲"电子人",三本书都太超前。《机器新娘》几乎卖不出去。它被人忽视,有两个原因。一是它批判广告、香车、美女、性等美国文化的各个方面,挑战物质主义和享乐主义的社会风气;二是它挑战美国主流传播学粉饰太平、服务体制的经验学派。长期以来,任何批判倾向和批判学派都与美国的主流传播学格格不入。

《谷登堡星汉》不研究印刷术,而是研究"印刷人",研究印刷术的社会心理影响和传播革命。该书一问世就造成了一定的震撼。比如,它给著名史学家伊丽莎白·爱森斯坦以启示,促使她另辟蹊径研究"印刷革命";她十七年磨一剑,完成了跨学科的巨著《作为变革动因的印刷机》。又比如,它推动麦克卢汉的弟子、著名的中世纪学家和传播学家沃尔特·翁去撰写传世之作《口语文化与书面文化》。然而,即使赞赏他的爱森斯坦也不敢苟同他否定线性思维的论述,也不习惯他那精炼的"宏论"和诗性的语言,亦不喜欢《谷登堡星汉》那短小的"博客"似的篇章和"微博"似的"题解"。

Understanding Media 的重印本虽然难以计数,但实际上只有

三个版本：1964年的麦格劳—希尔版、1994年的麻省理工大学版和2003年的金科版。这三个版本凑巧是三次麦克卢汉热的标志。

三次麦克卢汉热

1964年，《理解媒介》出版，旋即掀起了世界范围的麦克卢汉热。1966至1967年，这一热潮达到顶峰。此间，北美的宣传机器几乎全部开动起来为麦克卢汉效劳，几十种大大小小的报刊发表数以百计的文章颂扬他，他被封"先知"、"圣贤"、20世纪"最重要的思想家"，等等。法国人还创造了一个词"麦克卢汉式的"。

1969年3月号的《花花公子》破例刊载了几万字的《麦克卢汉访谈录》，用了一个极富魅力的副标题："流行崇拜中的高级祭司和媒介形而上学家袒露心扉"。

整个20世纪60年代，请他讲演的著名企业和机构排队恭候，他成了电视"明星"，出尽风头，却因此而付出惨重的代价。

经院派和保守派学者极尽攻击之能事，给他取了许多诨名："通俗文化的江湖术士"、"电视机上的教师爷"、"攻击理性的暴君"、"走火入魔的形而上巫师"、"波普思想的高级祭司"，攻击他"出尽风头、自我陶醉、赶时髦、追风潮、迎合新潮，可是他错了"，宣判他的文字"刻意反逻辑、巡回论证、同义反复、绝对、滥用格言、荒谬绝伦"，讥讽他"玩弄了一场大骗局"。

20世纪70年代以后，麦克卢汉热迅速退潮。思想活跃的60年代过去，保守思想回潮，社会氛围不利于麦克卢汉超前的思想了。

再者，他再也不能以超人的智慧和精力写书。1967年，他因脑瘤而接受开颅术；1976年，他又患轻度中风。这对他的记忆和口才造成损害，他无力完成准备撰写的十来种著作了。1979年9

月，他又重度中风，这是对他的最后一击，他的语言能力彻底丧失。1980年的最后一天，这颗闪闪发光的彗星、名副其实的“智慧之星”陨落了。

麦克卢汉1980年底去世之后不久，北美传播学主流刊物《传播学杂志》在1981年的一期特刊里发表了八篇纪念文章，亦臧亦否，毁誉参半，并不赋予他一派宗师的地位。

20世纪90年代，第二次麦克卢汉热兴起。全球化、信息化、网络化、数字化的加速使人赫然顿悟：原来麦克卢汉是对的！

新媒体的代表《连线》(1993) 杂志在刊头封他为“先师圣贤”，表露了新一代电子人的心声。20世纪60年代读不懂的天书，看上去胡说八道的东西，到了90年代末，都明白如话了。

这一次的热，可以用亚马逊网上书店的书目为证。这个书店的麦克卢汉著作和有关他的著作一共有数十种。托夫勒、奈斯比特、亨廷顿、福柯、萨义德这些在中国红得不能再红的大牌人物，书目的总数却远远不能与他相比。

这一次的热，以1994年麻省理工大学出版社版的《理解媒介》为标志。推动这次热潮的还有专著、专刊、专题研讨会和麦克卢汉传记。

研究麦克卢汉的专著有：《数字麦克卢汉》(保罗·莱文森，1999年)、《虚拟现实与麦克卢汉》(克里斯托夫·霍洛克斯，2000年)、《虚拟麦克卢汉》(唐纳德·特沃尔，2001年)。

专刊有1998年《加拿大传播学季刊》夏季号的两篇专论，题为：《麦克卢汉：自何而来？去了何方？》、《麦克卢汉：渊源及遗产》。还有2000年春季号的《澳大利亚国际媒介》的专刊，含8篇文章，题为：《重温麦克卢汉》、《麦克卢汉是何许人？有何作为？》、

《媒介即讯息：这是麦克卢汉给数字时代的遗产吗?》、《麦克卢汉式的社会预测和社会理论：几点思考》、《匹夫参政开始露头：冲破麦克卢汉所谓听觉空间》、《"媒介即讯息"的再思考：麦克卢汉笔下的中介和技术》、《麦克卢汉，你在干吗?》、《梳理麦克卢汉》。

传记有十来种，要者为：《麦克卢汉：其人其讯息》(乔治·桑德森，1989年)、《谁是麦克卢汉?》(内维特·巴林顿等，1995年)、《用后视镜看未来》(保罗·本得蒂等，1996年)、《轻松理解麦克卢汉》(特伦斯·戈登，1997年)、《麦克卢汉：媒介及信使》(菲利普·马尔尚，1998年)等。

进入21世纪，全球化、信息化、网络化、数字化的进一步发展催生了第三次麦克卢汉热。这一波热浪方兴未艾，必将更加持久，影响更大。

2010年10月27日下午3时，我在亚马逊网上书店检索，键入"Marshall McLuhan"，得到"Amazon's Complete Selection of Marshall McLuhan Books"，共有二十二种书，包括麦克卢汉独著、合著的十余种以及麦克卢汉的传记和研究麦克卢汉的著作。

这是一个不完全的汇集，其他出版社包括一贯注重麦克卢汉著作的多伦多大学出版社、加拿大的斯托达特出版社也在印行麦克卢汉的著作和有关他的著作。关注麦克卢汉的其他出版社还有德国的彼得·朗出版社，它于2010年印行了《理解新媒介：延伸麦克卢汉》(*Understanding New Media: Extending Marshall McLuhan*)，该书作者罗伯特·洛根教授(Robert K. Logan)是麦克卢汉思想圈子的核心成员、多伦多大学教授。

21世纪以来，美国和德国的金科出版社组建了以麦克卢汉的儿子埃里克·麦克卢汉等人为首的班子，专注编辑出版麦克卢汉的著作、合著、文集、选集以及研究麦克卢汉的著作，已出十来种。

麦克卢汉的百年诞辰前夕，欧美各地（其余地方的纪念活动尚难以检索）已陆续展开，截至2010年10月27日，笔者检索到的学术活动有：加拿大圣玛丽大学的麦克卢汉百年讲演会、布鲁塞尔的“麦克卢汉媒介哲学”跨学科专题研讨会（2011年10月26—28日）、新加坡南洋大学的麦克卢汉百年讲演会。

第三次的热潮与前两次不同的是，国内的麦克卢汉热与国外的麦克卢汉热同步发展。第一次热潮时，我们忙于内事，对传播学和麦克卢汉浑然不觉。第二波热潮时，《理解媒介》于1992年出版，易名为《人的延伸》，处境尴尬，几乎难产，默默无闻。我是这个“早产儿”的接生婆，但我本人当时对这第二波热潮也浑然不觉。

在新世纪，中国学者与国外学者彼此呼应，共同推动了第三波热潮。学界广泛动员，论文、译丛、专著蜂拥而起，接踵而至。各种学报发表的麦克卢汉研究论文数以十计，含麦克卢汉研究的“大师经典译丛”（中国人民大学出版社）、“麦克卢汉研究书系”（中国人民大学出版社）、“媒介环境学译丛”（北京大学出版社）等相继出现。《机器新娘》、《理解媒介》、《麦克卢汉精粹》、《麦克卢汉如是说》、《麦克卢汉书简》等引进来，中国读者终于可以读到原汁原味的麦克卢汉了。

研究麦克卢汉的代表作比如《数字麦克卢汉》、《麦克卢汉：媒介及信使》、《麦克卢汉与虚拟实在》也陆续翻译出版。

更可喜的是，国内学者研究麦克卢汉及其学派的专著问世了，已知的有三种：《媒介分析：传播技术神话的解读》（张咏华，2002年）、《媒介的直观：论麦克卢汉传播学研究的现象学方法》

(范龙,2008年)和《知媒者生存:媒介环境学纵论》(李明伟,2009年)。范龙的《媒介现象学:麦克卢汉传播思想研究》也即将出版(南京大学,2011年)。

以上所述,仅限于我比较熟悉的新闻传播界,其他学科参考、征引、学习麦克卢汉思想的著作不在少数,因为他的思想是超越时代、超越空间和学科疆界的。麦克卢汉对中国学术的影响还在发酵,在哲学、文化史、技术史、文学、美学、艺术、新闻传播学等社会科学和人文学科中,他必将产生持久的影响。

2010年11月3日

于深圳大学文化产业研究院

深圳大学传媒与文化发展研究中心

2010年第三版
译后记

感谢译林出版社推出麦克卢汉《理解媒介》的增订评注本，使我有机会在麦克卢汉百年诞辰时奉献给读者这部经典的第三个中文版。这个版本有评注、有扩容、有精编，矫正了麦克卢汉著作的几大通病：无文献、无索引、无注释。

这次修订在三方面着力：更新文字、纠正错误、完善并增补注释。感谢网友的爱心呵护和精心“挑刺”，使我警钟长鸣、不敢懈怠。

我在许多译作的后记中反复表明心迹：译者要无愧于时代、无愧于读者、无愧于今人和后人，要对作者、作品、读者、出版社和自己负责，要留下一些传诸后世的译作和文字。我会进一步努力。

谨以此书献给麦克卢汉的百年诞辰。他对中国文化、中国文字和中国人民怀有美好的感情。麦克卢汉地下有知，定会分外高兴：在地球村的另一角，有他海量的粉丝，《理解媒介》有三个译本，他的大多数著作和研究他的著作在中国有广阔的“市场”！

第三波的麦克卢汉热兴起了。很高兴能以我绵薄之力为其推波助澜。

书中注释分两种：译者注和编者注，译者注无特殊标记，编者注标记为“——编者”。

2010年11月3日

于深圳大学文化产业研究院

深圳大学传媒与文化发展研究中心

1999年第二版
译序：麦克卢汉的丰厚遗产

1964年，麦克卢汉一举成名，至今三十载有余。其成名作引进国内也快十年。《理解媒介》是一座绕不开的丰碑，麦氏其人是推不倒的先知和圣人。他的遗产渗入了人类生活和学术的一切领域。他的预言一个个变成现实并不奇怪。奇怪的是，他的梦话变成现实竟然会这么快。

奇人怪杰，为人嫉恨、为人不解，古今中外皆然。麦克卢汉思想超前，难免几分神秘色彩。因侵犯他人领地，难免使人不快。思想汪洋恣肆，难免受到批评指责。语言晦涩难懂，难免使人丧气、困惑不安。他的名声虽然没有大起大落，但是围绕他的争论却始终不断。

麦克卢汉的大多数思想，早已深入人心、家喻户晓、不可动摇。三十年来电子技术和信息产业的飞跃发展，使他的思想不证自明。

1. 地球村。电子信息瞬息万里，使全球生活同步化；全球经济趋同、整合，游戏规则走向同一；网络生活同一；时空差别不复存在，昔日遥不可及的海角天涯刹那可达。谁不说这就是弹丸之地？

2. 媒介即讯息。十年之前，人们对此也许半信半疑。有人不以为然，认为工具、武器、媒介作为形式是不重要的，重要的是工具为谁服务、武器由谁使用和怎么使用，重要的是媒介承载的内容。习惯的思维定式堵塞了洞悉的目光、创新的思路，人们对媒介形式的革命力量视而不见、听而不闻。

3. 电子媒介是中枢神经系统的延伸。此前的一切媒介尤其是西方的拼音文字和机械媒介是分裂切割、线性思维、偏重视觉、强调专门化的。这样的人是被分割肢解、残缺不全的人。电子媒介使人整合，回归整体思维的前印刷时代。这就叫作重新部落化的过程。这是一个更高层次的全面发展的人。

4. 部落化—非部落化—重新部落化。这是一个著名的公式，它从媒介演化的角度去概括人类的历史，为解读历史提供了一个崭新的视角。窃以为，这个公式可以写作以下几种变体：整合化—分割化—重新整合化；有机化—机械化—重新有机化；前印刷文化—印刷文化—无印刷文化；前现代化—现代化—后现代化。

世纪之交，人类正在飞快进入数字化时代、网络时代、光子时代、生命科学时代。任何一种新的发明和技术都是新的媒介，都是人的肢体或中枢神经系统的延伸，都将反过来影响人的生活、思维和历史进程。麦克卢汉的媒介理论使人从麻木自恋中猛然惊醒，从梦游症中猛然惊醒。他的思想仍然使人振聋发聩。他对几十种媒介的论述使专门家认识到自己的残缺不全，使千千万万人超越自身背景的局限从全新的角度去研究媒介对人类命运和进程的影响。

麦氏不是专门家，不当专门家。他痛恨被分裂切割、残缺不全的人，热望做一个完全的人，一个重新整合后的“部落人”。他预告电子时代的来临，他对了。他宣告“现代”思想的破产，“后现代”的来临，他又对了。后现代就是超越现代思维的局限，就是超越分析的、线性的、机械的思维，走向整合的思维。这就是麦克卢汉最重要的遗产，吾人当珍视之。

1999年3月25日

1999年第二版
译后记

《理解媒介》历经时间汰洗，其经典地位不可动摇。中译本也经过岁月的考验，流传至今，受到学界的认可。但是这个译本完稿距今十年有余，离出版也快十年，确有必要修订。

修订完译本，和十二年前一样，既如释重负，又忧心忡忡。十二年来，盼望修订，今能如愿，故如释重负。所谓忧心忡忡，亦不无道理。学术著作，翻译之难，似难于写作，翻译界多有共识。本书思想浩荡不羁，略带几分神秘色彩；用典艰深、不作一注；许多东西难以查找稽考，令人叫苦不迭；虽经反复琢磨，未敢称绝对正确传神。忧心忡忡，战战兢兢，非圣贤之辈，必然如此。

是次修订，耗时三月有余，比原计划超出一月。春节期间，排除一切"干扰"，夜以继日，终不能完稿。原以为电脑上修订，加之学识长进，轻而易举。殊不知一旦动手，几乎字字句句想改。十年前的译文，横看竖看都不满意，还是老老实实反反复复琢磨推敲方能如愿。正误、润色、加注、补译、补序、补跋，等等，竭尽全力留下一个无愧于今人和后人的译本。

这是一个地地道道的全译本，不漏一字一符。

传播学经过二十年的引进、消化、吸收、徘徊之后，即将进入一个大发展时期。但愿这个新译本在新学科大厦的构建过程中，能起到一砖一瓦一沙一石的铺垫作用。

1999年3月

1992年第一版
译序：震惊世界的媒介理论家

马歇尔·麦克卢汉是西方传播学巨匠。本书是他的成名作，它的问世犹如一场大地震，在整个西方乃至全世界引起了强烈的冲击波和余震。难怪有人称麦氏是“继弗洛伊德和爱因斯坦之后最伟大的思想家”。

我说《理解媒介》是大地震有两层意思：一是这位名不见经传的教书匠（他教英美文学）突然成了新思想新学科的巨人，成了跨学科的奇才；二是他的学说成了最有争议的学说。

我说它是余震也有两层含义：一是它至今震撼着西方；二是它二十多年后传入中国又引起了不小的震动。

麦氏的奇异思想有四条：

一、地球已成为一个小小的“地球村”(global village)。这个词语已成为几十亿人的口碑——虽然绝大多数人对其深刻内涵不甚了了。

二、“媒介即讯息”。一般人认为媒介仅仅是形式，仅是信息、知识、内容的载体，它是空洞的、消极的、静态的。可是麦氏认为媒介对信息、知识、内容有强烈的反作用，它是积极的、能动的，对讯息有重大的影响，它决定着信息的清晰度和结构方式。

三、“媒介是人的延伸”。媒介与人的关系是相对独立的，反过来对于人的感知有强烈的影响，不同的媒介对不同的感官起作用。书面媒介影响视觉，使人的感知成线状结构；视听媒介影响触觉，使人的感知成三维结构。

四、“冷媒介和热媒介”。低清晰度的媒介（如手稿、电话、电视、口语）叫“冷”媒介。因为它们的清晰度低，所以它们要求人深刻参与、深度卷入。因为它们的清晰度低，所以它们为受众填补其中缺失的、模糊的信息提供了机会，留下了广阔的用武之地，调动了人们再创造的能动性。反之，高清晰度的媒介叫“热”媒介，拼音文字、印刷品、广播、电影等就是这样的热媒介。由于它们给受众提供了充分而清晰的信息，所以受众被剥夺了深刻参与的机会，被剥夺了再创造的用武之地。

即以他的第一条为例，就足以说明麦氏思想之博大精深，他说，今日之世界已成为一个“地球村”，这究竟是什么意思？

如今，有不少人言必称“天下真小”，“天下越变越小”。可是天下为何会小？日益缩小的天下对人又有何影响呢？且看麦氏的观点：

1. 电子媒介使信息传播瞬息万里，地球上的重大事件借助电子传媒已实现了同步化，空间距离和时间差异不复存在，整个地球在时空范围内已缩小为弹丸之地。

2. 电子媒介的同步化性质，使人类结成了一个密切相互作用、无法静居独处的、紧密的小社区。

3. 人类从远古至今经历了一个部落化—非部落化—重新部落化的过程。游徙不定、采猎为生的洪荒时代，人类感知世界的方式是整体的、直观的把握，人的技艺是全面、多样发展的。那时的人既不会分析事物，也不会只专精一门。用麦氏的话说，那时的人是整体的人，是部落人，而不是被分割肢解的、专干一门的人。由于劳动分工的出现和拼音文字的发明，人学会了分析，同时也使自己成为被分裂切割的、残缺不全的非部落人。机械印刷术和工业化则把人推向了非部落化的极端。电子时代来临之后，人再不能只专精一门，人的感知系统不再只偏重视觉；人们认识世界的方式不再只偏重视觉、文字和线性结构——总之一句话，人不再是分裂切割、残缺不全的人。这就是更高层次上的重新部落化过程。

该书分两部。第一部是理论篇，展开论述了上述四种观点。第二部是应用篇，以第一部的理论为基础分析了从古到今的二十六种媒介。

从宏观的视角看，作者仿佛是凌驾于“地球村”之上的星外来客，所以他能高屋建瓴、气势磅礴地视通万里、跨越古今。他又仿佛是一位精通地球人生活一切层面的太空人，所以从微观的角度说，他能在人类广阔的学科领域中自由驰骋。请看他对一切学问如数家珍、广征博引、信手挥洒皆能成理的本事！

由于他是一位立体型的学者，所以他在涉足的一切学科领域中都能保持超脱的距离和独特的切入角度。正所谓旁观者清，他对媒介的分析常给人一种清晰、震撼的感觉。他常能言他人所不能言，见他人所不能见。

麦氏的精髓思想之一，是从一个奇特的角度将人的延伸（即媒介）一分为二：电子媒介是中枢神经系统的延伸，其余一切媒介（尤其是机械媒介）是人体个别器官的延伸。中枢神经系统把人整合成一个统一的有机体，电子媒介亦然。所以电子时代的人再不是分割肢解、残缺不全的人。人类大家庭再不是分割肢解、残缺不全的大家庭。电子时代的人类再不能过小国寡民的生活，而必须密切交往。与此相反，机械媒介（尤其是线性结构的印刷品）使人专精一门、偏重视觉，使人用分析切割的方法去认识世界，所以在过去的机械时代里，人是被分割肢解、残缺不全的畸形人。

只偏重视觉的、机械性的、专门化的谷登堡时代一去不复返了！只重逻辑思维、线性思维的人再也行不通了！电子时代的人应该是感知整合的人，应该是整体思维的人，应该是整体把握世界的人。电子时代的人是“信息采集人”。

在我看来，麦克卢汉的“中枢神经系统”，类似荣格的“集体无意识”，类似列维—斯特劳斯的“结构”。不过，荣格的“集体无意识”偏重进化和生物遗传，列维—斯特劳斯的“结构”，强调神话的结构，而麦克卢汉的“中枢神经系统”即是人类中枢神经系统外化的电子媒介。

人文科学和社会科学的专家，都可以从《理解媒介》中找到奇特的参照系。仅以他对艺术的评价而言就有不少惊人之语。他批评文艺复兴时的透视法是线性结构的产物。他认为修拉的点画法给人留下想象的空间。他认为漫画是冷媒介，电视受漫画的影响。这些观点颇为新奇。

由于他研究的媒介涉及人类生活的一切领域和一切层面——衣食住行、机械电力、语言文字、娱乐游戏、科学技术、艺术世界，所以，本书对人文科学和社会科学各个领域、各个层面的读者都不乏教益和启示价值。

本书的英文版编辑初读书稿时十分震惊，而且对它的前途表示担心。他说:“你这本书的材料有75%是新的。一本书要成功，就不能冒险去容纳10%以上的新材料。”历史业已证明，这一担心错了，这本书在西方已成为传播学的经典，它对人们认识媒介、历史和文化已经并将继续产生深远的影响。我相信，中译本的问世也能逐渐发挥它的威力。

毋庸讳言，麦氏对作为人造客体的媒介的渗透力和能动性的强调，似有偏激之处，许多人对“媒介即讯息”的命题有保留。然而，功不可没、偏不概全。他的一些思想确有振聋发聩、独辟蹊径之处。他对传播学和人文科学的发展，确实做出了名垂史册的贡献。

本书对一般读者，的确是一块硬骨头、一场挑战，知识精英、莘莘学子，都面临着拓宽视野、立体发展的新任务。我们应该勇敢迎接这一挑战。

1988年2月

1992年第一版
译后记

经过一年的准备，半年的笔耕，总算把这本传世之作翻译过来。我如释重负，又忧心忡忡。

中国的知识精英近年著书撰文，频频述及这本奇书，翘首盼望着它的译本早日问世。诚四川人民出版社慧眼识玑珠，此如释重负之故也。

但本书思想浩荡不羁，文字汪洋恣肆，用典艰深，征引庞杂，要啃这一只螃蟹，既需要胆量，又需要学识，更需要译者的功力。拙译笔力未能从心，文字未能尽意，其所以惶悚不安之缘也。

原书无一注释，英美人士阅读亦叫苦不迭。中译本接受编辑建议，尽量控制译注的数量，以免读者频频受扰而忽略原著的思想。尽管如此，译注还是超过了两百条。但愿它们没有负面的影响。

莎作引文用人民文学出版社1978年版《莎士比亚全集》译文。《圣经》引文用中国圣经公会1919年中文版《圣经》。

愿海内贤达、专家学者、译坛高手，有以教之，裨有缘再版时修订。

1988年2月